# 권위 있는 양육과 부모-아동 상호작용

양육과 훈육의 균형으로 아이 키우기

Robert E. Larzelere · Amanda Sheffield Morris · Amanda W. Harrist 편저

이유니 · 황선미 · 이소영 · 안윤경 공역

AUTHORITATIVE PARENTING

학지사

# 역자 서문

'좋은 부모란 어떤 부모인가?'

한마디로 정의할 수 없는 이 질문은 오랜 시간 동안 많은 부모와 교육자, 임상가들의 관심을 받아 왔습니다. 여러 세대의 다양한 사람이 각자 다르게 이 질문에 대답하였습니다. 조부모 세대, 부모 세대, 그리고 자녀 세대를 거치며 사람들은 좋은 부모의 모습을 깊이 있게 고민하고 이해하려고 노력해 왔습니다. 저 역시 부모로서, 전문가로서 좋은 부모에 대해 고민해 왔습니다. 이러한 고민을 함께 나누고 정리하는 의미에서 몇몇 선생님들과 함께 Baumrind 박사의 이론을 담은 『Authoritative Parenting』을 번역하였습니다.

Baumrind 박사의 부모 유형 이론은 부모-아동 상호작용치료(PCIT)의 핵심 이론 중 하나로서 부모교육이나 전문가 훈련의 자리에서 지속적으로 소개되는 개념입니다. 자녀 양육 분야에서 중요한 이론임에도 불구하고 이를 체계적으로 소개한 입문서가 부족하다는 점이 늘 아쉬웠는데 이렇게 번역을 하고 함께 배울 수 있어 매우 기쁩니다.

이 책은 Baumrind 박사의 '권위 있는 부모의 자녀 양육(Authoritative Parenting)'의 철학적, 이론적 배경과 임상적 적용점을 포괄적으로 다루고 있습니다. 원제목의 'authoritative'는 Baumrind의 자녀 양육 연구에서 새롭게 제안된 개념으로, 부모-아동 상호작용치료(PCIT)에서는 주로 '권위 있는'으로 번역되어 왔습니다. Baumrind 박사에게 부모 권위는 "전문적 지식과 뛰어난 보호 및 지도 능력을 바탕으로 자녀에게 행동의 대안을 제시할 힘과 권리를 부여받은 사람”(p. 25)이라는 중립적인 의미를 지니고 있습니다. 우리 말에서는 ‘권위 있는’이 ‘권위주의적’이라는 용어와 구분되어야 할 필요가 있다고 보였습니다. 따라서 원제목 ‘Authoritative Parenting’에 양육의 핵심이라고 볼 수 있는 ‘부모-아동 상호작용’을 추가하여 이 책의 제목을 『권위 있는 양육과 부모-아동 상호작용』으로 결정하였습니다.

이 책을 통해 ‘좋은 부모’와 ‘효과적인 자녀 양육’에 대한 논의가 더욱 풍성해지고, 부모교육 및 자녀 양육 분야에서의 심화된 연구가 이어지기를 기대합니다. 부모됨에 대해 끊임없이 성찰할 수 있도록 동기를 부여해 주는 PCIT 현장의 많은 부모님과 치료사 선생님들, 그리고 이 책의 출간을 지원해 주신 학지사 김진환 사장님과 편집부 여러분께 깊이 감사드립니다.

마지막으로, 각 역자들이 번역 과정에서 느낀 점과 독자들에게 전하고 싶은 메시지를 하단에 담았습니다.

> “자녀는 자신이 가진 힘을 어떻게 쓸지, 언제 멈출지를 아는 어른의 품 안에서 자라납니다. 이 책의 번역을 마치고 나니, 좋은 부모란 결국 좋은 어른의 또 다른 이름이라는 생각이 듭니다.”
>
> —황선미(코헬렛 카운슬링)

> “자동차 운전을 배울 때도 기본지식을 공부하고 면허를 따는데, 하물며 부모가 되는 과정은 이와 비교할 수 없이 더 많은 공부와 연습, 도전과 경험이 필요한 과정이라고 생각합니다. 이 책에는 Baumrind 박사의 좋은 부모, 좋은 자녀 양육에 대한 개념뿐만 아니라 여러 학자의 고민과 연구가 담겨 있습니다. 관련 분야의 상담자, 연구자, 그리고 모든 부모님에게 도움이 되길 바랍니다.”
>
> —이소영(횃불트리니티상담센터)

"아이를 키우며 부모로서의 내가 자라나는 순간들이 있다면, 그것은 끊임없이 나 자신을 돌아보고 새롭게 배워 가는 여정 덕분일 것입니다. 이 책이 그 배움에 따뜻한 길잡이가 되기를 바랍니다. 그리고 나아가, 어린 시절 채워지지 못했던 내면의 빈자리를 돌보고 어루만지는 시간이 되기를 소망합니다."

—안윤경(덴버신학교/세인심리상담센터)

2025년

Soli Deo gloria

역자 대표 이유니

# 들어가며

Michael M. Criss, Robert E. Larzelere

최근 수십 년 동안 미국의 부모들은 자녀를 어느 정도로 엄격하게 훈육해야 하는지에 대해 점점 더 양가적인 태도를 보이고 있다. 이런 현상의 이면에는 과학적 근거보다는 일시적인 유행을 반영한 수많은 대중서적의 양육 조언이 혼란을 부추긴 책임도 있다. 최근 세내에서 가장 두드러진 변화 중 하나는 엄격하고 권위주의적인 부모교육에서 아동 중심의 훈육으로 전환된 점이다. 심리학자인 Diana Baumrind는 1960년대에 이런 추세가 발전하는 것을 보고 양육 유형에 관한 연구를 시작하였다. 그녀는 최적의 양육이란 반응성(responsiveness)[예: 돌봄(nurturance)]과 요구성(demandingness)[예: 통제(control)]의 조합이지 둘 중 하나를 선택하는 것이 아니라는 결론을 내렸다(Baumrind, 1989). 전통적인 교과서들은 부모 유형을 반응성과 요구성의 두 축으로 구성된 네 가지 사분면으로 요약하고 있다([그림 1] 참고). 그녀가 처음 제시했던 부모 유형은 **권위주의적** 부모(반응성 낮음, 요구성 높음), **허용적** 부모(반응성 높음, 요구성 낮음), **권위 있는** 부모(반응성 높음, 요구성 높음)이었다. 대부분의 부모가 이러한 원형에 정확하게 맞지는 않기 때문에 Baumrind는 양육 패턴을 확장하여 두 차원 모두 낮은 부모 유형[**무관심한**(disengaged)]과 반응성과 요구성 둘 중의 하나 또는 두 차원 모두에서 평균인 부모 유형[**지시적**(directive), **충분히 좋은**(good enough), **민주적**(democratic)]을 포함시켰다(Baumrind, 1989; Baumrind, Larzelere, & Owens, 2010).

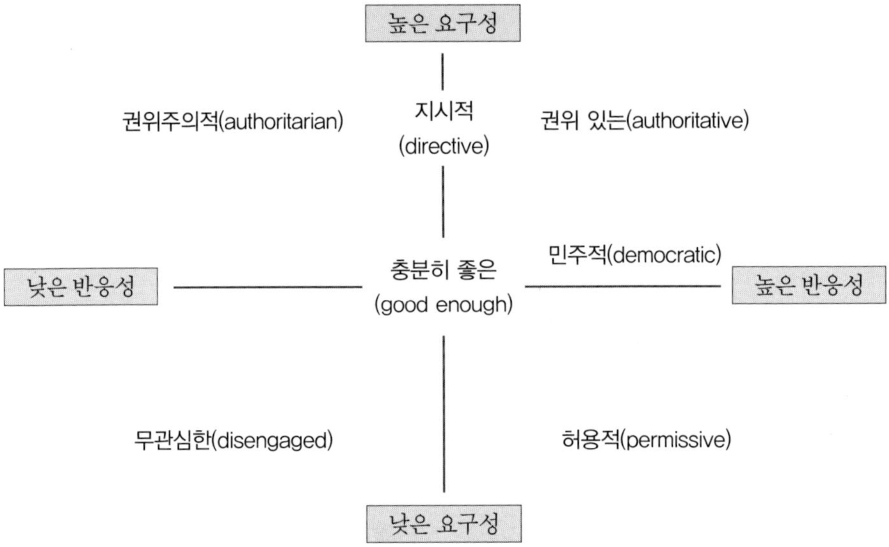


**[그림 1] Baumrind의 일곱 가지 부모 양육 유형**

Baumrind가 이 책에서 설명한 바와 같이 그녀의 유형론은 게슈탈트적인 접근을 강조한다. 다시 말해 반응성과 요구성은 양육 패턴의 전체적인 맥락 속에서 이해되어야 하며, 두 차원이 서로 동떨어진 차원으로 접근되어서는 안 된다는 의미이다. Baumrind의 주된 공헌은 반응성이 최적의 양육을 위해 아주 중요하다는 점을 주장하면서도 요구성의 역할을 무시하지 않았다는 점이다. 사회화 과정을 생각해 볼 때 요구성은 반응성보다는 논란의 여지가 많고, 따라서 이 책에서는 그 부분을 보다 면밀히 살펴보았다. 최적의 요구성에 대한 다양한 관점 때문에, Baumrind가 '**정의의 변화**(definitional drift)'라고 부른 개념이 발생하게 되었다(제1장 참고). 반면, [그림 1]은 권위 있는 부모와 권위주의적인 부모가 요구성의 정도에서 동등하다고 암시하는데 이는 너무 단순한 접근으로 보인다. 실제 Baumrind의 연구에서 권위 있는 부모와 권위주의적인 부모는 직면적 훈육(confrontive discipline)에서만 동일하게 나타났다(Baumrind et al., 2010; 제1장 참고). 권위 있는 부모는 권위주의적인 부모보다 자녀에게 더 높은 수준의 성숙함을 요구하지만 권위주의적인 부모가 사용하는 폭력적 언어(verbal hostility), 심리적 통제(psychological control), 심한 신체적 처벌(severe physical punishment) 및 임의적인 훈육(arbitrary discipline)과 같은 힘의 남용은 피한다. 부모교육 전문가들은 권위 있는 부모가 어떻게 권위주의적인 부모와 다른 방식으로 요구성을 사용하는지에 관한 질적, 양적 차이를 찾아 구분해 왔으며, 이러한 차이점은 이 책의 여러 장에 반영되어 있다. 비록 반응성과 요구성을 겸비한 권위 있는 양육이 일관되게 자녀에게 최적의 결과를 가져오는 것으로 나타났지만(예: Baumrind et al., 2010; Steinberg, 2001), 앞으로의 연구에서는 권위 있는 요구성이 가진 독특한 특성을 명확히 밝히고 지지적인 반응성과는 어떤 식으로 통합될 수 있는지를 규명할 필요가 있다.

비록 양육에 관한 수많은 아이디어와 유행, 이론들이 생겼다 사라졌지만 Baumrind의 기념비적인 연구는 40년이 넘도록 이 분야에서 지속적인 영향을 미치고 있다. 그녀의 접근법은 부모 양육에 관한 유형론적 연구에서 가장 주도적인 것으로 널리 인정받고 있다(예: Parke & Buriel, 2006). 그녀의 권위 있는 양육 이론은 오랜 시간 동안 발전해 왔을 뿐만 아니라, 학생, 연구자, 실무자, 부모교육 전문가, 임상가, 교육자 등 다양한 분야의 사람들에게 큰 영향을 미쳤다. 일례로 파괴적 행동을 보이는 아이들을 위한 임상적 개입 전략에서 Baumrind의 연구는 한 세대에 걸친 영향력을 발휘해 왔다(제8장 참고). 또한 Baumrind는 여러 세대의 부모들에게, 자녀의 행동에 높은 기대를 가지면서도 동시에 따뜻하고 반응적일 수 있다는 사실을 가르쳐 주었다.

Baumrind의 양육 차원은 방대한 양의 실증적 연구를 통해 조명되었고 그녀의 이론은 아동 발달과 양육 입문 교과서에 널리 소개되어 왔다. 이 책은 Baumrind의 '권위 있는 양육'에 관해 저명한 학자들이 저술한 첫 번째 학술서적이다. 따라서 이 책의 목적은 권위 있는 양육에 관한 가장 중요하고 새로운 연구들을 요약하는 것이다. 최신 연구들은 Parke와 Buriel(2006)이 지적한 세 가지 미해결된 과제를 다루고 있다. 첫째, 권위 있는 양육의 효과성을 설명하는 구체적인 메커니즘이 여러 장에서 논의되었으며, 특히 양육 결과에 도움이 되거나 해로운 반응성과 요구성 측면을 명확히 하고 확장하는 연구들이 진행되었다. 둘째, Sorkhabi

와 Mandara(제5장 참고)는 권위 있는 양육의 효과가 문화에 따라 어떻게 달라지는지를 탐구하며 또 다른 미해결 과제를 다루고 있다. 마지막으로, Morris, Cui, Steinberg(제2장 참고)와 Larzelere, Cox, Mandara(제4장 참고)는 권위 있는 양육과 관련된 긍정적 결과가 부모의 영향에 의한 것인지, 아니면 자녀의 영향에 의한 것인지를 분석하며 세 번째 미해결 과제를 살펴보았다.

각 장에서는 권위 있는 양육과 관련된 최신 연구들을 정리할 뿐만 아니라, 그 고유한 특성을 중요한 측면에서 명확하게 설명하고 있다. 심리적 통제와의 상관성, 권위 있는 양육의 문화적 다양성, 권위 있는 양육과 거의 유사한 효과를 내는 접근법 등이 그 예이다. 몇몇 장에서는 Baumrind의 최신 연구를 보완하여 효과적인 요구성과 역효과를 내는 요구성을 구별하는 방법을 제안하였다. 다른 저자들은 권위 있는 양육이 정서 사회화(emotion socialization), 청소년들이 자율성 증진을 위해 벌이는 협상(adolescent negotiations for increasing autonomy), 인지 발달(cognitive development), 공격성을 줄이기 위한 치료법(treatments to reduce aggression)과 어떤 관련이 있는지를 제시하였다. 전반적으로 이 책은 다양한 표본(임상적, 비임상적, 아버지 · 어머니, 아동 · 청소년, 도시 · 농촌)을 대상으로 북미 및 전 세계에서 수행한 권위 있는 양육에 관한 연구를 통합하였다.

이 책은 네 부분으로 구성되어 있다. 제1부는 권위 있는 양육 연구의 역사와 현 상황에 대한 내용이다. Baumrind(제1장 참고)는 반응성과 요구성의 조합이라는 권위 있는 양육 본래의 특징을 명확히 함으로써 이 이론의 초기 정의에서 벗어난 의견들을 바로잡았다. 그녀는 이론을 발전시키는 데 영향을 준 철학 · 이론 · 정치적 배경에 대한 흥미로운 설명을 제공하였다. Baumrind는 권위 있는 부모가 사용하는 직면적인 행동 통제와 권위주의적인 부모가 사용하는 강압적이고 심리적으로 통제하는 양육을 구별하였다. 이어서 Morris 등(제2장 참고)은 Darling과 Steinberg(1993)의 기념비적 연구가 발표된 이후 양육 유형의 연구 분야에 나타난 주요 성과를 세 가지로 요약하였다. 첫 번째로 그들은 '정서가 관여된 양육(emotion-related parenting)'과 효과적, 비효과적인 통제의 차이 등 권위 있는 양육의 핵심 요소에 대해 논의하였다. 두 번째로 연구자들은 부모-자녀 관계의 양방향적 영향을 살펴보았는데 특히 아동의 기질과 관련된 생리학적 근거를 중점적으로 다루었다. 마지막으로, 그들은 양육을 이해하는 가장 효과적인 방법이란 개인의 내적 과정(intraindividual process)부터 가족체계(the larger family as a system), 주변 환경(immediate environment)과 문화 전체(overall culture)까지를 아우르는 '상호 연결된 역동적 시스템(a set of interconnected dynamic systems)'의 관점에서 바라보는 것이라고 제안하였다.

제2부에서 우리는 적절한 요구성과 해로운 요구성을 구분하였다. 또한 다양한 문화적 맥락 안에서 적절한 요구성이 어떻게 논리적으로 훈육하는 능력(disciplinary reasoning)과 자율성의 발달(autonomy development)을 촉진시킬 수 있는지를 논의하였다. Barber와 Xia(제3장 참고)는 Baumrind의 '부모의 통제(parental control)' 개념을 바탕으로 심리적 통제와 행동적 통제 간의 구분을 새롭게 고안하였다. 그들은 적절한 수준의 부모 통제가 아이들의 자율성 발달을 돕는 동시에, 사회적 기대와 요구에 맞추어 자신의 이익을 조절할 수 있는 조화로운 발달의 기반이 된다고 주장했다. Barber와 Xia는 또한 심리적 통제의 기본 특성들을 명확히 하는 최근 연구의 흐름을 요약하였다. 그들은 행동적 통제에 관한 연구가 심리적 통제만큼의 발전을 이루지는 못했다고 주장하였는데 그 이유는 아마도 행동적 통제의 효과라는 것이 비선형적이고 맥락적인 영향을 쉽게 받기 때문일 것이라고 덧붙였다. Larzelere 등(제4장 참고)은 어린 아동의 잘못된 행동에 반응하기 위해 권위 있는 양육이 어떻게 논리적 설명과 권위 행사(power assertion)를 결합하였는지 설명한다. 그들은 Bell의 통제 시스템 모델(Bell & Harper, 1977)을 활용하였는데 부모교육 훈련에서 실시하는 권위를 활용하는 기술(the power-assertive skills)이 아동 발달 연구에서 강조하는 논리적으로 훈육하는 능력(disciplinary reasoning)과 협상 능력(negotiation)을 향상시킬 수 있다고 주장하였다. 이 모델은 일관적으로 권위를 활용하여 부모들이 자녀를 보다 부드럽게 언어적으로 훈육할 수 있는 방법, 더 나아가 점차적으로 개입을 줄여 나갈 수 있는 방법을 제시한다. 이 모델은 또한 언어적 훈육을 능숙하게 사용할 경우 자녀의 내면화된 도덕성이 증진되므로 부모가 권위를 사용할 필요성이 줄어들 수도 있다고

암시한다. Sorkhabi와 Mandara(제5장 참고)는 최적의 교육을 위해서는 돌봄과 통제가 조화를 이루는 것이 모든 문화에서 공통된 요소이지만, 구체적인 표현과 균형은 문화마다 다를 수 있다고 결론지었다. 어떤 문화에서는 과도하게 권위주의적으로 보이는 현상이 다른 문화에서는 적절하고 권위 있는 양육에 가깝게 보일 수도 있다. 중요한 것은 '아이들이 자신이 속한 문화적 환경에서 자신의 부모를 적절히 반응적이고 요구적인 존재로 인식하는가?' 하는 문제이다. Sorkhabi(제6장 참고)는 청소년들이 자율성에 대한 욕구로 인해 부모와 협상을 시도하는 과정에서, 특히 사적 영역과 도덕적 영역 간의 갈등이 발생할 때 부모의 의사소통 방식과 통제감이 어떻게 나타나는지를 설명하였다. 그녀는 부모의 양육 스타일이 갈등의 빈도와 자녀의 자율성 발달에 미치는 영향을 논의하며, 갈등이 영역에 따라 다르게 나타난다는 점을 인정했다. 또한 이상적인 발달은 부모와 청소년이 긍정적인 유대감을 유지하면서도 청소년의 자율성 확대를 지원하는 방향으로 이루어져야 한다고 제안하였다.

제3부에서는 권위 있는 양육의 임상 및 교육적 개입과 적용에 대해 다루었다. Cavell, Harrist와 Del Vecchio(제7장 참고)는 부모 관리 훈련을 효과적으로 향상시키는 데 필요한 10가지 핵심 원칙을 제시하였다. 이들의 논의에서 중심이 되는 한 가지 주제는, 장기적인 성공의 관점에서 볼 때 긍정적인 부모-자녀 관계가 순간적인 불순종을 통제하기 위한 양육 기술보다 더 중요하다는 점이다. 그들은 효과적인 훈육과 안정적인 반응성을 함께 제공하는 양육이 임상적 수준의 문제행동을 보이는 공격적인 아동에게 가장 좋은 결과를 가져올 수 있다고 주장하였으며, 이는 '권위 있는 양육'의 개념과 일맥상통한다. 다음으로 Snyder 등(제8장 참고)은 권위 있는 양육을 치료적 개입에 적용하는 방안을 논의하였다. 그들은 특별히 아동과 부모의 정서에 초점을 맞춘 임상적 양육법(clinical parenting interventions)을 강조하였다. 제8장에서는 권위 있는 양육과 조화를 이루는 방식으로 아동의 정서 및 사회성 발달을 강조하는 개입이 논의되었다. 또한 기존의 부모 개입 접근법이 일관된 행동 관리 기술(behavioral management skills)에 중점을 두면서도 점차 권위 있는 양육의 반응성 차원을 포함하게 된 과정도 설명하였다. Gauvain, Perez와

Beebe(제9장 참고)는 아동의 인지발달을 최적화하는 데 필요한 사회적 자원의 유형에 관한 연구들을 검토하였다. 이 과정에서 돌봄, 자녀의 필요를 세심하게 인식하는 민감성, 그리고 자녀의 관점을 존중하는 지지적인 의사소통의 중요성이 조명되었다. 권위 있는 부모는 자녀의 자율성을 장려할 뿐 아니라 자녀가 학습과 놀이 상황 모두에서 적절한 정도의 성숙 수준을 지키도록 요구하는데 이는 효과적인 비계설정(scaffolding)으로 사용될 수 있다. 저자는 권위 있는 양육이 부모가 지니고 있던 학습에 대한 책임감을 자녀에게 자연스럽게 전환하도록 돕는 이상적인 방안이라고 제안하였다.

마지막으로 제4부에서는 Henry와 Hubbs-Tait(제10장 참고)가 이 책의 각 장에서 도출된 중요한 주제를 재조명하였고, 특별히 권위 있는 양육을 여타 주요한 부모 양육 접근들과 연결하는 청사진을 제시하였다. 권위 있는 양육에 대한 기존의 잘 알려진 문헌과 새로운 이론적 관점을 검토하였으며, 반응성과 요구성의 차원을 보다 폭넓게는 부모-자녀 관계의 지속성 속에서, 세밀하게는 부모-자녀 상호작용의 과정 속에서 깊이 있게 탐구하였다. 또한 향후 연구의 방향과 실질적인 적용에 대한 주요 논점을 추가하였다.

이 책이 Baumrind 박사의 본래 목표였던, 부모들이 반응성과 요구성을 조화롭게 활용하여 최상의 결과를 얻고, 자녀를 가족과 사회의 한 구성원으로 성장시킬 수 있도록 돕는 최적의 방법을 이해하고 촉진하는 데 기여하기를 바란다. 우리는 이 책이 학생과 학자들뿐만 아니라 부모교육 전문가와 교사, 나아가 궁극적으로는 부모와 그들의 자녀들에게도 도움이 되리라 믿는다.

## 참고문헌

Baumrind, D. (1989). Rearing competent children. In W. Damon (Ed.), *Child development today and tomorrow* (pp. 349-378). San Francisco, CA: Jossey-Bass.

Baumrind, D., Larzelere, R. E., & Owens, E. B. (2010). Effects of preschool parents' power assertive patterns and practices on adolescent development. *Parenting: Science and Practice, 10,* 157-201. doi:10.1080/15295190903290790

Bell, R. Q., & Harper, L. V. (1977). *Child effects on adults.* Hillsdale, NJ: Erlbaum.

Darling, N., & Steinberg, L. (1993). Parenting style as context: An integrative model. *Psychological Bulletin, 113,* 487-496. doi:10.1037/0033-2909.113.3.487

Parke, R. D., & Buriel, R. (2006). Socialization in the family: Ethnic and ecological perspectives. In N. Eisenberg, W. Damon, & R. M. Lerner (Eds.), *Handbook of child psychology. Vol. 3: Social, emotional, and personality development* (6th ed., pp. 429-504). Hoboken, NJ: Wiley.

Steinberg, L. (2001). We know some things: Parent-adolescent relationships in retrospect and prospect. *Journal of Research on Adolescence, 11,* 1-19. doi:10.1111/1532-7795.00001

# 차례

▣ 역자 서문 _ 3

▣ 들어가며 _ 7

## 제1부 • 권위 있는 양육 연구의 역사와 현주소

제1장 **권위 있는 양육 재조명: 역사와 현주소** 23

권위 있는 양육의 원형 정의 _ 25

Baumrind 부모 유형 이론의 철학적 및 이론적 토대 _ 27

양육 스타일에 반영된 사회적 이념 _ 31

직면적 행동 통제와 강압적 행동 통제 _ 34

가족 사회화 및 발달 역량 연구 프로그램 _ 36

권위 있는 양육 개념의 재고 _ 47

제2장 **양육 연구와 주제: 우리가 배운 것과 앞으로 나아가야 할 방향** 57

부모의 양육 유형 구성 요소 검토 _ 58
자녀 효과 이해 _ 68
더 넓은 사회적 맥락에서의 자녀 양육 _ 71
새로운 방향 _ 76

제2부 • **통제와 협상을 권위 있게 통합하기**

제3장 **자녀 양육에서 통제의 중심적 위치 및 효과** 91

자유와 통제의 양면성 _ 93
심리적인 통제와 행동적인 통제를 구분하기 _ 94
심리적 통제 _ 95
행동적 통제 _ 109
결론 _ 118

제4장 **어린 아동의 문제행동에 대응하기: 권위 있는 부모가 단호한 통제를 사용하여 논리적 사고를 촉진하는 방법** 127

문제행동에 권위 있게 대응하기 _ 128
두 가지 문헌 연구: 통합적 모델을 향하여 _ 130
Bell의 통제 시스템 모델 _ 133
권위 있는 양육의 통합적 접근: 자녀의 문제행동에 대응하기 _ 147
결론 _ 152

제5장 **Baumrind 부모 유형이 미치는 영향은 문화적으로 특수한가, 아니면 보편적인가** 161

초기 양육 방식 연구에서의 문화적 차이 _ 162
문화적 특수성의 관점 _ 165
문화적 보편성의 관점 _ 174
결론 _ 182

제6장 **보편적인 부모-청소년 갈등의 발생 및 적응성: Baumrind의 사회화 이론과 인지 사회 영역 이론** 191

권위주의적 부모, 권위 있는 부모, 허용적 부모의 통제와 자율성에 대한 사회화 목표 및 통제 의지의 차이 _ 194
갈등의 발생: 자율성과 부모로부터의 분리에 대한 청소년의 욕구 대 청소년의 자율성과 지속적인 연결에 대한 필요성을 지지하는 부모의 지원 _ 198
갈등의 발생: 부모와의 권력 차이를 부당하게 여기는 청소년들의 관점 대 부모와의 권력 차이에 대한 청소년들의 판단 _ 202
갈등의 적응성: 부모가 통제를 포기하게 만드는 수단으로서의 청소년의 저항과 갈등 대 청소년의 저항과 갈등에 대한 부모의 해석 및 반응 _ 205
갈등의 적응성: 권위주의적, 권위 있는, 허용적 부모들이 적용하는 부모의 통제와 갈등의 영역 특수성 대 영역 간 통제의 변이 _ 210
결론 및 향후 연구 방향 _ 214

## 제3부 • 임상 및 교육에서의 적용


제7장 **공격적인 아동의 부모와 작업하기: 권위 있는 양육의 역할과 10가지 원칙** 225

부모의 양육과 아동기 공격성 발달에 관한 최신 연구 발전 _ 227
부모 관리 훈련 _ 231
부모 기반 개입의 10가지 지도 원칙 _ 237
결론 _ 247

제8장 **효과적인 자녀 양육의 실제: 사회적 상호작용 학습 이론과 감정 코칭 및 마음챙김의 역할** 259

양육 연구와 개입에 대한 Baumrind의 기여 _ 260
감정 코칭 _ 263
관계틀 이론(RTF)과 수용전념치료(ACT) 접근을 통한 양육 _ 269
부모 훈련 개입에서 감정 코칭과 관계틀 이론(RFT), 수용전념치료(ACT) _ 279
감정 코칭과 관계틀 이론, 수용전념치료: 이 모든 것은 어디로 향하는가 _ 282

제9장 **권위 있는 양육과 아동의 인지발달을 위한 부모의 조력** 287

인지발달의 사회적 본질 _ 288
양육 유형과 인지적 역량 발달 _ 292
권위 있는 양육과 인지발달 _ 297
양육 방식과 인지발달의 사회문화적 접근 간의 조화 _ 304
결론과 새로운 방향 _ 307

## 제4부 • 결론

제10장 권위 있는 양육의 새로운 방향 317

'정의의 변화'에서 개념의 구체화 및 분야의 발전으로 _ 317
권위 있는 부모 유형: 부모 양육 접근 간의 가교 역할 _ 326
개념적 기초와 새로운 접근법의 이론적 배경 _ 329
양방향적 접근법: 부모 효과, 자녀 효과 또는 둘 다에 대한 고전적인 질문 _ 329
양방향성을 넘어서: 체계적 접근 _ 333
행동 및 사회 학습 접근 _ 334
기타 접근법 _ 335
방법론의 새로운 방향 _ 336
실천적 접근의 새로운 방향 _ 339
결론 _ 344

▣ 찾아보기 _ 351

제 1 부

# 권위 있는 양육 연구의 역사와 현주소


제1장 권위 있는 양육 재조명: 역사와 현주소

제2장 양육 연구와 주제: 우리가 배운 것과 앞으로 나아가야 할 방향

제**1**장

# 권위 있는 양육 재조명:
## 역사와 현주소

Diana Baumrind[1)]

2001년 청소년 연구 학회(Society for Research on Adolescence)의 회장 연설에서 Laurence Steinberg는 '우리가 아는 것들: 부모-청소년 관계에 대한 회고와 전망'이라는 제목으로 다음과 같이 주장하였다.

> 미국 표본을 대상으로 한 연구에 따르면, 일반적으로 부모가 권위 있는(authoritative) 양육 방식을 취할 때 청소년은 더 긍정적인 결과를 보이며, 이러한 경향은 인종, 사회적 배경, 부모의 혼인 상태와 무관하게 나타난다(Steinberg, 1990). 이러한 결과는 중국, 파키스탄, 홍콩, 스코틀랜드, 호주, 아르헨티나와 같이 가치 체계가 매우 다양한 여러 국가의 표본에서도 확인되었다(p. 12).

1) 저자의 연구 프로그램에 아낌없는 지원을 해 준 William T. Grant 재단과, 캘리포니아 대학교 버클리 캠퍼스 인적발달연구소 및 동료들, 특히 Nadia Sorkhabi와 Steven Kniep의 지속적인 지원에 감사의 뜻을 전한다. 또한 저자의 연구에 관심을 가져 준 Majorie Gunnoe와 오클라호마 주립대학교 인간발달 및 가족과학과의 Robert E. Larzelere, Amanda S. Morris, Amada W. Harrist에게 깊이 감사하며, 이러한 관심이 권위 있는 양육에 관한 저서로 발전하게 되었다. 끝으로 여기에 수록된 뛰어난 장들을 집필해 준 저자들의 노력에도 진심으로 감사한다.

**권위 있는 부모의 자녀 양육**(authoritative parenting; 이하 권위 있는 양육)은 요구성(demandingness)과 반응성(responsiveness)이라는 두 개의 독립적인 차원이 균형 있게 통합된 것이 특징이다. 두 차원에 대해서는 이 장의 후반부에서 자세히 설명한다. Steinberg(2001)는 권위 있는 부모에 의해 촉진되는 아동의 특성으로 '자립심, 성취 동기, 친사회적 행동, 자기 통제력, 쾌활함, 그리고 사회적 자신감'을 제시하였다(p. 13). 부모의 양육 방식을 '권위 있다'고 정의할 때 언급된 특성들은 현대 산업사회에서 효과적인 교육자, 작업 감독자, 그리고 코치들이 보이는 특성과도 일치하는 것으로 나타났다(Bear, 2004; Gregory & Weinstein, 2004; Hughes, 2002; Scarlett, Ponte, & Singh, 2009).

권위 있는 양육은 폭넓은 지지를 받았지만, 동시에 본래의 의미에서 벗어난 정의의 변화도 함께 나타났다. 예를 들어, 부모의 양육 유형 및 차원 질문지(Parenting Styles and Dimensions Questionnaire; Robinson, Mandleco, Olsen, & Hart, 1995)의 '권위 있는 양육' 하위 척도는 온정성과 개입(warmth and involvement), 논리적 설명/귀납적 지도(reasoning/induction), 민주적 참여(democratic participation), 온화함/느긋함(good natured/easy going)의 네 가지 차원으로 구성되어 있다. 그러나 이들 차원 중 어느 것도 권위 있는 양육 개념에 포함되는 요구성의 직면적(confrontive) 통제 측면을 평가하지 않는다.

이 장의 목적 중 하나는 권위 있는 양육 방식의 의미를 표준화하는 것이다. 이를 위해 그 근간이 되는 이론적 토대를 살펴보고 개념들을 확장하여 설명한다. 정의에서는 핵심적이지만 흔히 간과되어 온 직면적 통제를 특히 중점적으로 다룬다. 먼저, 권위 있는 양육의 원형(prototype)을 정의한 후, 나의 부모 양육 유형의 기초가 되는 철학적, 이론적 유산과 사회적 이념을 검토한다. 그다음, 직면적 권위 행사와 강압적(coercive) 권위 행사의 두 가지 유형을 구분하는데, 이 구분은 권위 있는 양육과 권위주의적 양육(authoritarian parenting) 간의 효과 차이를 설명하는 데 핵심적인 역할을 한다. 이후, 나의 종단 연구를 소개하면서 연구 전략과 방법론을 설명하고, 부모 권위 유형 간의 차이가 아동 발달 결과에 미치는 영향을 검증하기 위해 사용된 연구 변인과 절차를 제시한다. 마지막으로, 나의 종단 연구 프로그램의 독창적인 특징이라고 여겨지는 점들을 요약하면서 이 장을 마무리한다.

## 권위 있는 양육의 원형 정의

부모 **권위**(authority)란 전문적 지식과 뛰어난 보호 및 지도 능력을 바탕으로 자녀에게 행동의 대안을 제시할 힘(power)과 권리(right)를 부여받은 사람을 의미한다. 나는 1966년, 이러한 권위의 중립적인 의미를 되찾고 부모 권위와 연관된 부정적인 함의를 해소하기 위해 **권위 있는**(authoritative)이라는 용어를 양육의 개념에 도입하였다(Baumrind, 1966). 1950년, Adorno, Frenkel-Brunswik, Levinson과 Sanford가 저술한 영향력 있는 고전 『권위주의적 성격(The Authoritarian Personality)』이 출간된 이후, 권위 있는 인물(authority figure)에 대한 개념은 **권위주의적 성격**(authoritarian personality)에 더 적절한 비판적이고 부정적인 의미로 채워지게 되었다. 이는 미국의 민주주의 사회에서 일부 부모들로 하여금 자녀에게 권위 있는 인물로서 행동하는 것이 윤리적인가에 대한 의문을 갖게 만들었다. Adorno 등(p. 971)에 따르면, 권위주의적 성격은 융통성 없고, 억압적이며, 관습적이고, 권위 지향적이며 위계적인 특성을 가진다. 이는 따뜻하고, 융통성 있고, 평등을 중시하며, 진실한 특성을 지닌 민주적 성격과 대조된다. 부모로서, 권위주의적 성격을 가진 사람은 제한적이고, 처벌적이며, 억압적이고 강압적인 권위적 인물(즉, 권위주의적 부모)로 예상할 수 있다. 반면, 민주적 성격의 부모는 무조건적으로 자녀를 수용하고, 자율성을 지지하며, 관대할 것으로 예상할 수 있다(즉, 허용적 부모).

나는 연구를 통해 권위주의적(authoritarian) 원형이나 허용적(permissive) 원형에 속하지 않는 부모 유형을 확인하고, 이들을 **권위 있는**(authoritative) 부모로 명명하였다. 권위 있는 부모는 권위주의적 성격에서 예상되는 강압적인 훈육 방식도, 민주적 성격에서 예상되는 관대한 훈육 방식도 보이지 않는다. 대신 이들은 두 양육 스타일과 대조적으로 반응적이고 요구적이며, 직면적이면서 자율성을 지지하고, 다정하면서도 권위를 행사한다. 따라서 권위 있는 양육의 원형은 규칙이나 요구가 거의 없는 허용적 양육의 원형과 강압적이며 실질적으로 불필요한 통제를 특징으로 하는 권위주의적 양육의 원형 모두와 상반되는 특성을 지닌다(Baumrind, 1966).

부모 권위와 '권위 있음'의 개념에 대한 오해는 부모의 통제와 사랑이 동일한 연속선상의 양극단으로 표현될 때 발생한다. 사실 이 두 요소는 두 개의 독립적인 차원으로 이해되어야 한다. 예를 들어, Hulbert(2003)는 지난 세기 아동 양육에 대한 전문가들의 조언을 설명하면서 다음과 같이 언급하였다.

> 이들의 언론 보도나 상호 대립적인 입장을 보면 전혀 짐작할 수 없었겠지만, 부모 중심의 사역자들과 아동 중심의 멘토들은 모두 동일한 대의명분, '권위 있는 양육'에 대한 충성을 공언했다. 이는 사랑과 통제 사이의 균형을 추구하는 방식이며, 아동 발달 분야에서 합의된 입장이었다. 두 입장 모두 전통적인 견해를 따르면서, '권위주의적 양육'과 구별하였고, 권위주의적 양육이 고압적이라는 데 동의했다. 이들은 또한 '허용적 양육'과도 구별했으며, 허용적 양육이 관대하다는 데 의견을 같이했다(p. 335).

Hulbert(2003)의 이 인용문은 권위 있는 양육을 설명하면서 사랑과 통제를 하나의 차원으로 표현하고 있다. 이는 높은 통제를 낮은 사랑과 동일시하고, 권위 있는 양육을 사랑과 통제의 중간 지점에 위치시키는 방식이다. 그러나 권위 있는 양육은 사랑과 통제 사이의 균형을 맞추는 접근법이 아니라, 사랑과 통제를 두 개의 독립적인 차원으로 간주하는 접근법이다. Richard Farson(1974)과 Alfie Kohn(2005) 등의 아동 중심 허용주의(child-centered permissiveness) 옹호자들은 통제와 사랑을 하나의 차원으로 취급했다. 이들은 직면적 행동 통제를 거부와 동일시하고, 무조건적 사랑을 무조건적 수용과 동일시하였다. 그러나 권위 있는 부모는 무조건적으로 수용적이지도 않고, 무조건적으로 거부적이지도 않다. 권위 있는 부모는 통제와 사랑 두 측면에서 모두 높은 수준을 유지한다. 따라서 권위 있는 양육은 사랑과 통제가 모두 낮은 무관심한 양육의 정반대이며, 이는 권위주의적 양육이나 허용적 양육의 단순한 반대 개념이 아니다.

권위 있는 양육 스타일은 권위주의적 양육과 허용적 양육이 지닌 상반된 특성 중 유익한 요소들을 통합한 연합체이다. 이는 권위주의적 양육의 특징인 권위 행사와 요구성을 갖추는 동시에, 허용적 양육의 특징인 사랑과 반응성을 함께 지닌 방식이다. 통합적 연합체로서, 권위 있는 양육 스타일에서는 높은 요구성과 반응성이 서로 영향을 주고받으며, 각 구성 요소의 성질과 효과를 변화시킨다. 비록 허용적 부모와 권위 있는 부모 모두 자녀에게 사랑을 표현한다는 공통점이 있지만, 허용적 부모가 무조건적인 수용을 실천하는 반면, 권위 있는 부모는 찬성하지 않는 행동에 대해 명확하게 제재를 가한다. 또한 권위주의적 부모와 권위 있는 부모 모두 권위를 행사하지만, 권위주의적 부모는 강압적이며 동시에 직면적인 반면, 권위 있는 부모는 반응적이고 직면적이지만 강압적이지는 않다.

## Baumrind 부모 유형 이론의 철학적 및 이론적 토대

나의 부모 양육에 대한 관점은 Vygotsky(1978)의 사회문화적 접근과 유사하게, 마르크스주의 이론적 전통의 영향을 반영하고 있다(Baumrind, 1978a, 1998). 또한 사회화(socialization)에 대한 나의 관점은 Maria Montessori와 같은 교육 이론가와 Kurt Lewin과 같은 집단역학(group dynamics) 이론가들의 심리학적 통찰력을 반영하고 있다.

### 마르크스주의 변증법적 유물론

헤겔의 변증법에 기반한 마르크스주의 철학은 모든 현상 속에 대립되는 힘[정(thesis)과 반(antithesis)]이 존재한다고 본다. 예를 들어, 개인의 주체성(agency)과 공동체성(communion), 혹은 자율성 지지와 엄격한 통제와 같은 요소들이 이에 해당한다. 이러한 대립 요소들은 최적의 기능을 이루기 위해 조화롭게 조정되거나 **통합**(synthesized)된다. 나는 마르크스주의 심리학자인 Vygotsky(제9장 참고)와 마찬가지로, 아동을 연구하는 생태학적으로 타당한 방법은 그들이 속한 자연 환경에서 이루어져야 한다고 본다. 또한 인간 발달의 단계들은 자연적으로 전개되는 것이 아니라, 주로 부모나 교육자와의 상호작용에 의해 형성된다고 생각한다. 유물론자로서 나는 인간이 삶의 지침을 얻기 위해 초월적 존재가 아니라 자신과 서로를 바라봐야 한다고 믿는다. 따라서 부모는 자녀가 어떤 사람이 될 것인지 형성되는 과정에 책임을 져야 한다(Vande Kemp, 1995, Baumrind 관련 참고).

아동 양육에 적용된 마르크스주의 접근법은 러시아 혁명 이후 부랑 청소년을 재활시키는 임무를 맡았던 소련의 교육자 A. S. Makarenko(1954)에 의해 실제로 실행되었다(Bronfenbrenner, 1979 참고). Makarenko는 질서 있는 규율을 엄격히 적용하면서도, 자신의 지시 사항을 설득력 있는 논리로 정당화하였다. 그는 사회적으로 유익한 노동을 청소년들에게 긍정적인 영향을 주는 형성적 요소로 활용하며, 이들이 책임감 있고 주체적인 사회 구성원으로 성장하도록 지도하였다. 그의 훈육 스타일은 권위 있는 방식이라고 볼 수 있는데, 이는 엄격한 통제와 높은 성숙에 대한 요구를 사랑과 무조건적인 헌신과 통합했기 때문이다. 나 역시 Makarenko와 마찬가지로 사회화를 바람직한 사고방식과 행동 습관을 길러 주는 인격 교육으로 이해한다. 이는 양육과 논리적 설명을 결합하고, 높은 성취기준과 친사회적 행동을 확고히 강화하는 방식으로 이루어진다.

## Maria Montessori의 교육 이론

Maria Montessori의 제자인 Nancy Rambusch(1962)는 몬테소리 교실에서 아동의 개인적 자유와 질서의 필요성 사이의 긴장을 해소하기 위해 권위 있는 통제가 어떻게 사용되는지를 다음과 같이 설명했다.

> 교사들은 권위 있는 존재감을 발휘하며, 특정 상황에서는 권위를 행사할 수도 있다. 그러나 몬테소리 교실에서의 규율은 세 가지 영역에서 형성된다. 첫째, 규율은 통제된 환경 자체에서 조성된다. 둘째, 통제된 교사에게서 나타나며, 필요할 경우 교사는 권위주의적인 역할을 수행할 준비가 되어 있다. 셋째, 규율은 초기 단계부터 아동 내면에 자리 잡는다. 이는 특정 미국 교육 형태에서 모든 권위가 교사에게 집중되는 경우, 또는 극단적인 허용적 교육 형태에서 모든 권위가 아동에게만 부여되는 경우와는 대조적으로, 삼자(즉, 환경, 교사, 아동) 간의 협의 체계로 이루어져 있다(pp. 49-50).

미국 안에서는 John Dewey가 유사한 철학을 주장했다. Rambusch(1962)는 다음과 같이 설명했다.

> Dewey와 Montessori는 관심(interest)과 규율(discipline)이 서로 연결된 것이며, 대립되는 개념이 아니라고 보았다. Dewey는 실제로 말과 태도, 무례함에서 나타나는 무제한적인 자유로운 행동을 비판했다. 그는 사실상 무정부상태에 가까운 것까지도 자유라고 여기는 모든 자유주의적 교육적 흐름에 대해 비판적이었다(p. 63).

Montessori와 Dewey처럼, 나 역시 성인의 권위에 의해 제한되지 않는 행동의 자유(무조건적 수용)와 고압적인 성인의 권위 행사(강압적 통제) 두 가지 모두가 아동 발달에 해롭다고 본다.

## Kurt Lewin의 집단역학 운동

Eleanor Maccoby(1992)는 사회화 연구의 역사적 개관에서, 양육 스타일의 효과를 비교한 나의 연구를 집단역학 운동의 창시자인 Kurt Lewin의 사회적 분위기 연구와 대조적이라고 설명했다.

Lewin의 제자인 Hubert Coffey 교수의 지도 아래, 나는 1955년 캘리포니아 대학교 버클리 캠퍼스에서 대학생들의 구조화된 토론 그룹과 비구조화된 토론 그룹에 관한 박사학위 논문을 작성했다. Lewin 등(Lewin, Lippitt, & White, 1939)은 실험적으로 설정된 민주적 리더십과 독재적 리더십 유형이 집단 과정의 작동에 미치는 영향의 차이를 연구했다. 독재적 리더들은 모든 결정을 스스로 내리며, 그 기준을 설명하지 않은 채 칭찬과 비판을 했다. 반면, 민주적 리더들은 집단의 결정 과정에 직접 개입하지 않고, 객관적이고 중립적인 태도로 집단이 자율적으로 운영될 수 있도록 지원하는 자원의 역할을 했다. Lewin 등(1939)은 민주적 리더십이 집단 구성원들에게 최대한의 의사결정 권한을 부여하기 때문에 민주적 리더십을 선호했다. 그러나 나는 개인적으로 독재적 리더십보다는 덜 지배적이고, Lewin 등의 민주적 리더십보다는 더 지시적인 형태의 '구조화된' 리더십을 선호했다. 따라서 나의 구조화된 토론 그룹의 리더들은 민주적이지도, 독재적이지도 않은 형태로 운영하였다.

나는(Baumrind, 1955) 최적의 리더십 스타일이 구조화된 리더에 의해 이끌어진다는 가설을 세우고 이를 입증했다. 최적의 리더십 스타일은, ① 학생들이 작성한 높은 수준의 에세이와 ② 그룹 리더에 대해 학생들이 작성한 만족도를 기준으로 정의하였다. 구조화된 그룹의 구성원들은 집단역학 이론가들이 예상했던 것처럼, 자신의 독립적인 판단과 자율성을 리더에게 양도하기보다는, 오히려 주도적인 그룹 리더를 모델링하는 경향을 보였다. 토론 그룹에서 구조화된 리더십의 효과를 연구한 나의 박사학위 논문은 단호한 권위(assertive authority)와 구성원의 의견에 대한 반응성(responsiveness)을 결합한 리더십 특성을 제시했다. 이러한 특성은 이후 부모의 권위에 관한 연구에서 권위 있는 양육의 원형으로 다시 나타났다.

내가 집단역학 이론을 양육에 적용하기 전에, Baldwin(1949)과 그의 동료들(Baldwin, Kalhoun, & Breese, 1945)은 민주적, 권위주의적, 자유방임적 양육 방식이 아동에게 미치는 영향을 연구했다. 이들의 민주적 양육 모델은 Lewin의 모델과 유사하게 최소한의 성인 통제, 객관성(거리감을 둔 과학적 태도), 그리고 가족 의사결정 과정에서 아동의 의견을 지지하는 것이 특징이었다. Baldwin 등은 민주적 양육이 아동의 인지적 및 사회적 발달에 가장 유익할 뿐만 아니라, 동시에 자기중심적 자기표현을 촉진한다는 결론을 내렸다.

나의 양육 유형 분류(Baumrind, 1966)는 Baldwin의 민주적 모델의 한 요소를 통합하여, 아동이 자신에게 영향을 미치는 결정에 대한 의견을 제시할 수 있도록 장려하는 것을 최적의 양육 기준 중 하나로 포함하였다. 그러나 나의 유형 분류는 Baldwin의 모델과 달리, 결단력 있는 성인 리더십을 강조했다. 이는 내가 권위 있는 양육이라고 명명한 최적의 부모 양육 스타일의 핵심 특징으로, 직면적 행동 통제의 형태로 나타난다. 내가 제시한 권위 있는 양육 방식은 새로운 양육 스타일로, 이는 Lewin과 Baldwin이 지배적이고 퇴행적이라고 하여 거부했던 독재적 또는 권위주의적 양육 스타일의 특성인 요구, 직면, 모니터링과, 그들이 선호한 민주적 양육 스타일의 특성인 반응성과 의사소통 능력을 통합한 것이다.

Baldwin의 초기 양육 유형 분류는 반응적이고 자유로운 민주적 양육 스타일과 요구적이며 보수적, 권위주의적 또는 독재적 양육 스타일 간의 이분법적 구분을 중심으로 이루어졌나. 그러나 Baumrind, Larzelere와 Owens(2010)는 이러한 단순한 구분을 넘어, 권위 있는 부모와 권위주의적 부모(둘 다 요구적) 그리고 권위 있는 부모와 허용적 부모(둘 다 반응적)의 특성에서 더 바람직하거나 덜 바람직한 형태의 양육 스타일을 발견했다. 이러한 양육 스타일은 사회적 이념에 의해 정의되지는 않았지만, 양육 방식에 따라 사회적 이념에서 차이를 보일 것으로 예상되었다. 특히 엄격한 부모일수록 관대한 부모에 비해 더 보수적 성향을 나타낼 가능성이 높았다.

## 양육 스타일에 반영된 사회적 이념

부모의 양육 방식과 학자들의 양육 이론은 일반적으로 그것이 뿌리내린 사회적 이념을 반영한다. 사회학자이며 언어학자인 George Lakoff(1996)는 가족 내 도덕 정치(moral politics)의 역할에 대한 저술에서, 부모의 양육 방식이 보수적 또는 자유주의적 성향과 같은 이념의 영향을 받는다고 제안했다.

## Lakoff의 '엄격한 아버지'와 '양육적 부모' 비유

Lakoff는 **엄격한 아버지**(strict father)와 **양육적 부모**(nurturant parent)라는 비유를 사용하여 보수적(엄격한 아버지) 이념과 자유주의적(양육적 부모) 이념 간의 근본적인 차이점을 설명했다. 그는 이러한 사회적 이념이 부모의 양육 목표와 실천 방식을 이끄는 주요 요소라고 이론화했다. Lakoff는 권위주의적 부모는 보수적 이념에 의해 동기 부여되며, 권위 있는 부모와 허용적 부모는 자유주의적 이념의 영향을 받는다고 가정했다. '엄격한 아버지'라는 비유에 반영된 보수적 이념은 부모가 자녀의 인격 형성의 기초로서 권위에 대한 순종과 존중을 길러야 할 책임이 있음을 강조한다. 반면, '양육적 부모'라는 비유를 통해 드러나는 자유주의적 이념은 Rawls(1971)의 정의론에 기반을 두고 있으며, 아동의 자기결정권과 무조건적인 수용을 타고난 권리로 인정하고, 이를 바탕으로 도덕성과 효능감을 발달시킬 수 있다고 본다.

Lakoff(1996, p. 357)는 권위 있는(authoritative) 부모 원형을 양육적(nurturant) 부모와 동일시했지만, 권위 있는 부모 원형은 엄격한 아버지나 양육적 부모 어느 쪽에도 완전히 부합하지 않으며, 두 유형의 일부 특징만을 공유한다(예: Baumrind, 1966, 1968, 1971a 참고). Lakoff의 양육적 부모와 Baldwin의 민주적 부모처럼, 권위 있는 부모는 아동의 가치감(sense of worth)을 인정하고, 온정성과 적극적인 개입이 조성된 정서적 환경을 제공함으로써 아동의 독립성과 자율적인 자기표현을 장려한다. 반면, Lakoff가 제시한 '엄격한 아버지' 비유에서처럼, 권위 있는 부모는 아동의 성취와 자기 통제를 위해 기준을 설정하고 부모가 이를 단호히 시행해야 할 책임이 있다고 본다. 그러나 '엄격한 아버지'와 달리, 권위 있는 부모는 아동을 성인의 지혜를 수동적으로 받아들이는 존재로 여기지 않으며, 무조건적인 순종을 요구해야 할 대상으로 이해하지 않는다. 이들은 순종 중심(obedience-oriented)이 아니라 쟁점 중심(issue-oriented)이며, 요구를 시행하는 방식에서 유연성을 보인다. 또한 양육적 부모처럼 온정적이고, 아동의 합리적인 반대에 대해 기꺼이 협상하려는 태도를 가진다. 한편, 권위 있는 부모는 Paul Goodman(1960), John Holt(1974), Alfie Kohn(2005), A. S. Neill(1964)과 같은 자유주의적 이념을 가진 사람들이 주장하듯이, 아동이 성인 권위로부터의 자유를 가질 권리가 있거나 가족 의사결정에서 동등한 발언권을 가져야 한다고 보지 않는다. 즉, 기준과 한계를 설정하고 시행하기 전에 반드시 아동과 상의할 필요는 없다고 생각한다. 또한 허용적 부모와 달리, 권위 있는 부모는 사회적 이념 면에서 뚜렷하게 자유주의적이지 않으며, 양육 방식에서도 기준을 완화하는 너그러운 태도를 보이지 않는다(Baumrind et al., 2010, p. 179, 표 3 참고).

## 권위 있는 부모의 자유와 통제의 균형

부모가 자원을 압도적으로 더 많이 통제하며, 훨씬 더 많은 지식, 경험 그리고 힘을 가지고 있다는 점은 반박의 여지가 없다. 이러한 특성은 부모가 아동의 순종을 강요할 수 있게 할 뿐만 아니라, 어린 아동이 징계 상황에서 부모의 권위 행사를 정당한 권리로 인식하도록 만들 수 있다. 청소년기에 이르러 자녀가 더 많은 성인 역할과 책임을 맡게 되면, 권위 있는 부모는 점점 더 활발한 상호 대화를 장려하고 갈등을 해결하기 위해 기꺼이 협상하려고 한다(Baumrind, 1991b, 1991c). 부모가 자녀의 자발적인 순응을 이끌어 내는 데 궁극적으로 성공할 수 있는지는, 자녀가 부모의 양육 목표를 더욱 잘 이해할 수 있도록 부모가 자신의 지시를 정당화할 준비가 되어 있는지에 달려 있다.

권위 있는 부모는 부모와 자녀의 권리와 책임을 동등한 것이 아닌 상호적인 관계로 여긴다. 이는 부모와 자녀의 사회적 역할이 다르다는 것과 자녀의 역량과 발달적 필요는 변화한다는 것을 반영한다. 권위 있는 부모는 자녀들의 독립성과 순응을 모두 중요하게 여기기 때문에, 양육 맥락에서 자유와 통제를 상반되는 힘으로 여기지 않는다. 반면, 권위주의적 부모와 허용적 부모는 자녀가 자율적으로 사고하고 행동할 자유와 부모가 단호한 한계를 설정하는 훈육을 모순된 목표로 인식하는 경향이 있다. 보수적 이념과 일관되게, 권위주의적 부모는 부모가 엄격한 통제를 행사할 권리와 책임을 최우선으로 여기며, 자녀의 자율성은 부차적이라는 입장을 취한다. 반면, 자유주의적 이념과 일관되게, 허용적 부모는 부모의 통제를 자녀의 자율적인 행동 동기를 저해하는 바람직하지 않은 요소로 간주한다. 허용적 부모와 달리, 권위 있는 부모는 자녀가 부모와 교사의 지시에 자발적으로 따르려는 태도가 자기 훈련(self-discipline), 개인적 주체성, 도덕적 가치가 정상적으로 발달하는 데 필수적이라고 여긴다. 또한 권위 있는 부모는 권위주의적 부모와 달리, 직면적 통제의 영향은 유익하고 강압적 통제의 영향은 해롭다고 구분한다(Baumrind et al., 2010, p. 178, p. 179, 표 3 참고).

## 직면적 행동 통제와 강압적 행동 통제

직면적 통제는 요구적이며, 단호하고, 목표 지향적인 특성을 지닌다. 반면, 강압적 통제는 간섭적이고, 조종하며, 처벌적이고, 자율성을 약화시키며, 제한적인 특성을 지닌다(Patterson, 1982). 이 두 가지 통제 방식은 모두 외현적으로는 권위를 행사하는 공통점을 갖고 있지만, 직면적 통제는 기능적(목표 지향적)이고 합리적(합리적 정당성과 타협을 전제로 함)이라는 점에서 강압적 통제와는 차별화된다.

직면적 행동 통제와 강압적 행동 통제의 차이는 권위 있는 양육 스타일과 권위주의적 양육 스타일의 영향의 차이를 설명하는 데 중요하다. 이 두 양육 스타일은 모두 직면적 통제를 적극적으로 활용한다는 점에서 허용적 양육 스타일과 다르지만, 강압적 통제와 논리적 근거를 활용하는 점에서는 서로 차이를 보인다. 권위 있는 부모는 아동의 행동에 대해 높은 수준의 직면적 통제를 활용하여 체계와 한계를 설정해 주고, 아동이 반항적일 때 순응을 강화하기 위해 이를 시행한다. 그러나 이들은 강압적인 통제 방식은 거의 사용하지 않으며, 아동의 합리적인 반대 의견을 바탕으로 자신들의 지시를 기꺼이 조정한다. 권위 있는 부모는 아동의 회복탄력성, 고유한 기질, 그리고 발달 단계에 맞춰 통제를 확고히 하는 것과 자유를 허용하는 것 사이의 균형을 조절한다. 권위 있는 부모와 대조적으로 권위주의적 부모는 특정 지시에 대한 즉각적인 순응을 얻기 위해서뿐만 아니라, 강압적인 수단을 통해 아동이 성향적으로 더 순응적인 태도를 갖도록 유도하기 위해 아동의 행동을 통제한다.

**성향적 순응**(dispositional compliance)이란 순응의 규범이 내면화된 상태를 의미하며, 이는 특정 권위자의 지시에 대한 공손한 순응으로 이어진다. 성향적으로 순응적인 아동은 주체성(자기표현, 자기결정, 개별성)이 부족하다. 직면적이면서도 강압적이지 않은 행동 통제는 아동에게 관계 단절로 인식되거나 자기결정감에 대한 위협으로 받아들여질 가능성이 낮다. 따라서 이러한 통제 방식은 성향적 순응이나 반항적 태도로 이어질 가능성도 낮다(Baumrind, 1996; Baumrind, Larzelere, & Cowan, 2002; Baumrind et al., 2010).

아동 행동에 대한 직면적 통제와 강압적 통제의 영향 차이는 **통제, 지배, 권위** 행사에 부정적인 시각을 가진 학자들에게 간과되기 쉽다. 강압적 통제와 직면적 통제를 구분하지 않으면, 이 두 가지 권위 행사 방식이 아동에게 미치는 잠재적 차별 효과를 식별할 수 없다. 부모가 어떤 형태로 권위를 행사하더라도 그 수준이 높으면 흔히 간섭적이고 과도한 통제로 간주되며, 따라서 아동에게 해로운 영향을 미친다고 여겨진다. 예를 들어, Smith(2010)는 간섭(intrusiveness)과 지시성(directiveness)의 평균을 활용하여 통제적인 어머니의 행동 요약 점수를 생성할 때, 강압적 통제와 직면적 통제를 구분하지 않았다. 간섭은 "과도한 자극과 과잉 통제"로 설명되었으며, 지시성은 "아동이 자발적으로 시작하는 행동을 거의 허용하지 않는 것"(p. 6)으로 부분적으로 정의되었다. Smith는 통제적 행동이 본질적으로 간섭적이고 아동의 자발성을 제한하는 것으로 정의함으로써, 직면적 통제와 강압적 통제를 명확히 구분할 수 있는 가능성을 사실상 배제하였다. 마찬가지로, Grolnick과 Pomerantz(2009)는 통제를 "압박, 침범, 지배로 특징지어지는 양육 방식"(p. 165)으로 개념화하였으며, 지도(guidance)를 구조적 요소로 개념화하였다. 이와 같은 방식의 정의에 따르면, 모든 형태의 통제는 기능적으로 불필요하며 본질적으로 부적응적이다. 반면, 저자들은 지도가 유익한 구조를 제공한다고 보았다.

Smith(2010)의 통제적 행동과 Grolnick과 Pomerantz(2009)의 통제는 Hoffman

(1960)의 권위 행사와 마찬가지로, 내가 말하는 직면적 통제나 직면적 권위 행사보다는 강압적 통제 또는 강압적 권위 행사를 강조한다. Smith의 통제적 행동 정의에 따르면, 권위주의적 부모는 행동 통제를 하지만, 권위 있는 부모는 행동 통제를 하지 않는 것으로 여겨진다. 이는 그들이 강압적이지 않기(제한적이고 간섭적이지 않기) 때문이다. 결과적으로, 권위 있는 부모의 훈육 방식은 허용적 부모의 방식과 구분되지 않을 수 있다. 그러나 앞서 언급한 강압적 행동 통제와 직면적 행동 통제의 구분에 따르면, 권위 있는 부모는 직면적 권위를 활용하여 자녀에게 영향을 미친다는 점에서 허용적 부모와 다르며, 복종을 강요하기 위해 강압적인 행동 통제를 사용하지 않는다는 점에서 권위주의적 부모와 구별된다. 권위 있는 부모와 권위주의적 부모를 구분하는 요소는 권위 행사의 양이 아니라 어떤 유형의 권위 행사(강압적이지 않고, 직면적인 권위 행사)를 사용하는가에 있다. Baumrind 등(2010)의 연구에 따르면, 직면적 행동 통제는 권위 있는 부모와 권위주의적 부모가 비슷한 정도로 사용한 것으로 나타났으며, 강압적 행동 통제는 권위주의적 부모가 빈번하게 사용한 반면, 권위 있는 부모는 거의 사용하지 않았다.

Baumrind 등(2010)은 강압적이지 않고 직면적인 방식으로 아동의 행동을 통제하는 권위 행사가 아동의 친사회적 행동, 자기주장성, 그리고 정신건강과 동시적이면서도 장기적으로 연관이 있다는 가설을 제시하고 이를 입증했다. 이는 직면적 통제가 자기 주장을 억누르지 않으면서도 순응을 이끌어 낼 수 있다는 이전 연구 결과(Baumrind, 1971a, 1989, 1991c)를 확인한 것이다. 또한 Baumrind 등(2010)은 강압적 행동 통제를 **권위주의적 특유의 권위 행사**(authoritarian-distinctive power assertion)로 지칭하면서, 권위주의적 부모와 권위 있는 부모가 훈육에서 권위를 행사하는 방식과 그 이유의 차이를 강조했다.

## 가족 사회화 및 발달 역량 연구 프로그램

나는 부모 권위의 다양한 양상이 사회화 방식과 이념에 따라 어떻게 차이를 보이며, 이러한 차이가 유아기부터 청소년기까지 아동의 특성과 행동에 미치는 차별적인 영향을 검증하기 위해 가족 사회화 및 발달 역량 연구 프로그램(Family Socialization and Developmental Competence Research Program: FSP)을 설계하였다. **부모 권위의 양상**이란 인지적 동기에 의해 형성된 안정적인 양육 실천 방식을 의미한다.

FSP에서는 대조적인 양육 방식과 양육 실제가 아동에게 미치는 영향을 유아기, 잠복기(아동기), 청소년기의 세 가지 발달 단계에서 평가하였다(Baumrind, 1971a, 1989, 1991c). 각 시기별로 어머니와 아버지의 양육 방식을 측정하기 위해 81~174개 문항으로 구성된 리커트 척도를 사용했으며, 아동의 특성을 측정하기 위해 72~90개 문항으로 이루어진 Q 분류를 활용했다. 청소년기에는 여기에 63개 문항의 리커트 척도를 추가로 사용했다. 부모의 평가 결과는 상관 분석을 통해 비교한 뒤, 핵심 문항들로 축소하여 관리 가능한 군집으로 정리되었다. 이러한 평가 자료에 군집 분석 기법(Tryon & Bailey, 1966)과 주성분 분석(principal component analysis)이 적용되어, 최종적으로 부모 및 아동의 주요 변인이 도출되었다. 각 시기마다 부모 유형은 어머니와 아버지의 1차 요인에 대한 2차 주성분 분석을 통해 도출되었다. 요구성과 반응성이라는 두 가지 2차 양육 요인이 추출되었으며, 이를 바탕으로 가족 기능을 종합적으로 측정한 결과를 활용하여 발달 결과를 설명하기 위한 부모 양육 유형을 도출하였다.

## 이론과 가설

**사회화**(socialization)는 성인이 주도하는 과정으로, 아동과 청소년이 교육, 훈련, 모방을 통해 자신이 속한 문화와 그 속에서 효과적으로 기능하는 데 필요한 가치, 기술, 지식, 습관을 습득하는 것이다. 아동이 부모의 사회화 노력에 반응하는 방식은 그들의 숙련도와 기능적 적응성에 따라 다양하게 나타난다. 단순히 처벌이나 인정받지 못하는 것에 대한 두려움 때문에 성인의 지시를 따르는 순응은, 아동이 자신의 계획과 부모의 계획을 조율하는 대안을 자유롭게 제안할 수 있는 성찰적 순응(reflective compliance)에 비해 덜 숙련되고 기능적으로도 덜 적응적이다. 불순응(noncompliance)은 충동적 반항에서부터 반항 없이 단순히 거부하는 것, 상호 만족스러운 타협을 이끌어 내기 위한 협상을 시도하는 것에 이르기까지 숙련도와 기능적 적응성의 수준에 따라 다양하게 나타난다.

부모가 성향적 순응(dispositional compliance)을 유도하지 않으면서도 적절한 수준의 행동적 순응을 이끌어 내는 방법은 부모-자녀 상호작용에서 중요한 주제이며, 이는 나의 연구 프로그램에서 나타난 양육 스타일을 구분하는 요소이기도 하다. 나는 권위주의적 부모가 즉각적이고 절대적인 순응을 지나치게 불균형적으로 강조할 경우, 아동의 성찰적 사고와 주체적 행동을 저해하고, 대신 비성찰적 순응 또는 반항을 유발할 것이라는 가설을 세웠다. 권위주의적 부모와 달리, 권위 있는 부모는 청소년들에게 순응해야 하는 이유와 동기를 제공할 뿐만 아니라, 순응하지 않기로 선택했을 때 그들의 불순응을 설명할 수 있는 방법도 제시한다. 나는 허용적인 가정과 무관심한 가정의 아동들이 권위 있는 가정의 아동들보다 기능적으로 적응적인 순응과 불순응을 수행하는 능력이 떨어질 것이라는 가설을 세웠다. 그 이유는 두 유형 모두 요구가 낮고, 아동이 자신과 타인의 필요와 권리를 균형 있게 고려한 반응을 보였을 때 이를 강화하거나, 아동을 성찰적 사고에 참여시키는 데 실패하기 때문이다.

권위 있는 부모는 불순응을 해석하고 대응하는 방식에서 허용적 부모나 권위주의적 부모와 다르다. 허용적 부모는 자녀가 자신들의 몇 안 되는 요구에 도전할 경우, 자녀가 직면을 거부로 받아들이거나 화를 낼 것을 두려워하여 순응을 강제하지 않는 경향이 있다. 반면, 권위주의적 부모는 자녀가 도전할 경우 처벌로 위협하고, 지시에 순응해야 하는 이유로 '내가 그렇게 말했으니까'라고 답하며, 순응이 자신과 타인에게 가져올 긍정적인 이점은 설명하지 않는다. 권위 있는 부모는 기능적으로 적절한 요구를 하고, 자녀가 이에 도전할 경우 자녀의 이해 수준에 맞는 이유를 제시하며 순응을 이끌어 낸다.

## 연구 전략과 방법

나는 연구 방법을 설계할 때 교란 변수(confounds)를 통제하고, 속임수 방법을 피하며, 추론적 타당성과 생태학적 타당성을 극대화하는 데 중점을 두었다(Bronfenbrenner, 1979). 공동출처분산(shared source variance) 문제로 인한 교란은 독립 변수와 종속 변수의 데이터가 종종 동일한 출처에서 수집되는 상관 연구의 일반적인 한계이다. 이러한 문제를 방지하기 위해, 각 데이터 수집 시점에서 훈련된 서로 다른 심리학 대학원생 연구원이 부모와 아동을 평가하도록 하였다.

### 속임수 피하기

나는 여러 논문에서, 동의를 받거나 사후 설명 과정에서 속임수(deception)를 사용하는 것은 연구 참여자의 복지를 적절히 보호해야 하는 연구자의 윤리적 책무를 위반하는 것이라고 주장하였다. 동의를 받는 과정에서 속임수 방법을 사용하는 것이 교란 변수 통제와 같은 이점을 제공할 수 있지만, 이러한 이점이 있더라도 속임수 방법은 윤리적으로 용납될 수 없으며 정당화될 수 없다(Baumrind, 1964, 1971b, 1972b, 1975, 1979, 1985, 1990).

### 방법론적 쟁점

추론적 타당성과 생태학적 타당성을 극대화하기 위해(Bronfenbrenner, 1979), 나는 인위적인 설정에서의 실험적 조작이나 설문형의 자기 보고 대신 자연주의적 관찰과 종합적 면담을 활용하였다. 가족의 고유한 특성은 구성 요소의 특성들을 단순히 합한 것으로 환원될 수 없기 때문에, 양육 효과를 연구할 때 변인 중심 접근보다는 유형학적 접근을 사용하였다.

**추론적 타당성과 생태학적 타당성** **추론적 타당성**(inferential validity)은 연구 환경에서 도출된 인과적 추론이 참여자들의 실제 생활 경험에 얼마나 적용 가능한지를 의미한다. **생태학적 타당성**(ecological validity; Bronfenbrenner, 1979)은 연구 결과가 보다 넓은 실제 세계의 조건을 얼마나 잘 대표하는지를 나타내며, 이는 다시 연구의 추론적 타당성에 영향을 미친다.

복잡한 구성개념을 평가하기 위해 빈약한 측정 도구를 사용하는 것은 연구의 추론적 타당성과 생태학적 타당성을 저해할 수 있다. 일부 연구자들(예: Fletcher, Darling, Steinberg, & Dornbusch, 1995; Radziszewska, Richardson, Dent, & Flay, 1996)은 권위 있는 양육을 차원화하면서, 때때로 단일 설문 문항(예: '나의 부모는 나의 의견을 물어보지만, 일반적으로 의사결정을 한다'; Radziszewska et al., 1996, p. 304)을 사용하기도 했다. 나는 연구의 추론적 타당성과 생태학적 타당성을 극대화하기 위해, 부모의 양육 방식과 아동 발달 결과를 조작적으로 정의하는 데 종합 면담 전사본과 다양한 자연 환경에서 관찰된 부모-자녀 상호작용 및 아동 행동의 표본 기록을 활용하였다.

**유형학적 분석 대 변인 중심 분석** 양육에 대한 **유형학적**(typological) 접근은 가족을 그 구성 요소의 단순한 합을 넘어서는 복합적이고 살아 있는 시스템으로 간주한다. 반면, **변인 중심**(variable-centered) 접근은 가족 구성원의 전반적인 활동을 온정성, 통제, 응집력과 같은 개별 변인 수준으로 단순화한다(Darling & Steinberg, 1993; Magnusson, 2001; Mandara, 2003; Waller & Meehl, 1998). 유형학적 접근은 보편적인 변인 중심의 법칙정립적(nomothetic) 방법과 개별 사례 지향적(idiographic) 방법을 통합하는 특징을 지닌다.

부모의 양육 방식은 **유형** 또는 **범주**라고도 불리며, 이는 개별 양육의 실제 행동(practices)들이 상호작용하여 구성된 하나의 게슈탈트(gestalt)이다. 이러한 상호작용은 각 구성 요소의 개별적인 효과의 단순한 합과는 다른 독특한 결합 효과를 만들어 낸다. 따라서 권위 있는 양육은 자율성 지지와 직면적 행동 통제와 같이 상반되지만 유익한 양육 행동들이 독특하게 통합된 형태로 나타나는 게슈탈트이다. 또한 권위주의적 양육과 권위 있는 양육처럼 특정한 이로운 구성 요소 변인(예: 직면적 통제)의 수준이 유사한 양육 방식이라도, 또 다른 해로운 구성 요소(예: 강압적 권위 행사)의 수준에 따라 아동 발달 결과에 미치는 영향은 매우 다를 수 있다.

**아동 효과** 나는 부모와 교육자가 아동의 행동을 어떻게 '유발(cause)'하는지에 초점을 맞추고 있지만, 아동이 부모의 행동에 미치는 강력한 영향력이 있다는 점을 전제로 한다. Baumrind 등(2010)의 연구에서 입증된 바와 같이, 우리는 부모의 양육 행동이 아동의 이후 기능에 미치는 영향을 분석할 때, 초기 아동의 특성을 통제하였다. 이는 부모-자녀 간의 영향이 양방향적이라는 Bell(1968)의 주장에 근거한 것이다. 우리는 또한 부모의 반응성의 개념에 아동이 타고난 특성과 행동을 통해 부모의 양육 행동에 영향을 미친다는 가정을 포함시켰다. 나의 연구에서 반응성 차원은 부모가 각 아동의 고유한 기질, 욕구, 그리고 사고 과정에 맞추어 요구 사항을 얼마나 잘 조율하는지를 평가한다.

아동이 부모가 자신의 최선의 이익을 위해 행동한다고 신뢰하는지는, 부모의 지시와 훈육에 대한 아동의 반응 방식에 영향을 미친다. 그러나 아동이 자신에게 영향을 미치는 미시적 환경(microenvironments)을 능동적으로 변화시키는 주체라고 주장하는 것과, Judith Harris(1998)가 주장했던 것처럼 부모가 이러한 미시적 환경을 설계하여 아동의 개인적 특성과 행동을 형성하는 데 있어 더 큰 권한과 중요한 책임을 가진다는 사실을 부정하는 것은 전혀 다른 문제이다(Baumrind, 1993). 공격적이거나 수줍음이 많은 기질과 같이 아동을 어렵게 만드는 특성, 혹은 차분하고 느긋한 기질과 같이 아동을 유순하게 해 주는 특성 등 많은 아동의 특성은 부모의 양육 행동에 영향을 미치며, 그 효과를 조절한다. 그러나 Hoffman(2000, pp. 144-146)이 설득력 있게 주장한 바와 같이, 부모가 가진 더 큰 권한과 부여된 역할 및 책임은 부모가 지속적인 영향력을 미칠 수 있도록 보장해 준다.

아동이 엄격한 부모 통제에 부여하는 의미는 그 효과를 조절한다. 이러한 의미를 이해하기 위한 시도로 연구들은 주로 종교와 민족성에 초점을 맞추어 진행되었다. 예를 들어, Gunnoe, Hetherington과 Reiss(2006)는 부모의 권위주의적 행동과 청소년 적응 간의 연관성이 가족의 종교적 이념에 의해 조절될 것이라는 가설을 세웠다. 연구 결과, 보수적인 개신교 가정에서는 구조화된 가족 토론에서 아버지의 권위주의적 행동이 다른 가정보다 부정적인 영향을 덜 미치는 것으로 나타났다. 이는 아마도 이러한 부모 행동과 태도가 해당 지역사회 내에서 널리 퍼져 있고, 사회적으로 지지되고 있기 때문으로 해석된다.

유사하게, Ruth Chao(1994)는 다음과 같이 추측하였다. 아동과 부모 모두가 학업 성취를 중시하는 중국 가정에서는, 개인적 자율성을 중시하는 자유주의적 가정에서 과도한 간섭으로 여겨질 수 있는 밀착 감독이 오히려 아동의 최선의 이익을 위한 것으로 받아들여질 수 있으며, 이는 자녀의 성공과 긍정적으로 연관될 수 있다고 보았다. Chao의 추측과 일치하게 Sophia Chua-Rubenfeld(2011)는 18세가 되었을 때, 『뉴욕 포스트(New York Post)』에 게재된 기사 '내가 엄격한 중국인 엄마를 사랑하는 이유(Why I Love My Strict Chinese Mom)'에서 작가이자 변호사인 어머니 Amy Chua를 지지하며 다음과 같이 썼다. 그녀는 자신의 어머니가 보인 '타이거 맘(tiger mother)'의 양육 방식(엄격하고, 높은 요구를 하고, 보호적이며, 사랑이 넘치는 방식)이 자신에게 '독립성'과, '내가 되고 싶은 나'로 성장하는 방법, 그리고 '스스로 하고 싶은 일을 주도적으로 해내는 능력'을 가르쳐 주었다고 밝혔다. 그녀의 두 딸은 Chua의 단호한 양육 방식에 위축되기보다는, 타이거 맘의 독립성과 강인함을 본받았다.

## 연구 변인과 절차

유아의 특성과 부모의 자녀 양육 스타일에 대한 자료를 수집하기 위해 진행된 절차는 나의 종단 연구에서 파일럿 연구(pilot study; Baumrind, 1967)를 통해 사전 검증되었으며, 이에 대한 구체적인 내용은 Baumrind(1989, 1991c)와 Baumrind 등(2010)에 상세히 기술되어 있다. 자연환경에서의 장기간 관찰을 기반으로 한 관찰자 평가가 주요 데이터로 활용되었다.

관찰자 평가는 아동의 역량과 정신건강을 평가하기 위해 최소 20시간 이상 동안 진행된 관찰에 기반하였다. 이 관찰은 대상 아동이 놀이터, 교실, 그리고 학교 밖에서 또래와 함께 놀이하는 상황에서 이루어졌다. 또한 부모에 대한 관찰자 평가는 부모 인터뷰와 부모-자녀 상호작용에 대한 30시간 이상의 관찰을 바탕으로 수행되었다. 부모와 대상 아동 간의 상호작용에 대한 축어록은 부모-자녀 간 갈등이 가장 발생하기 쉬운 저녁 식사 시간과 밤 시간대에 이루어진 두 차례 이상의 가정 방문 동안 작성되었다. 가정 방문 이후에는 부모를 개별적으로 심층 면담하였으며, 이때 관찰자의 존재가 부모-자녀 간의 평소 상호작용에 어떤 영향을 미쳤는지에 대해 성찰하도록 질문하였다. 양쪽 부모 모두를 대상으로 한 전사된 종합적 구조화된 면담은 부모의 양육 이념과 훈육 방식의 근거에 관한 데이터를 제공하였다. 실험적 절차를 활용하여 아동이 부모의 훈육 노력에 어떻게 반응하는지 측정하였다. 연구의 각 시점(유치원, 중학교, 고등학교)에서 부모를 특정 가족 패턴으로 분류하는 과정이 연구의 마지막 단계로 진행되었다.

### 아동 발달 결과 변인: 공동체성과 주체성

가장 일반적인 수준에서, 가족 사회화 및 발달 역량 연구 프로그램(FSP)에서 부모 양육 방식의 결과로 보는 아동 발달 결과 변인들은 **공동체성**(communion)과 **주체성**(agency)이라는 서로 독립된 차원에 따라 조직된다. 이 용어들은 David Bakan(1966)이 "생명체 존재의 두 가지 근본적인 양상의 특징을 나타내기 위해"(pp. 14-15) 도입한 개념이다. 이 두 가지 양상은 유능한 인간 행동에 대한 대부분의 요인 분석에서 서로 독립적인 축으로 나타난다(예: Baumrind & Black, 1967; Leary, 1957; Lonner, 1980; Wiggins, 1979). 최적의 역량(optimal competence)은 협력과 순응의 능력(공동체성)뿐만 아니라 자기결정과 건설적인 반대의 능력(주체성)을 모두 필요로 한다. 공동체성은 개인이 속한 더 큰 집단의 일원으로서 소속되고 연결되며, 타인에게 도움이 되고자 하는 욕구를 의미하는 반면, 주체성은 주도적인 행동과 자기 주장을 통해 타인과 구별되고자 하는 동기를 나타낸다. 나의 연구에서 아동의 공동체성은 성인(부모와 교사)의 지시에 대한 동조, 집단(또래 집단 및 성인 지도자) 활동에 대한 협력, 공감, 또래와의 친밀감으로 측정되었다. 반면, 아동의 주체성은 개별화, 자기 효능감, 주도성, 자기결정력, 그리고 부당하거나 간섭적인 또래 압력 또는 성인 요구에 대한 저항으로 측정되었다.

### 최적의 역량: 주체성과 공동체성 통합

발달적 역량과 순응 및 비순응의 적응적 특성은 아동의 기능에서 주체성과 공동체성이 얼마나 잘 통합되어 있는지에 따라 평가될 수 있다. 사회적 역량의 한 측면으로 치우친 불균형은 개인이 집단에 요구할 수 있는 정당한 권리와 집단이 개인에게 요구할 수 있는 정당한 권리 사이의 사회적 상호성(social reciprocity) 과정에서의 기능 장애를 의미한다. 최적의 역량을 갖추기 위해서는 아동이 주체성과 공동체성의 긍정적인 측면을 통합할 수 있어야 한다. 즉, 자기 주장을 하지만 파괴적이거나 반항적이지 않고, 순응적이지만 무조건적으로 복종적이거나 굴종적이지 않아야 한다. 최적의 역량 발달에서 높은 수준의 공동체적 속성과 주체적 속성을 통합하는 것은 자신의 이익과 타인의 이익을 균형 있게 조율하는 동시에, 맥락과 상황에 따라 기존의 문화적 가치를 보존하면서도 변화시키는 필요성을 반영한다.

### 부모의 양육 차원: 반응성과 요구성

최적의 역량을 위한 사회화 과정에서는 부모가 아동의 개별적 특성과 의견에 반응하는 동시에, 사회적으로 승인된 성인의 기준을 따르는 순응을 요구함으로써 아동이 자신감 있고 자율적인 행동을 하면서도 성인의 지시에 합리적으로 순응할 수 있도록 양육해야 한다(Baumrind, 1978b, 1980, 1989). **반응성**(responsiveness)은 부모가 아동의 취약성, 인지, 의견에 맞춰 정서적 온정성과 지지를 제공하며, 아동의 개별적인 욕구와 계획을 지원하는 것을 의미한다. **요구성**(demandingness)은 모니터링과 직면적 통제라는 두 가지 관련 요소로 구성되며, 아동이 가족의 일원으로 통합되고 기여하도록 부모가 요구하는 정도를 뜻한다. **모니터링**(monitoring)은 아동의 삶에 구조, 질서, 예측 가능성을 제공하는 역할을 하며, **통제**(control)는 아동의 행동을 조율하고 잠재적으로 방해적일 수 있는 주체적 표현을 제지하는 기능을 한다. 요구성과 반응성을 두 개의 독립적 차원이 아닌 하나의 차원으로 고려하면, 종종 그렇듯이(예: 앞서 언급한 Smith, 2010; Grolnick & Pomerantz, 2009 참고) 요구성이 높은 부모는 반응성이 낮을 것이라는 가정이 형성된다.

Earl Schaefer(1959, 1965)의 세 가지 상호 연관된 부모 양육 차원, 즉 수용 대 거부, 엄격한 행동 통제 대 느슨한 행동 통제, 그리고 심리적 자율성 대 심리적 통제는 아동 및 청소년의 주체성과 공동체성의 다양한 측면과 관련된 부모 유형을 입증하기 위한 이론적 개념으로 활용되었다(Baumrind 1971a, 1973, 1991a; Baumrind & Black, 1967). 이러한 개념을 바탕으로 나는 네 가지 부모 양육 방식의 원형을 구분하였다. 부모의 양육 방식(권위 있는, 권위주의적, 허용적, 무관심한)은 반응성과 요구성이라는 두 개의 독립된 요인이 교차하는 네 개의 사분면에서 파생된 것이다(Baumrind, 1971a).

Brian Barber(제3장 참고)와 마찬가지로, 나는 아동의 행동에 대한 일관된 직면적 통제와 아동의 심리적 세계에 대한 통제의 영향을 구별한다. **행동 통제**(behavioral control)는 직접적이고 명확하며, 부모의 지시에 대한 순응을 유도하는 것을 목표로 한다. 이를 위해 한계를 설정하고, 성숙한 행동을 요구하며, 모니터링을 활용한다. 반면, **심리적 통제**(psychological control)는 간접적이며 은밀하고, 간섭적이다. 이는 애정 철회와 죄책감 유발을 통해 아동의 심리적 세계와 개별 정체성을 조종하는 것을 목표로 한다(Barber, 1996). Barber(1996, 2002a, 2002b)와 그의 동료들(Barer, Olsen, & Shagle, 1994)의 연구에 따르면, 심리적 통제가 아동의 자율감에 미치는 해로운 영향은 무조건적이며 지속적으로 나타난다. 그러나 앞서 논의한 바와 같이, 행동 통제가 아동의 역량과 정신건강에 미치는 영향은 조건적이고, 직면적 통제인지 강압적 통제인지에 따라 다르다.

### Baumrind의 부모 유형

나의 네 가지 부모 유형 원형은 Schaefer의 세 양육 차원을 기준으로 다음과 같이 구별된다. **권위주의적**(authoritarian) 부모는 단호한 행동 통제, 심리적 통제, 그리고 거부적 태도를 특징으로 한다. **허용적**(permissive) 부모는 심리적 자율성, 수용, 그리고 느슨한 행동 통제를 특징으로 한다. **거부-방임적**[rejecting-neglecting; **무관심한**(disengaged)으로도 알려져 있다] 부모는 거부적 태도와 느슨한 행동 통제를 특징으로 한다. **권위 있는**(authoritative) 부모는 단호한 행동 통제, 수용적 태도, 그리고 심리적 자율성이 최적으로 결합된 형태를 특징으로 한다(Baumrind, 1996).

최적의 역량이 주체적 속성과 공동체적 속성을 단순히 합하는 것이 아니라 통합(synthesize)하는 것과 마찬가지로, 최적의 양육 역시 요구적인 양육 방식과 반응적인 양육 방식을 단순히 합하는 것이 아니라 조화롭게 통합하는 과정이다. 최적의 양육에는 반응성과 요구성 간의 균형뿐만 아니라, 자녀 양육에 많은 시간과 자원을 할애하는 부모의 헌신이 필수적 요소로 작용한다(Baumrind et al., 2010). 권위 있는 부모는 권위주의적 부모와 달리, 높은 기대와 요구를 민감한 태도와 개방적인 의사소통으로 조율한다. 또한 권위 있는 부모는 허용적 부모와 마찬가지로 아동이 자신의 결정을 내리고 자유롭게 의견을 표현할 수 있도록 상당한 자율성을 부여한다. 권위 있는 부모는 반응성과 요구성을 모두 갖추었기 때문에, 강압적인 방식의 행동 통제가 초래하는 해로운 영향을 피할 수 있다. 그러나 권위 있는 부모는 허용적 부모와는 달리, 권위주의적 부모와 유사하게 아동이 부모의 지침을 따르도록 제재를 가할 준비가 되어 있다.

FSP 연구에서 아동들이 유아기였을 때 최초로 확인된 네 가지 전형적인 양육 패턴(권위 있는, 권위주의적, 허용적, 무관심한)은 아동들이 성장함에 따라 더욱 세분화되었다. 아동들이 청소년기에 이르렀을 때(Baumrind, 1991a, 1991b 참고), 두 가지 권위 있는 양육 방식에 가까운 부모 패턴이 추가되었다. 하나는 민주적 양육 패턴으로, 부모가 중간 수준의 요구성을 보이며, 허용적 부모와 비슷한 높은 반응성과 자유주의적인 이념적 성향을 보이는 유형이다. 다른 하나는 지시적 양육 패턴으로, 부모가 중간 수준의 반응성을 보이며, 권위주의적 부모와 마찬가지로 높은 요구성과 보수적인 이념적 성향을 보이는 유형이다.

청소년을 대상으로 한 나의 연구에 따르면, 역량이 높다고 평가된 청소년의 부모는 자유주의적 부모와 보수적 부모 모두에 해당되었다(Baumrind et al., 2010 참고). 민주적(자유주의적) 또는 지시적(보수적) 부모를 둔 청소년들은 권위 있는 부모를 둔 청소년들과 거의 동일한 수준의 역량을 보였다(Baumrind, 1991a, 1991b). 허용적 부모와 권위주의적 부모는 반응성이나 요구성 중 한 측면에 과도하게 치우쳤지만, 민주적 부모와 지시적 부모는 이들과 달랐다. 민주적 부모는 반응성 측면에서, 지시적 부모는 요구성 측면에서 중간 수준의 불균형만을 보였다. 청소년의 역량을 기준으로 평가한 결과, 부모의 반응성과 요구성의 비율에서 현저한 불균형이 나타나지 않는 한, 부모의 사회적 이념은 양육 방식의 질에 영향을 미치지 않는 것으로 나타났다.

## 권위 있는 양육 개념의 재고

권위 있는 양육 스타일은 내가 1966년에 처음 소개했을 당시, 최적의 양육 방식으로 여겨지던 허용적 양육 스타일과 정반대였기 때문에 처음에는 파격적인 개념으로 받아들여졌다. 허용적 양육은 그 당시뿐만 아니라 자유주의 진영(Lakoff, 1996)에서는 여전히 이상적인 양육 방식으로 간주되고 있다. 오늘날에도 표면적으로는 권위 있는 양육을 지지한다고 주장하는 많은 전문가가, 권위 있는 양육이 높은 반응성과 동시에 높은 요구성을 포함한다는 점을 인정하지 않거나, 반응성을 무조건적인 수용으로 잘못 해석하는 경우가 많다. 이러한 오해는 권위 있는 부모와 허용적 부모를 구별하는 핵심 특징인 직면적 통제의 긍정적인 효과를 제대로 인식하지 못하게 만든다.

Wallace E. Dixon Jr.(2003)는 다양한 분야의 아동심리학자들의 추천을 바탕으로 나의 1971년 논문 「현재 부모 권위의 패턴(Current patterns of parental authority)」을 **아동심리학을 혁신한 20개의 연구** 중 하나로 선정했다. 그러나 사회과학의 '사실(fact)'은 맥락에 따라 달라지는 것이며, 보편적 진리가 아니다. 문화적 가치와 삶의 현실이 다르면, 부모의 양육 목표와 그 목표를 달성하기에 가장 효과적인 구체적인 가족 과정 또한 달라질 수 있다. 예를 들어, 내가 강압적이라고 지칭한 엄격하고 지배적인 통제 방식은, 캘리포니아주 버클리와 같은 자유주의적이고 안전한 중산층 지역에서는 기능적으로 불필요하고 권위주의적인 것으로 보일 수 있다. 그러나 위험한 사회 환경에 거주하는 아동들에게는 이러한 통제가 높은 수준의 보호적 돌봄을 의미하며, 양육적인 것으로 인식될 수 있다(Deater-Deckard

& Dodge, 1997; Mandara, 2006; Mandara & Murray, 2002; Rohner & Britner, 2002). 따라서 내가 제시한 양육 분류 체계는 최초 연구 대상으로 삼았던 가족들과는 다른 집단에 적용할 경우 반드시 재검토되어야 한다(Baumrind, 1972a 참고).

대표성을 갖추지 못한 표본에도 불구하고, 나의 부모 양육 연구가 오랜 기간 지속될 수 있었던 이유는 다음과 같은 특징들에 기인한다. 우선, 정의를 명확히 하고 이론적 기반에 주목했다. 또한 무조건적 수용과 무조건적 헌신의 의미와 효과를 구분했으며, 권위주의적 양육과 권위 있는 양육의 대조적인 효과를 설명하기 위해 강압적 통제와 직면적 통제를 구분했다. 공동체적 및 협력적 행동과 동등한 중요성을 지니는 주체적이고 자기주장적인 아동 행동을 최적의 역량 구성 요소에 포함했으며, 이론적 틀과 연구 전략의 기반을 마련하는 과학철학을 명확히 제시했다. 인간 대상 연구에서 연구자의 윤리적 상호작용을 규정하는 명시적 윤리 원칙을 준수했으며, 균형과 헌신을 상위 수준의 이론적 양육 개념으로 도입했다. 부모의 영향에 대한 인과적 추론을 강화하기 위해 종단적 연구 설계를 적용했으며, 자기 보고가 아닌 객관적인 데이터에 기반했다. 또한 공동출처분산 문제를 피하여 연구 결과의 타당성을 확보했다. 더불어, 개별적인 아동 및 부모 변인이 아닌 아동의 특성과 부모의 양육 방식에 중점을 둔 연구 접근을 취했다.

## 참고문헌

Adorno, T. W., Frenkel-Brunswik, E., Levinson, D. J., & Sanford, R. N. (1950). *The authoritarian personality*. New York, NY: Harper & Row.

Bakan, D. (1966). *The duality of human existence: Isolation and communion in Western man*. Boston, MA: Beacon Press.

Baldwin, A. L. (1949). The effect of home environment on nursery school behavior. *Child Development, 20,* 49-62. doi:10.2307/1125606

Baldwin, A. L., Kalhoun, J., & Breese, F. H. (1945). Patterns of parent behavior. *Psychological Monographs, 58*(3, Whole No. 258), 1-75. doi:10.1037/h0093566

Barber, B. K. (1996). Parental psychological control: Revisiting a neglected construct.

*Child Development, 67,* 3296–3319. doi:10.2307/1131780

Barber, B. K. (2002a). *Intrusive parenting: How psychological control affects children and adolescents.* Washington, DC: American Psychological Association. doi:10.1037/10422-000

Barber, B. K. (2002b). Reintroducing parental psychological control. In B. K. Barber (Ed.), *Intrusive parenting: How psychological control affects children and adolescents* (pp. 3–13). Washington, DC: American Psychological Association. doi:10.1037/10422-001

Barber, B. K., Olsen, J. E., & Shagle, S. C. (1994). Associations between parental psychological and behavioral control and youth internalizing and externalizing behaviors. *Child Development, 65,* 1120–1136. doi:10.2307/1131309

Baumrind, D. (1955). *Some personality and situational determinants of behavior in a discussion group* (unpublished doctoral dissertation). University of California, Berkeley.

Baumrind, D. (1964). Some thoughts on ethics of research: After reading Milgram's "Behavioral study of obedience." *American Psychologist, 19,* 421–423. doi:10.1037/h0040128

Baumrind, D. (1966). Effects of authoritative parental control on child behavior. *Child Development, 37,* 887–907. doi:10.2307/1126611

Baumrind, D. (1967). Child care practices anteceding three patterns of preschool behavior. *Genetic Psychology Monographs, 75,* 43–88.

Baumrind, D. (1968). Authoritarian vs. authoritative parental control. *Adolescence, 3,* 255–272.

Baumrind, D. (1971a). Current patterns of parental authority. *Developmental Psychology Monographs, 4*(1, Pt. 2), 1–103. doi:10.1037/h0030372

Baumrind, D. (1971b). Principles of ethical conduct in the treatment of subjects: Reaction to the draft report of the Committee on Ethical Standards in Psychological Research. *American Psychologist, 26,* 887–896. doi:10.1037/h0032145

Baumrind, D. (1972a). An exploratory study of socialization effects on Black children: Some Black-White comparisons. *Child Development, 43,* 261–267.

doi:10.2307/1127891

Baumrind, D. (1972b). Reactions to the May 1972 draft report of the Ad Hoc Committee on Ethical Standards in Psychological Research. *American Psychologist, 27,* 1083-1086. doi:10.1037/h0033985

Baumrind, D. (1973). The development of instrumental competence through socialization. In A. Pick (Ed.), *Minnesota symposia on child psychology* (Vol. 7, pp. 3-46). Minneapolis: University of Minnesota Press.

Baumrind, D. (1975). Metaethical and normative considerations governing the treatment of human subjects in the behavioral sciences. In E. C. Kennedy (Ed.), *Human rights and psychological research: A debate on psychology and ethics* (pp. 83-102). New York, NY: Crowell.

Baumrind, D. (1978a). A dialectical materialist's perspective on knowing social reality. *New Directions for Child Development, 2,* 61-82. doi:10.1002/cd.23219780206

Baumrind, D. (1978b). Reciprocal rights and responsibilities in parent-child relations. *Journal of Social Issues, 34,* 179-196. doi:10.1111/j.1540-4560.1978.tb01038.x

Baumrind, D. (1979). IRBs and social science research: The costs of deception. *IRB: A Review of Human Subjects Research, 1*(6), 1-4. doi:10.2307/3564243

Baumrind, D. (1980). The principle of reciprocity: The development of prosocial behavior in children. *Educational Perspectives, 19*(4), 3-9.

Baumrind, D. (1985). Research using intentional deception: Ethical issues revisited. *American Psychologist, 40,* 165-174. doi:10.1037/0003-066X.40.2.165

Baumrind, D. (1989). Rearing competent children. In W. Damon (Ed.), *Child development today and tomorrow* (pp. 349-378). San Francisco, CA: Jossey-Bass.

Baumrind, D. (1990). Doing good well. In C. B. Fisher & W. W. Tryon (Eds.), *Ethics in applied developmental psychology: Emerging issues in an emerging field: Vol. 4. Advances in applied developmental psychology* (pp. 17-28). Norwood, NJ: Ablex.

Baumrind, D. (1991a). Adolescent exploratory behavior: Precursors and consequences. In L. P. Lipsitt & L. L. Mitnick (Eds.), *Self-regulation and risk-taking* (pp. 109-142). Norwood, NJ: Ablex.

Baumrind, D. (1991b). Effective parenting during the early adolescent transition. In P.

E. Cowan & E. M. Hetherington (Eds.), *Advances in family research* (Vol. 2, pp. 111-163). Hillsdale, NJ: Erlbaum.

Baumrind, D. (1991c). The influence of parenting style on adolescent competence and substance use. *The Journal of Early Adolescence, 11,* 56-95. doi:10.1177/0272431691111004

Baumrind, D. (1993). The average expectable environment is not good enough: A response to Scarr. *Child Development, 64,* 1299-1317. doi:10.2307/1131536

Baumrind, D. (1996). A blanket injunction against disciplinary use of spanking is not warranted by the data. *Pediatrics, 98,* 828-831.

Baumrind, D. (1998). From ought to is: A neo-Marxist perspective on the use and misuse of the culture construct. *Human Development, 41,* 145-165. doi:10.1159/000022575

Baumrind, D., & Black, A. E. (1967). Socialization practices associated with dimensions of competence in preschool boys and girls. *Child Development, 38,* 291-327. doi:10.2307/1127295

Baumrind, D., Larzelere, R. E., & Cowan, P. (2002). Ordinary physical punishment: Is it harmful? Comment on Gershoff (2002). *Psychological Bulletin, 128,* 580-589. doi:10.1037/0033-2909.128.4.580

Baumrind, D., Larzelere, R. E., & Owens, E. (2010). Effects of preschool parents' power assertive patterns and practices on adolescent development. *Parenting: Science and Practice, 10,* 157-201. doi:10.1080/15295190903290790

Bear, G. (2004). *Developing self-discipline and preventing and correcting misbehavior.* Boston, MA: Allyn & Bacon.

Bell, R. Q. (1968). A reinterpretation of the direction of effects in studies of socialization. *Psychological Review, 75,* 81-95. doi:10.1037/h0025583

Bronfenbrenner, U. (1979). *The ecology of human development: Experiments by nature and design.* Cambridge, MA: Harvard University Press.

Chao, R. K. (1994). Beyond parental control and authoritarian parenting style: Understanding Chinese parenting through the cultural notion of training. *Child Development, 65,* 1111-1119. doi:10.2307/1131308

Chua-Rubenfeld, S. (2011, January 18). Why I love my strict Chinese mom. *New York*

*Post.* Retrieved from http://www.nypost.com/p/entertainment/why_love_my_strict_chinese_mom_uUvfmLcA5eteY0u2KXt7hM

Darling, N., & Steinberg, L. (1993). Parenting style as context: An integrative model. *Psychological Bulletin, 113,* 487-496. doi:10.1037/0033-2909.113.3.487

Deater-Deckard, K., & Dodge, K. A. (1997). Externalizing behavior problems and discipline revisited: Nonlinear effects and variation by culture, context, and gender. *Psychological Inquiry, 8,* 161-175. doi:10.1207/s15327965pli0803_1

Dixon, W. E., Jr. (2003). *Twenty studies that revolutionized child psychology.* Upper Saddle River, NJ: Prentice Hall.

Farson, R. (1974). *Birthrights.* New York, NY: Macmillan.

Fletcher, A. C., Darling, N. E., Steinberg, L., & Dornbusch, S. M. (1995). The company they keep: Relation of adolescents' adjustment and behavior to their friends' perceptions of authoritative parenting in the social network. *Developmental Psychology, 3,* 300-310. doi:10.1037/0012-1649.31.2.300

Goodman, P. (1960). *Growing up absurd: Problems of youth in the organized system.* New York, NY: Random House.

Gregory, A., & Weinstein, R. (2004). Connection and regulation at home and in school: Predicting growth in achievement for adolescents. *Journal of Adolescent Research, 19,* 405-427. doi:10.1177/0743558403258859

Grolnick, W. S., & Pomerantz, E. M. (2009). Issues and challenges in studying parental control: Toward a new conceptualization. *Child Development Perspectives, 3,* 165-170. doi:10.1111/j.1750-8606.2009.00099.x

Gunnoe, M. L., Hetherington, E. M., & Reiss, D. (2006). Differential impact of father's authoritarian parenting on early adolescent adjustment in conservative Protestant versus other families. *Journal of Family Psychology, 20,* 589-596. doi:10.1037/0893-3200.20.4.589

Harris, J. R. (1998). *The nurture assumption: Why children turn out the way they do.* New York, NY: Free Press.

Hoffman, M. L. (1960). Power assertion by the parent and its impact on the child. *Child Development, 31,* 129-143. doi:10.2307/1126389

Hoffman, M. L. (2000). *Empathy and moral development: Implications for caring and justice.* New York, NY: Cambridge University Press.

Holt, J. (1974). *Escape from childhood: The needs and rights of children.* New York, NY: Dutton.

Hulbert, A. (2003). *Raising America: Experts, parents, and a century of advice about children.* New York, NY: Knopf.

Hughes, J. N. (2002). Authoritative teaching: Tipping the balance in favor of school versus peer effects. *Journal of School Psychology, 40,* 485-492. doi:10.1016/S0022-4405(02)00125-5

Kohn, A. (2005). *Unconditional parenting: Moving from rewards and punishments to love and reason.* New York, NY: Atria Books.

Lakoff, G. (1996). *Moral politics: What conservatives know that liberals don't.* Chicago, IL: University of Chicago Press.

Leary, T. (1957). *Interpersonal diagnosis of personality: A functional theory and methodology for personality evaluation.* New York, NY: Ronald Press.

Lewin, K., Lippitt, R., & White, R. K. (1939). Patterns of aggressive behavior in experimentally created "social climates." *The Journal of Social Psychology, 10,* 269-299. doi:10.1080/00224545.1939.9713366

Lonner, W. J. (1980). The search for psychological universals. In H. C. Triandis & W. W. Lambert (Eds.), *Handbook of cross-cultural psychology* (Vol. 1, pp. 143-204). Boston, MA: Allyn & Bacon.

Maccoby, E. E. (1992). The role of parents in the socialization of children: An historical overview. *Developmental Psychology, 28,* 1006-1017. doi:10.1037/0012-1649.28.6.1006

Magnusson, D. (2001). The holistic-interactionistic paradigm: Some directions for empirical developmental research. *European Psychologist, 6,* 153-162. doi:10.1027//1016-9040.6.3.153

Makarenko, A. S. (1954). *A book for parents.* (R. Daglish, Trans.). Moscow, Soviet Union: Foreign Languages.

Mandara, J. (2003). The typological approach in child and family psychology: A review of theory, methods, and research. *Clinical Child and Family Psychology Review, 6,* 129-146. doi:10.1023/A:1023734627624

Mandara, J. (2006). The impact of family functioning on African American males' academic achievement: A review and clarification of the empirical literature. *Teachers College Record, 108,* 206-223. doi:10.1111/j.1467-9620.2006.00648.x

Mandara, J., & Murray, C. B. (2002). Development of an empirical typology of African American family functioning. *Journal of Family Psychology, 16,* 318-337. doi:10.1037/0893-3200.16.3.318

Neill, A. S. (1964). *Summerhill.* New York, NY: Hart.

Patterson, G. R. (1982). *A social learning approach to family intervention: Vol. 3. Coercive family process.* Eugene, OR: Castalia Press.

Radziszewska, B., Richardson, J. L., Dent, C. W., & Flay, B. R. (1996). Parenting style and adolescent depressive symptoms, smoking, and academic achievement: Ethnic, gender, and SES differences. *Journal of Behavioral Medicine, 19,* 289-305. doi:10.1007/BF01857770

Rambusch, N. (1962). *Learning how to learn: An American approach to Montessori.* Baltimore, MD: Helicon.

Rawls, J. A. (1971). *A theory of justice.* Cambridge, MA: Harvard University, with Belknap Press.

Robinson, C. C., Mandleco, B., Olsen, F. S., & Hart, H. C. (1995). Authoritative, authoritarian, and permissive parenting practices: Development of a new measure. *Psychological Reports, 77,* 819-830. doi:10.2466/pr0.1995.77.3.819

Rohner, R. P., & Britner, P. A. (2002). Worldwide mental health correlates of parental acceptance-rejection: Review of cross-cultural and intracultural evidence. *Cross-Cultural Research: The Journal of Comparative Social Science, 36*(1), 15-47. doi:10.1177/106939702129146316

Scarlett, W. G., Ponte, I. C., & Singh, J. P. (2009). *Approaches to behavior and classroom management: Integrating discipline and care.* Los Angeles, CA: Sage.

Schaefer, E. S. (1959). A circumplex model for maternal behavior. *The Journal of Abnormal and Social Psychology, 59,* 226-235. doi:10.1037/h0041114

Schaefer, E. S. (1965). A configurational analysis of children's reports of parent behavior. *Journal of Consulting Psychology, 29,* 552-557. doi:10.1037/h0022702

Smith, C. L. (2010). Multiple determinants of parenting: Predicting individual differences in maternal parenting behavior with toddlers. *Parenting: Science and Practice, 10,* 1-17. doi:10.1080/15295190903014588

Steinberg, L. (1990). Autonomy, conflict, and harmony in the family relationship. In S. S. Feldman & G. R. Elliott (Eds.), *At the threshold: The developing adolescent* (pp. 255-276). Cambridge, MA: Harvard University Press.

Steinberg, L. (2001). We know some things: Parent-adolescent relationships in retrospect and prospect. *Journal of Research on Adolescence, 11*(1), 1-19. doi:10.1111/1532-7795.00001

Tryon, R. C., & Bailey, D. E. (1966). The BC TRY computer system of cluster and factor analysis. *Multivariate Behavioral Research, 1,* 95-111. doi:10.1207/s15327906mbr0101_6

Vande Kemp, H. (1995). Diana Baumrind: Researcher and critical humanist. In D. Moss (Ed.), *Humanistic and transpersonal psychology: Historical and biographical sourcebook* (pp. 125-144). New York, NY: Greenwood Press.

Vygotsky, L. S. (1978). *Mind in society: The development of higher psychological processes.* Cambridge, MA: Harvard University Press.

Waller, N. G., & Meehl, P. E. (1998). *Multivariate taxometric procedures: Distinguishing types from continua.* Thousand Oaks, CA: Sage.

Wiggins, J. S. (1979). A psychological taxonomy of trait-descriptive terms: The interpersonal domain. *Journal of Personality and Social Psychology, 37,* 395-412. doi:10.1037/0022-3514.37.3.395

제2장

# 양육 연구와 주제:
## 우리가 배운 것과 앞으로 나아가야 할 방향

Amanda Sheffield Morris, Lixian Cui, Laurence Steinberg

Diana Baumrind는 부모의 양육 유형[1]과 아동의 발달 결과에 대한 획기적인 관찰 연구를 통해 30년 이상 양육 연구의 기초를 마련했다(제1장 참고). Baumrind의 양육 유형 연구에 따르면, 지나치게 느슨한(허용적) 양육이나 지나치게 엄격한(권위주의적) 양육에 해당되는 부모의 행동은 아동과 청소년에게 부적응적 결과(예: 낮은 자존감, 공격성, 학업 문제)를 초래하는 것으로 나타났다. 반면, 중간 수준의 통제와 높은 수준의 온정성(권위 있는 양육)을 특징으로 하는 양육 유형은 전반적으로 잘 적응하고, 독립적이며, 학업에서 성공적인 아동과 관련이 있는 것으로 밝혀졌다(Baumrind, 1971; Steinberg, Elmen, & Mounts, 1989). 그럼에도 학자들은 부모의 양육 유형을 구성하며 결과의 차이를 유발하는 미묘한 양육 행동들을 규명하기 위해 노력해 왔다. 또한 연구자들은 양육 효과의 차이를 설명할 수 있는 다양한 요인을 탐구해 왔다. 이러한 요인에는 아동의 특성(예: 기질, 유전)과 보다 넓은 사회적 맥락(예: 또래, 가족체계, 이웃환경, 문화) 등이 포함된다.

지난 30년간 Baumrind의 접근 방식에서 영향을 받은 양육 연구의 동향은 세 가

1) 역자 주: 이 장에서는 Baumrind의 parenting style과 parenting typologies의 구분이 불필요한 것으로 보여 두 경우 모두 국내 문헌에서 더 많이 사용하는 '양육 유형'으로 번역하였다.

지 주요 주제로 요약할 수 있다. 첫째, 부모의 양육 유형의 구성 요소를 조사하는 것, 둘째, 아동이 양육에 미치는 영향을 이해하는 것, 셋째, 부모의 양육을 보다 넓은 사회적 맥락에서 고찰하는 것이다. 이 장의 목적은 이러한 각 주제를 검토하고 요약하며, 관련 연구와 이론의 주요 예시를 제공하는 것이다. 이 장에서는 양육 문헌에 대한 철저한 검토보다는 아동 및 청소년을 대상으로 한 특정 연구 사례와 함께 폭넓은 연구 주제를 제시한다(자세한 문헌 검토는 Bugental & Grusec, 2006; Parke & Buriel, 2006 참고). 우리는 Baumrind의 연구 맥락에서 관련 문헌을 검토하며, 그녀의 이론이 미친 영향과 현대 연구 주제들이 그녀의 이론적 틀 안에서 어떻게 자리하는지를 강조한다. 또한 이 장의 마지막에서는 양육 과학의 새로운 방향에 대해 논의하고, 향후 연구 및 이론 통합을 위한 제안을 제시한다.

## 부모의 양육 유형 구성 요소 검토

양육 연구자와 전문가들은 종종 부모의 양육 유형을 구성하는 요소들을 구체적인 행동으로 세분화하며, 이를 Gray와 Steinberg(1999)는 '부모의 양육 스타일 해체(unpacking of parenting styles)'라고 표현했다. 예를 들어, 대중적인 양육 관련 서적들은 감정 코칭과 적절한 한계 설정의 중요성을 강조한다(예: Gottman & Declaire, 1998; Steinberg, 2005b, 2011). Darling과 Steinberg(1993)는 부모의 양육 스타일(부모-자녀 관계의 정서적 분위기)을 실제 부모의 양육 방식(구체적인 사회화 행동)과 구분하여 설명하였다. 마찬가지로, Pettit과 Mize(1993)는 사회화 스타일(부모-자녀 상호작용의 질)과 사회화 내용(상호작용에서 전달되는 정보의 내용)을 구별했다. Darling과 Steinberg의 논문은 구글 스칼라(Google Scholar) 기준 현재까지 1,400회 이상 인용되었으며, 이는 이러한 이론적 구분의 중요성을 보여 준다. 우리는 지난 20년간 학자들이 주로 양육 유형의 두 가지 차원에 초점을 맞추어 연구해 왔다고 주장한다. 첫째는 부모의 통제/훈육(제3, 4장 참고), 둘째는 정서와 관련된 양육 실천 방식(제8장 참고)이다. 이 두 차원은 Baumrind의 양육 유형 이론에서 핵심적으로 사용된 통제(control)와 온정성/반응성(warmth/responsiveness)의 차원(Maccoby & Martin, 1983)과 일치한다.

## 부모의 통제

부모의 양육 유형 차원 중 가장 직접적인 주목을 받아 온 것은 부모의 통제/요구성(control/demandingness)이다. Baumrind는 부모가 단호하면서도 권위 있는 통제를 하되, 융통성을 유지하고 지나치게 간섭적이지 않아야 한다는 점의 중요성을 논의했다(제1장 참고). 지난 수십 년간 연구자들은 부모의 통제를 다양한 구성 요소로 세분화하여, 아동의 적응과 관련된 구체적인 양육 실천 방식을 더 잘 이해하려고 시도해 왔다. 연구에서는 통제를 모니터링, 훈육 행동, 성숙에 대한 요구, 구조화, 권위 행사, 심리적 통제, 행동적 통제 등으로 구분해 다루어 왔으며, 이와 유사한 개념들(예: 감독, 간섭, 과잉보호)도 포함해 분석했다. 그럼에도 연구 결과는 Baumrind의 초기 연구를 일관되게 지지하며, 자율성을 적절히 부여하면서도, 의사결정과 규칙 설정 과정에서 아동의 관점과 의견을 고려하는 단호한 부모 통제의 중요성을 시사한다(Bugental & Grusec, 2006).

최근, 부모의 **모니터링**이 많은 주목을 받고 있다. 모니터링은 부모가 자녀의 일정, 또래관계, 활동, 그리고 물리적 위치를 관리하려는 부모 자신의 시도에 대해 자각하고 있는 정도를 의미한다(Peterson & Hann, 1999). 많은 연구에서 부모의 모니터링은 청소년의 비행, 약물 사용, 일탈적 또래관계 감소와 관련이 있는 것으로 나타났다(예: Laird, Criss, Pettit, Dodge, & Bates, 2008). 그러나 Stattin과 Kerr(2000)는 1980년대 후반과 1990년대 초반에 사용된 부모 모니터링 평가 도구들이 부모가 자녀의 소재지나 행동에 대해 얼마나 알고 있는지를 평가한 것이지, 부모가 실제로 자녀의 행동을 모니터링하기 위해 무엇을 했는지는 평가하지 않았다고 지적했다. Stattin과 Kerr(2000)는 부모가 자녀에 대한 정보를 얻는 세 가지 경로를 제시했다. 이는 자녀의 자발적 정보 공개, 부모의 정보 탐색, 그리고 부모의 능동적 통제(예: 행동에 대한 허락 요구, 규칙 설정, 직접적인 정보 요구)이다. 2000년 연구와 그 이후 연구에서, Stattin과 Kerr는 부모의 지식 수준이 높을수록 자녀의 적응이 더 우수하다는 사실을 발견했다. 부모의 정보 탐색과 부모의 통제는 자녀의 자발적 정보 공개보다 부모 지식과의 관련성이 약했다. 특히 자녀의 자발적 정보 공개는 청소년의 비행 감소, 우울 증상 감소, 자존감 향상을 유의미하게 예측하는 요인으로 나타났다(Kerr, Stattin, & Burk, 2010). 또한 적어도 한 연구에서는 부모의 모니터링(자녀의 활동과 소재지를 파악하려는 노력)이 부모가 자녀에 대해 얼마나 알고 있는지와 상관없이 청소년의 문제행동 감소와 관련이 있다는 결과가 보고되었다(Fletcher, Steinberg, & Williams-Wheeler, 2004). 연구에 따르면, 청소년은 부모와의 관계가 따뜻하고 친밀할 때 또는 부모를 권위 있는 양육자로 인식할 때 자연스럽게 자신의 정보를 공개한다(Darling, Cumsile, Caldwell, & Dowdy, 2006). 이러한 결과는 자녀의 정보 공개와 같은 구체적인 행동을 논의할 때 부모의 전반적인 양육 유형을 함께 고려하는 것이 중요함을 시사한다.

부모가 죄책감 유발, 애정 철회, 수치심 주기, 자율성 억제, 감정 무시 등의 전략을 사용하며 정서적으로 조종하는 형태의 통제는 양육 문헌에서 **심리적 통제**(psychological control)라고 불린다(제3장 참고). 이러한 유형의 통제를 사용하는 부모는 자녀에게 사랑과 수용이 그들의 행동에 달려 있다는 메시지를 전달한다. 이러한 메시지는 아동의 행동을 통제하기 위한 방법으로 사용되며, 부모의 요구에 아동이 굴복하거나 순응하도록 유도하는 강력한 방법이 된다. 심리적 통제를 사용하는 부모는 종종 과잉보호 및 침해적 성향을 보인다. 이로 인해 아동은 독립성이 감소하고, 부모의 개입 없이는 성공할 수 없다는 생각을 갖게 된다. 실제로, 심리적 통제는 많은 연구에서 다양한 부정적인 결과와 관련이 있는 것으로 밝혀졌다. 특히 심리적 통제는 아동의 높은 수준의 불안, 우울, 비행, 공격성, 그리고 낮은 자존감과 관련이 있다는 연구 결과가 보고되었다(Barber, 1996; Silk, Morris, Kanaya, & Steinberg, 2003). 심리적 통제에 대한 연구가 주로 청소년을 대상으로 이루어졌지만, 유아 및 아동을 포함한 여러 연구에서도 심리적 통제가 내재화 문제 및 외현화 문제 모두와 정적인 관련이 있다는 것이 밝혀졌다(Olsen et al., 2002). 특히 취약한 기질을 가진 아동에게 심리적 통제는 더 큰 해로운 영향을 미치는 것으로 나타났다(Morris et al., 2002).

연구자들은 심리적 통제가 청소년이 사적인 것으로 인식하는 사안에 대한 부모의 통제를 포함한다고 주장해 왔다. 이는 심리적 통제를 자녀의 독립성을 억압하는 정서적 조종 기법으로 보는 일반적인 관점과는 대비된다(Steinberg, 2005a 참고). Steinberg(2005a)는 부모가 심리적 통제를 행사하는지 여부는 궁극적으로 청소년의 주관적 경험에 의해 결정된다고 주장했다. 청소년기 초기에 개인적 선택을 둘러싼 갈등은 개별화 과정을 반영하며, 이러한 갈등은 흔히 나타나는 현상이다. 따라서 향후 연구에서는 청소년이 부모의 행동을 침범적이라고 판단하는 과정, 그리고 문화와 또래 규범이 이러한 부모의 통제에 대한 청소년의 인식에 어떤 영향을 미치는지에 대해 고려할 필요가 있다.

양육 연구와 양육 실천 방식에서 중요한 부모의 통제 형태 중 하나는 훈육(discipline)이다. 부모의 훈육과 지도(guidance)는 다양한 형태로 나타날 수 있다. 여기에는 권위 행사(power assertion; 예: 특권 박탈, 타임아웃), 규칙과 한계 설정, 긍정적 행동 강화, 잘못된 행동에 대한 논리적 설명 등이 포함된다(Grusec & Goodnow, 1994 참고). 훈육은 넓은 의미에서 부모가 아동의 부정적인 행동을 최소화하고 긍정적인 행동을 극대화할 수 있는 환경을 만들기 위한 통제 노력이라고 볼 수 있다. 대부분의 부모는 다양한 훈육 기법을 사용하며, 자녀의 성장 단계에 따라 훈육 방법도 달라진다(예: 유아기에는 타임아웃, 중기 아동기 및 청소년기에는 특권 박탈 등; Grusec & Goodnow, 1994). 훈육의 목표는 아동이 친사회적인 도덕적 가치를 내면화하고, 최적의 사회적 역량과 주체성을 발달시키는 것이라고 볼 수 있다(Baumrind, 1996; Hoffman, 2001). 이러한 결과는 부모의 반복적인 사회화 노력에서 비롯된다(Hoffman, 2001).

점점 더 많은 연구에서 귀납적 훈육(inductive discipline), 즉 설명과 논리를 포함한 부모의 훈육 방식이 아동의 친사회적(돕기) 행동, 공감, 동정심과 관련이 있다는 점을 보여 주고 있다(Eisenberg, Fabes, & Spinrad, 2006). 반면, 점점 더 많은 연구가 처벌적인 권위 행사 기법이 친사회적 행동 및 공감 능력 감소와 관련이 있다고 보고한다(예: Nix et al., 1999). Hoffman(2001)과 다른 연구자들은 잘못된 행동에 대해 아동에게 논리적으로 설명하고, 아동 자신의 행동이 타인에게 미치는 영향을 고려하도록 격려하는 귀납적 훈육이 공감과 조망 수용 능력을 증가시키고, 결과적으로 도덕적 행동의 내면화를 촉진할 가능성이 크다고 주장했다(Eisenberg et al., 2006). 반면, 가혹한 처벌은 아동에게 두려움의 반응을 초래할 수 있으며, 이후의 긍정적 행동은 자신의 행동이 타인에게 미치는 영향을 알아차려서가 아니라 처벌에 대한 두려움에서 비롯될 가능성이 높다(Eisenberg et al., 2006). 또한 가혹한 처벌은 여러 연구에서 부정적인 결과와 연관이 있는 것으로 나타났다(Bugental & Grusec, 2006). 예를 들어, 높은 수준의 가혹한 신체적 처벌은 아동의 외현화 문제를 예측하는 요인으로 밝혀졌으며, 이 결과는 이전 문제행동의 수준을 통제한 후에도 유의미했다(예: Nix et al., 1999). 즉, 가혹한 훈육이 아동의 공격적 행동을 증가시킬 수 있음을 시사한다. 그러나 가혹하지 않은 간헐적인 권위 행사가 긍정적인 부모-자녀 관계 속에서 특정 상황에 한정되어 이루어질 경우, 이는 해롭지 않으며 때때로 긍정적인 결과와 관련이 있다는 증거도 있다(Eisenberg et al., 2006; Grusec & Goodnow, 1994).

구체적인 권위 행사의 형태와 그 효과성에 대한 연구는 아직 더 필요하다(제4장 참고). 그럼에도 점점 더 많은 연구에서 체벌(고통을 의도적으로 유발하는 신체적 처벌)이 아동에게 해로운 영향을 미친다는 증거가 보고되고 있다(Gershoff & Bitensky, 2007). Bugental과 Grusec(2006)은 이러한 연구 결과를 요약하며, 체벌 반대론자들은 체벌이 반사회적 행동과 관련이 있으며, 신체 학대의 잠재적 전조가 될 수 있음을 주장한다고 밝혔다(Gershoff & Bitensky, 2007). 반면, Baumrind, Larzelere와 Cowan(2002)은 걸음마기에서 사춘기 사이의 시기에 이루어지는 가벼운 체벌이 권위 있는 부모-자녀 관계 맥락에서 유효한 사회화 도구가 될 수 있다고 주장했다. 연구에 따르면, 체벌은 아동의 순응을 증가시킨다는 점을 지지하는 증거도 있다(Gershoff, 2002; Larzelere & Kuhn, 2005). 그러나 체벌의 인과적 영향을 명확히 규명하기 어렵다는 점(아동을 체벌 가정이나 비체벌 가정으로 무작위 할당할 수 없는 상황)에도 불구하고, Gershoff와 Bitensky(2007)는 체벌(spanking) 관련 문헌을 검토하며, 다수의 종단 연구와 체벌 감소를 목표로 한 중재 프로그램을 포함한 연구(예: Beauchaine, Webster-Stratton, & Reid, 2005)에서 체벌의 영향에 대해 몇 가지 결론을 도출했다. 첫째, 행동 문제가 많은 아동일수록 체벌을 더 자주 받는 경향이 있다. 둘째, 종단 연구에서 이전의 아동 행동 문제를 통제한 이후에도, 체벌은 여전히 아동의 공격성과 반사회적 행동을 예측하는 요인으로 나타났다. 이는 체벌과 아동의 공격성 및 반사회적 행동 사이에 인과적 연관성이 있을 가능성을 시사한다. 셋째, 체벌은 저하된 부모-자녀 관계의 질과 연관이 있으며, 이는 가혹한 훈육으로 인해 아동이 느끼는 두려움과 부모에 대한 신뢰 부족에서 기인할 가능성이 크다. Holden(2002)은 연구자들이 체벌에 대한 아동의 반응을 개별적으로 고려할 필요가 있다고 주장했다. 그는 일부 아동이 체벌로 인해 다른 아동보다 더 큰 부정적인 영향을 받을 수 있다고 주장했다(Kochanska, Aksan, & Joy, 2007 참고). 실제로, 훈육 과정에서 아동이 전달받는 메시지는 매우 중요하다. 아동은 자신의 기질, 인지발달 수준, 그리고 부모-자녀 관계의 질에 따라 부모의 메시지를 해석하고 내면화하게 된다(Chao & Aque, 2009). 또한 문화적 규범은 아동이 부모의 통제를 어떻게 인식하는지에 영향을 미친다.

요컨대, 연구에 따르면 부모의 모니터링과 부모의 지식(부모의 정보 탐색이나 자녀의 자발적 정보 공개를 통해 얻어진 경우 모두)은 청소년의 긍정적인 발달 결과와 관련이 있는 것으로 나타났다. 반면, 심리적 통제와 가혹한 통제는 아동과 청소년 모두에게 부정적인 결과와 관련이 있었다. 이러한 연구 결과는 Baumrind의 양육 유형과 일치한다. Baumrind는 허용적 양육에서는 낮은 모니터링과 같은 통제 부족이, 권위주의적 양육에서는 가혹한 훈육이나 심리적 통제와 같은 부정적인 통제 방식이 아동과 청소년의 적응 문제와 관련이 있다고 밝혔다(제1, 3장 참고). 반면, 권위 있는 양육을 하는 부모는 따뜻하고 반응적인 부모-자녀 관계 속에서 적절한 수준의 통제를 사용한다. 이러한 결과는 직면적 통제(confrontive control)와 강압적 통제(coercive control)에 대한 Baumrind의 연구를 또한 뒷받침한다. Baumrind에 따르면, 직면적 통제는 권위 있는 부모에게서 흔히 나타나며, 강압적 통제는 권위주의적 부모에게서 더 자주 나타난다(제1장 참고). 권위 있는 양육과 비강압적 통제는 아동과 청소년의 자발적 정보 공개를 촉진하며, 자녀의 관점과 의견이 존중되고 수용되는 환경을 조성할 가능성이 크다. 이러한 전제는 긍정적인 가족 환경에서는 청소년이 부모에게 정보를 더 자주 공개하며, 부모를 더 신뢰한다는 연구 결과에 의해 뒷받침되었다(Fletcher et al., 2004; Kerr & Stattin, 2000). 또한 검토된 연구들은 부모의 모니터링을 사회적 과정으로 보아야 한다고 제안한다. 이처럼 아동은 신뢰 기반의 부모-자녀 관계 맥락에서 자발적으로 정보를 공개한다. 양육의 통제 차원에 대한 이 역동적 관계 관점은 양육 효과를 보다 심층적으로 이해하는 데 의미 있는 시사점을 제공할 수 있다.

지난 수십 년간 새롭게 부각된 주제 중 하나는 아동이 부모의 통제를 어떻게 인식하는지의 중요성이다. 예를 들어, 연구에 따르면 부모의 통제를 침해적이고 부정적이라고 해석하는 청소년은 우울감을 느끼고, 규칙을 어기며, 자신이 부모에게 중요하지 않다고 인식할 가능성이 더 높았다(Kakihara, Tilton-Weaver, Kerr, & Stattin, 2010). 이러한 연구 결과는 아동이 부모의 통제를 지나치다고 느낄 때 부정적인 결과가 나타날 수 있음을 시사한다. 아동기에 이루어진 귀납적 훈육은 자녀가 잘못된 행동과 훈육에 대해 적극적으로 논의하도록 하는 선행 요인이 될 수 있으며, 이는 청소년기에 자발적인 정보 공개로 이어지는 열린 대화를 촉진할 수 있다. 그러나 이러한 전제를 확인하기 위해서는 추가적인 연구가 필요하다. Darling과 Steinberg(1993)가 부모의 사회화 목표에 초점을 맞춘 반면, 최근 연구들은 아동과 청소년이 부모의 사회화 목표를 어떻게 해석하는지를 이해할 필요성을 강조하고 있다(Steinberg, 2005a 참고). 이러한 연구 관점은 사회화 효과를 보다 심층적으로 이해하는 데 기여할 수 있으며, 사회화 효과가 맥락과 아동의 특성에 따라 어떻게 다르게 나타나는지를 밝히는 데 도움을 줄 수 있다.

## 정서와 관련된 양육

지난 수십 년간 부모-자녀 관계의 정서적 역동성에 대한 연구 관심이 크게 증가했다. 부모-자녀 관계에서 정서의 역할을 다룬 연구는 부모의 정서 사회화(emotion socialization), 상호적 정서 조절(dyadic emotion regulation), 정서 코칭(emotion coaching; 제8장 참고), 그리고 아동의 기질[반응도(reactivity)와 조절력(regulation)] 및 정서적인 생물학적 체계(affective biological system)의 역할을 포함한다. Baumrind가 처음 제안한 온정성/반응성(warmth/responsiveness) 개념은 최근 연구에서 부모가 자녀의 정서에 반응하는 방식(반응성; responsiveness)과 때로 정서적 표현(emotional expressiveness)으로 평가되는 가족의 전반적인 정서적 분위기(온정성)와 연결된다. 연구에 따르면, 정서 코칭이나 부모의 온정성/반응성과 같은 긍정적인 정서와 관련된 양육 실천은 아동 및 청소년의 다양한 적응적 발달 결과와 관련이 있는 것으로 나타났다. 구체적인 적응적 발달 결과에는 분노와 슬픔의 조절, 학교 적응, 그리고 사회정서적 기능 향상이 포함된다(Eisenberg, Valiente, & Eggum, 2010; Morris, Silk, Steinberg, Myers, & Robinson, 2007).

부모의 정서 사회화는 아동에게 정서 조절과 표현, 그리고 사회적 상황에서 정서의 역할을 직접적으로 가르치려는 부모의 시도를 의미한다. 또한 아동이 부모의 정서적 상호작용을 관찰할 때도 정서 사회화는 이루어진다. 연구자들은 정서 사회화를 부모의 양육 유형과 양육 실천 방식이라는 두 측면에서 살펴보았다(Morris et al., 2007 참고). 연구에 따르면, 부모의 양육 유형, 또는 가족의 정서적 분위기(Darling & Steinberg, 1993)는 부모-자녀 관계의 정서적 토대를 제공함으로써 아동의 정서 조절과 정서 표현에 영향을 미친다. 권위 있는 부모를 둔 아동은 일반적으로 정서가 안정되어 있으며, 가정에서 나타나는 정서 표현에 대해 무엇을 기대할지 알고, 부모로부터 일관되고 적절한 정서적 반응을 경험한다. 반면, 권위주의적 부모 또는 허용적 부모를 둔 아동은 부정적, 강압적, 또는 예측할 수 없는 가족의 정서적 분위기를 경험하는 경우가 많다. 이러한 환경에서 성장한 아동은 정서적으로 과잉 반응하거나 정서적으로 둔감해질 위험이 높다(Morris et al., 2007 참고).

정서 조절과 관련된 구체적인 양육 실천 방식(예: 정서 명명하기, 아동이 정서에 반응하도록 돕기)은 아동의 정서 관리 능력 및 이와 관련된 발달 결과에 큰 영향을 미친다. 구체적인 양육 실천을 통해 부모는 아동에게 정서 조절 기술과 전략을 가르칠 수 있기 때문이다(Morris et al., 2007, 2011). Gottman 등(예: Gottman, Katz, &

Hooven, 1997)은 구체적인 양육 실천 방식과 아동의 정서 조절 간의 관련성을 처음 체계적으로 연구한 학자 중 하나이다. 이들은 특히 개인이 정서에 대해 가지는 체계적인 신념과 감정을 반영하는 상위정서철학(meta-emotion philosophy) 이론을 제안하였다. 또한 Gottman 등(1997)은 부모의 상위정서철학이 아동의 정서 표현에 대해 부모가 보이는 정서 코칭(emotion coaching) 또는 정서 무시(emotion-dismissing) 행동과 관련이 있다고 주장했다. 예를 들어, 정서 코칭을 하는 부모는 아동이 정서를 언어로 명명하게 돕고, 아동의 감정을 공감하거나 타당화시켜 주며, 아동이 문제를 해결하도록 돕는다(Gottman et al., 1997, p. 84). 정서 코칭과는 달리, 부모는 아동의 정서를 무시하거나 정서를 표현하는 아동을 비하할 수도 있다. 연구에 따르면 부모의 정서 코칭은 아동의 효과적인 정서 조절 능력 및 정서 이해와 관련이 있는 것으로 나타난 반면(Denham, Mitchell-Copeland, Strandberg, Auerbach, & Blair, 1997; Gottman, Katz, & Hooven, 1996), 부모의 정서 무시 행동은 아동의 정서 조절 문제 및 행동 문제와 관련이 있는 것으로 보고되었다(Lunkenheimer, Shields, & Cortina, 2007).

Eisenberg, Cumberland와 Spinrad(1998)는 정서와 관련된 부모의 양육 실천 방식의 중요성을 뒷받침하는 추가적인 실증적 근거를 제시하였다. 이들은 부모가 아동의 슬픔과 분노에 보이는 반응을 분석하여, 처벌적이거나 부정적인 반응이 아동의 정서적 흥분을 높이고, 아동이 정서를 이해하고 적절하게 표현하기보다는 회피하도록 학습하게 만드는지 연구했다. 일련의 연구에서 Eisenberg 등(1998)은 정서에 대한 부모의 처벌적이고 최소화하려는 반응이 아동의 정서 조절 곤란 및 부적응과 관련이 있음을 발견했다. 반면, 문제중심적 반응(problem-focused reactions)은 더 나은 대처 능력 및 정서 조절과 연관이 있는 것으로 나타났다. 연구들은 또한 부모가 아동의 부정적인 감정에 과도하게 감정적으로 반응하거나 그 감정을 확대할 경우, 아동의 정서 조절 곤란 및 적응의 어려움과 연관이 있음을 보여 준다(예: Silk et al., 2011). 이러한 연구 결과는 Gottman 등의 연구(Gottman & Declaire, 1998; Gottman et al., 1997)와 일치하며, 아동의 정서 표현에 대해 부모가 지지적이고 건설적인 반응을 보이는 것의 중요성을 강조한다.

부모는 단순히 아동의 감정에 반응하는 것뿐만 아니라, 아동에게 정서를 조절하고 표현하는 전략을 의도적으로 가르칠 수도 있다. 예를 들어, 부모는 아동에게 부정적인 감정을 다루기 위한 구체적인 방법을 제안할 수 있다(예: 심호흡하기, 다른 것을 생각하기). 관찰 연구에 따르면, 부모의 인지적 재구성(상황을 긍정적으로 재해석하는 것)과 주의 전환(부정적인 정서 상황에서 주의를 다른 곳으로 돌리는 것)은 아동의 분노와 슬픔 표현을 즉각적으로 감소시키는 효과적인 전략으로 나타났다. 특히 아동이 부모가 사용하는 전략을 함께 실천할 때 그 효과가 더욱 두드러진다(Morris et al., 2011). 발달적으로 볼 때, 영아기에는 신체적 위로가 정서 조절에 도움을 주지만, 유아기와 아동기 초기에는 보다 인지적인 접근이 더 유익한 것으로 보인다(Morris et al., 2011). 아동이 성장함에 따라, 부모는 아동의 정서 조절 전략에 직접적으로 개입하는 빈도가 감소하며, 부모가 아동의 정서를 조절하려는 노력은 점차 아동의 자기조절(self-regulation)로 전환된다(Eisenberg & Morris, 2003). 그러나 청소년기에도 부모는 정서적 지지와 전반적인 지도를 통해 여전히 중요한 영향을 미친다(Morris et al., 2007).

부모의 양육 유형 구조 내에서 정서 사회화를 완전히 탐구하려면 추가적인 연구가 필요하지만, 기존 연구를 통해 몇 가지 결론을 도출할 수 있다. 권위 있는 부모는 아동이 부정적인 감정을 표현할 때 감정 코칭을 수행하며, 감정을 명명하고 타당화함으로써, 문제해결을 통해 자녀의 기분을 나아지게 돕는다. 권위 있는 부모는 일반적으로 모든 감정을 수용하며('나쁜 감정이나 틀린 감정은 없다'고 여김), 동시에 때로는 감정에 동반되는 행동에 대해 훈육할 필요성도 인정한다(예: '화가 나는 것은 괜찮지만, 여동생을 때리는 것은 안 된다'). 반면, 권위주의적 부모는 아동의 감정 표현을 승인하지 않거나 처벌할 가능성이 있으며, 허용적 부모는 아동의 감정을 무시하거나, 감정에 의해 유발된 부적절한 행동을 용인할 수 있다. 이러한 전제를 뒷받침하기 위해서는 보다 정교한 연구가 필요하며, 특히 권위 있는 부모가 실제로 감정 코칭을 사용하는지에 대한 실증적 연구가 요구된다. 그럼에도 정서 사회화 스타일에 대한 이해는 향후 연구에서 유망한 주제가 될 것이다(Gottman et al., 1997 참고).

## 자녀 효과 이해

1980년대 초, Lewis(1981)는 Baumrind가 수행한 엄격한 통제에 대한 평가는 부모의 적극적인 통제라기보다 아동이 자발적으로 부모의 요구에 따르려는 의지를 반영한 것이라고 주장했다. Lewis는 권위 있는 부모의 자녀는 자존감과 사회적 역량이 더 높으며, 품행이 바르기 때문에 부모의 통제를 덜 필요로 한다고 설명했다. 이러한 주장은 귀인 이론(attribution theory)에 기반하며, 귀인 이론은 내면화를 위해 외적 통제보다 내적 통제가 더 중요함을 강조한다. 이와 유사하게, 최근에는 자기결정성 이론(self-determination theory)이 양육 연구에 적용되어, 성격 발달에서 외적 통제보다 내적 동기의 중요성을 강조하고 있다(Joussemet, Landry, & Koestner, 2008; 제3장 참고).

종단 연구는 엄격한 통제가 실제로 아동의 적응에 영향을 미친다는 Baumrind의 주장을 뒷받침한다(제1장 참고). 그러나 최근에는 양육을 부모-자녀 관계의 맥락에서 쌍방향 과정으로 바라보는 관점이 확대되고 있으며, 양육 과정에 대한 완전한 설명은 부모 효과(parent effect)와 자녀 효과(child effect)를 모두 포함해야 한다는 인식이 확산되고 있다. 연구에 따르면, 아동의 특성은 부모가 아동에게 보이는 행동에 영향을 미칠 뿐만 아니라, 아동은 과거 경험과 신념에 근거해 부모의 양육 메시지를 다르게 해석한다고 한다(Rothbart & Bates, 2006). 예를 들어, 같은 가정에서 자란 형제자매도 부모의 유사한 양육 행동을 각기 다르게 경험하며, 개별적인 특성에 따라 부모로부터 서로 다른 반응을 이끌어 낼 수 있다(Deater-Deckard, 1996 참고). 또한 아동의 특성 중 정서적 반응성(emotional reactivity)은 부정적인 양육의 영향을 더욱 악화시킬 수 있는 반면, 정서 조절과 같은 적응적 특성은 보호 요인으로 작용할 수 있다(Morris et al., 2002). 부모의 양육이 아동의 심리생리(psychophysiology)에 미치는 영향과 그 반대의 영향을 탐구하는 연구는 비교적 새로운 분야이지만, 최근 연구 결과들은 아동의 생물학적 소인(biological predisposition)이 부모의 사회화 과정을 이해하는 데 중요한 요소임을 일관되게 보여 주고 있다.

지난 수십 년 동안 양육 연구자들이 씨름해 온 한 가지 질문은, 양육의 효과 크기가 대체로 작거나 중간 수준임을 고려할 때, 부모의 양육이 아동의 적응에 미치는 상대적 중요성이다(Bates, Pettit, Dodge, & Ridge, 1998). 최근 증가하는 연구들은 부모의 양육이 중요하다는 점을 지지하지만(Collins, Maccoby, Steinberg, Hetherington, & Bornstein, 2000), 그 영향이 모든 아동에게 동일한 방식이나 같은 정도로 나타나는 것은 아니라는 점을 시사한다. 연구에 따르면, 아동 기질의 주요 구성 요소로 자주 연구되는 정서성(emotionality)과 정서 조절의 개별 차이는 부모 효과의 차이를 설명하는 중요한 요인으로 작용할 가능성이 크다(Morris et al., 2002, 2007). 부모는 아동의 정서 조절을 사회화하는 데 직접적인 역할을 하지만, 아동은 정서적 반응성과 조절 능력에서 생물학적으로 타고난 개별 차이를 지닌다(Rothbart & Bates, 2006). 즉, 아동의 기질적 요인은 정서 조절의 출발점이 되거나 조절 범위를 어느 정도 결정하는 요인으로 작용할 수 있다.

지난 20년 동안, 아동의 기질과 부모의 양육이 아동의 사회정서적 적응을 예측하는 데 어떤 역할을 하는지를 탐구하는 연구가 점점 증가해 왔다. 이들 연구 결과에 따르면, 아동의 기질적 특성을 고려할 경우, 부모의 양육이 아동의 발달 결과를 설명하는 설명력이 상당히 증가하는 것으로 나타났다(Morris et al., 2002). 또한 아동의 기질은 동일한 부모로부터 다양한 양육 행동을 이끌어 내며, 아동이 부모의 양육을 어떻게 해석하고 경험하는지 또한 아동의 기질에 의해 영향을 받는다(Rothbart & Bates, 2006).

부정적 정서성(negative emotionality)과 정서 조절 곤란(emotion dysregulation)의 성향을 가진 아동은 권위주의적 양육의 해로운 영향에 특히 취약한 것으로 보인다. 이러한 아동들은 강압적이고 적대적인 부모-자녀 간 상호작용을 매우 불쾌한 경험으로 인식할 가능성이 높다(Rothbart & Ahadi, 1994). 반대로, 감정반응을 하거나 정서 조절이 어려운 아동이라도, 권위 있는 부모처럼 부모가 그들의 정서적 변화에 민감하고 반응적으로 대응할 경우, 어려움을 겪지 않을 가능성이 있다. Belsky(2005)는 진화론적 관점에서 아동의 양육 민감성에 차이가 있는 이유가 부정적인 양육으로 인한 유해한 영향에서 아동을 보호하기 위하여 발달했을 수 있다고 주장했다. 최근 연구자들은 부정적인 양육에 대한 아동의 민감성을 설명하는 생물학적 기반을 탐구하기 시작했다. 예를 들어, 가혹하고 무감각한 양육과 관련된 유전자-환경 상호작용을 분석한 연구들은, 특정 유전자형을 가진 아동들이 양육의 영향을 더 크게 받을 가능성이 있음을 발견했다. 구체적으로, 도파민 D4 수용체 다형성(Bakermans-Kranenburg & van IJzendoorn, 2006), MAO-A 유전자 다형성(Caspi & Moffitt, 2006), 그리고 도파민 수송체 유전자의 rs40184와 VNTR 다형성(Haeffel et al., 2008; Lahey et al., 2011)을 가진 아동들은 부정적 양육 환경에서 문제행동을 발달시킬 가능성이 더 높다고 보고되었다. 그러나 이러한 연구 결과에도 불구하고 유전자-환경 상호작용에 대한 연구는 반복 검증이 더 필요하며, 일부 결과는 유발적 유전자-환경 상관관계로 설명될 수 있다. 이는 아동의 유전적 요인에 의해 형성된 특성이 부모의 양육 방식에 차이를 유발하며, 이후 아동의 적응에 영향을 미치는 현상을 의미한다.

Boyce와 Ellis(2005)는 맥락에 대한 생물학적 민감성 개념을 제안하였다. 이들은 높은 스트레스나 정서적 반응성이 맥락에 대한 생물학적 민감성의 증가를 반영하며, 이러한 민감성은 역경이 많은 환경에서는 부정적인 건강 결과와, 지지적이고 보호적인 환경에서는 긍정적인 건강 결과와 관련된다고 주장했다. 많은 실증 연구는 이러한 '더 나쁠 수도, 더 좋을 수도 있는' 차별적 민감성 모델(differential susceptibility model)을 지지하는 것으로 보이지만(예: Belsky, Bakermans-Kranenburg, & van IJzendoorn, 2007), 여전히 추가 연구가 필요하다. 비록 생물학과 환경의 상호작용 연구에는 아직 해결되지 않은 많은 이론적 및 방법론적 문제가 존재하지만, 향후 유망한 연구 분야는 부모의 양육 효과가 아동에게 미치는 영향을 설명하는 생물학적인 차별적 민감성을 탐구하고, 이러한 생물학적 민감성이 부모-자녀 관계에서 수행하는 역할을 규명하는 것이다(Ellis & Boyce, 2011). 실제로, 일부 아동이 생물학적으로 양육에 더 크게 영향을 받거나 덜 영향을 받도록 타고났다는 전제를 지지하는 증거들이 나타나고 있다. 연구에 따르면, 맥락적 요인은 아동의 뇌 발달, 유전자 발현, 신경 기능에 영향을 미치며, 이는 다시 아동의 인지, 정서, 사회적 발달에 영향을 준다(Steinberg et al., 2006). 동물과 인간을 대상으로 한 후성유전학(epigenetic) 연구들은 생애 초기 몇 주간의 부모 양육 행동이 후대(offspring)의 유전자 기능을 변화시킬 수 있음을 시사한다(예: Ogren & Lombroso, 2008). 또한 부모의 양육이 유전자를 '켜거나' 혹은 '끄는' 역할을 할 수 있다는 개념은 향후 연구에 중요한 함의를 제공한다. 더 나아가, 연구들은 부모의 유전적 요인이 교육 수준, 정신건강, 기타 가족적 요인을 통제한 이후에도 자녀 양육에 영향을 미친다는 것을 시사한다(예: Bakermans-Kranenburg & van IJzendoorn, 2008). 따라서 정서성(emotionality)의 개인차와 아동 및 부모의 유전적 구성은 앞으로 부모의 사회화 모델을 탐구하는 데 중요한 요소로 작용할 것이다.

## 더 넓은 사회적 맥락에서의 자녀 양육

아동 발달에 대한 체계적, 맥락적, 생태학적 관점은 부모의 양육 연구에 큰 기여를 해 왔다. 많은 사회과학자가 지적했듯이, 부모-자녀 관계는 가족 내에 자리잡고 있으며, 가족은 이웃 환경 내에 위치해 있고, 아동과 가족은 또래, 학교, 미디어, 그리고 문화의 영향을 받는다(Bronfenbrenner, 1989).

Baumrind의 연구는 부모-자녀 쌍(dyad)에 초점을 맞추었지만, 이 부모-자녀 관계가 어떻게 더 넓은 사회적 체계 내에서 자리하고 영향을 받는지에 대한 많은 연구가 이루어졌다. 특히 지난 20년 동안 가족 구조와 가족체계 변인, 형제자매, 부부 갈등, 이웃 환경, 인종 및 민족성, 또래, 미디어, 그리고 학교가 아동 발달과 부모-자녀 관계에 미치는 영향에 대한 관심이 증가했다(Parke & Buriel, 2006). 또한 아버지-자녀 관계에 대한 연구가 급증했으며(Parke, 2002), 또래의 영향과 부모의 양육 효과를 동시에 분석하는 연구도 증가하고 있다(예: Criss, Shaw, Moilanen, Hitchings, & Ingoldsby, 2009). 또 다른 주요 연구 주제는 다양한 문화적 배경을 가진 부모들에게 양육 유형이 적용 가능한지를 탐구하는 것이다. 다음 절에서는 부모-자녀 관계와 밀접하게 연관된 맥락적 요인에 대해 집중적으로 살펴본다.

## 가족체계

가족체계(family systems) 관점은 여러 가족 구성원 간 및 가족 하위 체계(부모-자녀, 부부, 형제-형제) 사이에서 발생하는 상호 영향이나 상호작용 과정을 고려한다(Cox, Paley, & Harter, 2001). Olson 등(1992)은 가족이 친밀감과 개별성 사이의 균형을 유지해야 하며, 이상적인 가족 기능은 중간 수준의 응집력 또는 친밀감, 그리고 가족 규칙, 한계, 일상생활에 대한 적응성 또는 유연성으로 구성된다고 주장했다. 여러 연구에서는 부모의 양육 행동과 가족체계 변인을 동일한 연구 내에서 조사했으며, 그 결과 가족의 응집력과 적응성이 아동의 기능 향상 및 보다 긍정적인 양육과 연관이 있음을 지지한다(Henry, Robinson, Neal, & Huey, 2006; Houltberg, Henry, & Morris, 2012). 응집력과 적응성이 중간 수준인 가족은 부모의 양육이 실제로 더 권위 있고 덜 권위주의적인 것으로 나타났다(Mupinga, Garrison, & Pierce, 2002). 또한 가족체계는 스트레스와 적응에 대한 반응과도 연관이 있음을 보여 주었다. 가족체계가 전환기에 놓이면 여러 구성 요소가 변화하며, 부모는 가족의 안정을 위해 변화와 갈등에 적응하고 협력해야 한다(Bugental & Grusec, 2006). 또한 사회화는 전체 가족체계 내에서 이루어지며, 이는 가족의 신화, 이야기, 의식, 일상을 통해 전달될 수 있다(Parke & Buriel, 2006). 이 과정은 하위 체계 간의 상호작용을 관찰하거나, 부모 외의 가족 구성원(예: 형제자매)을 통해서도 이루어질 수 있다(Criss & Shaw, 2005).

부모의 공동 양육(co-parenting) 또는 공동 돌봄(joint caregiving) 개념은 가족체계 관점에서 유래한다. McHale, Lauretti, Talbot과 Pouquette(2002)는 공동 양육에 관한 연구를 검토하며, 공동 양육을 유형학적 접근으로 볼 수 있다고 결론지었다. 그들은 대립적/적대적-경쟁적(oppositional/hostile-competitive), 단절된/무관심한(disconnected/disengaged), 응집된-참여적/조화로운(cohesive-engaged/

harmonious)의 세 가지 주요 공동 양육 방식을 식별했다(p. 141). 대립적/적대적-경쟁적 부모는 자녀 양육의 균형이 깨져 있고 부부 갈등을 경험하는 반면, 응집된-참여적 부모는 일관되게 지지적인 태도를 보이며 명확한 규칙과 한계를 설정한다(McHale et al., 2002). 응집된-참여적 부모는 본질적으로 권위 있는 부모라고 볼 수 있다. 그러나 응집된-참여적 부모는 일관되게 적대적 태도를 보이며, 본질적으로 권위주의적 성향을 가질 수도 있다. 이러한 관점은 이혼 후 자녀 양육에 대한 개입 프로그램이나 대중적인 부모교육서에서 흔히 사용되는 공동 양육의 개념과는 다르다(예: Thayer & Zimmerman, 2001). 이에 따라 공동 양육과 다양한 양육 스타일에 대한 추가 연구가 필요하다.

가족체계 관점에서는 아버지와 어머니의 역할뿐만 아니라 부부관계의 질도 중요하다. 여러 이론은 부부 하위 체계가 부모-자녀 관계에 왜 그리고 어떻게 영향을 미치는지를 설명하고자 했다(Parke & Buriel, 2006). 연구에 따르면, 부부 기능은 자녀 양육에 영향을 미치며, 아동의 적응과 직접적(예: Cummings, Goeke-Morey, & Papp, 2004)으로, 그리고 간접적(Harold & Conger, 1997)으로 연관되어 있다. 부부관계의 질은 부모-자녀 관계의 질과 정적 상관관계를 보이며(Erel & Burman, 1995), 이는 지지적인 부부관계가 더 나은 양육과 관련이 있음을 시사한다. Cummings와 Wilson(1999)은 아동의 정서적 안정감(emotional security)이 가족체계 과정에서 비롯된다고 주장했으며, 부부 갈등은 갈등이 유발하는 스트레스와 불안 때문에 아동의 안정감을 해친다고 보았다. 이러한 스트레스 유발로 인한 불안정성은 아동의 내재화 문제행동과 연관이 있는 것으로 나타났다(Davies, Harold, Goeke-Morey, & Cummings, 2002).

형제자매는 가족체계에서 또 다른 중요한 사회화 요인이다. 미국 사람들의 80%는 최소한 한 명의 형제자매가 있으며, 오늘날 아동들은 아버지보다 형제자매와 함께 성장할 가능성이 더 높다(Noller, 2005). 부모와 형제자매의 영향을 함께 조사한 연구들은 형이나 언니와 같은 연장자 형제자매가 동생의 행동에 부모의 영향을 넘어서는 독특한 영향을 미친다는 것을 발견했다(예: Snyder, Bank, & Burraston, 2005). 이러한 영향은 양육에 함께 참여하거나 직접적인 사회화 때문일 수 있다. 연구에 따르면, 형제자매는 긍정적이거나 부정적인 영향을 모두 줄 수 있다(Steinberg & Morris, 2001). 예를 들어, 위험하거나 반사회적 행동을 하는 형이 있는 경우, 동생은 동일한 행동에 가담할 가능성이 더 높다(예: East, 1996). 또한 부모-자녀 관계의 질이 형제자매 간의 관계에 영향을 미치는 것으로 나타났다. 친밀한 부모-자녀 관계는 형제자매 간 갈등을 줄이는 것과 연관이 있는 반면(예: Jodl, Bridges, Kim, Mitchell, & Chan, 1999), 부정적인 부모-자녀 관계는 형제자매 및 또래 간의 공격성 증가와 관련이 있다(예: Criss & Shaw, 2005).

전반적인 가족체계가 아동 발달에 미치는 영향을 보여 주는 한 가지 사례는 가족 환경이 사춘기 시기에 미치는 영향을 분석한 연구에서 찾아볼 수 있다. 사춘기 여아에 대한 연구들은 부정적인 가족 요인(예: 아버지의 부재, 어머니의 가혹한 통제, 가족 갈등)이 초경 시기를 앞당기는 것과 관련이 있음을 시사한다(Susman & Dorn, 2009 참고). 이러한 연구에서 아버지의 부재는 일반적으로 가족 스트레스의 지표로 사용되지만, 일부 연구에서는 자녀 양육의 질이나 가족 붕괴 요인을 분석하기도 했다(Belsky, Steinberg, et al., 2007; Ellis & Essex, 2007). 또한 가족의 영향이 중요함을 지지하는 연구들은, 유전적 설명을 제공하는 하나의 변수인 어머니의 초경 연령을 통제한 후에도(Belsky, Steinberg, et al., 2007) 가족 스트레스 변수와 이른 초경 간의 연관성을 밝혀냈다. 이러한 연관성에 대한 다양한 설명이 제안되었으며, 모두 가족 스트레스가 여성의 생물학적 발달 체계에 중요한 영향을 미친다고 지적한다. 실제로 Ellis, McFadyen-Ketchum, Dodge, Pettit과 Bates(1999)의 연구에 따르면, 가족 내 아버지 역할의 질이 딸의 사춘기 시기를 예측하는 가장 중요한 요인이라고 밝혔다. 이는 아버지의 부재가 스트레스의 주요 원인일 수 있으며, 아버지-딸 관계가 이른 사춘기 발달을 방지하는 중요한 보호 요인임을 시사한다.

## 문화

연구자들은 부모가 특정 맥락과 문화 속에서 살아가며, 이를 바탕으로 양육 방식을 형성한다고 주장했다(예: Chao, 1994). 사회적 관계의 질, 기대치 그리고 가치관은 문화와 다양한 민족 집단에 따라 다를 수 있다. 그러나 증가하는 많은 연구는 권위 있는 양육이 사회경제적 배경, 가족 구성 형태와 상관없이, 미국 내 소수민족뿐만 아니라, 비(非)미국 문화에서도 다른 어떤 양육 스타일보다 아동에게 더 많은 이점을 제공한다고 확인했다(Steinberg, 2001). 그럼에도 일부 연구는 아프리카계 미국인과 아시아계 미국인 아동이 유럽계 미국인 아동만큼 권위주의적 양육의 부정적 영향을 받지 않는다고 보고했다(Steinberg, 2001). Chao(1994)는 자녀 양육 유형의 근본 개념이 문화적으로 뿌리내려 있다고 주장하며, 아프리카계 및 아시아계 미국인은 서로 다른 문화적 가치를 가질 수 있다고 제안했다. 예를 들어, 그녀는 '훈련(training)'이라는 중국 고유의 개념(Chiao shun과 Guan)을 강조했는데, 이는 부모의 돌봄(care), 관심(concern), 관여(involvement)를 의미한다(Chao, 1994). 이러한 돌봄은 긍정적으로 간주되며, 중국 문화와 사회적 기대에 부합하는 양육 행동으로 여겨지지만, 동시에 소위 '타이거 맘(tiger mom)'에서와 같이 권위주의적 양육의 요소(높은 통제)를 포함하고 있다(Chua, 2011). 유사하게, 일부 연구에서는 체벌이 유럽계 미국인 아동에게는 공격성과 관련되어 있었지만, 아프리카계 미국인 아동에게는 그와 같은 연관성이 나타나지 않았다(Deater-Deckard, Dodge, Bates, & Pettit, 1996). Baumrind가 제시한 부모의 양육 유형을 더 잘 이해하기 위해서는, 부모의 양육 행동에서 나타나는 문화적 뉘앙스를 알아차리는 것이 중요하며(제5장 참고), 부모-자녀 관계 맥락에서 구체적인 양육 행동을 조사하고, 아동과 청소년이 부모의 양육 행동을 어떻게 인식하는지를 평가해야 할 필요성이 강조된다.

요약하면, 연구들은 가족 응집력, 적응성, 부부 갈등, 가족 구조, 그리고 형제자매 관계와 같은 가족 요인이 아동과 청소년의 발달에 영향을 미친다고 시사한다. 가족체계 이론가들은 부모-자녀 관계를 더 넓은 가족 맥락(예: 가족 전체의 응집력) 내에서 살펴보는 것의 중요성을 지적하며, 공동 양육 관점에서 자녀 양육을 고려할 필요성을 강조한다. 특히 아버지-자녀 관계에 대한 연구는 지난 수십 년간 증가해 왔지만, 여전히 어머니-자녀 관계 연구에 비해 부족하며, 더 많은 연구가 필요하다는 점과도 일치한다. 또한 연구들은 권위 있는 양육의 특성이 문화적 배경과 상관없이 아동에게 유익하며, 권위 있는 양육이 형제자매 관계의 질을 향상시키는 것과도 연관이 있음을 보여 준다. 중간 수준의 응집력과 적응성을 가진 균형 잡힌 가족 맥락에서 권위 있는 양육은 특히 효과적일 수 있다. 이는 권위 있는 부모의 양육 원칙이 가족 내 다양한 하위 체계(부모, 형제자매, 공동 양육)에서 검증되고 실행되기 때문이다.

## 새로운 방향

이 장에서 논의된 많은 연구의 토대는 Diana Baumrind의 기념비적 연구에 기반을 두고 있다. 그녀의 과학적 접근은 부모의 양육 연구에서 다양한 통제 형태와 관련된 양육 실천 방식을 탐구할 수 있는 길을 열었으며, 부모의 온정성과 반응성, 그리고 핵심 정서 변인을 고려할 필요성을 부각시켰다. Baumrind의 연구 이후, 특정한 통제 기법, 아동이 부모에게 미치는 영향, 그리고 부모-자녀 관계에서 정서의 중요한 역할에 대해 많은 것이 밝혀졌다. 부모가 자신들의 사회화 목표를 바탕으로 자녀 양육의 다양한 측면을 의미 있는 일관된 형태로 통합하고 조합한다는 개념은, Baumrind가 양육 과학에 남긴 중요한 유산이다. 부모의 사회화 목표는 맥락(context), 문화적 규범(cultural norms), 가치(values)에 의해 영향을 받는다. 또한 Baumrind의 연구는 '전체는 부분의 합보다 크다'는 점을 시사하며, 부모의 양육은 유형(typologies), 패턴(patterns), 또는 스타일(styles)의 관점에서 이해하는 것이 가장 적절함을 보여 준다.

왜 향후 연구에서 부모의 양육 유형을 고려하는 것이 중요한가? 우리는 여러 가지 이유로 사회화 연구에서 유형학적 접근(typological approach)을 적용할 때 많은 이점을 얻을 수 있다고 주장한다. 첫째, 유형학적 접근은 특정 행동을 맥락 안에서 살펴볼 수 있게 한다. 특정한 양육 실천 방식을 고려하는 것이 중요하듯, 행동을 둘러싸고 있는 정서적 맥락을 이해하는 것은 필수적이다(Darling & Steinberg, 1993). 둘째, 자녀 양육의 많은 부분은 다양한 관계 차원(예: 자율성 대 통제, 관여 대

침범, 온정성 대 융합, 수용 대 허용) 사이에서 신중한 균형을 맞추는 것을 포함한다. 유형학적 접근은 하나의 틀 안에서 다양한 양육 차원을 고려할 수 있게 하며, 개별 요소들만이 아닌 전체 그림을 포착할 수 있게 한다. 따라서 부모의 양육 과정을 설명하기 위해 양육을 해체하여 분석하는 것에서 많은 것을 배웠지만, 궁극적으로 이 구성 요소들을 재구성해야만 의미 있는 관점을 제공할 수 있다. 실제로, 범주적이고 유형학적인 관점에서 양육에 접근하는 것은, 양육이 부모가 자녀에게 보이는 행동의 기반이 되는 부모의 신념과 목표의 집합체라는 점을 강조한다. 예를 들어, 부모가 독립심과 호기심을 중시하고 아동이 예의 바르게 행동하기를 원한다면, 이들은 권위 있는 양육과 일치하는 양육 행동을 보일 가능성이 크다. 반면, 부모가 복종과 권위를 중시한다면, 권위주의적 양육 방식으로 행동할 가능성이 높다. 양육 행동뿐만 아니라 부모의 신념과 문화적 가치가 양육에 어떻게 영향을 미치는지를 이해하는 것은, 사회화 효과의 차이(differential socialization effect)를 이해하는 데 도움이 될 것이다.

Parke와 Buriel(2006)은 사회화 영향의 네트워크 안에 가족을 위치시킬 필요성을 논의했다(Bronfenbrenner, 1989 참고). 우리는 이 관점에 동의하며, 부모-자녀 관계가 아동의 기능과 적응에 미치는 영향을 고려하는 다음 세대의 자녀 양육 연구는 체계적 관점을 적용함으로써 이점을 얻을 것이라고 주장한다. 역동적인 사회화 시스템은 종종 다양한 맥락을 포함하며, 유전자-환경 상호작용, 상호 간 조절, 부모의 양육이 아동의 또래관계에 미치는 영향과 그 반대의 관계, 또는 가족체계가 부모의 양육에 미치는 영향 등을 탐구하는 것이 포함될 수 있다(Holden, 2010). 현재 대부분의 양육 연구는 주로 하나 또는 두 개의 상호작용 체계에 초점을 맞춰 왔다. 그러나 다음 단계의 양육 연구는 상호작용하는 체계와 다중 체계의 영향을 고려해야 한다(Masten, 2007 참고). 다중 체계 연구는 방법론적 어려움으로 인해 제한되어 왔다. 실제로, 부모의 양육, 형제자매 관계, 또래관계, 부부관계, 이웃 환경의 특성을 하나의 연구에서 모두 측정하는 것은 어렵다. 그러나 다층 모형(multilevel modeling)과 같은 통계적 발전(Bryk & Raudenbush, 1992)으로 이러한 연구가 가능해지고 있다.

기존 문헌을 검토한 결과, 향후 양육 연구에서 탐구해야 할 과제가 명확히 드러난다. 이러한 과제에는 부모의 양육과 사회화 과정에서 생물학적 요인(예: 후생유전학)의 역할, 부모의 양육 방식과 통제 메시지에 대한 아동과 청소년의 인식, 부모-자녀 관계에서의 가족체계 변수, 아버지의 역할을 강조한 연구, 그리고 양육에 있어서 문화적 차이를 고려하는 것 등이 포함된다. 지금까지의 양육 연구는 대부분 서구 문화에 집중되어 있어, 전 세계 대다수의 문화를 상당 부분 간과해 왔다. 또한 많은 양육 연구가 발달 과학(developmental science)의 관점에서 이루어졌으며, 학제 간 접근을 충분히 고려하지 않았다. 다양한 문화적 맥락 내에서, 발달의 다층적 분석을 통해 사회화 과정이 어떻게 이루어지는지를 탐구하는 것은 가치 있는 목표이며, 이는 학제 간 접근을 통해 더욱 효과적으로 이루어질 가능성이 크다. 지금까지 기술 발전이 개념적 모델의 발전 속도를 따라가지 못해, 아동에 대한 다층적 영향과 상호성(reciprocity)을 분석하는 데 한계가 있었다(Masten, 2007 참고). 그러나 연구 방법론은 점점 발전하고 있으며, 학문 간 협력을 강화하고 상호작용하는 체계를 분석함으로써 아동의 발달과 사회화에 대한 보다 깊은 이해가 가능할 것으로 보인다. 이러한 지식은 아동과 부모가 발달 잠재력을 최대한 발휘할 수 있도록 돕는 예방 및 중재 노력을 뒷받침하는 중요한 기반이 될 것이다.

## 참고문헌

Bakermans-Kranenburg, M. J., & van IJzendoorn, M. H. (2006). Gene-environment interaction of the dopamine D4 receptor (DRD4) and observed maternal insensitivity predicting externalizing behavior in preschoolers. *Developmental Psychobiology, 48,* 406-409. doi:10.1002/dev.20152

Bakermans-Kranenburg, M. J., & van IJzendoorn, M. H. (2008). Oxytocin receptor (OXTR) and serotonin transporter (5-HTT) genes associated with observed parenting. *Social Cognitive and Affective Neuroscience, 3,* 128-134. doi:10.1093/scan/nsn004

Barber, B. K. (1996). Parental psychological control: Revisiting a neglected construct.

*Child Development, 67,* 3296-3319. doi:10.2307/1131780

Bates, J. E., Pettit, G. S., Dodge, K. A., & Ridge, B. (1998). Interaction of temperamental resistance to control and restrictive parenting in the development of externalizing behavior. *Developmental Psychology, 34,* 982-995. doi:10.1037/0012-1649.34.5.982

Baumrind, D. (1971). Current patterns of parental authority. *Developmental Psychology Monographs, 4*(1, Pt. 2), 1-103. doi:10.1037/h0030372

Baumrind, D. (1996). The discipline controversy revisited. *Family Relations, 45,* 405-414. doi:10.2307/585170

Baumrind, D., Larzelere, R. E., & Cowan, P. A. (2002). Ordinary physical punishment: Is it harmful? Comment on Gershoff (2002). *Psychological Bulletin, 128,* 580-589. doi:10.1037/0033-2909.128.4.580

Beauchaine, T. P., Webster-Stratton, C., & Reid, M. J. (2005). Mediators, moderators, and predictors of 1-year outcomes among children treated for early-onset conduct problems: A latent growth curve analysis. *Journal of Consulting and Clinical Psychology, 73,* 371-388.

Belsky, J. (2005). Differential susceptibility to rearing influence: An evolutionary hypothesis and some evidence. In B. Ellis & D. Bjorklund (Eds.), *Origins of the social mind: Evolutionary psychology and child development* (pp. 139-163). New York, NY: Guilford Press.

Belsky, J., Bakermans-Kranenburg, M. J., & van IJzendoorn, M. H. (2007). For better and for worse: Differential susceptibility to environmental influences. *Current Directions in Psychological Science, 16,* 300-304. doi:10.1111/j.14678721.2007.00525.x

Belsky, J., Steinberg, L. D., Houts, R. M., Friedman, S. L., DeHart, G., Cauffman, E., & Susman, E. (2007). Family rearing antecedents of pubertal timing. *Child Development, 78,* 1302-1321. doi:10.1111/j.1467-8624.2007.01067.x

Boyce, W. T., & Ellis, B. J. (2005). Biological sensitivity to context: I. An evolutionary-developmental theory of the origins and functions of stress reactivity. *Development and Psychopathology, 17,* 271-301. doi:10.1017/S0954579405050145

Bronfenbrenner, U. (1989). Ecological system theories. *Annals of Child Development, 6,* 187-251.

Bryk, A. S., & Raudenbush, S. W. (1992). *Hierarchical linear models: Applications and data analysis methods.* Thousand Oaks, CA: Sage.

Bugental, D. B., & Grusec, J. E. (2006). Socialization processes. In W. Damon, R. M. Lerner (Series Eds.), & N. Eisenberg (Vol. Ed.), *Handbook of child psychology: Vol. 3. Social, emotional, and personality development* (6th ed., pp. 366-428). Hoboken, NJ: Wiley. doi:10.1002/9780470147658.chpsy0307

Caspi, A., & Moffitt, T. E. (2006). Gene-environment interactions in psychiatry: Joining forces with neuroscience. *Nature Reviews Neuroscience, 7,* 583-590. doi:10.1038/nrn1925

Chao, R. K. (1994). Beyond parental control and authoritarian parenting style: Understanding Chinese parenting through the cultural notion of training. *Child Development, 65,* 1111-1119. doi:10.2307/1131308

Chao, R. K., & Aque, C. (2009). Interpretations of parental control by Asian immigrant and European American youth. *Journal of Family Psychology, 23,* 342-354. doi:10.1037/a0015828

Chua, A. (2011). *Battle hymn of the tiger mother.* New York, NY: Penguin.

Collins, W. A., Maccoby, E. E., Steinberg, L., Hetherington, E. M., & Bornstein, M. H. (2000). Contemporary research on parenting: The case for nature and nurture. *American Psychologist, 55,* 218-232. doi:10.1037/0003-066X.55.2.218

Cox, M. J., Paley, B., & Harter, K. (2001). Interparental conflict and parent-child relations. In J. Grych & F. Fincham (Eds.), *Interparental conflict and child development* (pp. 249-272). New York, NY: Cambridge University Press. doi:10.1017/CBO9780511527838.011

Criss, M. M., & Shaw, D. S. (2005). Sibling relationships as contexts for delinquency training in low-income families. *Journal of Family Psychology, 19,* 592-600. doi:10.1037/0893-3200.19.4.592

Criss, M. M., Shaw, D. S., Moilanen, K. L., Hitchings, J. E., & Ingoldsby, E. M. (2009). Family, neighborhood, and peer characteristics as predictors of child adjustment:

A longitudinal analysis of additive and mediation models. *Social Development, 18,* 511-535. doi:10.1111/j.1467-9507.2008.00520.x

Cummings, E. M., Goeke-Morey, M. C., & Papp, L. M. (2004). Everyday marital conflict and child aggression. *Journal of Abnormal Child Psychology, 32,* 191-202. doi:10.1023/B:JACP.0000019770.13216.be

Cummings, E. M., & Wilson, A. (1999). Contexts of marital conflict and children's emotional security: Exploring the distinction between constructive and destructive conflicts from the children's perspective. In M. J. Cox & J. Brooks-Gunn (Eds.), *Conflict and cohesion in families: Causes and consequences* (pp. 105-129). Mahwah, NJ: Erlbaum.

Darling, N., Cumsile, P., Caldwell, L. L., & Dowdy, B. (2006). Predictors of adolescents' disclosure to parents and perceived parental knowledge: Between-and within-person differences. *Journal of Youth and Adolescence, 35,* 667-678. doi:10.1007/s10964-006-9058-1

Darling, N., & Steinberg, L. (1993). Parenting style as context: An integrative model. *Psychological Bulletin, 113,* 487-496. doi:10.1037/0033-2909.113.3.487

Davies, P. T., Harold, G. T., Goeke-Morey, M. C., & Cummings, E. M. (2002). Child emotional security and interparental conflict. *Monographs of the Society for Research in Child Development, 67,* i-v. doi:10.1111/1540-5834.00205

Deater-Deckard, K. (1996). Within family variability in parental negativity and control. *Journal of Applied Developmental Psychology, 17,* 407-422. doi:10.1016/S0193-3973(96)90034-9

Deater-Deckard, K., Dodge, K. A., Bates, J. E., & Pettit, G. S. (1996). Physical discipline among African American and European American mothers: Links to children's externalizing behaviors. *Developmental Psychology, 32,* 1065-1072. doi:10.1037/0012-1649.32.6.1065

Denham, S. A., Mitchell-Copeland, J., Strandberg, K., Auerbach, S., & Blair, K. (1997). Parental contributions to preschoolers' emotional competence: Direct and indirect effects. *Motivation and Emotion, 21,* 65-86. doi:10.1023/A:1024426431247

East, P. L. (1996). The younger sisters of childbearing adolescents: Their attitudes, expectations, and behaviors. *Child Development, 67*, 267-282. doi:10.2307/1131813

Eisenberg, N., Cumberland, A., & Spinrad, T. L. (1998). Parental socialization of emotion. *Psychological Inquiry, 9*, 241-273. doi:10.1207/s15327965pli0904_1

Eisenberg, N., Fabes, R. A., & Spinrad, T. L. (2006). Prosocial behavior. In W. Damon, R. M. Lerner (Series Eds.), & N. Eisenberg (Vol. Ed.), *Handbook of child psychology: Vol. 3. Social, emotional, and personality development* (6th ed., pp. 646-718). Hoboken, NJ: Wiley.

Eisenberg, N., & Morris, A. S. (2003). Children's emotion-related regulation. In R. V. Kail (Ed.), *Advances in child development and behavior* (Vol. 30, pp. 189-229). San Diego, CA: Academic Press. doi:10.1016/S0065-2407(02)80042-8

Eisenberg, N., Valiente, C., & Eggum, N. (2010). Self-regulation and school readiness. *Early Education and Development, 21*, 681-698. doi:10.1080/10409289.2010.497451

Ellis, B. J., & Boyce, W. T. (2011). Differential susceptibility to the environment: Toward an understanding of sensitivity to developmental experiences and context. *Development and Psychopathology, 23*, 1-5. doi:10.1017/S095457941000060X

Ellis, B. J., & Essex, M. J. (2007). Family environments, adrenarche, and sexual maturation: A longitudinal test of a life history model. *Child Development, 78*, 1799- 1817. doi:10.1111/j.1467-8624.2007.01092.x

Ellis, B. J., McFadyen-Ketchum, S., Dodge, K. A., Pettit, G. S., & Bates, J. E. (1999). Quality of early family relationships and individual differences in the timing of pubertal maturation in girls: A longitudinal test of an evolutionary model. *Journal of Personality and Social Psychology, 77*, 387-401. doi:10.1037/0022-3514.77.2.387

Erel, O., & Burman, B. (1995). Interrelatedness of marital relations and parent-child relations: A meta-analytic review. *Psychological Bulletin, 118*, 108-132. doi:10.1037/0033-2909.118.1.108

Fletcher, A. C., Steinberg, L., & Williams-Wheeler, M. (2004). Parental influences on adolescent problem behavior: Revisiting Stattin and Kerr. *Child Development, 75*, 781-796. doi:10.1111/j.1467-8624.2004.00706.x

Gershoff, E. T. (2002). Corporal punishment by parents and associated child behaviors and experiences: A meta-analytic and theoretical review. *Psychological Bulletin, 128,* 539-579. doi:10.1037/0033-2909.128.4.539

Gershoff, E. T., & Bitensky, S. H. (2007). The case against corporal punishment of children: Converging evidence from social science research and international human rights law and implications for U.S. public policy. *Psychology, Public Policy, and Law, 13,* 231-272. doi:10.1037/1076-8971.13.4.231

Gottman, J., & Declaire, J. (1998). *Raising an emotionally intelligent child.* New York, NY: Simon & Schuster.

Gottman, J. M., Katz, L. F., & Hooven, C. (1996). Parental meta-emotion philosophy and the emotional life of families: Theoretical models and preliminary data. *Journal of Family Psychology, 10,* 243-268. doi:10.1037/0893-3200.10.3.243

Gottman, J. M., Katz, L. F., & Hooven, C. (1997). *Meta-emotion: How families communicate emotionally.* Mahwah, NJ: Erlbaum.

Gray, M. R., & Steinberg, L. (1999). Unpacking authoritative parenting: Reassessing a multidimensional construct. *Journal of Marriage and the Family, 61,* 574-587. doi:10.2307/353561

Grusec, J. E., & Goodnow, J. J. (1994). Impact of parental discipline methods on the child's internalization of values: A reconceptualization of current points of view. *Developmental Psychology, 30,* 4-19. doi:10.1037/0012-1649.30.1.4

Haeffel, G. J., Getchell, M., Koposov, R. A., Yrigollen, C. M., DeYoung, C. G., af Klinteberg, B., . . . Grigorenko, E. L. (2008). Association between polymorphisms in the dopamine transporter gene and depression: Evidence for a gene-environment interaction in a sample of juvenile detainees. *Psychological Science, 19,* 62-69. doi:10.1111/j.1467-9280.2008.02047.x

Harold, G. T., & Conger, R. D. (1997). Marital conflict and adolescent distress: The role of adolescent awareness. *Child Development, 68,* 333-350.

Henry, C. S., Robinson, L. C., Neal, R. A., & Huey, E. L. (2006). Adolescent perceptions of overall family system functioning and parental behaviors. *Journal of Child and Family Studies, 15,* 319-329. doi:10.1007/s10826-006-9051-z

Hoffman, M. L. (2001). *Empathy and moral development.* Cambridge, England: Cambridge University Press.

Holden, G. W. (2002). Perspectives on the effects of corporal punishment: Comment on Gershoff (2002). *Psychological Bulletin, 128,* 590-595. doi:10.1037/0033-2909.128.4.590

Holden, G. W. (2010). Childrearing and developmental trajectories: Positive pathways, off-ramps, and dynamic processes. *Child Development Perspectives, 4,* 197-204. doi:10.1111/j.1750-8606.2010.00148.x

Houltberg, B. J., Henry, C. S., & Morris, A. S. (2012). Family interactions, exposure to violence, and emotion regulation: Perceptions of children and early adolescents at risk. *Family Relations, 61,* 283-296. doi:10.1111/j.1741-3729.2011.00699.x

Jodl, K. M., Bridges M., Kim J. E., Mitchell, A. S., & Chan R. W. (1999). Relations among relationships: A family systems perspective. *Monographs of the Society for Research in Child Development, 64,* 150-183.

Joussemet, M., Landry, R., & Koestner, R. (2008). A self-determination theory perspective on parenting. *Canadian Psychology, 49,* 194-200. doi:10.1037/a0012754

Kakihara, F., Tilton-Weaver, L., Kerr, M., & Stattin, H. (2010). The relationship of parental control to youth adjustment: Do youths' feelings about their parents play a role? *Journal of Youth and Adolescence, 39,* 1442-1456. doi:10.1007/s10964-009-9479-8

Kerr, M., & Stattin, H. (2000). What parents know, how they know it, and several forms of adolescent adjustment: Further support for a reinterpretation of monitoring. *Developmental Psychology, 36,* 366-380. doi:10.1037/0012-1649.36.3.366

Kerr, M., Stattin, H., & Burk, W. J. (2010). A reinterpretation of parental monitoring in longitudinal perspective. *Journal of Research on Adolescence, 20,* 39-64. doi:10.1111/j.1532-7795.2009.00623.x

Kochanska, G., Aksan, N., & Joy, M. E. (2007). Children's fearfulness as a moderator of parenting in early socialization. *Developmental Psychology, 43,* 222-237. doi:10.1037/0012-1649.43.1.222

Lahey, B. B., Rathouz, P. J., Lee, S. S., Chronis-Tuscano, A., Pelham, W. E., Waldman, I. D., & Cook, E. H. (2011). Interactions between early parenting and a polymorphism of the child's dopamine transporter gene in predicting future child conduct disorder symptoms. *Journal of Abnormal Psychology, 120,* 33-45. doi: 10.1037/a0021133

Laird, R. D., Criss, M. M., Pettit, G. S., Dodge, K. A., & Bates, J. E. (2008). Parents' monitoring knowledge attenuates the link between antisocial friends and adolescent delinquent behavior. *Journal of Abnormal Child Psychology, 36,* 299-310. doi:10.1007/s10802-007-9178-4

Larzelere, R. E., & Kuhn, B. R. (2005). Comparing child outcomes of physical punishment and alternative disciplinary tactics: A meta-analysis. *Clinical Child and Family Psychology Review, 8,* 1-37. doi:10.1007/s10567-005-2340-z

Lewis, C. C. (1981). The effects of parental firm control: A reinterpretation of findings. *Psychological Bulletin, 90,* 547-563. doi:10.1037/0033-2909.90.3.547

Lunkenheimer, E. S., Shields, A. M., & Cortina, K. S, (2007). Parental emotion coaching and dismissing in family interaction. *Social Development, 16,* 232-248. doi:10.1111/j.1467-9507.2007.00382.x

Maccoby, E. E., & Martin, J. A. (1983). Socialization in the context of the family: Parent-child interaction. In P. H. Mussen (Series Ed.) & E. M. Hetherington (Vol. Ed.), *Handbook of child psychology: Vol. 4. Socialization, personality, and social development* (4th ed., pp. 1-101). New York, NY: Wiley.

Masten, A. S. (2007). Resilience in developing systems: Progress and promise as the fourth wave rises. *Development and Psychopathology, 19,* 921-930. doi:10.1017/S0954579407000442

McHale, J., Lauretti, A., Talbot, J., & Pouquette, C. (2002). Retrospect and prospect in the psychological study of coparenting and family group process. In J. P. McHale & W. S. Grolnick (Eds.), *Retrospect and prospect in the psychological study of families* (pp. 127-165). Mahwah, NJ: Erlbaum.

Morris, A. S., Silk, J. S., Morris, M. D. S., Steinberg, L., Aucoin, K. J., & Keyes, A. W. (2011). The influence of mother-child emotion regulation strategies on children's expression of anger and sadness. *Developmental Psychology, 47,* 213–225. doi:10.1037/a0021021

Morris, A. S., Silk, J. S., Steinberg, L., Myers, S. S., & Robinson, L. R. (2007). The role of the family context in the development of emotion regulation. *Social Development, 16,* 361–388. doi:10.1111/j.1467-9507.2007.00389.x

Morris, A. S., Steinberg, L., Sessa, F. M., Avenevoli, S., Silk, J. S., & Essex, M. J. (2002). Measuring children's perceptions of psychological control: Developmental and conceptual considerations. In B. K. Barber (Ed.), *Intrusive parenting: How psychological control affects children and adolescents* (pp. 125–159). Washington, DC: American Psychological Association. doi:10.1037/10422-005

Mupinga, E. E., Garrison, M., & Pierce, S. H. (2002). An exploratory study of the relationships between family functioning and parenting styles: The perceptions of mothers of young grade school children. *Family and Consumer Sciences Research Journal, 31,* 112–129. doi:10.1177/1077727X02031001005

Nix, R. L., Pinderhughes, E. E., Dodge, K. A., Bates, J. E., Pettit, G. S., & McFadyen-Ketchum, S. A. (1999). The relation between mothers' hostile attribution tendencies and children's externalizing behavior problems: The mediating role of mothers' harsh discipline practices. *Child Development, 70,* 896–909. doi:10.1111/1467-8624.00065

Noller, P. (2005). Sibling relationships in adolescence: Learning and growing together. *Personal Relationships, 12,* 1–22. doi:10.1111/j.1350-4126.2005.00099.x

Ogren, M. P., & Lombroso, P. J. (2008). Epigenetics: Behavioral influences on gene function: Part I. Maternal behavior permanently affects adult behavior in off-spring. *Journal of the American Academy of Child & Adolescent Psychiatry, 47,* 240–244. doi:10.1097/CHI.0b013e3181635e13

Olsen, S. F., Yang, C., Hart, C. H., Robinson, C. C., Wu, P., Nelson, D. A., . . . Wo, J. (2002). Maternal psychological control and preschool children's behavioral outcomes in China, Russia, and the United States. In B. K. Barber (Ed.), *Intrusive parenting: How psychological control affects children and adolescents* (pp. 235–262). Washington, DC: American Psychological Association. doi:10.1037/10422-008

Olson, D. H., McCubbin, H. I., Barnes, H., Larsen, A., Muxem, A., & Wilson, M. (1992). *Family inventories* (2nd ed.). St. Paul, MN: University of Minnesota, Family Social Science.

Parke, R. D. (2002). Fathers and families. In M. Bornsetin (Ed.) *Handbook of Parenting: Vol. 3. Being and becoming a parent* (2nd ed., pp. 27-73). Mahwah, NJ: Erlbaum.

Parke, R. D., & Buriel, R. (2006). Socialization in the family: Ethnic and ecological perspectives. In W. Damon, R. M. Lerner (Series Eds.), & N. Eisenberg (Vol. Ed.), *Handbook of child psychology: Vol. 3. Social, emotional, and personality development* (6th ed., pp. 429-504). Hoboken, NJ: Wiley.

Peterson, G. W., & Hann, D. (1999). Socializing children and parents in families. In M. B. Sussman, S. K. Steinmetz, & G. W. Peterson (Eds.), *Handbook of marriage and family* (2nd ed., pp. 327-370). New York, NY: Plenum Press.

Pettit, G. S., & Mize, J. (1993). Substance and style: Understanding the ways in which parents teach children about social relationships. In S. Duck (Ed.), *Learning about relationships* (pp. 118-151). Thousand Oaks, CA: Sage.

Rothbart, M. K., & Ahadi, S. A. (1994). Temperament and the development of personality. *Journal of Abnormal Psychology, 103,* 55-66. doi:10.1037/0021-843X.103.1.55

Rothbart, M. K., & Bates, J. E. (2006). Temperament. In W. Damon, R. M. Lerner (Series Eds.), & N. Eisenberg (Vol. Ed.), *Handbook of child psychology: Vol. 3. Social, emotional, and personality development* (6th ed., pp. 99-166). Hoboken, NJ: Wiley.

Silk, J. S., Morris, A. S., Kanaya, T., & Steinberg, L. (2003). Psychological control and autonomy granting: Opposite ends of a continuum or distinct constructs? *Journal of Research on Adolescence, 13,* 113-128. doi:10.1111/1532-7795.1301004

Silk, J. S., Shaw, D. S., Prout, J. T., O'Rourke, F., Lane, T., & Kovacs, M. (2011). Socialization of emotion and offspring internalizing symptoms of mothers with childhood-onset depression. *Journal of Applied Developmental Psychology, 32,* 127-136. doi:10.1016/j.appdev.2011.02.001

Snyder, J., Bank, L., & Burraston, B. (2005). The consequences of antisocial behavior in older male siblings for younger brothers and sisters. *Journal of Family Psychology, 19,* 643-653. doi:10.1037/0893-3200.19.4.643

Stattin, H., & Kerr, M. (2000). Parental monitoring: A reinterpretation. *Child Development, 71,* 1072-1085. doi:10.1111/1467-8624.00210

Steinberg, L. (2001). We know some things: Parent-adolescent relationships in retrospect and prospect. *Journal of Research on Adolescence, 11,* 1-19. doi:10.1111/1532-7795.00001

Steinberg, L. (2005a). Psychological control: Style or substance? *New Directions for Child and Adolescent Development, 108,* 71-78. doi:10.1002/cd.129

Steinberg, L. (2005b). *The 10 basic principles of good parenting.* New York, NY: Simon & Schuster.

Steinberg, L. (2011). *You and your adolescent: The essential guide for ages 10-25.* New York, NY: Simon & Schuster.

Steinberg, L., Dahl, R., Keating, D., Kupfer, D. J., Masten, A. S., & Pine, D. S. (2006). The study of developmental psychopathology in adolescence: Integrating affective neuroscience with the study of context. In D. Cicchetti & D. J. Cohen (Eds.), *Developmental psychopathology: Vol. 2. Developmental neuroscience* (pp. 710-741). Hoboken, NJ: Wiley.

Steinberg, L., Elmen, J. D., & Mounts, N. S. (1989). Authoritative parenting, psychosocial maturity, and academic success among adolescents. *Child Development, 60,* 1424-1436. doi:10.2307/1130932

Steinberg, L., & Morris, A. S. (2001). Adolescent development. *Annual Review of Psychology, 52,* 83-110. doi:10.1146/annurev.psych.52.1.83

Susman, E. J., & Dorn, L. D. (2009). Puberty: Its role in development. In R. M. Lerner & L. Steinberg (Eds.), *Handbook of adolescent psychology* (3rd ed., pp. 116-151). New York, NY: Wiley. doi:10.1002/9780470479193.adlpsy001006

Thayer, E. S., & Zimmerman, J. (2001). *The co-parenting survival guide: Letting go of conflict after a difficult divorce.* Oakland, CA: New Harbinger.

제 2 부

# 통제와 협상을 권위 있게 통합하기

제3장 자녀 양육에서 통제의 중심적 위치 및 효과

제4장 어린 아동의 문제행동에 대응하기: 권위 있는 부모가 단호한 통제를 사용하여 논리적 사고를 촉진하는 방법

제5장 Baumrind 부모 유형이 미치는 영향은 문화적으로 특수한가, 아니면 보편적인가

제6장 보편적인 부모-청소년 갈등의 발생 및 적응성: Baumrind의 사회화 이론과 인지 사회 영역 이론

제3장

# 자녀 양육에서 통제의 중심적 위치 및 효과

Brian K. Barber, Mingzhu Xia

Baumrind는 권위 있는 양육의 개념을 정립하면서 부모 행동의 패턴과 그 영향에 초점을 맞춘 접근 방식을 도입하였다. 어떤 개별적인 양육 행동도 고립되어 나타나지는 않기 때문에 이 접근은 생태학적인 타당성을 지닌다(Baumrind, Larzelere, & Owens, 2010). 그녀는 초기 연구에서 부모 양육의 유형을 권위 있는 부모, 권위주의적 부모, 허용적 부모로 분류하였으며(Baumrind, 1971) 이후 균형(balance)과 헌신(commitment)(Baumrind et al., 2010)을 중심으로 보다 포괄적인 개념의 체계를 제안하는 등 다양한 수준의 추상화 작업을 반복적으로 확립하였다.

양육에 대한 이러한 유형론적인 접근은 차원적 또는 변인적 접근법이라고 불리는 관점들과는 차이가 있다(Darling & Steinberg, 1993; Rollins & Thomas, 1979). 차원적 또는 변인적 접근법은 부모의 특정 행동이나 차원들(예: 부모의 지지 또는 통제를 측정할 수 있는 다양한 기준)에 보다 명시적으로 초점을 맞추는 경향이 있다. 유형론적 접근법이 상호 관련된 변인들 사이의 패턴을 측정한다면 차원적 접근법은 이와 대조적으로 아동 발달에 영향을 미치는 개별 양육차원의 고유한 영향을 밝히는 데 주력한다. 한 걸음 더 나아가 비교해 보면, 연구 방법론의 차원에서도 유형론적 접근법보다는 차원적 접근법을 활용한 관찰연구나 혼합연구가 더 많다. Rand Conger, Thomas Dishion, Gregory Pettit을 비롯한 여러 연구자는 차원적 접근을 바탕으로 방대한 연구를 수행해 왔다. 차원적 연구의 대다수는 Baumrind의 방법과는 상당히 다른 방법을 취하는데, 주로 고학년과 청소년을 대상으로 한 자기 보고식 설문과 단면조사(cross sectional survey)를 사용한다.

근본적인 차이점에도 불구하고 두 접근법은 공존할 수 있으며 따라서 이 책과 같이 '권위 있는 양육'을 다루는 논의에서 양육의 차원을 검토하는 것은 적절하다고 할 수 있다. 접근법에 따라 세부사항과 뉘앙스의 차이는 존재할 수 있지만, 중요한 점은 두 접근법 모두 효과적인 양육이 몇 가지 상호 연관되어 있는 요소로 구성되어 있다는 본질적인 결론에 도달한다는 것이다. 이런 요소에는 돌봄(예: 지지, 수용, 반응성), 적절하고 합리적인 행동 규제, 아동의 개별적인 성향을 조종하거나 폄하하는 침범적 양육의 부재가 포함된다. 이처럼 공통된 결론이 도출되는 이유는 두 접근법 모두 기본적으로 동일한 유산, 즉 효과적인 양육의 세 가지 요소를 명확하게 구분하여 설명한 Schaefer(1965)의 연구를 근거로 했기 때문이다. 이 장에서 강조하고자 하는 핵심은, 두 접근법이 모두 아동의 효과적인 사회화 과정에서 부모의 통제가 미치는 영향을 구분하고 조명하는 공통된 목적을 가지고 있다는 점이다.

이어지는 논의에서 우리는 **아동**, **청소년**, **청년**이라는 용어를 교차해서 사용하였다. 그 이유는 양육의 기본적 차원이 연령, 성별, 문화의 차이를 넘어 보편적으로 중요하게 작용하기 때문이다. 양육의 기본 차원은 부모의 성별과 무관하게 두드러지는 특징이므로 부모라는 용어 역시 어머니와 아버지 모두를 지칭하는 의미로 사용하였다. 마지막으로 구성개념의 특성과 상관성을 살펴본 대부분의 연구는 정규적인 표본을 대상으로 수행되었음을 밝힌다.

효과적인 양육에서 부모의 통제가 중심적인 역할을 한다는 점을 가장 잘 입증하는 사례는, 이 개념이 반세기 이상 전 세계 수천 명의 학자에 의해 지속적으로 연구되고, 저술되며, 논쟁의 대상이 되어 왔다는 사실이다. Baumrind의 잘 알려진 유형론적인 접근이 대표적인 예로, 그녀의 연구는 수십 년간 축적된 근거를 바탕으로 한 신념에 기초하고 있다. 여기에서 말하는 신념이란 효과적인 양육이 분명히 부모–자녀 관계 속에서 자녀의 가치와 역할을 주목하고 고려하는 측면(예:

반응성)을 포함하지만, 동시에 부모의 통제 유형과 패턴, 즉 부모의 권위를 적절하게 행사하는 것(예: 요구성)도 포함한다는 사실이다.

결국 차원적 접근법은 수십 년 동안 부모 역할의 필수 요소로 통제를 강조해왔다(예: Rollins & Thomas, 1979). 그러나 통제는 부모 역할의 또 다른 필수 영역인 지지적 양육 또는 돌봄과는 구별된다. 두 요소 모두 다면적인 특성을 가지지만, 후자(지지적 양육)에는 논란의 여지가 없을 뿐 아니라 철학적으로, 윤리적으로, 과학적으로 중요성을 널리 인정받고 있다. 지지와 돌봄이 건강한 아동 발달과 보편적으로 정적 상관관계에 있다는 결과도 지속적으로 보고되고 있다(Rollins & Thomas, 1979). 반면, 대부분의 사람이 알고 있는 바와 같이 부모의 통제를 개념화하고 측정하는 일은 복잡하고도 도전적인 과제로 남아 있다(예: Barber, Olsen, & Shagle, 1994; Grolnick & Pomerantz, 2009; Rollins & Thomas, 1979; Steinberg, 1990).

이 장에서는 부모의 심리적 통제(parental psychological control)와 행동적 통제(behavioral control)를 구분하였다. 심리적 통제와 행동적 통제를 구분해야 한다는 Steinberg(1990)의 조언으로 인해 심리적 통제 연구가 급증했으며, 최근 몇 년 동안 심리적 통제에 대한 실증적 관심이 증가함에 따라 다양한 이론적 시도 또한 함께 행해지고 있다. 본격적으로 심리적 통제와 행동적 통제를 살펴보기 전에 먼저 두 개념을 구분하게 된 논리적 근거를 덧붙이고자 한다. 이러한 구분은 유형론적 접근법과 차원적 접근법 모두에 적용할 수 있는 개념이다.

## 자유와 통제의 양면성

부모의 통제가 복잡한 이유는 인간 발달의 근본적인 양면성이 그 중심에 자리하고 있기 때문이다. 다시 말해 최적의 기능이란 개인의 자유(자율성)와 통제(규율, 순응) 사이의 긴장 속에서 형성된다. Baumrind(1978)는 이러한 사회적 딜레마를 알아차린 사람이었고 그 후로도 연구자들은 여러 세대에 걸쳐 이 문제를 논의해 왔다. 몇 가지 예를 들자면 자유와 통제(Baumrind, 1966), 개인의 진실과 문화적 동조(Baldwin, 1948), 개인적 자유와 사회적 통념에 따른 복종(Peterson, 1995), 심리적 자율성에 대한 욕구와 강제성(Steinberg, 1990), 엄격한 통제(Schaefer, 1965), 또는 충분한 규율(Barber et al., 1994) 등이 있다. 사회적 통제를 다룬 사회학의 이론들(예: Hirschi, 1969; Reckless, 1967)이 그러했던 것처럼 많은 이론이 통제에 명시적으로 초점을 맞추어 왔다. 부모교육 연구자들은 또한 규율(Barber, Stolz, & Olsen, 2005)이나 구조(Grolnick & Pomerantz, 2009; Lewin, 1935; Soenens & Vansteenkiste, 2010)와 같이 호환 가능한 구성개념들을 연구에 도입하여 부모의 통제를 탐구해 왔다.

## 심리적인 통제와 행동적인 통제를 구분하기

Steinberg(1990, 2005)와 Barber(Barber, 1996; Barber et al., 1994; Barber et al., 2005)가 제안한 심리적 통제와 행동적 통제의 구분은, 부모 역할에서 통제를 논의할 때, 부모들이 앞서 언급한 근본적인 양면성의 두 측면을 어떻게 인식하고 실천할 수 있는지를 명확히 하기 위한 것이었다. 이러한 구분이 명확하게 제시된 것은 Steinberg(1990)까지 거슬러 올라간다.

> 두 종류의 통제(심리적 통제와 행동적 통제)는 청소년에게 정반대의 영향을 미치는 것으로 보인다……. 청소년들은 '심리적 자율성'의 부재를 일으키는 심리적 통제에는 부정적인 영향을 받는 반면, '요구성'의 존재를 뜻하는 행동적 통제에는 긍정적인 영향을 받는 것으로 보인다(pp. 273-274).

Steinberg(1990)의 논점은 여러 면에서 유익하다. 첫째, 그는 통제와 자율성을 바라는 아동의 욕구에 민감할 것을 강조함으로써 인간발달의 근본적인 양면성을 인정하고 있다. 둘째, 이러한 양면성을 실천하는 과정에서 서로 다른 두 가지 유형의 통제를 구분해야 하며 각각이 서로 다르게 영향을 미친다는 사실을 고찰하였다. 셋째, 행동적 통제의 특정 차원을 밝혀내거나 통제의 선형적 연속성을 주장하는 대신에 통제의 '존재'와 '부재'에 초점을 맞추었다. 넷째, 청소년기의 다양한 심리적 기능이 두 가지 유형의 통제에 의해 서로 다르게 영향을 받을 가능성을 제시하였다.

다음 글은 자율성과 통제 사이에 존재하는 긴장을 재조명하며, 양육에서 이를 어떻게 조화롭게 실현할 수 있을지 대한 저자들의 초기 고민을 담고 있다.

> 부모의 통제에 관한 연구는 정작 부모가 통제를 하게 되는 양육 현장 자체에 충분한 주의를 기울이지 못했다. 즉, 부모가 자녀의 심리적인 세계를 침범하려는 것인지, 아니면 자녀의 행동 조절을 돕고자 하는 것인지에 대한 구체적인 고려가 부족했다. …… 인간의 발달에 대한 두 가지 기본 전제는 심리적 통제와 행동적 통제를 구별해야 하는 타당한 이유를 제공한다. 아동이 성장하는 과정에서 꼭 필요한 것은 다음과 같다. ① 적절한 수준의 심리적 자율성, 즉 아이들이 사회적 상호작용을 통해 자신이 효율적이고 유능하며 분명한 정체성을 가진 존재라는 것을 배우는 것과 ② 충분한 수준의 행동 규제, 즉 사회적 상호작용은 규칙과 체계 속에서 이루어지므로 유능한 사회 구성원이 되기 위해서는 이를 인식하고 준수해야 한다는 것을 배우는 것이다(Barber et al., 1994, pp. 1120–1121).

다소 긴 인용문을 그대로 발췌한 이유는 통제의 유형에 관한 초기의 연구들이 이 글을 선택적으로 인용하는 경향이 있었기 때문이다. 그 결과 양육에서 통제가 지니는 본질적 의미와 독특한 특성이 불완전하거나 부정확하게 설명되는 경우가 발생했다(109쪽부터 시작하는 행동적 통제를 참고할 것).

## 심리적 통제

2002년, 우리는 권위 있는 양육을 비롯하여 심리적인 통제와 관련된 개념들에 관한 과학적 연구들을 포괄적으로 리뷰한 논문을 출간하였다(Barber & Harmon, 2002). 이 리뷰를 통해 해당 개념에 대한 연구가 급격히 증가했음을 확인할 수 있었다. 실제로 1990년(Sternberg가 심리적 통제와 행동적 통제의 구분을 연구자들에게 강조한 해) 이전에 출간된 논문 71편 중 심리적 통제를 주제로 한 연구는 단 5편에 불과했다. 그러나 1990년 이후 부모의 심리적 통제에 대한 관심이 폭발적으로 증가하였다. 2002년 논문 출간 이후에도 약 110편의 추가 연구가 발표되었는데 그중 대부분의 연구에서 심리적 통제와 아동의 문제행동 간의 유의미한 상관성이 확인되었다.

심리적 통제를 주제로 한 연구는 대부분 유럽계 미국인 가정을 대상으로 진행되었지만, 아시아, 유럽, 중동, 남아프리카, 남아메리카에서도 일부 연구가 이루어졌다. 그러나 여전히 대부분의 연구는 횡단 연구(cross-sectional) 방식으로 수행되고 있다. 측정 도구로는 주로 Child's Report of Parental Behavior Inventory(Schaefer, 1965) 또는 심리적 통제척도(Psychological Control Scale: PCS; Barber, 1996)가 사용된다. 심리적 통제의 개념화를 살펴보면 예상할 수 있듯이, 대부분의 연구는 이 개념을 문제행동의 내재화 및 외재화와 관련하여 분석하고 있다.

마지막으로 2002년 연구에서도 분명히 드러났듯이, 심리적 통제에 관한 문헌들은 효과 경로를 정확하게 밝힐 수 있는 신중하고 체계적인 모델을 탐구하기보다는, 다양한 결과 변수를 단순히 나열하는 경향이 있다. 다음 절에서는 이러한 경향에서 벗어난 예외적인 사례와 함께 심리적 통제 구성개념을 보다 명확히 하려는 최근의 다양한 시도를 중심으로 논의할 것이다.

## 심리적 통제 개념에 대한 이해의 발전

지난 몇 년 동안 심리적 통제를 이론적, 실증적으로 정확하게 정의하려는 다양하고 구체적인 노력들이 이루어져 왔다. 심리적 통제를 사적 영역의 통제, 전략적인 조종과 압박, 조건적인 존중, 강압, 비존중으로 개념화하는 시도도 그러한 노력의 일부이다. 다음 절에서는 이러한 연구의 발전을 간략하게 소개할 것이다.

### 사적 영역의 통제로서의 심리적 통제

사회 영역 이론가인 Larry Nucci 및 Judi Smetana, 그리고 그들의 동료들은 최근 연구에서 심리적 통제와 아동의 삶에서 중요한 사적 영역 사이의 유용한 연결점을 제시하였다(Nucci, Hasebe, & Lins-Dyer, 2005; Smetana, & Crean, & Compione-Barr, 2005; Smetana & Daddis, 2002). 그들은 심리적 통제 개념을 검토하면서 모두 두 가지 기본 원칙에 주목하였다. 첫 번째 원칙은 심리적 통제가 영역 특이성을 지닌다는 것이다. 즉, 심리적 통제는 아동 경험의 개인적이고 심리적인 영역인 '심리적 세계'에 집중한다는 점에서 다른 유형의 통제와 구별된다(Barber et al., 1994; Smetana & Daddis, 2002). 두 번째 원칙은 사적 영역이 침범될 경우 그 영향은 자기, 정체성, 심리적인 자율성의 발달을 방해하며, 내재화된 문제와 관련된 증상으로 이어질 가능성이 크다는 점이다.

그들은 이러한 원칙들이 사회 영역 이론의 의견과 일치한다는 사실을 보여 주었다. 아동 및 청소년의 삶에서 사적 영역(예: 일기, 친구에 대한 선호와 선택의 문제, 신체 상태)은 심리적 발달의 중심이며, 자신과 타인의 경계를 설정하고 정체감을 형성하는 데 중요한 역할을 한다고 언급하였다(Nucci, 1996; Nucci et al., 2005; Smetana & Daddis, 2002). 따라서 부모가 아동의 사적 영역 안에 있는 문제나 행동을 통제하려는 시도는 침해로 여겨지며, 자연스럽게 자녀들은 그러한 규제에 저항하거나 거부하는 경향을 보인다. 반면, 도덕적, 관습적, 또는 재정적인 영역에서는 부모의 권위가 보다 쉽게 받아들여지는 편이다(Nucci, 1996; Nucci et al., 2005).

Nucci와 Smetana는 다양한 문화와 민족 집단에서 사적 영역의 상관성에 대한 중요한 증거를 발견하고 검토하였다(예: Hasebe, Nucci, & Nucci, 2004; Lins-Dyer & Nucci, 2007; Nucci et al., 2005; Smetana et al., 2005). 그들은 문화와 사회 계층을 초월하여 부모가 자녀의 행동(actiton)과 활동(activity)을 구분한다는 결론을 내렸다. 즉, 부모의 권위 아래 있어야 하는 행동과 자녀가 개인적 재량에 따라 결정할 수 있는 있는 활동을 구별하였다. 연구에 따르면, 4세에서 7세의 유아들도 도덕적 영역과 사적 영역을 구분하며, 이를 자아와 정체성에 연결한다고 결론을 내렸다(Lagattuta, Nucci, & Bosacki, 2010).

Smetana는 아프리카계 미국인 청소년을 대상으로 한 연구에서 부모의 사적 영역 통제와 심리적 통제 간의 상관관계를 밝혀냈다. 연구에 따르면, 사적인 행동에 대해 부모가 간섭해서는 안 된다고 믿는 청소년들이, 실제로 부모가 그러한 행동을 통제한다고 인식할 경우, 어머니의 심리적 통제 수준을 더 높게 평가하는 경향을 보였다(Smetana & Daddis, 2002). 이 연구는 또한 부모의 심리적 통제(주로 사적 영역에 대한 통제)가 아동의 내재화 문제와 관련이 있음을 시사한다(Hasebe et al., 2004).

이러한 근본적인 개념과 실증적 유사성에 근거하여 Nucci와 Smetana는 심리적 통제를 '아동의 사적 영역에 속하는 행동을 통제하려는 부모의 시도'로 명확하게 설명하였고, 심리적 통제의 개념을 이러한 범주로 확장할 것을 제안하였다(Nucci et al., 2005; Smetana et al., 2005).

### 조종과 압박으로서의 심리적 통제

최근 Bart Soenens와 Maarten Vansteenkiste는 심리적 통제에 관한 연구들을 여러 편 발표하였다. 이들은 주로 벨기에 청소년들을 대상으로 심리적 통제와 관련된 이론·측정의 문제를 다루었고, 심리적 통제와 다른 양육 개념들과의 구별성을 탐구하였다. 또한 부모의 심리적 통제에 영향을 미치는 결정 요인을 연구하였고, 심리적 통제와 청소년 문제 사이에 흔히 나타나는 경로를 구체화하였다(자세한 내용은 Soenens & Vansteenkiste, 2010 참고).

Soenens 등의 연구는 특히 2010년에 발표된 두 가지 중요한 연구로 결실을 맺었다. 하나는 자기결정성 이론(Self-Determination Theory: SDT)이라는 렌즈를 통해 부모의 심리적 통제의 복잡함을 이해하려는 야심찬 시도(Soenens & Vansteenkiste, 2010)이다. 다른 하나는 새로운 심리적 통제 측정 도구를 개발한 세 부분으로 구성된 연구로, 저자들이 직접 새로운 척도를 고안하여 심리적 통제를 보다 정교하게 측정하고자 하였다(Soenens, Vansteenkiste, & Luyten, 2010).

자기결정성 이론에 따르면, 심리적 통제(특히 사랑 철회, 죄책감 유발, 조건적 존중과 같이 조종하는 형태)는 본질적으로 지배적인 특징을 가진다. 그 목적이 아이에게 압박감을 주어 자신의 생각, 감정, 행동을 변화시키도록 강요하기 때문이다. 결과적으로, 이론적으로 볼 때 이러한 순응에 대한 자기 압박(self-pressure)은 아동의 자발적 기능(volitional functioning)을 방해하거나 저해하며, 이는 자기결정성 이론에서 강조하는 자율적 기능의 핵심 원칙과 충돌한다(예: Deci & Ryan, 2000).

이 이론에 따르면, 장기간 이러한 유형의 통제를 경험한 자녀는 부모의 요구에 맞추어서 자신을 변화시키려는 압박을 내면화한다. 더불어 불안, 죄책감, 수치심을 피하고자 하는 욕구에 따라 자신을 바꾸려 한다. Soenens와 Vansteenkiste(2010)는 이러한 심리적 과정의 요소와 그 순서에 대한 실증적 증거가 아직은 충분하지 않다고 지적했다. 그들이 2010년에 검토한 연구 중 가장 신뢰할 만한 증거는 Avi Assor 등이 수행했던 부모의 조건적 존중을 받은 이스라엘 청소년에 대한 연구로 보인다. 이 연구 역시 자기결정성 이론의 틀을 사용하고 있으며, Soenens 등이 2010년에 발표한 두 번째 주요 연구도 '조건적 존중' 연구에서 영향을 받은 것으로 보인다. 그러므로 다음 절에서는 조건적 존중을 간략하면서도 명확하게 논의하고자 한다.

### 조건적 존중으로서의 심리적 통제

Assor 등은 부모의 조건적 존중(conditional regard)이 자녀의 순응을 이끌어 내는 데 얼마나 효과적인지, 그리고 그 이유는 무엇인지에 대한 연구를 지속적으로 수행해 왔다(예: Assor, Roth, & Deci, 2004; Assor & Tal, 2012). 앞서 설명했던 바와 마찬가지로 자녀의 행동에 따라 애정이나 관심을 조건적으로 제공하는 양육은 자기결정성 이론에 따르면 통제적인 양육으로 간주된다. 이는 부모의 애정을 얻기 위해, 혹은 그 애정을 잃을까 두려워서, 자녀가 특정 행동을 하거나 순응하도록 압박하기 때문이다. 이론적으로 이러한 양육 방식은 양극화된 자존감, 일시적인 만족감, 실패와 무가치감의 경험을 초래한다(Assor et al., 2004). 이러한 과정은 심리적 통제가 자녀의 심리적 경험 세계에 미치는 영향을 설명하는 앞서 살펴본 기본적인 원칙과도 일치한다. 이런 통제를 경험한 어린이들은 자신의 독립적인 가치를 인정하기보다는 부모의 요구에 따라 행동하거나, 그 요구에 합당한 사람이 되어야만 자신을 받아들일 수 있다고 인식하는 가치관을 배우게 된다(Assor et al., 2004).

일련의 연구에서 Assor 등은 부모의 조건적 존중이 실제로 다양한 영역에서 자녀의 행동에 영향을 미치며, 예를 들어 자존감 변화, 낮은 자아 존중감, 부모로부터 인정받지 못한다는 느낌, 부모에 대한 분노 등의 반응을 유발한다는 경험적 증거를 제공했다(Assor et al., 2004). 추가 연구에서는 긍정적 조건적 존중과 부정적 조건적 존중을 구분하고, 두 가지 모두 실패 후에 겪는 수치심 및 도전 회피와 같은 부적응적 결과와 관련이 있음을 발견하였다(예: Assor & Tal, 2012).

이 연구들은 심리적 통제에 관해 지금 언급하고 있는 논의와 특히 밀접한 관련이 있다. 이는 연구자들이 부모의 조건적 존중과 일반적으로 사용되는 심리적 통제 척도인 PCS(Barber, 1996) 간의 경험적 비교를 수행했기 때문이다. 연구 결과에 따르면, 조건적 존중은 PCS와 이차원 및 다차원 수준에서 연관성을 보였으며(약 .60 정도) 학업 대처(academic coping)와 관련된 여러 측정을 예측하는 모델에서도, 조건적 존중과 심리적 통제 두 변인 모두 '실패 후 수치심'이라는 매개 변수를 예측했다. 그러나 조건적 존중만이 '과대한 자기(self-aggrandizement)'라는 매개 변수와 관련성을 보였다. 따라서 부모의 조건적 존중은 심리적 통제와 유사한 방식으로 작용하며, 특히 통제가 '성취 지향적 대처'에 미치는 경로에 대한 추가적인 이해를 제공한다.

2010년에 발표된 두 번째 연구는 Soenens 등에 의해 수행된 세 가지 연구로, 심리적 통제에 새로운 척도를 제시하고 이를 검증하는 것을 목표로 했다. 이 연구의 주요 목적은 전략적인 심리적 통제가 단순히 자녀의 행동적 수행에 영향을 미칠 뿐 아니라, 부모와 자녀 사이의 심리적 유대를 형성하려는 시도로도 작용할 수 있음을 보여 주는 것이었다. 연구자들은 이러한 유형의 통제를 '**의존 지향적인 심리적 통제**(dependency-oriented psychological control)'로 정의하였고, 자녀를 심리적, 감정적으로 부모에게 의존하게 만들려고 하는 시도로 설명하였다. 반면, '**성취 지향적인 심리적 통제**(achievement-oriented psychological control)'는 자녀에게 지나치게 높은 성취를 요구한다. 벨기에 청소년과 부모를 대상으로 한 연구에서 Soenens

등은 두 가지 형태의 심리적 통제를 구별하고, 이들이 부모의 양육 특성과 청소년 우울증에 미치는 영향을 각각 다르게 매개하는 변인들과 고유한 관련이 있음을 입증했다. 연구자들은 벨기에와 한국 청소년 표본을 비교하여 이러한 결과를 더욱 확증하였다(Soenens, Park, Vansteenkiste, & Mouratidis, 2012).

우리는 현재 이 내용을 '조건적 존중으로서의 심리적 통제'라는 절에서 다루고 있는데 그 이유는 Soenens 등(2010)이 개발하고 검증한 의존 지향 및 성취 지향적 심리적 통제 척도(DAPCS)가 조건적 존중에 관한 연구(심리적 통제 문헌에서는 그 이전의 개념인 사랑의 철회)에 기반을 두고 있기 때문이다. DAPCS 20개의 문항 중 19개는 부모의 존중이 조건적임을 명시적으로 나타낸다[예: '만약(if)' 또는 '언제(when)' 또는 '하는 한(as long as)' 등의 표현을 사용함; 예: '문제가 있을 때 부모에게 의지하지 않으면 그녀/그는 내게 실망할 것이다'라고 표현함].

Soenens 등(2010)은 DAPCS와 PCS 간의 이변량 상관관계가 약 .50에서 .70 사이이며, 부분 상관관계(대체 차원을 고려한 경우)는 약 .30에서 .55 사이임을 보고했다(Soenens et al., 2010, 2012). 그러나 그들은 아직 DAPCS와 기존의 심리적 통제 척도를 함께 사용하여 청소년의 결과를 예측하는 검증을 진행하지 않았다. 따라서 심리적 통제의 두 버전(DAPCS와 PCS) 간의 개념적 겹침 정도가 어느 정도인지, 특히 DAPCS로 측정된 조건적 존중이 청소년의 적응을 예측하는 데 있어 기존의 심리적 통제 척도를 넘어서는 고유한 영향을 미치는지 여부는 아직 명확하지 않다. 이는 Assor 등이 발견한 바와 같은 연구 결과가 추가적으로 필요함을 시사한다.

### 강압으로서의 심리적 통제

심리적 통제에 대한 또 다른 시각으로 Baumrind가 최신 분석에서 강압(coercion)이라는 개념을 공식적으로 사용한 것은 차원적 접근법과 유형적 접근법을 연결하는 다리 역할을 하며, 심리적 통제 연구에서 강압의 개념을 부각시키는 데 기여한다. Baumrind는 자신의 리뷰에서(Baumrind et al., 2010) 강압적인 부모의 양육 방식이 오랫동안 연구되어 왔으며, 아동의 내재화 및 외재화된 문제행동과 연관이 있다는 것을 발견했다고 언급했다(초기 리뷰는 Rollins & Thomas, 1979 참고). Baumrind 등(2010)의 최근 종단 분석을 해석해 보면, 권위 있는 부모와 권위주의적인 부모가 모두 "단호하고(firm), 직접적이며(direct), 강력하고(forceful), 일관된(consistent) 직면적 훈육"을 사용한다고 나타났다. 하지만 권위주의적인 부모는 "강압적인 훈육, 즉 독단적이고(peremptory), 지배적이며(domineering), 자의적이고(arbitrary) 수직적인 가족관계를 유지하는 데만 관심을 두는 과도한 훈육"을 사용하는 경향이 있다고 덧붙였다(p. 158).

이러한 구분은 심리적 통제에 관한 현재의 논의에서 여러 면으로 유용하다. 첫째로 부모의 통제 시도가 어떤 맥락에서 침해일 수 있으며 자녀의 발달을 방해할 수 있는지에 대한 주요한 예시를 제공한다. 앞서 살펴본 바와 같이 부모는 은근히 조종하는 조건적 존중을 통해 자녀를 심리적으로 통제할 수도 있지만, 자녀를 과도하게 지배하는 상호작용을 통해서도 심리적 통제를 행사할 수 있다(부모의 애정을 조건화하는 방식을 사용하지 않더라도 가능하다). 이러한 설명은 강압에 대한 초기의 정의와도 일치한다.

> 여기서 강압은 부모와 자녀 간 의지의 충돌에서 부모가 보이는 행동으로, 자녀가 부모의 욕구에 맞춰 행동하도록 상당한 외부 압력을 가하는 결과를 초래한다. 이러한 통제 시도는 부모가 먼저 통제를 시작하는 경우일 수도 있고, 자녀의 불순종에 대한 반응으로 나타날 수도 있다(Rollins & Thomas, 1979, p. 321).

앞의 문헌에서 Rollins와 Thomas(1979)는 강압이 사랑의 철회와는 다르다는 입장을 취했으며, 강압이 권위 있는 양육과도 관련이 있음을 예고하였다. 그들은 Baumrind의 초기 데이터를 2차 요인 분석한 결과, 양육 개념이 본질적으로 강압(coercion)과 이끎(induction)의 두 가지 차원으로 설명될 수 있음을 밝혔다.

Baumrind의 개념화는 강압적인 부모의 행동과 심리적 통제를 연결하는 데 중요한 역할을 한다. 그녀는 심리적 통제를 강압적인 양육의 일부로 명확히 포함시켰다. 침범적 행동(A), 자녀의 독립성과 개별화를 장려하는 양육 행동을 역채점한 점수(B)의 총합(A+B)으로 측정되는 심리적 통제는, Baumrind가 강압적 부모 행동을 나타낼 것으로 예상되는 행동 집합에 포함되어 있다(여기에는 이유 없는 권위 행사, 임의적인 훈육, 강한 신체적 처벌, 폭력적인 언어적 비판 등이 포함된다). 더불어 변량 분석을 통해 강압적 행동 집합 중에서도 심리적 통제가 특히 독특하게 해로운 결과를 초래한다는 사실을 발견하였다. 심리적 통제는 특히 내재화된 문제와 낮은 자기 효능감을 예측하는 데 중요한 역할을 하였으며, 이러한 결과는 어린이의 심리 내적 발달 과정에서 심리적 통제가 미치는 영향을 설명하는 이론적 논증들, 앞 전에 제시한 경험적인 연구들과 일치한다. 심리적 통제에 대한 기존의 연구들과 다른 설계를 사용한 연구에서도 비슷한 결과가 반복되었다는 것은 양육에서 심리적 통제가 가지는 현저한 특징과 영향을 의미 있게 확증한 사례라고 볼 수 있다.

### 비존중으로서의 심리적 통제

최근 연구를 통해 우리는 부모의 심리적 통제에 대한 이해를 심화하고 연구의 주요 한계를 해결하는 것을 목표로 삼았다. 주요한 한계 중 하나는 심리적 통제의 대상이자 이를 직접 경험하고 인지하는 주체인 아동·청소년들의 관점이 충분히 반영되지 못했다는 점이다. 이러한 한계는 적어도 두 가지 중요한 이유로 근본적인 문제로 여겨진다.

첫째, 심리적 통제는 아동·청소년들의 심리적 세계(즉, 이들의 경험에 대한 개인적, 사적, 자기 관련 영역)와 밀접하게 연관되어 있기 때문에, 이들의 인식은 연구자들이 정의한 개념의 타당성을 검증하고, 심리적 통제의 추가적인 유형이나 항목을 식별하는 데 중요한 역할을 한다.

둘째, 전통적인 방식으로 측정된 심리적 통제의 개념이 다양한 문화권에서 주요하게 여겨진다는 사실이 명확히 입증되었음에도 불구하고 그 증거는 **연구자의 관점**(the investigator-defined)에서 정의한 개념이 다양한 문화권의 아동·청소년들에게 얼마나 의미 있게 받아들여지는지를 보여 줄 뿐이다. 다시 말해 현재의 심리적 통제 개념이 공통적인 경험을 반영하고 있다는 점은 분명하지만, 기존 연구들은 이 개념을 이미 정의해 놓고 측정해 왔다. 따라서 심리적 통제에 대한 다양한 경험을 반영할 가능성을 제한해 왔다.

이에 따라 우리는 세계보건기구(World Health Organization)와 협력하여 코스타리카, 태국, 남아프리카공화국 내 다섯 개의 서로 다른 문화적 또는 인종적 집단의 청소년을 대상으로 단계적이고 다각적인 연구를 진행했다(Barber, Xia, Olsen, McNeely, & Bose, 2012). 연구의 첫 번째 단계에서 우리는 120명의 청소년에게 부모의 심리적 통제 행동에 대한 구체적인 예시를 들어 달라고 요청했다. 청소년들이 '심리적 통제'라는 용어를 이해하지 못할 가능성을 감안하여, '부모가 자신을 존중받을 가치가 있는 사람으로 대하지 않는다(their parents do not respect them as worthy individuals)'고 느끼게 만드는 행동을 구체적으로 묘사해 달라고 요청하였다. 심리적 통제를 이런 식으로 이해하고 접근하는 방식은 아동·청소년의 개별성을 존중하지 않는다는 점이 심리적 통제의 핵심적 특징이라는 우리의 제안을 검증하기 위한 것이었다(Barber et al., 2005).

인터뷰 데이터를 분석한 결과 심리적 통제는 총 여덟 가지 유형으로 분류되었다. ① **조롱하기**(ridiculing), ② **공공장소에서 창피 주기**(embarrassing in public), ③ **부정하기**(invalidating), ④ **사생활 침해**(violation of privacy), ⑤ **죄책감 유발하기**(guilting), ⑥ **과도한 기대**(excessive expectations), ⑦ **타인과 비교하기**(comparing to others), ⑧ **무시하기**(ignoring)이다. 다음 단계에서는 여덟 가지 심리적 통제 유형에 해당하는 설문 항목을 개발하여, 이를 기존의 심리적 통제 척도(PCS), 다양한 양육 척도, 그리고 청소년의 심리사회적 기능 지표와 함께 설문지에 포함시켰다. 설문지는 동일한 문화와 인종 집단에 속한 2,100명의 청소년을 대상으로 교실에서 자기 보고 방식으로 실시되었다.

새로 제작된 문항들의 문항 간 일관성과 기존 심리적 통제 척도(PCS) 문항들과의 연관성을 평가한 결과, 탐색적 및 확인적 요인 분석에서 새로운 문항들이 기존 PCS와 별도로 구성될 때 모델 적합도가 가장 높은 것으로 나타났다. 새로운 문항에는 '심리적 통제-비존중 척도(Psychological Control-Disrespect Scale: PCDS)'라는 이름을 붙였다. 문화와 부모 유형에 따른 항목 수준분석을 수행한 결과, 8개의 항목 중 7개가 개념적, 기능적, 구조적 등가성을 완전히 충족했으며, 측정 단위와 척도 등가성은 부분적으로 충족되었다(Manzi, Barber, & Regalia, 2011).

모든 집단에서 부모(아버지와 어머니)를 대상으로 한 PCS와 PCDS 간의 유의미한 상관관계가 나타났으며, 이는 PCDS가 심리적 통제를 측정하는 도구로서 수렴 타당도(convergent validity)를 일정 수준 갖추고 있음을 시사하였다. 확인적 요인 분석에서 도출된 요인 간 상관값은 아버지 보고에서는 .33에서 .48, 어머니 보고에서는 .35에서 .54 사이로 나타났다. 이어진 구조 방정식 모델에서도, PCDS가 PCS와 동일하게 내재화 및 외재화 문제행동을 예측하는 역할을 수행함을 확인했다. 그뿐 아니라 PCDS는 내재화와 외재화 문제행동에 대해 독립적인 추가 설명력을 제공한 반면, PCS는 두 가지 문제행동과 유의미한 연관성을 나타내지 않았다.

요약하자면 앞서 설명한 Assor와 Soenens의 연구와 마찬가지로, PCDS는 기존 심리적 통제 척도(PCS)와 유의미한 상관관계를 나타냈다. 그러나 PCDS는 단순히 독립적인 설명력을 제공하는 데 그치지 않고 PCS의 효과를 완전히 대체할 수 있었다. 이 프로젝트를 통해 얻은 여러 가지 발견은 이 장에서 지금까지 논의한 생각에 직접적으로 녹아들어 있다.

**전략적 통제 대 비전략적 통제** 프로젝트를 수행하고 결과를 해석하는 과정에서 우리는 심리적 통제의 정의에 내재된 이중성, 가령 부모의 행동이 의도적이고 전략적인 행동(예: 의도적으로 조종하거나 강압하는)인지의 여부를 이전보다 면밀히 다룰 수 있게 되었다. 예를 들어, Schaefer(1965)는 심리적 통제를 정의할 때 이러한 전략적인 행동을 포함했으며, 심리적 통제가 아동이 독립적이고 개별적인 존재로 성장하는 능력을 저해한다고 명확히 강조했다. 그러나 과거에 이루어진 연구에서는 부모의 심리적 통제를 나타내는 많은 행동이 전략적 통제 시도에 해당하는지의 여부를 명확히 규정하지 않았다. 이에 따라 우리는 심리적 통제를 정의하고 측정하기 시작할 때부터 이 개념을 전략적 통제 시도에만 국한하지 않으려고 노력해 왔다. 이런 노력은 초기 정의에서도 반영되었다.

> 심리적 통제는 부모와 자녀 사이의 유대를 조종하고 착취함으로써 심리적 발

> 달을 저해하거나 침해할 가능성이 있는 교묘한 유형의 통제이다. 예를 들어, 사랑의 철회(love-withdrawal), 죄책감 유발(guilt induction), 부정적이고 감정적으로 무거운 표현 및 비판(예: 실망감과 수치심), 과도한 사생활 통제(예: 소유욕과 과보호)가 포함된다(Barber, 1996, p. 3297).

다시 말해 부모-아동 또는 부모-청소년 간 상호작용에서 나타나는 심리적 침해 요소는 전략적 조종과 강압적 통제를 포함할 수 있지만, 심리적 통제와 관련된 다른 부모 행동들(예: 감정 부정, 표현의 억압, 과도한 비판 또는 인신 공격)이 반드시 부모에 의해 전략적으로 의도된 것은 아니다. 이러한 행동들은 부모가 타인과 관계를 맺는 일반적인 스타일을 반영하는 경우가 많으며, 특정 순간의 개별적인 상호작용에서 시도하는 전략적 통제는 아닐 수도 있다(Barber, Bean, & Erickson, 2002). 그럼에도 이 두 가지 모두는 공통적으로 자녀의 심리적 경험, 특히 자기(self) 및 정체성(identity)과 관련된 부분을 침해하거나 착취할 가능성이 있다.

이런 이유로 우리의 이전 연구는 심리적 통제를 측정하는 개별적이고 특정한 현상에 집중하기보다는 심리적 통제라는 종합적인 표상이 초래할 잠재적인 심리적 결과에 초점을 맞추었다. 심리적 통제가 자녀가 부모와 독립된 개인으로 성장하는 능력을 저해한다는 Schaefer의 정의와 일치하게, 우리의 연구는 심리적 통제를 자녀의 개별성, 독창성, 적절성, 자기표현 등을 침해(violation), 간섭(interference), 비존중(disrespect)하는 행동으로 개념화해 왔다(Barber, 1996; Barber & Harmon, 2002; Barber et al., 1994, 2005).

**심리적 통제의 광범위한 영향** 청소년에게 자신들의 개별성을 침해한다고 느끼는 부모의 특정 행동을 직접 구별하도록 맡겨 보니 이러한 행동들이 매우 광범위하고 다양하다는 사실이 드러났다. 일부 행동은 기존 심리적 통제에 대한 개념화(예: 죄책감 유발, 부정하기)와 일치했지만 다른 행동들은 기존의 심리적 통제 연구에서 충분히 다뤄지지 않은 양육 행동까지 개념의 범위가 확장되었다. 이러한 결과는 앞서 논의된 연구를 확장할 수 있게 도와준다.

첫째, 사적 영역(personal domain)은 단순히 의사결정의 권한을 넘어 청소년의 사적 공간(the private space)까지 포함할 수 있다는 점에서, 청소년들이 지목한 사생활 침해 범주는 심리적 통제의 개념을 사적 영역까지 확장해야 한다는 Nucci와 Smetana의 의견과 부합한다. 동시에, 심리적 통제를 아동 · 청소년의 사적이고 개인적인 영역으로 확장해야 한다는 의견은 사생활 침해에 대한 특정 연구(예: Petronio, 2004)와도 관련된다. 이는 심리적 통제가 가족 내 관계 및 시스템 연구와 양립될 수 있다는 초기 연구들(예: Barber, 1996; Barber et al., 2005)과 일치하며, 이러한 연구에서는 밀착(enmeshment), 간섭(intrusiveness), 인정 결여(lack of acknowledgement), 경계 침범(boundary violation)과 같은 개념이 핵심으로 다뤄졌다(예: Barber & Buehler, 1996; Kerig, 2005; Manzi, Vignoles, Regalia, & Scabini, 2006).

둘째, 과도한 기대 범주는 Soenens 등(2010)이 제시한 '성취 지향 심리적 통제(achievement-oriented psychological control)'의 본질과 유사하다.

셋째, '조롱하기' 같은 부모의 행동을 '비존중' 행동의 범주에 포함시키는 것은 Baumrind가 최근 강조한 강압적 양육과 일치한다. 강압적 양육은 부분적으로는 폭력적 언어로 정의된다. 이러한 연구 결과는 거칠고(harsh) 또는 공격적인(hostile) 부모 행동을 다룬 다른 연구들(예: Buehler, Benson, & Gerard, 2006; Conger, Ge, Elder, Lorenz, & Simons, 1994)과 연결될 수 있는 확장 가능성을 제공한다.

부모가 자녀를 조롱하거나, 창피를 주거나, 다른 사람과 비교하는 행동은 과거 연구에서 논의된 수치심을 유발하는 방식(shaming)과 연결된다(Fung, 1999). 이러한 행동은 초기 심리적 통제 개념화(Barber, 1996)와 가족 간 상호작용의 제약(예: Hauser, 1991)에서도 다뤄진 바 있다. 뿐만 아니라 여러 문화권에서 부모의 거부(rejection)가 청소년에게 미치는 부정적 영향에 대한 풍부한 연구 결과(예: Khaleque & Rohner, 2002)와도 관련이 깊다. 이러한 연구들은 인터뷰에서 언급된 비존중 행동(예: 조롱, 창피 주기, 무시하기) 또는 이와 유사한 부모의 태도가 자녀에게 심각한 영향을 줄 수 있다는 의견을 뒷받침해 준다.

**심리적 통제의 비존중적 측면** 과거에는 심리적 통제를 설명할 때 비존중

(disrespect)이라는 용어를 자주 사용하지 않았다. 그러나 최근 연구에서는 부모의 심리적 통제가 자녀의 개별성을 존중하는 사회화 환경을 조성하는 데 실패하는 것을 의미한다는 맥락 안에서 사용되기 시작하였다(Barber et al., 2005). 이러한 제안에 따르면, 앞서 논의된 연구들은 다양한 청소년 집단이 부모의 여러 행동을 비존중으로 받아들였다는 점을 보여 준다. 특히 청소년들이 스스로 이러한 행동을 '비존중'과 동일시했다는 점이 중요한 발견이다. 이러한 개념을 반영해 작성된 설문 문항들이 기존 심리적 통제 측정 도구의 효과를 완벽히 설명했을 뿐만 아니라 이를 넘어서는 설명력을 보여 줬다는 실증적 증거 역시 중요한 시사점을 제공한다. 즉, 심리적 통제가 아동과 청소년들에게 미치는 해로움(injury)을 가장 효과적으로 설명하는 방식은, 심리적 통제가 본질적으로 '비존중'을 드러낸다는 행위라는 사실이다.

## 종합하기: 자기에 대한 침해로서의 심리적 통제

부모의 심리적 통제에 대한 거의 모든 개념적 정의는, 심리적 통제가 특히 자녀의 심리적 발달과 자율성을 침해한다는 점을 강조한다. 경험적 연구들은 이러한 연관성을 지속적으로 뒷받침하고 있으며 최근에는 심리적 통제의 영향을 더욱 세밀하게 규명하기 위한 연구가 활발히 진행되고 있다.

이전의 논의에서도 살펴보았듯이, 부모가 자녀의 사적 영역을 통제할 때, 즉 자녀의 사적 영역을 지나치게 간섭할 때 자기(self)에 대한 침해가 명백히 드러난다. 또한 부모가 자녀에게 특정 행동을 강요하거나, 부모의 기준에 맞출 것을 의도적으로 조종할 때, 순응을 기대하며 강압적인 훈육 방식을 사용할 때, 그리고 다양한 형태의 비존중적인 행동을 보일 때도 마찬가지로 이러한 침해가 확인된다.

심리적 통제에 대한 높은 관심과 이에 대한 일관되고 체계적인 연구 결과가 특히 주목되는 이유는, 이 개념이 인간의 본성에 대한 기존의 다양한 이론과 부합하기 때문이다. 철학에서 말하는 '자유와 통제 사이의 긴장'이나, 사회심리학(예: Mead, 1934), 발달심리학(예: Harter, Waters, & Whitesell, 1998; Nucci, 1996), 동기심리학(예: Deci & Ryan, 2000; Soenens & Vansteenkiste, 2010) 등 여러 심리학의 이론이 공통적으로 시사하는 바는, 아동 · 청소년을 포함한 모든 사람이 자기 내부에 존재하는 사적이고 개인적이며 심리적인 측면을 인식하고 있으며, 그것이 침해될 경우 민감하게 반응한다는 사실이다. Baumrind의 양육 유형을 고려할 때, 심리적 통제는 부모의 양육 방식을 이해하는 데 매우 중심적인 개념이다. 실제로 심리적 통제는 권위 있는 양육과 권위주의적 양육을 구분하는 핵심 지표로 작용하는 것으로 알려져 있다(Baumrind et al., 2010).

## 행동적 통제

부모의 행동적 통제에 관한 연구는 그 속도와 정확도 면에서 부모의 심리적 통제 연구와 비할 수준은 아니다. 우리가 살펴본 것처럼 심리적 통제에 대한 연구는 눈에 띌 정도로 빠르게 발전하고 있으며, 다양한 문화권에서 일관적으로 실증적인 결과가 나타나고 있다. 최근에는 '자녀의 심리적 세계를 침해하는 것'이라는 기초적 정의를 발전시키는 방향으로 심리적 통제 개념이 정교화되고 있다.

반면, 부모의 행동적 통제에 관한 연구는 산발적이고 체계적이지 않으며, 논쟁의 여지도 많아 보인다. 개념적 측면에서도, 부모의 행동적 통제를 거시적 수준 혹은 차원적 수준에서 어떻게 규정할지에 대한 합의가 이루어지지 않았다. 이러한 복잡성은 수십 년 전(예: Rollins & Thomas, 1979)부터 지적되어 왔는데 현대의 연구들을 살펴보아도 마찬가지이다. 실제로 2008~2010년 사이에 발표된 연구들만 보아도 행동적 통제를 다루는 방식이 다양하다는 사실을 알 수 있다: 허용 또는 엄격(permissiveness or strictness; Rohner, Parmar, & Ibrahim, 2010), 규칙 · 한계 · 자유 제약(rules, limits, and restrictions on freedoms; Kakihara & Tilton-Weaver, 2009), 부모의 지식(parental knowledge; Grundy, Gondoli, & Salafia, 2010), 느슨한 통제(lax control; Putnick et al., 2008), 비일관적인 통제(inconsistent control; Edens, Skopp, & Cahill, 2008), 요청하는 방식(solicitation; Laird, Marrero, & Sentse, 2010), 통제(control; Kerr, Stattin, & Burk, 2010), 구조(structure; Grolnick & Pomerantz, 2009), 규제(regulation;

Arim, Marshall, & Shapka, 2010).

이 같은 복잡한 양상을 보다 상세히 검토하기에는 지면이 충분치 않아 보인다. 심층적인 탐색을 위해서는 각 연구에서 '통제' 개념을 어떻게 정의하고 사용하는지 그리고 연구 설계 및 방법론을 어떻게 구성하고 있는지를 면밀하게 살펴볼 필요가 있다. 따라서 이 글에서는 최근 행동적 통제 연구에서 제기되는 몇 가지 핵심 쟁점을 중심으로 살펴보고자 한다. 이러한 쟁점들을 명확히 정리함으로써 연구가 좀 더 일관된 방향으로 발전하는 데 기여할 수 있을 것이다.

## 행동적 통제와 부모의 모니터링 및 지식

Margaret Kerr와 Hakan Stattin이 2000년에 발표한 두 편의 논문(Kerr & Stattin, 2000; Stattin & Kerr, 2000)은 '부모의 통제'에 관한 연구에 상당한 영향을 미쳤다. 이 연구의 핵심은 행동적 통제 개념, 특히 부모 모니터링(parental monitoring)을 통해 측정되는 통제 방식에 대한 근본적인 의문을 제기한 데 있었다. Kerr와 Stattin은 부모 모니터링을 측정하는 기존 방법의 적절성에 의문을 제기하였다. 이 측정법은 청소년이 부모가 자기의 생활(예: 어디에 가는지, 친구는 누구인지)에 대해 얼마나 알고 있다고 인식하는지의 정도를 평가하는 방식이다. 스웨덴 가정을 대상으로 한 자료를 분석한 결과, 부모의 지식(parental knowledge)은 부모의 직접적인 감시나 통제(즉, 구체적인 행동을 통한 모니터링; Stattin & Kerr, 2000)보다, 청소년이 부모에게 스스로 정보를 공개하는 정도(youth disclosure)와 더 높은 상관관계를 보였다. 또한 부모의 지식과 다양한 청소년의 문제행동 지표들 간의 유의미한 부적 상관관계(즉, 부모의 지식이 높을수록 문제행동이 적음)는, 모니터링이나 통제 변수를 추가했을 때는 거의 변하지 않았지만, 자기 공개(self-disclosure) 변수를 추가했을 때는 대부분 감소하였다. 이 같은 결과에 비추어 볼 때 Kerr와 Stattin은 부모의 지식은 주로 청소년의 자기 공개에 의해 형성되며, 따라서 부모의 지식은 행동적 통제(즉, 부모의 적극적인 모니터링 노력으로 정의되는)의 지표가 아니라는 결론을 내렸다.

이러한 결론이 널리 받아들여지면서 여러 연구자는 부모의 지식을 주로 청소년의 자기 공개 기능이라고만 간주하여 배제하는 경향이 있다(예: Kakihara & Tilton-Weaver, 2009 등). 그러나 이러한 견해는 두 가지 문제가 있다.

첫째, 부모의 모니터링이 오직 부모의 적극적인 감시나 통제 시도로만 달성된다고 엄격하게 주장하는 것은 기존의 이론적 연구들과 양립하기 어렵다. 특히 부모 모니터링을 '자녀의 마음속에 존재하는 부모의 심리적 현존'으로 개념화해 온 오랜 이론적 연구들과 충돌한다(Hirschi, 1969). 이 개념화에서는 자녀가 '부모가 자신의 일이나 상태를 얼마나 알고 있다고 느끼는가'가 일탈 억제 효과를 결정하는 부모 모니터링의 핵심 요인이다. 특히 청소년은 부모와 떨어져 지내는 시간이 많아지므로(즉, 부모의 적극적 모니터링 시도가 미치지 않는 상황이 많으므로) 부모가 물리적으로 존재하지 않는 상황에서도 부모의 심리적 현존은 중요한 역할을 한다.

둘째, 부모의 지식을 자기 공개보다 덜 중요하게 여기고, 이에 대한 추가 연구를 진행하지 않는 것은 정당화될 수 없다. 스웨덴을 대상으로 한 연구에서도 자기 공개 변수를 통제한 뒤에도 부모의 지식은 문제행동 등 다양한 결과 변수와 계속해서 유의미한 상관관계를 유지했다. 이는 횡단 연구(Kerr & Stattin, 2000; Stattin & Kerr, 2000)와 종단 연구(Kerr et al., 2010) 모두에서 확인된 사실이다. 결국 수십 년에 걸친 연구에서 일관되게 나타난 바와 같이, 부모의 지식은 부모의 행동적 통제와 마찬가지로 청소년의 역기능적인 행동, 특히 외현화 문제행동과 유의미한 부적 상관관계를 보인다는 점이 다시 한번 확인되었다.

그렇기 때문에 Kerr와 Stattin의 결론 이후, 청소년이 부모에게 언제, 어떻게, 그리고 왜 스스로 정보를 공개하는지를 탐구하는 연구들이 풍부하고 유용한 문헌을 만들어 냈지만, 이러한 연구들은 부모의 통제가 청소년의 기능에 미치는 영향을 직접적으로 설명하는 데 한계가 있다. 부모의 통제에 대한 후속 연구에서는 부모의 지식을 배제하기보다는(예: Kerr et al., 2010; Stattin & Kerr, 2000), 부모의 지식이 어떻게 형성되며, 부모의 통제를 어떻게 반영하고 있는지를 파악하는 집중적인 연구가 필요할 것이다. 이를 위해서는 관련 변수를 복합적으로 모형화하는 과정이 포함되어야 한다. 실제로 Soenens, Vansteenkiste, Luyckx와 Goossens(2006)는 벨기에 청소년을 대상으로 한 연구에서, 부모의 적극적인 모니터링과 통제가 청소년의 정보 공개를 통해 부모의 지식을 예측한다는 사실을 발견했다. 비슷한 결과는 Vieno, Nation, Pastore와 Santinello(2009)의 이탈리아 청소년을 대상으로 한 연구에서도 확인되었다. 이들은 부모의 행동적 통제가 부모의 지식을 직접적으로 예측한다는 점을 확인했다.

그들은 추가로 '부모-자녀 간 친밀감(closeness)'이 부모의 지식을 직접적으로 예측한다는 결과(특히 여아 집단에서)를 발견하였는데 이는 부모 지식의 원천을 탐색하는 연구의 지평을 또 다른 방식으로 확장하였다. 즉, 양육 관련 변인은 고정된 것이 아니라, 부모와 자녀가 상호작용해 온 역사를 반영한다는 사실을 인정하는 것이다. 이러한 사실은 부모의 지식이 단순히 특정한 시기나 내용 영역에 국한되지 않고, 부모가 자녀에 대해 어느 정도 알고 있는지를 나타내는 전반적인 척도로 측정된다는 점에서 더욱 중요하다. 결국 부모가 청소년 자녀에 대해 전반적으로 얼마만큼 알고 있는가는 여러 요인이 복합적으로 축적된 과거의 산물이며, 그중 일부는 부모가 오랜 시간 동안 형성해 온 양육 방식의 결과이기도 하다(예: Darling & Steinberg, 1993).

Vieno 등(2009)이 부모-자녀 간 친밀감이 부모의 지식을 예측한다는 사실(자기 공개를 거치든 직접적인 방식이든)을 발견한 것은, 사실상 Stattin과 Kerr(Kerr & Stattin, 2000; Stattin & Kerr, 2000)가 부모의 지식을 친밀감의 반영으로 간주한 것과 일치한다. 여기에 더해, 우리는 부모와 자녀 간에 형성되는 양육 방식과 상호작용 스타일은 부모의 행동적 통제[예: 목표(goals), 기대(expectations), 모니터링(monitoring), 훈육(discipline), 규칙 적용(enforcement)] 요소들에 의해 크게 영향을 받으며, 그 결과 부모의 지식은 궁극적으로는 부모의 통제를 어느 정도 반영하고 있다고 제시한다. 실제로 Baumrind의 방대한 양육 유형 연구에서 얻을 수 있는 핵심 교훈은, 효과적인 양육이 반응성과 요구성의 결합이라는 점이다. 따라서 부모의 통제가 부모의 지식에 미치는 중요성을 입증하려는 노력은, 단순히 부모가 현재 어느 정도의 행동적 통제를 행사하고 있는지를 측정하는 단계를 넘어서, 보다 나은 양육과 부모-자녀 상호작용 속에서 통제가 수행하는 역할을 포착하는 방향으로 나아가야 한다.

## 행동적 통제의 효과 규정하기

부모의 행동적 통제를 이해하는 것이 부모의 심리적 통제보다 더 복잡한 이유는, 행동적 통제의 효과가 훨씬 더 복잡한 방식으로 나타나기 때문이다. 이러한 복잡성은, 예를 들어 선형성(linearity)이나 효과의 조건성(contingency) 같은 상위 수준 효과, 즉 다른 요인들의 상호작용에 의해 생겨난다.

### 비선형성

심리적 통제의 경우 간섭적 양육(intrusive parenting)의 영향이 선형적이지 않다는 이론적, 경험적 근거는 현재까지 제시되지 않았다(다문화권에서 선형적 효과에 대한 경험적 결과를 보고 싶으면 이 연구들을 볼 것: Barber et al., 2005; Soenens et al., 2010). 반면, 행동적 통제를 구분하고 발전시켜 온 연구에서는 동일한 선형적 특성이 명확히 제시되지 않았다. 대신에 연구자들은 어느 정도 수준의 행동적 통제가 존재하는가에 수복해 왔으며, 그 통제가 없거나 부족할 때가 문제행동의 위험 요인으로 부각된다는 점에 초점을 맞춰 왔다.

이 장의 서두에서 언급한 '자유와 통제 사이의 긴장'과 일맥상통하게, 대부분의 접근은 (심리적 통제가 아닌) 행동적 통제가 어느 정도 존재하는 것이 중요하다고 본다. 즉, 완전한 행동적 자유와는 다른 측면을 강조하는 것이다. 사실 행동적 통제에 관한 연구들이 일관적으로 '통제의 부재(absence) 혹은 느슨함(laxness)'에 초점을 맞추고 있다는 사실은 놀라운 일이 아니다. 통제의 느슨함은 양육을 차원적으로 본 초기 연구(예: 엄격함과 느슨함의 대립; Schaefer, 1965)나 유형론적 관점(예: 허용성; Baumrind, 1966, 1971, 1991) 모두에서 전형적으로 등장한다.

이 장의 서두에서 언급한 바와 같이, 행동적 통제 개념을 명시적으로 사용한 연구에서 Steinberg는 심리적 통제와 행동적 통제의 구분을 촉구하며, 행동적 통제가 청소년에게 긍정적 영향을 미치는 근거로 부모의 요구성을 제시했다. 그는 동시에 행동적 통제가 충분하지 않을 때 생길 수 있는 문제점을 지적했다(Steinberg, 1990). Barber 역시 여러 차례 이 문제를 언급하였는데, 이를 행동적 통제의 부족(behavioral undercontrol), 충분한 행동적 통제의 부재(the absence of sufficient behavioral control), 부적절하거나 제대로 규제되지 않은 가족 환경(inadequate or unregulated family environments) 등으로 일컬었다(예: Barber, 1996; Barber et al., 1994, 2005).

다시 말해 부모의 행동적 통제가 효과적이라고 주장하는 견해들은 주로 '통제가 전혀 없거나 매우 낮은 수준에서, 적절한 수준에 이르는 구간'에 주목해 왔으며, 특정 수준의 통제를 절대적으로 긍정적이라고 보지는 않는다. 실제로 행동적 통제가 가지는 비선형적인 특성(즉, 너무 낮거나 너무 높은 통제 상태에 있는 청소년 모두가 위험하다는 점)은 여러 차례 언급되어 왔다(예: Barber et al., 1994, 2005; Mason, Cauce, Gonzales, & Hiraga, 1996; Miller, McCoy, Olsen & Wallace, 1986; Olweus, 1980).

우리는 다음과 같은 이유로 과거부터 실시되었던 행동적 통제에 관한 개념화를 되짚어 보고자 한다.

첫째, 개념을 되짚어 보는 이유는 최근 시행되었던 일부 연구들이 이 개념의 본질적 특성을 오해하고 있기 때문이다. 예를 들어, Kakihara와 Tilton-Weaver(2009)는 행동적 통제에 대한 기존의 문헌들이 '부모가 행동적 통제를 많이 할수록 자녀에게 더 긍정적인 영향을 미친다'는 것을 암시했다고 해석하였는데, 이는 앞서 논의한 내용을 통해 알 수 있듯이 부정확한 해석이다. 따라서 그들이 대안으로 제시한 '행동적 통제가 자녀 결과에 곡선형(curvilinear)으로 영향을 미칠 것이다'라는 주장은, 사실 오랜 시간 동안 잘 알려져 있던 내용을 단순히 반복한 것에 지나지 않는다.

둘째, 부모의 행동적 통제의 근본적인 특성에 대한 이러한 오해는, 행동적 통제를 어떻게 측정하고 분석할지에 대해 신중한 접근이 필요함을 시사한다. 선택할 수 있는 항목이 제한적인 전형적인 응답 방식으로는 비선형적 관계를 포착하기 어렵다. 특히 높은 점수가 반드시 과도한 통제를 의미하는 것은 아닐 가능성이 있다. 이러한 문제점을 보여 주는 대표적인 예가, 부모 모니터링/지식 변수로, 청소년들에게 부모가 자신의 활동에 대해 얼마나 알고 있는지를 평가하도록 요청하는 방식이다. 예를 들어, 낮은 점수(예: '부모가 전혀 모른다')는 통제의 부재를 나타낸다고 볼 수 있지만 높은 점수(예: '부모가 많이 안다')가 과도한 통제를 나타낸다고 해석하기는 애매하다. '조금 안다'(중간 수준의 응답)와 '많이 안다' 사이의 차이는, 부모의 모니터링/지식 수준이 적절한지 아니면 과도한지를 판단할 수 있는 임곗값을 제공한다고 보기는 어렵다.

느슨한 통제를 측정하는 척도에도 동일한 문제가 나타난다. 이 개념은 행동적 통제의 기본적인 이론적 정의(예: Schaefer, 1965)와 일치하며, 모니터링이나 부모의 지식에 대한 논쟁과는 별개로 다룰 수 있다. 가령, '내가 원하는 것은 무엇이든 하게 내버려둔다'는 진술이 본인의 부모를 잘 묘사한다고 응답한 경우, 그 청소년은 부적절하게 통제되고 있다고 여겨질 수 있다. 그러나 이 문항이 부모를 잘 묘사하지 않는다고 응답한 경우, 부모가 행사하는 통제가 적절한 수준을 초과했는지 아닌지의 여부는 알 수 없다. 따라서 행동적 통제를 평가하는 데 일반적으로 사용되는 응답 패턴은, 특정 유형의 행동적 통제만을 측정하며, 의도적으로 효과의 하향 부분(즉, 통제의 부재 및 어느 정도 통제의 존재)만을 포함한다. 이러한 부모 통제 지표는 사실상 선형적이라고 볼 수 있는데, 이는 통제의 부재에서 어느 정도 통제의 존재로 이어지는 범위만을 측정하기 때문이다. 그러나 중요한 점은, 이러한 측정 방식이 통제가 적절한 수준을 초과했을 때 발생할 수 있는 영향을 다루지 않는다는 점이다. 사실 다양한 문화권에서 부모의 지식이 가진 효과가 선형적이라는 점이 면밀하고 구체적인 검증을 통해 밝혀졌다(Barber et al., 2005). 곡선형 효과보다는, 연결된 구간별 선형 효과(connected piecewise linear effect)가 더 적합한 설명일 수 있다(예: 스플라인 회귀; Marsh & Cormier, 2001). 이러한 패턴에서 행동적 통제는 특정 임곗값까지는 선형적이고 긍정적인 효과를 보이다가, 그 임곗값을 초과하면 다시 선형적이나 부정적인 효과를 보이는 경향을 따른다.

이러한 특수성에서 얻을 수 있는 교훈 중 하나는 연구자들이 부모 통제의 특정 지표를 측정, 개념화, 분석할 때 매우 신중해야 한다는 점이다. 행동적 통제의 비선형적 특성이 널리 인정되고 있는 만큼, 이를 조사하려는 연구에서는 선택한 측정 도구가 효과의 한 부분만을 포착하기 위한 것인지를 명확히 할 필요가 있다(앞서 논의된 내용 참고). 만약 선택한 측정 도구가 효과 전체를 다룰 수 있도록 설계되었다면(즉, 부족한 통제와 과도한 통제를 모두 포착할 수 있는 경우), 연구자들은 반드시 해당 측정 도구가 이러한 전체 범위를 어떻게 다루었는지 분명히 하고, 선형성에 대한 명시적이고 실증적인 검증을 수행해야 한다. 물론 행동적 통제의 선형성을 검증한 연구가 분명 존재하긴 하지만, 행동적 통제의 복잡성을 명확히 하려는 최근의 연구 중 많은 경우가 이를 검증하지 않았다는 점은 우려할 만한 사실이다(예: Arim et al., 2010; Kakihara, Tilton-Weaver, Kerr, & Stattin, 2010; Wang, Pomerantz, & Chen, 2007).

Arim 등(2010)의 연구 결과는 이 장의 앞서 언급된 부분에서 보고된 내용인, 사적 영역(personal domains)에 대한 통제가 부적절한 것으로 경험된다는 점(심리적 통제)을 뒷받침하고 있다. 또한 행동적 통제와 심리적 통제를 구분하였는데 행동적 통제가 내재화된 문제와 연관되지 않은 반면, 심리적 통제는 내재화된 문제와 연관이 있다는 사실을 발견했다.

최근의 몇 가지 연구만 보더라도 통제의 효과에 대한 명확성이 부족하다는 사실이 드러난다. 특히 높은 수준의 행동적 통제가 연구에 따라 긍정적 결과와 부정적 결과 모두와 직접적이고 선형적인 관계를 보인다는 점이 지적된다. 이러한 결과의 불일치는 측정 방식의 차이와 통제의 복잡성(즉, 특정 영역에서는 적절하지만 다른 영역에서는 그렇지 않을 수 있음)에서 비롯되었을 가능성이 크다. 하지만 또 다른 요인은 비선형 효과를 검증하지 않은 데에서 비롯되었을 가능성도 있다. 그러므로 유의미한 선형 효과를 발견했다는 연구 결과가 실제로는 행동적 통제의 진정한 효과를 정확히 반영하지 못했을 수도 있다. 이는 특정 연구에서 사용된 측정 도구와 응답 옵션에 따라 발견된 효과가 효과의 상단 또는 하단 구간만을 반영했을 가능성이 있음을 시사한다. 비선형 효과에 주목하는 것은 행동적 통제를 비선형적으로 개념화하는 기존 이론과 일치할 뿐만 아니라, 어떤 유형의 행동적 통제가 어느 수준에서 부정에서 긍정적인 상태로 전환되는지를 보다 정확히 파악하는 데 도움이 될 것이다.

마지막으로, 권위 있는 양육과 관련하여 부모 양육이 자녀에게 미치는 효과의 선형성을 개념화하고 평가하는 문제는 차원적 접근법에서 더욱 중점적으로 다루어진다. 차원적 접근법은 양육의 개별 차원(discrete dimensions)에 초점을 맞추며, 차원을 결합하여 유형화하기보다는 각각을 독립적으로 분석한다. 이 접근법은 양육을 서열화된 연속 척도로 측정하기 때문에 선형성을 검증할 근거를 제공한다. 반면, 유형론적 접근법은 양육 효과의 조건적 특성과 관련된 쟁점을 다루기에 더욱 적합하다.

### 공동 효과

행동적 통제의 효과를 이해하는 데 있어 또 다른 복잡한 요인은, 다른 양육 차원의 존재 여부나 수준에 따라 행동적 통제의 효과가 조건적으로 달라질 수 있다는 점이다. 행동적 통제의 효과를 결정짓는 것은 특정 양육 방식의 강도나 수준이 아니라, 다양한 양육 행동 혹은 그 유형의 조합이다. 이러한 공동 효과에 대한 개념은 유형론적 접근법(typological approach)의 기초가 된다. 예를 들어, 권위 있는 부모와 권위주의적 부모는 모두 높은 행동적 통제(요구성)를 사용하지만 권위주의적 부모는 여기에 심리적 통제를 추가적으로 사용한다는 점에서 차이를 보인다 (Baumrind et al., 2010).

다시 말해 자녀에게 미치는 행동적 통제의 최종적인 영향은 '심리적 통제(그리고 반응성)가 존재하는가 또는 부재하는가'에 따라 달라질 수 있다. 이러한 공동 효과는 다양한 방식으로 이해될 수 있다. 예를 들어, 가산적 모델(additive model)에서는 심리적 통제가 존재할 경우 행동적 통제의 긍정적 효과를 감소시키거나 억제한다고 보는 반면, 상호작용 모델(interactive model)에서는 심리적 통제가 없을 때에만 행동적 통제가 긍정적 효과를 나타낸다고 본다. 하지만 핵심은 행동적 통제의 효과를 이해하려는 노력이 반드시 비선형적 효과를 주장하거나, 통제의 적절성을 판단하기 위해 임곗값을 정의하는 데만 집중할 필요는 없다는 것이다. 오히려 일부 행동적 통제는 선형적으로 이해할 수 있으며, 그 효과의 강도는 부모-자녀 관계의 다른 요소에 따라 달라질 수 있다. 실제로 Baumrind 등(2010)은 최근 연구에서 변수 기반 접근법(variable approach)을 통해 심리적 통제를 통제한 후,

요구성이 자녀의 능력을 향상시키고 문제행동을 줄이는 긍정적인 선형 효과를 보인다는 사실을 확인했다.

요약하자면, 행동적 통제의 효과는 복잡하고 때로는 상충되는 특성을 지니기 때문에, 이를 연구하는 연구자들은 명확한 접근 방식을 취해야 한다. 비선형적 효과를 가정하는 경우에는 적절한 측정 방법을 사용해야 하며, 비선형성을 확인하고 설명하기 위한 명시적인 검증을 수행해야 한다. 반면, 행동적 통제를 선형적으로 다루는 연구라면 이를 해석할 때의 이론적 과제를 해결해야 한다. 행동적 통제의 효과가 긍정적(예: 행동적 통제가 많을수록 자녀의 적응력이 향상됨)일 수도 있고, 부정적(예: 행동적 통제가 많을수록 자녀의 적응력이 감소함)일 수도 있는 이유를 설명해야 한다. 또한 연구자가 '선형적 효과가 부모-자녀 관계의 다른 측면에 따라 조건적으로 달라진다'는 입장을 취한다면, 그 조건성이 가산적인지, 상호작용적인지, 혹은 다른 방식으로 작용하는지 명확히 설명하고 검증해야 한다. 행동적 통제의 비선형적 특성이 단순한 곡선형이 아니라 구간별 선형적(piecewise linear)일 가능성을 고려할 때, 연구자는 부모의 통제 효과 중 어느 구간을 측정하고 있는지를 명확히 밝혀야 한다. 예를 들어, 연구가 통제의 부재에서 적절하거나 합리적인 통제 수준으로 전환되는 선형적 효과를 다루는지, 아니면 적절한 수준에서 과도한 통제로 넘어가는 선형적 효과를 측정하고 있는지를 분명히 해야 한다.

## 결론

이 장의 핵심 목적을 다시 요약하며 검토하는 과정에서, 보다 명확한 설명이 요구되는 중요한 쟁점 하나를 짚고자 한다. 이 장은 근본적으로 부모의 통제가 자녀의 삶에서 지니는 중요성과, 행동적 통제와 심리적 통제를 구분하는 철학적 토대를 반복하여 강조하였다. 구체적으로, 사회적 존재의 근본적인 이중성(즉, 자유와 통제에서 얻은 혜택)은 부모 통제의 두 가지 유형을 구분하는 기준이 된다. 이러한 철학적 기반을 이해하는 것은 왜 심리적 통제와 행동적 통제라는 용어가 사용되는지를 정확히 파악하는 데 중요하다.

이 용어들은 복잡한 현상을 간결하게 표현한 일종의 약칭이기 때문에, 그 안에 담긴 근본적인 개념이 충분히 이해되지 않거나 후속 연구에서 제대로 계승되지 못할 위험이 있다. 이러한 위험의 예시는 심리적 통제와 행동적 통제의 구분에 의문을 제기한 최근 연구들에서 나타난다. 일부 학자들(예: Grolnick & Pomerantz, 2009; Soenens et al., 2010)은 두 통제 유형의 차이를 단순히 '생각과 감정에 대한 통제(즉, 심리적 통제)' vs '행동에 대한 통제(즉, 행동적 통제)'로 해석하였다(이는 이 장의 서두에서 언급했듯이, 광범위한 개념 중 일부 요소를 자의적으로 선택하여 사용한 사례로 볼 수 있다). 이들 연구는 심리적 통제가 행동에 적용될 수 있고, 행동적 통제가 생각과 감정에 적용될 수 있다는 점을 근거로 두 가지 부모 통제 유형의 구분에 문제를 제기하였다. 이러한 해석이 충분히 타당한 개념화에 기반한 것이라면, 이는 이해 가능한 도전이라 평가할 수 있을 것이다.

그러나 이 장에서 강조하고자 한 바는, 통제 개념의 차별성이 단순히 '생각과 감정'을 '행동'과 대조하여 인위적으로 이분화하는 데 초점이 맞춰져 있지 않다는 점이다. 생각, 감정, 행동이 서로 분리된 상태를 상상하는 것은 쉽지 않다. 오히려 통제의 두 개념은 부모의 통제가 자녀의 심리적 발달(예: 자아 형성, 정체성, 개별성)을 침해하거나 이를 존중하지 않을 때 부정적인 영향을 미친다는 점, 반대로 통제가 사회적, 문화적 기대에 부합하도록 돕는 방식으로 작용할 때 긍정적인 영향을 미친다는 점을 분명히 하기 위해 제시된 것이다. 두 가지 통제 유형의 구별은 아동과 청소년에게 미치는 영향에 대한 연구를 통해 지속적으로 입증되고 있다. 물론 두 통제 유형 간에는 어느 정도 상관관계가 존재하며, 그 결과 또한 상호 관련성을 보이기 때문에 각 통제 유형의 효과가 완전히 독립적으로 나타난다고 보기는 어렵다. 그럼에도 심리적 통제가 자기 발달과 심리적 기능을 손상시키는 데 영향을 주며, 행동적 통제의 부재가 일탈 행동의 증가와 연결된다는 사실은 명확하다. 앞서 언급했듯이, 이러한 두 통제 유형의 구분은 Baumrind의 부모 권위와 통제에 대한 개념화와 완전히 부합한다. 또한 두 통제 유형이 자녀에게 미치는 일반적인 효과는 Baumrind 등(2010)의 최근 연구 결과와 이 책 제1장에서 다룬 내용과도 일치한다.

## 참고문헌

Arim, R. G., Marshall, S. K., & Shapka, J. D. (2010). A domain-specific approach to adolescent reporting of parental control. *Journal of Adolescence, 33,* 355-366. doi:10.1016/j.adolescence.2009.10.001

Assor, A., Roth, G., & Deci, E. L. (2004). The emotional costs of perceived parents' conditional regard: A self-determination theory analysis. *Journal of Personality, 72,* 47-88. doi:10.1111/j.0022-3506.2004.00256.x

Assor, A., & Tal, K. (2012). When parents' affection depends on child's achievement: Parental conditional positive regard, self-aggrandizement, shame and coping in adolescents. *Journal of Adolescence, 35,* 249-260. doi:10.1016/j.adolescence.2011.10.004

Baldwin, A. L. (1948). Socialization and the parent-child relationship. *Child Development, 19,* 127-136.

Barber, B. K. (1996). Parental psychological control: Revisiting a neglected construct. *Child Development, 67,* 3296-3319. doi:10.2307/1131780

Barber, B. K., Bean, R. L., & Erickson, L. D. (2002). Expanding the study and understanding of psychological control. In B. K. Barber (Ed.), *Intrusive parenting: How psychological control affects children and adolescents* (pp. 263-289). Washington, DC: American Psychological Association. doi:10.1037/10422-009

Barber, B. K., & Buehler, C. (1996). Family cohesion and enmeshment: Different constructs, different effects. *Journal of Marriage and the Family, 58,* 433-441.

Barber, B. K., & Harmon, E. (2002). Violating the self: Parental psychological control of children and adolescents. In B. K. Barber (Ed.), *Intrusive parenting: How psychological control affects children and adolescents* (pp. 15-52). Washington, DC: American Psychological Association. doi:10.1037/10422-002

Barber, B. K., Olsen, J. E., & Shagle, S. C. (1994). Associations between parental psychological and behavioral control and youth internalized and externalized behaviors. *Child Development, 65,* 1120-1136. doi:10.2307/1131309

Barber, B. K., Stolz, H. E., & Olsen, J. A. (2005). Parental support, psychological control, and behavioral control: Assessing relevance across time, culture and method.

*Monographs of the Society for Research in Child Development, 70*(4), 1-137.

Barber, B. K., Xia, M., Olsen, J. A., McNeely, C., & Bose, K. (2012). Feeling disrespected by parents: Refining the measurement and understanding of psychological control. *Journal of Adolescence, 35,* 273-287. doi:10.1016/j.adolescence.2011.10.010

Baumrind, D. (1966). Effects of authoritative parental control on child behavior. *Child Development, 37,* 887-907. doi:10.2307/1126611

Baumrind, D. (1971). Current patterns of parental authority. *Developmental Psychology Monographs, 4*(1, Pt. 2), 1-103. doi:10.1037/h0030372

Baumrind, D. (1978). Parental disciplinary practices and social competence in children. *Youth & Society, 9,* 239-276.

Baumrind, D. (1991). The influence of parenting style on adolescent competence and substance use. *The Journal of Early Adolescence, 11,* 56-95. doi:10.1177/0272431691111004

Baumrind, D., Larzelere, R. E., & Owens, E. B. (2010). Effects of preschool parents' power assertive patterns and practices on adolescent development. *Parenting: Science and Practice, 10,* 157-201. doi:10.1080/15295190903290790

Buehler, C., Benson, M. J., & Gerard, J. M. (2006). Interparental hostility and early adolescent problem behavior: The mediating role of specific aspects of parenting. *Journal of Research on Adolescence, 16,* 265-292. doi:10.1111/j.1532-7795.2006.00132.x

Conger, R. D., Ge, X., elder, G. H., Lorenz, F. O., & Simons, R. L. (1994). economic stress, coercive family process, and developmental problems of adolescents. *Child Development, 65,* 541-561. doi:10.2307/1131401

Darling, N., & Steinberg, L. (1993). Parenting style as a context: An integrative model. *Psychological Bulletin, 113,* 487-496. doi:10.1037/0033-2909.113.3.487

Deci, e. L., & Ryan, R. M. (2000). The "What" and "Why" of goal pursuits: Human needs and the self determination of behavior. *Psychological Inquiry, 11,* 227-268. doi:10.1207/S15327965PLI1104_01

Edens, J. F., Skopp, N. A., & Cahill, M. A. (2008). Psychopathic features moderate the relationship between harsh and inconsistent parental discipline and adolescent antisocial behavior. *Journal of Clinic Child and Adolescent Psychology, 37,* 472-476. doi:10.1080/15374410801955938

Fung, H. (1999). Becoming a moral child: The socialization of shame among young Chinese children. *Ethos, 27,* 180-209. doi:10.1525/eth.1999.27.2.180

Grolnick, W. S., & Pomerantz, e. M. (2009). Issues and challenges in studying parental control: Toward a new conceptualization. *Child Development Perspectives, 3,* 165-170. doi:10.1111/j.1750-8606.2009.00099.x

Grundy, A. M., Gondoli, D. M., & Salafia, e. H. B. (2010). Maternal knowledge and maternal behavior control as predictors of preadolescent behavioral competence. *The Journal of Early Adolescence, 30,* 410-431. doi:10.1177/0272431609333302

Harter, S., Waters, P., & Whitesell, N. R. (1998). Relational self-worth: Differences in perceived worth as a person across interpersonal contexts among adolescents. *Child Development, 69,* 756-766.

Hasebe, Y., Nucci, L., & Nucci, M. S. (2004). Parental control of the personal domain and adolescent symptoms of psychopathology: A cross-national study in the United States and Japan. *Child Development, 75,* 815-828. doi:10.1111/j.1467-8624.2004.00708.x

Hauser, S. (1991). *Families and their adolescents.* New York, NY: Free Press.

Hirschi, T. (1969). *Causes of delinquency.* Berkeley: University of California Press.

Kakihara, F., & Tilton-Weaver, L. (2009). Adolescents' interpretations of parental control: Differentiated by domain and types of control. *Child Development, 80,* 1722-1738. doi:10.1111/j.1467-8624.2009.01364.x

Kakihara, F., Tilton-Weaver, L., Kerr, M., & Stattin, H. (2010). The relationship of parental control to youth adjustment: Do youths' feeling about their parents play a role? *Journal of Youth and Adolescence, 39,* 1442-1456. doi:10.1007/s10964-009-9479-8

Kerig, P. K. (2005). Introduction: Contributions of the investigation of boundary dissolution to the understanding of developmental psychopathology and family process. *Journal of Emotional Abuse, 5*(2-3), 1-4. doi:10.1300/J135v05n02_01

Kerr, M., & Stattin, H. (2000). What parents know, how they know it, and several forms of adolescent adjustment: Further support for a reinterpretation of monitoring. *Developmental Psychology, 36,* 366-380. doi:10.1037/0012-1649.36.3.366

Kerr, M., Stattin, H., & Burk, W. J. (2010). A reinterpretation of parental monitoring in longitudinal perspective. *Journal of Research on Adolescence, 20*(1), 39-64. doi:10.1111/j.1532-7795.2009.00623.x

Khaleque, A., & Rohner, R. P. (2002). Reliability of measures assessing the pancultural association between perceived parental acceptance-rejection and psychological adjustment: A meta-analysis of cross-cultural and intracultural studies. *Journal of Cross-Cultural Psychology, 33,* 87-99. doi:10.1177/0022022102033001006

Lagattuta, K. H., Nucci, L., & Bosacki, S. L. (2010). Bridging theory of mind and the personal domain: Children's reasoning about resistance to parental control. *Child Development, 81,* 616-635. doi:10.1111/j.1467-8624.2009.01419.x

Laird, R. D., Marrero, M. D., & Sentse, M. (2010). Revisiting parental monitoring: evidence that parental solicitation can be effective when needed most. *Journal of Youth and Adolescence, 39,* 1431-1441. doi:10.1007/s10964-009-9453-5

Lewin, K. (1935). *A dynamic theory of personality.* New York, NY: McGraw-Hill.

Lins-Dyer, M. T., & Nucci, L. (2007). The impact of social class and social cognitive domain on northeastern Brazilian mothers' and daughters' conceptions of parental control. *International Journal of Behavioral Development, 31,* 105-114. doi:10.1177/0165025407073577

Manzi, C., Barber, B. K., & Regalia, C. (2011). *Disrespect is disrespect: The crosscultural equivalency of a new measure of perceived parental psychological control.* Manuscript submitted for publication.

Manzi, C., Vignoles, V., Regalia, C., & Scabini, e. (2006). Cohesion and enmeshment revisited: Differentiation, identity, and well-being in two european cultures. *Journal of Marriage and the Family, 68,* 673-689. doi:10.1111/j.1741-3737.2006.00282.x

Marsh, L. C., & Cormier, D. R. (2001). *Spline regression models.* Thousand Oaks, CA: Sage.

Mason, C. A., Cauce, A., Gonzales, N., & Hiraga, Y. (1996). Neither too sweet nor too sour: Problem peers, maternal control, and problem behavior in African American adolescents. *Child Development, 67,* 2115-2130. doi:10.2307/1131613

Mead, G. H. (1934). *Mind, self and society.* Chicago, IL: University of Chicago Press.

Miller, B. C., McCoy, J. K., Olson, T. D., & Wallace C. M. (1986). Parental discipline and control attempts in relation to adolescent sexual attitudes and behavior. *Journal of Marriage and the Family, 48,* 503-512.

Nucci, L. P. (1996). Morality and personal freedom. In e. S. Reed, e. Turiel, & T. Brown (Eds.), *Values and knowledge* (pp. 41-60). Mahwah, NJ: erlbaum.

Nucci, L. P., Hasebe, Y., & Lins-Dyer, M. T. (2005). Adolescent psychological well-being and parental control of the personal. In W. Damon & J. Smetana (Eds.), *New directions for child and adolescent development* (Vol. 108, pp. 17-30). New York, NY: Wiley.

Olweus, D. (1980). Familial and temperamental determinants of aggression behavior in adolescents-A causal analysis. *Developmental Psychology, 16,* 644-660.

Peterson, G. W. (1995). Autonomy and connectedness in families: Toward a family science perspective. In R. D. Day, K. R. Giblert, B. H. Settles, & W. R. Burr (Eds.), *Research and theory in family science* (pp. 20-41). Pacific Grove, CA: Brooks/Cole.

Petronio, S. (2004). Road to developing communication privacy management theory: Narrative in progress, please stand by. *Journal of Family Communication, 4,* 193-207.

Putnick, D. L., Bornstein, M. H., Hendricks, C., Painter, K. M., Suwalsky, J. T., & Collins, W. A. (2008). Parenting stress, perceived parenting behaviors, and adolescent self-concept in european American families. *Journal of Family Psychology, 22,* 752-762. doi:10.1037/a0013177

Reckless, W. C. (1967). *Crime problems* (4th ed.). New York, NY: Russell Sage Foundation.

Rohner, R. P., Parmar, P., & Ibrahim, M. (2010). Perceived teachers' acceptance, parental acceptance, behavioral control, school conduct, and psychological adjustment among school-age children in Kuwait. *Cross-Cultural Research, 44,* 269-282. doi:10.1177/1069397110366935

Rollins, B. C., & Thomas, D. L. (1979). Parental support, power, and control techniques in the socialization of children. In W. R. Burr, R. Hill, F. I. Nye, & I. I. Reiss (Eds.), *Contemporary theories about the family: Vol. 1. Research based theories* (pp. 317-364). New York, NY: Free Press.

Schaefer, e. S. (1965). Children's reports of parental behavior: An inventory. *Child Development, 36,* 413-424. doi:10.2307/1126465

Smetana, J., Crean, H. F., & Compione-Barr, N. (2005). Adolescents' and parents' changing conceptions of parental authority. In W. Damon & J. Smetana (Eds.), *New directions for child and adolescent development* (Vol. 108, pp. 31-46). New York, NY: Wiley.

Smetana, J. G., & Daddis, C. (2002). Domain-specific antecedents of psychological control and parental monitoring: The role of parenting beliefs and practices. *Child Development, 73,* 563-580. doi:10.1111/1467-8624.00424

Soenens, B., Park, S., Vansteenkiste, M., & Mouratidis, A. (2012). Perceived parental psychological control and adolescent depressive experiences: A cross-cultural study with Belgian and South-Korean adolescents. *Journal of Adolescence, 35,* 261-272.

Soenens, B., & Vansteenkiste, M. (2010). A theoretical upgrade of the concept of parental psychological control: Proposing new insights on the basis of self-determination theory. *Developmental Review, 30,* 74-99. doi:10.1016/j.dr.2009.11.001

Soenens, B., Vansteenkiste, M., Luyckx, K., & Goossens, L. (2006). Parenting and adolescent problem behavior: An integrated model with adolescent self-disclosure and perceived parental knowledge as intervening variables. *Developmental Psychology, 42,* 305-318. doi:10.1037/0012-1649.42.2.305

Soenens, B., Vansteenkiste, M., & Luyten, P. (2010). Toward a domain-specific approach to the study of parental psychological control: Distinguishing between dependency-oriented and achievement-oriented psychological control. *Journal of Personality, 78,* 217-256. doi:10.1111/j.1467-6494.2009.00614.x

Stattin, H., & Kerr, M. (2000). Parental monitoring: A reinterpretation. *Child Development, 71,* 1072-1085. doi:10.1111/1467-8624.00210

Steinberg, L. (1990). Autonomy, conflict, and harmony in the family relationship. In S. S. Feldman & G. R. elliot (Eds.), *At the threshold: The developing adolescent* (pp. 255-276). Cambridge, MA: Harvard University Press.

Steinberg, L. (2005). Psychological control: Style or substance? In changing boundaries of parental authority during adolescence. In W. Damon & J. Smetana (Eds.), *New directions for child and adolescent development* (Vol. 108, pp. 71-78). New York, NY: Wiley.

Vieno, A., Nation, M., Pastore, M., & Santinello, M. (2009). Parenting and anti-social behavior: A model of the relationship between adolescent self-disclosure, parental closeness, parental control, and adolescent antisocial behavior. *Developmental Psychology, 45,* 1509-1519. doi:10.1037/a0016929

Wang, Q., Pomerantz, e. M., & Chen, H. (2007). The role of parents' control in early adolescents' psychological functioning: A longitudinal investigation in the United States and China. *Child Development, 78,* 1592-1610. doi:10.1111/j.1467-8624.2007.01085.x

제4장

# 어린 아동의 문제행동에 대응하기:
## 권위 있는 부모가 단호한 통제를 사용하여 논리적 사고를 촉진하는 방법

Robert E. Larzelere, Ronald B. Cox Jr., Jelani Mandara

최신 『아동심리학 핸드북(Handbook of Child Psychology)』에서 Parke와 Buriel (2006)은 Baumrind의 부모 유형을 자녀의 사회화를 이해하는 데 가장 영향력 있는 접근법으로 평가했다. 하지만 이들은 세 가지 우려할 사항을 덧붙였다. 첫 번째 우려는 연구 결과가 실제로 부모의 양육 유형에 의한 것인지, 아니면 자녀의 특성에 기인한 것인지에 대한 문제이다. 그러나 부모 양육 유형의 영향을 뒷받침하는 연구들도 존재한다. 예를 들어, Steinberg 등(1994)은 부모의 양육 유형이 청소년의 1년 동안의 변화를 예측할 수 있음을 밝혔으며, Baumrind 등(2010)은 초기 차이를 통제한 후에도 유아기부터 청소년기까지 10년간의 변화를 예측할 수 있음을 제시했다. 특히 후자의 연구에서 나타난 10년이라는 장기적 효과는 권위 있는 양육이 권위주의적 양육과 허용적 양육보다 훨씬 긍정적인 영향을 미친다는 점을 보여 준다(효과 크기 평균: 각각 1.22와 0.85). 반면, 방임적 양육은 청소년기에 가장 부정적인 영향을 미치는 것으로 나타났다(Steinberg et al., 1994). 두 번째 우려는 부모의 양육 유형이 문화적으로 일반화될 수 있는지에 대한 문제이다. 이 주제는 이 책의 제5장에서 Sorkhabi와 Mandara가 심도 있게 다루었다(제5장 참고). 세 번째 우려는 '각기 다른 부모의 양육 유형이 자녀 발달에 미치는 영향의 과정에 대한 설명이 부족하다'는 점이다(Parke & Buriel, 2006, p. 437).

이 장에서는 권위 있는 부모가 2세부터 8세까지의 유아 문제행동에 어떻게 반응하는지를 집중적으로 살펴볼 것이다. 여기에서 **문제행동**(misbehavior)이란, 해당 행동이 의도적이든 비의도적이든 관계없이 부모(어머니와 아버지 모두)가 부적절하다고 여기는 행동을 의미한다. 또한 이러한 문제행동은 임상적으로 의뢰되었는지 여부와 상관없이 다루어진다.

## 문제행동에 권위 있게 대응하기

권위 있는 부모가 자녀의 문제행동에 대응할 때 주로 사용하는 방식에는 논리적 설명(reasoning, 역자 주: 자녀에게 훈육의 이유를 설명해 주는 것)과 권위 행사(power assertion)가 있다. 이러한 양육 방식을 조사한 Baumrind의 두 가지 연구가 존재한다. 그중 초기 연구(Baumrind, 1967)는 Baumrind의 세 가지 유형의 부모가 실제 양육 과정에서 어떻게 구체적으로 다른지를 기록한 것이다. 가장 최근에 이루어진 종단 연구(Baumrind et al., 2010)에서는 권위 있는 부모가 권위를 세워 가는 방식과 권위주의적 부모가 사용하는 해로운 방식의 차이를 분석하였다.

전반적으로, Baumrind가 정의한 권위 있는 부모는 논리적 설명과 협상(negotiation)을 활용하면서도, 자신들이 적절하다고 판단한 한계 내에서 자녀와의 협력(cooperation)을 허용하였다. 이들은 필요할 경우 부적 제재(negative sanctions)를 사용할 의사가 있었으며, 실제로 이를 사용한 경험도 있었다. 또한 권위 있는 부모는 상호 수용 가능한 해결책을 찾기 위해 자녀를 존중하는 방식으로 의사소통하는 것을 선호하였다. 권위 있는 부모의 문제행동 대처 방식이 권위주의적 부모나 허용적 부모의 방식과 어떻게 다른지를 명확히 이해하려면, 효과적인 권위 행사와 비효율적인 권위 행사를 구분할 필요가 있다. 아울러, 지속적인 연구를 통해 권위 행사, 논리적 설명, 그리고 돌봄이 어떻게 상호작용하여 최적의 자녀 발달을 이끌어 낼 수 있는지를 규명하는 것도 중요하다.

Baumrind의 첫 번째 연구(1967)에서 권위 있는 부모는 자녀와의 의사소통 영역에서 허용적 부모나 권위주의적 부모보다 더 높은 점수를 나타냈다. 권위 있는 부모는 논리적 설명을 사용하여 협력을 유도하였고, 자녀와의 상호적인 대화(verbal give-and-take)를 촉진했으며, 자녀의 결정을 존중하였다. 권위 있는 부모는 다른 부모들보다 상호 수용적인 타협안에 개방적이었다. 이들은 단순한 협력만을 바라지 않고, 자녀가 적절한 행동이란 무엇인지를 이해하고 원칙에 따라 적용하기를 원했다. 상호적인 대화는 자녀가 능동적으로 사고하고, 자신과 타인의 이익을 조율하는 방법을 배우도록 돕는다. 또한 부모가 자신이 처한 다양한 실제 상황에 맞추어 훈육 방식을 선택할 수 있도록 돕는다(Davidov & Grusec, 2006 참고).

권위의 관점에서 볼 때, 권위 있는 부모는 허용적 부모보다 인내심을 더 많이 활용하기 때문에 긍정적인 결과를 얻을 가능성이 높았으며, 자녀의 칭얼거림에 쉽게 휘둘리거나 문제를 회피할 가능성이 적었다(Baumrind, 1967). 권위 있는 부모는 권위주의적 부모보다 자녀를 겁주는 경우가 적었고, 허용적 부모보다 사랑을 철회하거나 조롱하는 방식을 덜 사용하였다. 체벌(corporal punishment) 사용 측면에서 보면, 권위 있는 부모는 평균적으로 체벌을 시행하였는데, 이는 권위주의적 부모보다는 약간 적고 허용적 부모보다는 약간 많은 수준이었다. 체벌 사용에 있어 유의미한 차이는 권위주의적 부모와 허용적 부모 간에서만 나타났다.

Baumrind 등(2010)의 종단 연구에서는 권위 있는 부모와 권위주의적 부모가 권위를 행사하는 방식의 차이를 분석하였다. 연구 결과, 직면적 훈육(confrontive discipline)이 권위 있는 부모가 사용하는 유일한 권위 행사 방식이었으며, 전체 샘플에서 자녀의 발달 결과를 안정적으로 예측하는 주요 요인으로 나타났다. 직면적 훈육의 개념은 요인 부하량을 기준으로 다음과 같은 요소들로 가장 잘 설명된다(높은 순서대로 기재함): 자녀가 말을 듣지 않을 때 이를 직면하여 해결함, 자녀에게 강압당하지 않음, 힘(force)이나 영향력(influence)을 성공적으로 행사함, 자녀가 처음에 불순종했더라도 규칙을 시행함, 분명하게 권위를 행사함, 부적 제재를 활용한 훈육을 시행함, 반항적 태도를 단념시킴(Baumrind et al., 2010, p. 199). 반면, 권위 있는 부모는 권위주의적 부모가 부정적으로 사용하는 네 가지 권위 행사 방식인, ① 폭력적 언어(verbal hostility), ② 심리적 통제(psychological control),

③ 심한 신체적 처벌(severe physical punishment), ④ 임의적인 훈육(arbitrary discipline)을 사용하지 않았다. 특히 심리적 통제는 자녀를 과도하게 간섭하거나 연령에 맞는 독립성과 자율성을 허용하지 않는 방식으로 정의된다. 권위 있는 부모는 신체적 처벌을 평균적인 수준에서 사용하는 경향이 있었으나, 이는 장기적으로 더 나은 결과나 더 나쁜 결과를 예측하지는 못했다. 단, 심한 신체적 처벌은 부정적인 영향을 미쳤으며, 권위 있는 부모는 이를 절대 사용하지 않았다 (Baumrind et al., 2010).

Baumrind의 연구에 따르면, 권위 있는 부모는 비효과적인 유형의 부모가 하는 것에 비해 논리적 설명과 협상을 훨씬 자주 사용하였다. 필요한 경우에는 자녀의 비협조적인 행동에 대처하기 위해 권위를 사용했으며 때로는 단호한 부적 제재를 사용할 때도 있다. 여기에는 평균적인 수준의 신체적 처벌도 포함된다. 이러한 요소들은 어떤 방식으로 작용하며, 이 중 어떤 요소가 권위 있는 양육의 장기적인 효과에 본질적인 역할을 하는 것일까? 양육 연구들에서 얻은 정보를 바탕으로 다음 절에서는 이 질문의 답을 탐색할 것이다.

## 두 가지 문헌 연구: 통합적 모델을 향하여

논리적 설명과 권위를 결합한 권위 있는 양육을 지지하는 연구 결과는 충분히 많다. 예를 들어, Grusec, Goodnow와 Kuczynski(2000)는 '효과적 양육에 대한 일반적 권고사항(general prescription for effective childrearing)'을 다음과 같이 제시하였다. "자녀와 긍정적인 관계를 유지하고, 단호하지만 지나치게 통제적이지 않으며, 힘을 사용하기보다는 논리적 설명과 설득을 우선으로 하는 부모가 가장 효과적인 부모로 평가된다."(p. 205) 마찬가지로 Hoffman(2000)의 도덕적 내면화 이론(theory of moral internalization)에서는 부모가 훈육할 때 사용했던 언어의 내용이 자녀의 도덕적 내면화에 가장 직접적인 영향을 미치며, 권위 행사는 자녀의 주의를 끌고 인지적 과정을 가장 잘 촉진할 수 있을 만큼만 필요하다고 제시했다. 논리적 설명을 지지하는 또 다른 저명한 학자는 Steinberg이다. 그러나 그는 일부 아동에게는 논리적 설명과 함께 보상이나 처벌이 수반되어야 할 수도 있음을 인정했다(Steinberg, 2004, p. 163).

논리적 설명과 권위 행사를 결합하는 방식은 각각을 단독으로 사용하는 것보다 더 효과적이다. 이러한 주장은 지금까지 살펴본 권위 있는 양육의 통합적 관점과도 일치한다. 또한 대부분의 아이에게 논리적 설명을 의도적으로 활용하는 것이 더 효과적이라는 연구 결과가 일관되게 나타나고 있다. 특히 강한 의도성은 정서적인 의도성(Kuczynski, 1982; Zahn-Waxler, Radke-Yarrow, & King, 1979), 논리적 설명과 무시하기(부정적인 결과를 의도적으로 무시하는 것)의 결합(Chapman & Zahn-Waxler, 1982; Cheyne, 1972; Crockenberg & Litman, 1990; Davies, McMahon, Flessati, & Tiedemann, 1984; Larzelere, Schneider, Larson, & Pike, 1996) 모두에서 나타났다.

논리적 설명과 처벌을 함께 사용하는 것은 처벌만 단독으로 활용하는 것보다 더 효과적이다(Cheyne & Walters, 1969; Larzelere et al., 1996; Parke, 1969). 처벌을 시행할 때 논리적 설명을 병행하면 처벌의 효과를 극대화하기 위해 필수적으로 발생했던 몇 가지 문제점을 극복할 수 있다. 예를 들어, 처벌의 효과는 불쾌감의 강도가 증가할수록, 그리고 시행 시점이 적절할수록 높아지는 경향이 있다(Van Houten, 1983). 그러나 논리적 설명을 처벌과 결합하면, 불쾌감의 강도를 낮추면서도 처벌의 효과를 극대화할 수 있다(Larzelere & Merenda, 1994; Parke, 1969). 이는 Hoffman(2000)의 이론과도 일맥상통한다. 논리적 설명을 함께 제공하면 처벌이 반드시 정확한 타이밍에 이루어져야 한다는 엄격한 요구(Cheyne & Walters, 1969; Parke, 1969)를 완화할 수 있으며, 권위의 부적절한 행사로 인해 발생하는 강압적 특성도 줄일 수 있다(Hoffman, 2000, p. 147). 부모가 논리적 설명을 활용하면 아이들도 부모의 기대를 보다 명확하게 이해하고 일반화하기 위해 자신의 논리를 사용할 가능성이 높아진다. 따라서 처벌에 논리적 설명을 추가하면 강압성이 줄어들며, 자녀가 적절한 수준에서 이해하고 도덕적 내면화를 촉진할 가능성이 높아진다.

논리적 설명과 권위 행사를 통합하는 권위 있는 양육 방식이 효과적이라는 충분한 근거가 있음에도 불구하고, 많은 문헌에서는 여전히 두 요소 중 하나만을 강조하며 다른 하나를 배제하는 경향을 보인다. 예를 들어, Grusec(1997)은 Hoffman의 이론을 요약한 후, 그의 메시지가 양육의 "미묘함(subtlety)을 잃었으며, 논리적 설명이 권위 행사보다 우월하다고만 강조한다"라고 결론지었다(p. 9). 이와 유사하게, 일부 아동 발달 연구자들도 권위 행사에 대해 부정적인 입장을 취하는 경우가 많다(예: Grolnick, 2003; Holden, 1997, pp. 122-123; Kochanska, Aksan, & Joy, 2007, p. 233). Kochanska 등(2007)은 모든 형태의 권위 행사에 반대했는데, 이들이 관찰을 통해 측정한 권위 행사 기준에는 단순한 '안 돼(No)!'와 같은 언어적 금지뿐만 아니라, "아주 미묘한 수준의 의견 충돌(any sense of a clash of will, however subtle)"까지 포함되어 있었다(p. 225). 이러한 관점은 "아이의 행동을 통제하기 위해 상위의 권위를 사용하는 것[예: 지시, 신체적 제지, 엉덩이 때리기(spanking), 특권 박탈 등]"(Shaffer & Kipp, 2007, p. 585)과 같은 권위 사용의 가장 온건한 형태조차 문제시하는 것을 의미한다. 참고로 처벌은 권위 행사의 하위 범주로, 문제행동에 대한 불쾌한 결과를 수반하는 방식으로 정의되며, 여기에는 '타임아웃(time-out)'과 같은 원하지 않는 경험도 포함된다(Van Houten, 1983).

권위 행사 또는 처벌이 최적의 양육에 도움이 되는가? 적어도 논리적 설명의 관점에서는 이 논쟁이 지속되고 있다. 권위 있는 양육이 효과적인 이유가 단지 돌봄과 의사소통이라는 측면 때문인가? 권위 행사 역시 권위 있는 양육의 본질적 특성이라 할 수 있을까?(Baumrind et al., 2010) 만약 그렇다면, 효과적인 권위는 비효과적이거나 역효과를 내는 권위와는 어떻게 구별될 것인가?

권위를 효과적인 기술로 사용한 사례를 찾기 위해서는 2세에서 8세 유아의 반항적 행동과 행동장애를 치료하기 위한 행동조절 연구를 살펴보면 된다. 이러한 장애를 다루는 가장 효과적인 임상 치료법 여섯 가지 중 다섯 가지가 부모에게 권위를 체계적으로 활용하도록 가르친다. 여기에는 분명한 지시, 간결한 경고(single warning), 타임아웃, 타임아웃 실행 방식 등이 포함된다(Eyberg, Nelson, & Boggs, 2008). 최근 들어 타임아웃 실행 방식은 '짧은 강제 격리'(a brief forced isolation; Hembree-Kigin & McNeil, 1995; Roberts & Powers, 1990)에서부터 '집안일' 또는 '특권 박탈'(Forgatch & Patterson, 2010), '약한 신체적 제지'(Sanders, personal communication, 2011년 5월 2일)까지 다양하게 발전했다. 논리적 설명에 초점을 둔 관점과 달리 행동 조절 분야에서는, 문제행동에 대응하기 위해 허용되는 유일한 설명은 '훈육 결과에 대해 간결하게 설명하기'(예: Hembree-Kigin & McNeil, 1995, pp. 78-79) 또는 '공감이나 공정성을 표현하는 간단한 문장'(M. Sanders, personal communication, 2011년 5월 2일)이다. 즉, 부모가 자녀에게 논리적으로 왜 그 행동을 해야 하는지 이유를 제시해 주거나 협상하는 방식은 문제행동에 대처하는 방식으로 허용되지 않는다.

요약하자면, 다수의 저명한 연구자는 논리적 설명과 권위 행사를 균형 있게 결합한 권위 있는 양육 방식을 지지하는 반면, 일부 아동 발달 연구자들은 모든 형태의 권위 행사를 부정적으로 평가하는 경향을 보인다. 한편, 파괴적 행동장애를 다루는 데 최적화된 부모교육 프로그램에서는 권위를 기술적으로 활용하도록 부모를 훈련시키되, 논리적 설명은 자녀에게 행동의 결과를 명확히 전달하는 정도로만 제한하고 있다. 이러한 상반된 관점들은 논리적 설명과 권위 행사의 권위 있는 통합을 분명하게 설명하는 데 어떻게 기여할 수 있을까? Bell의 통제 시스템 모델(Bell's control system model)은 이러한 상반된 견해를 조화롭게 설명할 뿐만 아니라, 논리적 설명과 권위 행사, 그리고 훈육의 다른 요소들이 권위 있는 양육의 맥락에서 어떻게 효과적으로 상호작용할 수 있는지를 제시해 준다.

## Bell의 통제 시스템 모델

Bell의 통제 시스템은 부모와 자녀가 서로의 행동을 어떻게 조절하는지를 설명하는 모델이다(Bell & Chapman, 1986; Bell & Harper, 1977). 이 모델은 일반적인 통제 시스템 이론에서 유래했으며, 부모의 양육 방식에 대한 자녀의 영향을 다룬 Bell(1968)의 잘 알려진 연구를 기반으로 한다. [그림 4-1]은 이 모델이 유능한 행동을 보이는 아이들과 반항적인 행동을 보이는 아이들에게 각각 어떻게 적용되는지를 보여 준다. 또한 논리적 설명 중심 연구(reasoning-focused research)와 결과 중심 연구(consequence-focused research, 역자 주: 아동의 행동에 따라오는 결과, 후속 조치를 의미함)가 각각 어떻게 다른지를 설명하고, 두 관점을 비교하기 위해 중앙 난방 및 냉방 시스템의 작동 원리를 비유적으로 활용한다. Bell의 모델은 부모가 '위계적으로 구성된 훈육 반응 체계(hierarchically organized disciplinary responses)'에 따라 행동한다고 설명한다. 즉, 부모의 반응은 자녀의 행동에 따라 예측 가능한 방식으로 이끌린다는 것이다. 자녀의 행동이 강도나 적절성 면에서 허용 범위를 벗어날 경우, 부모는 자신이 알고 있는 다양한 훈육 방식 중에서 자녀의 행동을 바로잡을 수 있는 가장 적절한 교정 조치(corrective actions)를 선택하여 적용한다.

아동이 지나치거나 부적절한 행동(예: 통제 불가능한 행동, 충동성)을 할 때 부모는 이를 제어하기 위해 상한선 통제(upper limit controls)를 사용한다. 이러한 과정은 문제행동을 훈육하는 부모의 대응 방식을 이해하는 데 중요한 의미를 가진다. Bell에 따르면 상한선 통제에는 금지(prohibitions), 언어적 교정(verbal corrections, 질문하기, 규칙 제시, 논리적 설명), 주의 돌리기(distraction), 적합한 행동을 강화하기(reinforcement of appropriate behaviors), 행동 전환(redirections), 신체적 제지(restraints), 그리고 훈육적 처벌(disciplinary punishment) 등이 포함된다. 상한선 통제의 목적은 아동의 행동을 다시 허용 가능한 범위로 되돌리는 것이며, 이는 집 안의 온도를 원하는 범위로 복구하는 난방 장치와 유사한 역할을 한다. Bell과 Harper(1977)의 연구에 따르면, 부모는 자녀의 문제행동에 처음 대응할 때 주로 언어적 교정과 논리적 설명을 사용하며, 권위 행사로의 전환은 훈육의 후반 단계나 극단적인 위반 행동을 다룰 때에만 나타난다(Hoffman, 2000; Ritchie, 1999 참고). 그러나 언어적 교정에서 권위 행사로 전환하는 것이 장기적으로 얼마나 효과적인지, 그리고 어떤 요인들이 그 효과를 결정하는지에 대해서는 아직 명확히 밝혀지지 않았다.

Bell은 일반적으로 나타나는 부모-자녀 훈육 방식의 상관관계가 자녀의 특성에 의해 설명될 수 있음을 보여 주는 광범위한 연구를 이끌었다(Bell & Chapman,

1986; Bell & Harper, 1977). 예를 들어, Brunk와 Henggeler(1984)는, 연구에 참여한 아이들에게 특정 행동(행동장애 또는 불안하고 위축된 행동)을 연기하도록 훈련한 후 처음 만난 성인과 상호작용을 하도록 했다. 결과는 Bell의 모델이 예측한 것과 일치했다. 행동장애를 연기한 아이들은 어른들로부터 더 많은 지시, 훈육, 무시를 이끌어 냈다. 반면에 불안하고 위축된 행동을 연기한 아이들은 어른들에게 언어적 도움과 보상을 더 많이 받았다. Bell과 Chapman(1986)은 부모의 훈육 방식과 자녀 행동 결과 간의 연관성을 설명하기 위해 '자녀 효과(child effects)'를 입증하는 혁신적인 방법을 사용한 13개의 연구를 종합적으로 정리했다.

Bell은 부모가 자녀에게 영향을 미치지 않는다고 주장한 것이 아니다. 오히려 부모의 영향을 정확히 이해하려면 통제 시스템 내에서 지속적으로 발생하는 자녀 효과를 반드시 고려해야 한다는 주장이었다. 부모의 훈육 방식과 자녀의 행동 결과 간의 단순한 상관관계는 부모와 자녀 사이에서 형성된 균형 상태(equilibrium)를 반영하는 것일 뿐, 이러한 균형이 어떻게 형성되었는지의 인과관계를 설명하지는 못한다(Bell & Harper, 1977). 다른 양방향성 모델들도 단방향적 사회화 모델의 한계를 극복하는 데 중요한 역할을 하지만(Kuczynski, 2003), Bell의 모델은 특히 양방향적 시스템에서 부모의 영향을 명확하게 설명해 준다.

훈육을 하나의 통제 시스템으로 바라볼 때, 부모가 자녀의 행동을 허용 가능한 범위로 되돌리기 위해 사용하는 효과적인 훈육 행동이 상관관계상으로는 유해한 것처럼 보일 가능성이 있다. 이로 인해 횡단적 및 종단적 연구 설계에서 권위에 대한 편향이 발생할 수 있다. 다음 절에서는 이 문제를 구체적으로 논의할 것이다. 이어서 권위 있는 양육과 조화를 이루는 특정 조건에 기반한 훈육 기술의 순서를 뒷받침하는 인과적 증거를 요약할 것이다. Bell의 모델은 두 가지 주요한 측면을 설명할 수 있다. 즉, 권위 행사를 반대하는 상관관계 연구 결과 그리고 반항적인 아동을 효과적으로 다루기 위해 부모의 권위가 수행하는 역할이다. 결론적으로 Bell의 모델은 다음과 같은 중요한 시사점을 제공한다. 첫째, 논리적 설명과 권위 행사의 상대적 효과는 아이의 기질에 따라 달라질 수 있다. 둘째, 훈육 행동의 절차와 순서는 부모가 권위 행사에만 의존할 필요성을 줄여 주는 근거를 제공한다.

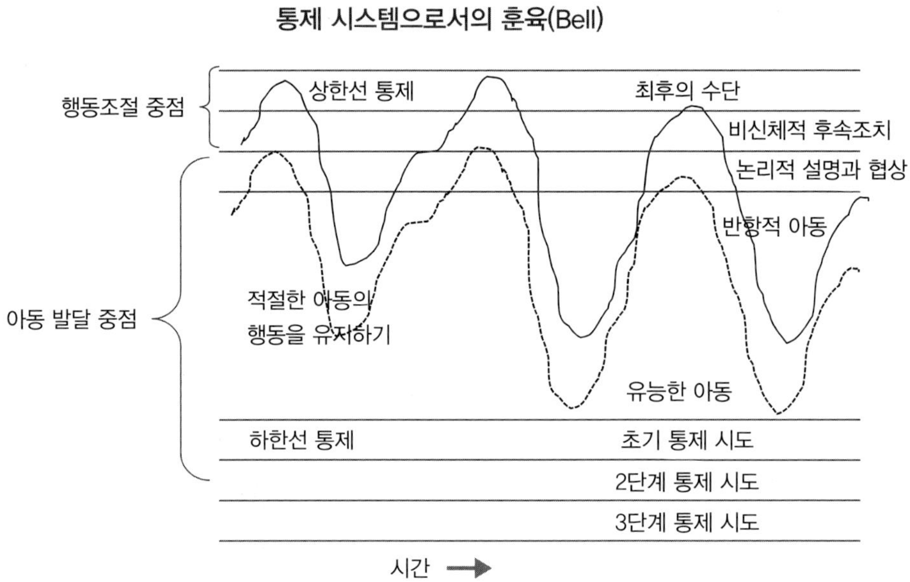


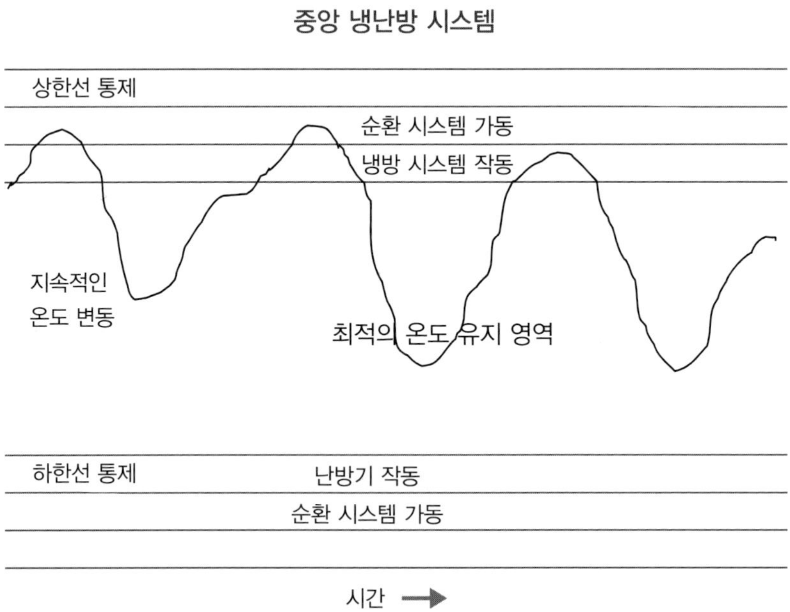


**[그림 4-1]** Bell의 통제 시스템 모델의 두 가지 적용

## 통제 시스템의 상관 분석

Bell의 모델이 시사하는 바를 이해하려면 우리에게 익숙한 통제 시스템인 중앙 난방이나 냉방 시스템의 연구를 살펴보면 된다. 난방 기구는 추운 온도에 의해 작동되기 때문에 단면적 상관관계로만 본다면 에어컨이 작동하는 온도(25°C)보다는 난방 기구가 작동하는 추운 실내 온도(예: 20°C)와 높은 연관성을 보일 것이다. 이러한 경향은 종단적 연구에서도 동일한 결론을 유도할 수 있다. 캐나다와 하와이의 가정용 난방 기구 사용에 대한 종단적 연구를 실시했다고 가정해 보자. 캐나다에서는 '한겨울 동안 난방 기구의 높은 사용량'과 '다음 해 겨울의 낮은 실내 온도'가 연관되어 있을 것이다(하와이와 비교했을 때). 이러한 상관관계를 단순한 방식으로 해석한다면, '난방 기구가 장단기적 관점에서 모두 실내 온도를 낮춘다'는 결론을 도출할 수 있다. 이에 따라 '캐나다인들이 하와이와 같은 따뜻한 겨울을 보내려면 하와이 사람들처럼 난방을 해야 한다'는 논의가 이어질 수 있다. 그러나 이러한 단면적 및 종단적 상관관계는 캐나다와 하와이가 처한 환경적 차이 때문이지, 난방 기구가 실내 온도를 낮추는 직접적인 인과관계 때문이 아니다. 다시 말해, 난방 기구는 실내 온도를 적절한 수준으로 복원하기 위한 장치일 뿐, 온도를 낮추는 원인이 아니다.

이러한 문제 제기에 대해 난방 시스템 지지자들이 어떻게 대응할 수 있을까? 이를 고려해 본다면 유익한 논의가 될 것이다. 종단적 연구 방법론을 따르는 연구자들은 초기 실내 온도 차이를 통제하여 더 강력한 인과적 증거를 확보하는 방식을 추천할 것이다. 만약 모든 관련된 혼란 변수(confound)를 완벽히 통제할 수 있다면, 통계적 통제를 통해 편향되지 않은 인과적 증거를 얻을 수도 있다(Steiner, Cook, Shadish, & Clark, 2010). 하지만 현실적으로 이러한 이상적 통제는 보통 부분적으로만 달성할 뿐이다. 설령 완벽한 통제가 가능하다고 하더라도, 한겨울 동안 난방 기구를 사용한 것이 12개월 후 실내 온도를 높이는 인과적 효과를 가질 수 있는지 도출하는 것은 여전히 어려운 문제이다. 마찬가지로, 종단적 연구에서 전형적으로 사용하는 데이터 수집 간격이 부모의 영향을 연구하는 데 적절한 인과적 지연을 제대로 반영하지 못할 가능성도 크다(Gershoff, Aber, & Clements, 2009). 이런 문제를 해결하는 더 간단한 방법은 단기적인 효과를 입증하는 것이다. '난방 기구가 작동할 때 집은 더 따뜻해진다, 그렇지 않다면 겨울철 추운 기온에 의해 실내 온도는 더 낮아진다.' 이는 단기적인 인과 효과(부모의 영향 연구에서는 '자녀의 순응을 증가시키는 것')를 장기적인 상관관계만으로 기각한다면 잘못된 결론을 도출할 수 있음을 시사한다[반항적 저항(oppositional defiance)은 비행 행동 발달의 핵심 단계임을 유념할 것(Timmermans, van Lier, & Koot, 2009)]. 부모가 자녀에게 미치는 단기적인 영향력은 장기적인 부모-자녀 상관관계보다 유전적 영향에 의해 설명될 가능성이 낮다. 부모-자녀 관계에서 유전적 요인이 상당한 영향을 미치는 이유는 유발적 유전자-환경 상관관계[역자 주: 자녀의 타고난 기질(유전자)이 부모의 반응(환경)을 이끌어 내는 현상, evocative genotype-environment correlations] 때문일 수도 있다. 이 현상을 통해 자녀가 부모-자녀 관계의 균형 상태에 영향을 미친다(Burt, 2009). 따라서 부모의 단기적 영향은 유전적 요인과 혼재할 가능성이 상대적으로 낮다.

## 훈육적 대응의 시사점

냉난방 시스템의 비유는 교정적 훈육 조치(corrective disciplinary actions)와 잘 맞아떨어진다. 중앙 난방 시스템이 가정 내 온도를 바람직한 범위로 유지하는 것과 마찬가지로, 부모는 자녀의 행동이 허용 가능한 범위를 벗어났을 때 이를 다시 적절한 범위로 되돌리기 위해 교정적인 접근을 취한다. 이러한 시스템의 균형은 세 가지 요인의 조합(① 자녀의 도전적인 행동, ② 부모 훈육의 효과성, ③ 허용 가능한 자녀의 행동 범위)에 의해 결정된다. Bell은 이러한 세 가지 요인이 서로 밀접하게 연결되어 있기 때문에, 이 중 하나의 원인을 정확히 이해하기 위해서는 다른 두 요인을 반드시 함께 고려해야 한다고 주장하였다. 그는 "기존 상관 연구가 지닌 가장 기초적이면서도 근본적인 결함은 인과관계의 방향성을 명확히 구분할 수 있는 타당한 근거를 제공하지 못한다는 점"이라고 지적하였다(Bell & Harper, 1977,

p. 120). 그럼에도 기존의 상관 연구들은 부모가 권위적인 힘을 거의 사용하지 않으면서도 필요에 따라 상호 수용할 수 있는 방식으로 갈등을 해결하는 경우, 자녀가 가장 이상적으로 발달할 가능성이 크다는 사실을 보여 준다. 이러한 이상적인 균형 상태는 횡단 연구와 종단 연구에서 얻어진 상관적 증거와도 일치한다.

인간의 내부 시스템이 기계적 중앙 난방 시스템보다 훨씬 더 복잡하다는 사실은 분명히 인정해야 한다. 그중 하나는 Bell과 Chapman(1986)이 지적한 바와 같이, 인간의 조절 시스템이 기억을 포함하고 있다는 측면이다. Hoffman(2000)과 같은 아동 발달 연구자는 '도덕적 내면화'에 대한 인지적 영향을 강조한 반면, Patterson(1982)과 같은 부모교육 연구자는 '조건적 결과에 대한 기억'을 강조하였다. Hoffman에 따르면, 훈육할 때 사용한 부모의 언어적 요소가 자녀의 도덕적 내면화에 가장 직접적인 영향을 미친다. 반면, 권위적 힘의 요소는 아동의 주의력과 인지적인 처리과정을 최대치로 끌어올릴 수 있을 정도로만 사용되어야 한다고 하였다. 이때 최적의 수준은 배경적 권위 행사, 즉 부모가 기존에 사용하였던 권위에 대한 기억을 통해 달성될 수 있다(Hoffman, 2000, pp. 146-147). Hoffman의 이론이 주어진 훈육 상황에서 도덕학습의 효과를 극대화할 수 있게 만드는 훈육의 특징에 초점을 맞춘다면, Patterson의 연구는 이전 훈육 경험의 성공 또는 실패가 이후 부모나 아동의 행동 선택에 어떤 영향을 미치는지에 초점을 둔다. 두 가지 관점을 결합한다면 Patterson이 강조한 과거 경험에 기반한 조건적 결과는 배경적 권위 사용의 경험을 제공할 수 있고, 이는 Hoffman이 제시한 도덕적 내면화를 가장 이상적으로 촉진하는 방안으로 보인다. Patterson(1982, p. 111)에 따르면 반항적인 아동을 둔 부모가 익혀야 할 가장 중요한 기술은 효과적인 처벌 사용법이며, 이는 타임아웃이나 특권 박탈과 같은 기법을 포함한다. 타임아웃을 효과적으로 활용하면 아동의 반항적 행동이 부모의 지시를 거부하는 방편으로 더 이상 성공할 수 없기 때문에 부모의 요청에 대한 협력도가 향상된다. 즉, 반항적 성향이 강한 아동일수록 과거의 훈육(타임아웃, 또는 이와 유사한 부적 결과)이 효과적으로 적용되었을 때, 이후 이어지는 보다 경미한 언어적 훈육 방식에도 협조할 가능성이 커진다. 행동 조절 분야에서 경미한 언어적 훈육이란 지시하기와 경고의 사용

정도로 제한적이지만, 같은 원리를 활용하면 논리적 설명을 강조하는 훈육을 강화할 수 있다(Larzelere, Sather, Schneider, Larson, & Pike, 1998). 이는 논리적 설명과 결과 기반 훈육을 하나의 모델로 통합할 가능성을 보여 주며, 이러한 통합적 접근 방식은 권위 있는 양육과도 일치한다. 지금까지 살펴본 훈육 기술에 대한 시스템적인 접근법은 행동 조절의 효과성을 설명할 뿐만 아니라, 기존의 상관 연구들에서 권위적 훈육 방식이 과소평가되었던 이유 또한 밝혀 준다.

### 교정적 접근을 반대하는 상관 편향

Bell의 모델은 대부분의 횡단 및 종단 연구가 부모가 자녀의 문제행동을 훈육으로 바로잡는 것, 특히 권위 행사에 대해 편향적으로 반대하는 입장을 가진다고 시사한다. 이에 따라 최근 연구들은 점점 더 부모가 교정적 접근을 취하는 것, 특히 교정적 훈육 전략에 대해 반대하는 경향을 보이고 있다. 예를 들어, Gershoff 등(2010)은 11가지 훈육 기술을 조사했는데 그중 아홉 가지는 주로 아동의 문제행동을 교정하기 위해 사용되는 방식이었다. 총 88개의 가설 검증 중, 단 하나의 훈육 기술도 애초에 아동의 외현적 또는 내재적 문제행동의 감소와 연관되어 보고되지 않았다. 오히려 아홉 가지 교정적 훈육 전략 중 다섯 가지(타임아웃, 실망감을 표현하는 것, 체벌, 고함치기 또는 꾸짖기, 수치심 주기)는 아동의 공격적 행동이나 불안의 증가와 관련이 있다고 발표되었다(Gershoff et al., 2010). 다른 연구들 역시 아동을 방으로 보내기, 외출 금지, 특권 박탈 등 비신체적인 처벌이 아동의 이후 반사회적 행동이나 과잉행동과 연관될 수 있다고 보고하였다(Larzelere, Cox, & Smith, 2010; Larzelere, Ferrer, Kuhn, & Danelia, 2010). 이러한 상관 편향은 훈육과 무관한 교정적 접근들까지도 부정적으로 보이게 하는 영향을 주었다. 가령, 부모가 자녀의 숙제를 도와주는 것(Hill & Tyson, 2009), 민족/인종의 특정한 사회화 연습(Hughes et al., 2006; Quintana et al., 2006), 청소년에게 흡연과 무방비한 성관계의 위험성을 경고하는 것(de Leeuw, Scholte, Sargent, Vermulst, & Engels, 2010; Deptula, Henry, & Schoeny, 2010) 등이 오히려 바람직하지 않은 결과를 초래하는 것처럼 해석될 여지를 남겼다. 일부 연구들은 이러한 교정적 접근들에 대해 무조건적으로 부정적 결론을 내리는 것에서 나아가, 보다 효과적인 시행 방식과 그렇지 않은 방식을 구별하려는 시도를 하고 있다(Deptula et al., 2010; Hughes et al., 2006). 교정적 훈육 전략에 대해서도 마찬가지로 보다 정교한 구분이 필요하다. 특히 권위 있는 부모가 이러한 전략을 어떻게 활용하여 아동의 문제행동에 효과적으로 대응하는지를 명확히 밝혀야 한다.

교정적 접근과 아동의 부정적 발달 간의 연관성은 아동 효과로 인한 선택 편향(selection bias)에서 비롯된다는 주장이 있다(Larzelere, Kuhn, & Johnson, 2004). 예를 들어, 자녀가 협조적이고 설명을 잘 이해하며 학업 성취도가 높고 차별을 경험하지 않으며 흡연이나 조숙한 성 행동을 할 가능성이 낮을수록 부모는 교정적 접근을 덜 취하는 경향이 있다. 즉, 자녀가 문제 없이 적응하고 당면한 위기가 없다면 훈육할 이유가 없으므로, 부모의 교정적 개입이 부정적 결과를 초래하는 것으로 보이는 현상은 단순한 통계적 착시에 불과하다. 따라서 부모-자녀 관계를 다룬 많은 연구에서 나타난 연관성은 실제 인과관계라기보다는 아동의 특성에 기인한 통계적 오류일 가능성이 크다.

이런 통계적 오류는 무작위 실험에서는 효과적이라고 입증되었던 교정적 접근이 종단 연구에서는 오히려 해로운 것처럼 나타난 이유를 설명해 준다. 일례로 종단 연구를 살펴보면, 심리치료나 리탈린 처방은 가벼운 체벌이나 비신체적 처벌만큼 부정적인 영향을 미치는 것처럼 나타난다. 아이들이 원래 가지고 있었던 문제행동의 차이 변수를 통제하더라도 비슷한 결과가 나타난다(Larzelere, Cox, et al., 2010; Larzelere, Ferrer, et al., 2010).

Bell의 모델과 같은 통제 시스템 안에서는 단순한 상관분석만으로 교정적 접근이 효과적인지 해로운지를 정확히 판단할 수 없다. 사실 완벽한 교정적 접근이 존재한다면 이후 문제행동과의 상관관계는 r=.00이 될 것이다. 교정적 접근이 훈육을 받은 아이와 처음부터 그 문제를 겪지 않았던 아이를 구별할 수 없게 만들기 때문이다. 그러므로 교정적 훈육이 권위 있는 양육 안에서 어떻게 효과적으로 활용될 수 있는지를 제대로 이해하려면 지금까지 논의한 통계적 편향을 극복하고 인과적인 증거를 확보해야만 한다.

### 훈육 전략의 효과적인 적용 순서

권위를 일련의 순서에 따라 활용하는 전략이 언어적 훈육의 효과를 증진시킬 수 있다는 증거가 '결과 중심 연구'를 통해 확인되었다. 권위 있는 부모가 권위를 보다 효과적으로 활용할 수 있는 몇 가지 원칙을 이러한 연구 결과를 바탕으로 도출할 수 있다. 첫째, 아동이 타임아웃에 자발적으로 협조하는 것은 행동 조절의 효과를 높이는 데 필수적이지만, 문제행동이 심한 아동들에게 협조를 얻어 내기는 여간 어려운 일이 아니다(Roberts & Powers, 1988). 이에 대해 Roberts는 타임아웃의 협조율을 늘릴 수 있는 네 가지 방법을 비교한 연구를 진행하였다. 연구 결과, '신체적 제지'와 '아동이 스스로 타임아웃 종료 시점을 결정하는 방식'은 가장 효과가 낮았다. 반면, 전통적으로 많이 사용해 왔던 '가볍게 엉덩이 때리기'와 '짧은 시간 동안 방에 격리시키기'는 타임아웃을 효과적으로 시행하는 데 가장 유용한 방법으로 나타났다(Bean & Roberts, 1981; Roberts & Powers, 1990). 이 연구에서 얻을 수 있는 첫 번째 원칙은 동일한 훈육 상황에서 다양한 전략을 비교하는 연구가 필요하다는 점이다. 타임아웃의 효과를 극대화하기 위한 여러 방법을 비교하고 분석한 것처럼 말이다. 두 번째 원칙은 부모가 아동과 상황에 가장 알맞은 훈육 방법을 찾을 수 있도록 다양한 선택지가 제공되어야 한다는 점이다. Roberts와 Powers(1990)의 연구에서는, 가장 효과적이었던 두 가지 방법이 각각 다른 경우에서 성공적으로 작동했으며, 한 가지 방법이 여러 차례 실패한 후에도 다른 방법이 효과를 보일 수 있음을 보여 주었다. 따라서 훈육 전략을 단계적으로 적용할 때 다양한 대안을 마련하는 것이 불필요한 강압적 조치의 증가를 막을 수 있다. 세 번째 원칙은 효과가 낮다고 나타난 부드러운 방식이라 하더라도 일부 아동에게는 효과적일 수 있다는 점이다. 예를 들어, 아동이 스스로 타임아웃 종료 시점을 결정하는 방식은 전체적으로는 효과가 낮았지만 타임아웃 의자에 몇 초 이상 앉아 있을 수 있는 아동들에게는 유효한 전략이 될 수 있었다.

네 번째 원칙은 타임아웃 전에 한 번의 경고를 주는 것으로 Roberts(1982)의 연구에서 확인되었다. 경고 없이 바로 타임아웃을 적용했을 때에도 아동의 협조도가 비슷한 속도로 향상되었지만, 타임아웃 전에 한 번의 경고를 주게 되면 협조를 얻기 위해 필요한 타임아웃 횟수가 평균 74% 감소했다. 훈육 전략의 순서를 정할 때 타임아웃 전에 한 번의 경고를 주는 단계를 추가하면, 훈육의 강도를 낮추면서도(예: 타임아웃 횟수를 줄이면서도) 동일한 효과를 유지할 수 있다.

훈육의 순서를 조건화하는 전략은 임상적으로 반항행동이 두드러지는 아동들이 점차 지시나 경고와 같은 언어적 훈육에 협조할 수 있도록 돕는다. 또한 부모가 처음에 강력한 훈육 조치를 적용한 후 점진적으로 그 강도를 줄여 나갈 수 있게 해 준다. 예를 들어, 초기에 타임아웃과 같은 강제적 조치를 통해 아동에게 올바른 행동을 가르친 후, 점차 타임아웃의 빈도를 감소시키는 방식으로 변화시킬 수 있다(McNeil & Hembree-Kigin, 2010). 이러한 과정을 통해 아동은 점차 부드러운 언어적 훈육에도 자연스럽게 협조하는 법을 배우게 된다. 실제 연구 결과에 따르면, 이러한 언어적 훈육 방식은 아동의 바람직한 행동과 밀접한 관련이 있음이 밝혀졌다(Roberts & Powers, 1990). 결론적으로 결과 중심 접근법과 논리적 설명 중심 접근법은 모두, 강한 훈육 없이도 아동이 부모의 지도를 따르도록 하는 것을 목표로 한다. 행동 소설 연구에서는 권위를 적절한 순서에 따라 적용할 경우, 이러한 목표를 효과적으로 달성할 수 있다는 인과적 증거가 제시되고 있다. 특히 이 방법은 반항적인 성향이 강한 유아에게도 효과적이라는 연구 결과가 보고되었다(Eyberg et al., 2008; Pelham & Fabiano, 2008; Roberts & Powers, 1990).

아동이 충분히 주의를 기울이지 않는다면 훈육적 설명(disciplinary reasoning)은 도덕적 내면화를 유도할 수 없다. 권위 있는 양육의 관점에서는 필요시 비신체적 처벌(nonphysical punishment)로 훈육적 설명을 뒷받침할 때 설명이 더 효과적이다. 이렇게 함으로써 훈육적 설명은 훈육 전략의 조건적 순서(conditional sequence of tactics)를 확장하는 역할을 한다([그림 4-2] 참고). Larzelere 등(1998)은 2~3세 유아를 대상으로 한 연구에서, 단순히 훈육적 설명만 제공하는 것보다 비신체적 처벌(예: 타임아웃, 특권 박탈)과 함께 적용할 때 아동의 문제행동이 더 늦게 나타난다는 경향을 발견하였다. 특히 엄마가 설명을 자주 하면서도 적어도 10% 이상의 확률로 비신체적 처벌을 병행할 경우, 이후 20개월 동안 아동의 반항적이고 공격적인 행동이 가장 크게 감소하였다. 반면, 설명은 자주 하였으나 비신체적 처벌을 거의 사용하지 않은 경우에는 오히려 문제행동이 가장 많이 증가하는 결과가 나타났다.

비신체적 처벌이 훈육적 설명을 효과적으로 강화하고, 그 결과 아동의 문제행동을 줄이는 데 중요한 역할을 한다는 결과는 10편의 연구 중 9편(더 강한 인과적 증거를 나타내는 4편의 연구 중 3편)에서 확인되었다. 이와는 대조적으로 신체적 처벌(physical punishment)은 10편 중 4편, 강압적 순응(forced compliance)이나 주의 전환하기(distraction)는 단 1편의 분석에서만 효과가 나타났다. 비신체적 처벌이 효과적인 이유는(신체적 처벌이나 주의 전환하기와는 달리) 처벌은 부모가 언어적으로 교정을 할 때 자녀가 이를 경청해야 할 책임이 있다는 사실을 강조하기 때문으로 보인다. 더불어 신체적 처벌을 내릴 때보다 결과가 더욱 부드럽다는 사실도 비신체적 처벌의 장점으로 작용할 수 있다(다만, 신체적 처벌과 비신체적 처벌 모두 아동 불편감의 평균 수준에서는 동일하였다; Larzelere, Silver, & Polite, 1997). 따라서 [그림 4-2]는 훈육적 설명을 효과적으로 적용하기 위해 비신체적 처벌이 가장 적절한 보완 전략이며, 보다 강한 훈육 방식은 비신체적 처벌이 효과를 발휘하지 않을 때에만 사용되어야 한다는 점을 보여 준다.

종합하자면 권위적 통제 전략을 단계적으로 적용하는 방식은 결과 중심 접근법을 통해 검증되었으며, 이 원칙이 훈육적 설명까지 확장될 수 있음이 확인되었다. 확장된 모델(조건적 순서 모델)은 권위 있는 부모가 훈육적 설명을 보다 효과적으

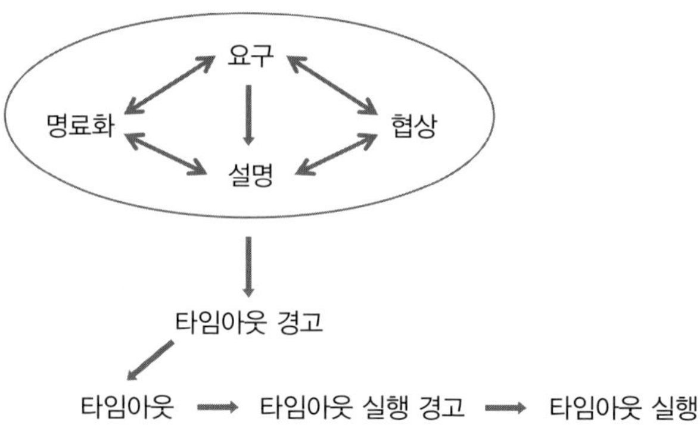


**[그림 4-2] 권위 있는 양육을 위한 조건적 순서 모델의 예시**

로 활용하기 위해 권위를 어떻게 통합할 수 있는지를 보여 주는 설득력 있는 모델이라 할 수 있다.

### 기질에 따라 다른 효과: 논리적 설명 대 권위 행사

Bell의 모델은 논리적 설명과 권위를 이상적으로 조합할 때, 다루기 쉬운 아이들에게는 논리적 설명의 비중을 높이는 것이 적절하지만, 기질적으로 다루기 어려운 아이들에게는 권위 행사가 더 필요하다고 예측한다. Grusec과 Goodnow(1994)는 "중산층 가정에서는 논리가 권위보다 더 효과적인 반면, 저소득층 가정에서는 이러한 차이가 뚜렷하지 않으며 그 효과가 연령, 성별, 기질에 따라 다르게 나타난다."고 설명했다. 논리적 설명이 권위 행사보다 긍정적인 결과를 가져오는 경우는 공통적으로 반항적 행동의 비율이 낮은 표본일 때 해당된다. Kochanska(1997; Kochanska et al., 2007)의 연구 역시 비슷한 결과를 나타냈다. 그들은 기질적으로 두려움이 많은 유아들에게 권위를 사용하는 훈육은 도덕적 행동을 감소시키는 경향이 있지만, 두려움이 적은 유아들에게는 그러한 연관성이 없음을 반복적으로 보여 주었다. 이러한 결과는 기질적으로 다루기 어려운 아이들에게는 권위적 전략이 더 자주 필요하다는 Bell의 모델과 일치한다([그림 4-1]에서 유능한 아동과 반항적 아동을 비교한 내용을 참고할 것). 반항적 아동들에게는 적절한 언어적 교정과 권위의 균형이 필요한 반면, 다루기 쉬운 아동들에게 과도하게 권위를 행사하면 오히려 도덕적 내면화를 방해할 수 있다(Morris & Gibson, 2011). 결과적으로, 권위 있는 부모는 자녀의 협조를 이끌어 내기 위해 최소한의 권위를 사용하지만 권위주의적 부모는 강압적 권위를 가한다. 허용적 부모는 권위를 지나치게 축소해서 사용하는 경향이 있다(Baumrind et al., 2010, p. 185). Kochanska가 언급하였듯이, 두려움이 많은 아이들에게는 권위 행사를 최소한으로 사용하는 경향이 있는데 그 이유는 두 가지이다. 첫째, 두려움이 많은 아이들은 두려움이 적은 아이들에 비해서 가벼운 언어적 교정만으로도 효과를 볼 가능성이 크다. 둘째, 두려움이 많은 아이들에게는 배경적 권위 행사를 보다 신속하게 활용할 수 있기 때문이다. 둘 중 어느 이유 때문이건 적절한 수준의 권위를 사용하면서 논리적 설명을 함께해 주는 훈육은 두려움이 적은 아이들에게는 효과적일 수 있다(Hoffman, 2000, p. 154). 실험실 밖의 실제 상황에서는 아동의 반항 행동에 적절한 수준의 권위 행사가 필요하다. 그러나 Kochanska의 연구실에서 관찰된 경미한 권위 행사에 대한 상관관계 분석만으로는, 실험실 밖 반항적인 상황에서 나타나는 적당한 권위 행사의 역할을 포착하지 못했을 것이다.

이제는 연속성의 반대 측면을 살펴보자. 임상적 수준의 문제행동을 가지고 치료실을 찾아온 아동들에게는 완전히 긍정적인 양육 전략(over exclusively positive tactics)보다 권위 행사가 더 효과적인 경우가 많다고 예측할 수 있다. Patterson(1982)은 처음에는 부모들이 문제행동이 심한 아이들을 다룰 수 있도록 돕기 위해 아동의 적절한 행동을 강화하는 방법을 강조했었다. 그러나 1982년에는 다음과 같은 결론을 내렸다. "만약 반사회적 행동을 보이는 아동들(antisocial children)의 부모를 교육하기 위해 단 하나의 개념만 선택해야 한다면, 나는 부모들에게 보다 효과적으로 처벌하는 방법을 가르칠 것이다."(p. 111) 그는 처벌 방식으로 타임아웃을 가장 선호했다. 그러나 이는 반항적인 아이들에게 긍정적인 양육 기술이 중요하지 않다는 의미는 아니다. 실제로 자녀가 관심을 보이는 것에 대해 부모가 적극적으로 반응하고 열정을 보이는 태도가 효과적인 행동 관리 개입의 공통된 요소임이 메타분석 연구(Kaminski, Valle, Filene, & Boyle, 2008)를 통해 밝혀졌다. 강화하기(Wahler, 1969)나 논리적 설명(Larzelere et al., 1998)과 같은 긍정적인 양육 전략은 타임아웃과 함께 사용하면 그 효과가 더욱 커질 수 있다.

### 예방적 순서

Bell의 모델은 문제를 예방하기 위한 방략으로 조건적 순서(the conditional sequence)를 적용할 수 있는 가능성을 제공하였다. 권위 행사를 언어적 훈육과 함께 사용하여 자녀를 협력하게 만들 수도 있겠지만, 조건적 순서 모델은 언어적 훈육이 부모의 권위를 사용할 필요성을 줄이도록 조력할 수 있다. Baumrind(1971)의 연구에서 조화로운 부모(harmonious parents)로 분류된 부모들은 특히나 더 이러한 특성을 보인다. 연구 표본의 5%를 차지한 조화로운 부모들은 "통제력을 가지고 있었지만 통제를 행사하지 않았고 …… 대신 갈등을 해결하는 원칙과 바람직한 삶의 방식을 개발하는 데 …… 집중했다"(p. 99, 원문에서 이탤릭체로 표기됨). 권위 있는 부모는 원하는 결과를 얻기 위해 필요하다면 훈육 과정에서 부적인 제재를 사용하기도 했지만, 기본적으로는 언어적 훈육 방식을 선호하는 편이었다. 그들은 말로 훈육을 하면서 권위를 사용할 필요성을 줄일 수 있었다. 비슷한 연구 결과로, Davidov와 Grusec(2006)은 어머니가 6~9세 아동의 요구에 협력할 때 아이들이 청소 과제에 보다 수월하게 협력하는 경향이 있음을 발견했다. 하지만 이 효과는 저항적이지 않은 아이들에게만 나타났다. 자녀가 어떤 훈육 방식에 어떻게 반응할지를 어머니가 정확하게 예측할수록 처음에는 반항적이었던 아이들도 나중에는 협조적으로 변하였다. 그러므로 양육에서 가장 중요한 기술은, Bell의 통제 시스템 모델이 시사하듯, 자녀의 발달 단계에 따라 달라진다.

## 권위 있는 양육의 통합적 접근: 자녀의 문제행동에 대응하기

이 장에서는 어린 아동의 문제행동에 권위 있는 부모가 어떻게 반응하는지를 살펴보기 위해 다음 네 가지 근거를 활용했다: ① Baumrind의 연구, ② 논리적 설명 중심 연구, ③ 결과 중심 연구, ④ 논리적 설명과 결과를 결합한 연구. 권위 있는 부모는 자녀에게 왜 그래야 하는지 합당하게 설명해 주고 이해하는 태도를 바탕으로 훈육하지만, 상황에 따라 적절한 수준의 권위 행사를 같이 사용한다. 그러나 과학적 양육 연구에서는 주로 설명 중심 접근법 또는 권위 행사 중심 접근법 중 하나에 초점을 맞추는 경우가 많으므로, 두 접근법을 조화롭게 통합하는 권위 있는 양육 방식에 대한 연구는 상대적으로 부족하다. 따라서 권위 있는 부모가 자녀의 문제행동에 어떤 대응을 하는지 선명히 이해하려면 설명 중심 접근법과 결과 중심 접근법의 장점을 결합하는 통합적 시각이 필요하다.

Bell의 통제 시스템 모델은 '두 가지 접근법이 자녀의 문제행동에 대처할 때 서로 다른 방식으로 반응하는 이유'를 설명하며, 설명 중심 훈육과 권위 행사 전략이 권위 있는 양육 방식 안에서 상호 보완적으로 작용할 수 있음을 보여 준다. Bell의 모델은 행동 조절에서 사용되는 권위 행사(예: 제재)의 과정을 포함한다. 그러나 설명 중심 접근에서 강조하듯이 부드러운 언어적 반응을 능숙하게 활용한다면, 강한 권위적 개입의 필요성을 줄일 수 있다.

Baumrind에 따르면, 권위 있는 부모는 가능한 한 권위 행사를 피하기 위하여 언어적 전략을 능숙하게 사용하였다. 이들은 권위 행사보다 설명 중심 훈육을 선호했을 뿐만 아니라, 자녀들과 문제행동에 대해 논의하고 협력하여 적절한 방법을 함께 고민하였다. 이들은 다른 부모들보다 자녀에 대한 존중과 협력적인 태도를 많이 보여 주었다. 권위 있는 부모들은 자녀가 단순히 강요에 의해 협력하기를 바라지 않고 왜 협력해야 하는지를 이해하도록 가르치는 것을 목표로 했다. 그러나 필요할 경우에는 권위 행사도 주저하지 않고 사용했다. 이러한 부모의 소통 방식은 자녀의 관점을 명확히 이해하는 데 도움을 주고, 긍정적인 아동 발달 결과를 일으킬 수 있다(Grusec & Davidov, 2007; Grusec et al., 2000). 자녀의 관점을 명확히 이해함으로써 부모는 개별 상황에 맞게 훈육하는 방식을 조정할 수 있는데 이는 권위 있는 양육의 또 다른 특징이다(Smetana, 1995).

권위 있는 부모가 다른 부모보다 권위를 보다 효과적으로 사용하는 것은 분명하지만, 이들 사이를 구분할 수 있는 핵심적인 차별점은 아직 밝혀지지 않았다. Bell의 모델은 권위 행사가 상관관계 연구에서 일관된 지지를 받기 어려운 이유를 충분히 설명하고 있지만, 권위 있는 양육의 긍정적인 영향을 뒷받침하는 예외적인 연구들도 존재한다. 예를 들어, 상관 편향을 극복한 두 연구에서는 훈육 과정에서 이루어진 권위 행사가 흑인 가정의 6~9세 아이들의 자기조절력 향상과 유아의 유능감과 연관되어 있음을 확인하였다(Brody & Flor, 1998; Towe-Goodman & Teti, 2008). 다만 이러한 효과는 부모의 돌봄이 함께 제공될 때에만 나타났다. 한편, 권위 행사에 관한 상관관계 연구에서는 교정적 개입에 대한 편향이 존재한다. 이로 인해 비신체적 처벌, 신체적 처벌, 전문가의 개입 간 차이가 미미하게 나타나, 어느 개입이 보다 효과적인지를 구별하기 어렵게 된다. 그러므로 어떤 훈육 방식을 사용하느냐보다는, 그 방식을 어떻게, 언제 적용하느냐가 효과적인 권위와 역효과를 내는 권위를 구분하는 중요한 요소로 여겨진다.

Baumrind 등(2010)의 연구에서는 권위 행사가 어떻게 오용될 수 있는지를 구체적으로 분석했다. 연구에 따르면 다음 네 가지 유형의 권위 행사는 가장 해로운 방식이며 잘못된 권위의 대표적인 사례로 나타났다: ① 폭력적 언어, ② 심리적 통제, ③ 심한 신체적 처벌, ④ 임의적 훈육. 권위 있는 부모는 이러한 해로운 방식에 기대지 않고 직면적 훈육을 사용했다. 요인 부하량을 살펴보면 직면적 훈육에는 '문제행동을 직접 다루기', '자녀가 저항 또는 반항을 할 때 단호하게 순응을 요구하기'가 포함된다. 이들은 가능하면 언어적 전략을 통해 목표를 달성하려 했지만, 필요할 경우에는 주저 없이 부적인 제재를 가했다. 비록 Baumrind(1967)가 부적 제재의 구체적인 유형을 명시하지 않았지만, 권위 있는 부모들은 상황에 맞추어 제재하는 방식을 조정했을 것으로 예상된다. 실제로 이들은 자녀가 8세가 될 무렵에는 엉덩이 때리기와 같은 체벌을 다른 부모들(심지어 유아기에 허용적이었던 부모들)보다 낮은 빈도로 사용하였다. 이는 조건적 순서 모델과도 일치하는 결과로, 권위 있는 부모들이 체벌을 완전히 배제하지는 않지만 필요에 따라 점점 줄여 가는 전략을 취했음을 보여 준다.

권위 있는 양육은 많은 경우 체벌 없이도 실행될 수 있다. 그러나 Baumrind의 권위 있는 부모들은 모두 가끔씩은 체벌을 사용하였는데, 이는 권위 있는 양육이 경미한 체벌과 양립할 수 있음을 시사한다. Morris 등이 이 책의 제2장에서 지적했듯이, 지나치게 가혹한 처벌과 적절한 부적 제재를 구분하기 위해서는 추가적인 연구가 진행되어야 할 것이다. Morris 등은 가벼운 체벌조차 아동에게 해를 끼친다는 생각이 일반적인 견해라고 요약하면서도, 이런 견해가 주로 상관관계에 의존하고 있기 때문에 인과적인 증거가 모호하다고 주장한다. 교정적 훈육개입에 관한 상관 편향을 줄이기 위해, Larzelere와 Kuhn(2005)은 동일한 연구 방법과 표본을 사용하여 신체적 처벌과 대안적 훈육(alternative disciplinary responses)을 조사한 모든 연구를 그들의 메타분석에 포함시켰다. 체벌의 영향은 지나치게 가혹하거나 주된 징계 방법으로 사용될 때에만, 다시 말해 권위주의적인 부모가 전형적으로 하는 것처럼 훈육할 때에만, 대안적 훈육보다 부정적인 결과를 보였다. 타임아웃이나 설득과 같이 가벼운 훈육에 2세에서 6세 유아들이 반항할 경우 실시하는 비학대적인 체벌(nonabusive spanking)은, 13가지의 대안적 훈육 방법 중 10가지를 적용했을 때보다 아이들의 순응도를 더 잘 이끌어 내었고, 공격성은 낮추는 결과를 보였다. 이러한 유형의 가벼운 체벌은 권위 있는 양육과 공존할 수 있다. 행동 관리 연구에 따르면, 권위 있는 양육을 하기 위해서는 타임아웃의 보조 수단, 가령 부모들이 오랫동안 사용해 온 '두 번 가볍게 때리기'만큼이나 효과 있는 방법이 종종 필요하다고 한다. 특히 반항적인 유아들을 훈육할 때는 더욱 그렇다(Roberts & Powers, 1990).

행동 관리에서 사용되는 조건적 순서의 원칙은 권위 있는 양육을 할 때 신체적 처벌을 최소한으로 사용할 수 있는 대안을 제시해 준다. 첫째, 훈육 순서의 중간 단계에 있는 기술들을 능숙하게 활용할 수 있다면 권위 있는 부모는 마지막 단계인 강제적인 조치까지 가지 않으면서도 만족스러운 결과를 얻을 수 있다. 한 가지 예로, 후속조치의 절차를 보면 한 번의 경고 후에 타임아웃을 실시한다. 정해진 순서와 절차를 일관되게 사용하면 최소한의 권위를 사용하면서도 목표에 도달하는 데 필요한 협력을 이끌어 낼 수 있다. 둘째, 각 단계마다 부모가 선택할 수 있는 옵션이 다양하다면 부모는 상황과 자녀에게 가장 적합한 대안을 찾을 수 있을 것이다. 행동 관리에서는 마지막 단계(역자 주: 모든 다른 조치가 실패했을 때 사용하는 최종적 훈육 수단)로 사용할 수 있는 다양한 방법의 범위를 확장하였다. 예를 들어, 타임아웃에서 '아동 스스로의 판단으로 끝내는 방법'은 평균적으로는 효과가 덜한 것으로 알려져 있지만 이러한 옵션들도 각 사례에 맞는 최선의 선택을 찾을 수 있도록 마지막 단계로 사용될 수도 있다. 선택할 수 있는 옵션이 많을수록 부모는 상황에 맞추어 유연한 훈육을 할 수 있는데 이런 면이 권위 있는 양육의 전형적인 기술이라고 할 수 있다.

향후 시행될 연구들은 종단 연구의 한계였던 상관적 편향을 극복하고, 결과 중심 연구의 옵션 범위를 언어적 개입까지 확대함으로써 효과적인 개입과 비효과적인 개입을 보다 정밀하게 구별할 수 있을 것이다. 약한 수준의 부정적 결과를 다루기 위해 사용된 조치가 무엇이든 간에, 행동 관리에서 제시된 순서와 절차를 꾸

준히 적용하면 부모는 점차 권위 사용을 줄여 나갈 수 있다. 우선은 마지막 단계의 강제적 개입을 줄이고, 차츰 타임아웃과 같이 부드러운 권위를 활용한 훈육으로 전환할 수 있다. 이렇게 될 경우, 배경적인 권위만으로도 아동이 충분히 언어적 훈계에 주의를 기울이고 협력할 수 있다. 반면, 권위 행사를 지나치게 일반화해 금지하면, 반항적인 자녀가 타임아웃이나 설명에 협조하도록 이끄는 부모의 능력이 약화될 수 있다. 이는 학대로 이어지거나 자녀의 행동에 어떠한 한계도 두지 않는 극단적으로 허용적인 양육으로 치달을 위험을 높인다(Patterson & Fisher, 2002, p. 74).

하지만 권위 있는 양육의 핵심은, 자녀의 잘못된 행동을 훈육할 때 적절한 언어적 방법을 우선적으로 사용하려는 부모의 의지를 보완하기 위해, 보조 수단으로 권위를 활용한다는 점이다. 체계적인 훈육 절차를 능숙하게 사용한다면 권위 있는 부모들이 활용하는 언어적 방법이 다양하게 확장될 수 있다. 예를 들어, 권위 있는 부모들은 자녀와 의견을 주고받으며 문제를 해결하는 경우와, 부모가 자녀의 잘못된 행동에 대해 자신이 원하는 방식으로 문제를 해결하도록 강하게 요구하는 경우를 구분하기 위해 명확한 신호를 사용할 수도 있다. 한 번의 경고가 자녀에게 단호한 의사를 전달하는 신호 역할을 할 수 있다. 이후 다양한 절차를 통해 원하는 결과를 얻을 수 있는 능력을 갖추게 되면, 필요할 때 자녀의 적절한 협력을 이끌어 내는 부모의 자신감이 더욱 높아질 것이다. Bugental(2009)이 언급했듯이, 부모의 자신감은 권위에 의존하는 정도를 줄여 주어 권위 있는 부모들이 다양하고 상황에 맞는 언어적 해결책을 모색할 수 있게 한다. 게다가 배경적 권위는 자녀가 부모의 언어적 해결 시도에 집중하도록 만들어 부모의 효과성을 더욱 높인다(Hoffman, 2000).

## 결론

돌봄과 요구성을 겸비한 권위 있는 양육은 자녀 발달에 최적의 결과를 가져오는 것으로 나타났다. 그럼에도 권위 있는 부모가 자녀의 문제행동에 대응할 때 사용하는 구체적인 과정은 아직 충분히 규명되지 않았다. 이 장에서는 Bell의 통제 시스템 모델을 활용하여 설명 중심 관점과 결과 중심 관점에서 도출된 연구 결과를 통합해 보았다. 이를 통해 언어적 해결책을 선호하는 권위 있는 부모가 필요할 경우 권위를 활용하여 훈육을 보완하는 과정을 명확히 하고자 하였다. 권위 있는 부모가 자녀의 문제행동에 효과적으로 대응하는 방법을 규명하기 위해서는, 두 분야 간의 건강한 융합(cross-fertilization)과 미세한 차이를 구분할 수 있는 개선안이 필요하다. 또한 타당한 인과적 추론을 도출할 수 있는 새로운 접근법도 마련되어야 한다. 이러한 융합은 이 장에서 다룬 문제행동에 대한 대응뿐 아니라, 적절한 행동을 유도하고 부적절한 행동을 예방하는 방법에 관하여도 초점을 맞출 필요가 있다. Bell의 모델은 부모의 영향력을 정확히 이해하기 위해, 양방향 상호작용이 이루어지는 지속적인 통제 시스템 내에서 자녀 효과를 충분히 반영해야 한다고 제시한다. 따라서 권위 있는 양육이 각 훈육 상황에 맞는 언어적 개입과 권위를 어떻게 효과적으로 결합하는지 밝히기 위해서는 두 관점의 실질적, 방법적 강점을 모두 활용해야 할 것이다.

## 참고문헌

Baumrind, D. (1967). Child care practices anteceding three patterns of preschool behavior. *Genetic Psychology Monographs, 75*, 43-88.

Baumrind, D. (1971). Harmonious parents and their preschool children. *Developmental Psychology, 4*, 99-102. doi:10.1037/h0030373

Baumrind, D., larzelere, R. E., & Owens, E. B. (2010). Effects of preschool parents' power assertive patterns and practices on adolescent development. *Parenting:*

*Science and Practice, 10,* 157-201. doi:10.1080/15295190903290790

Bean, A. W., & Roberts, M. W. (1981). The effect of time-out release contingencies on changes in child noncompliance. *Journal of Abnormal Child Psychology, 9,* 95-105. doi:10.1007/BF00917860

Bell, R. Q. (1968). A reinterpretation of the direction of effects in studies of socialization. *Psychological Review, 75,* 81-95. doi:10.1037/h0025583

Bell, R. Q., & Chapman, M. (1986). Child effects in studies using experimental or brief longitudinal approaches to socialization. *Developmental Psychology, 22,* 595-603. doi:10.1037/0012-1649.22.5.595

Bell, R. Q., & Harper, L. V. (1977). *Child effects on adults.* Hillsdale, NJ: Erlbaum.

Brody, G. H., & Flor, D. l. (1998). Maternal resources, parenting practices, and child competence in rural, single-parent African American families. *Child Development, 69,* 803-816. doi:10.2307/1132205

Brunk, M. A., & Henggeler, S. W. (1984). Child influences on adult controls: An experimental investigation. *Developmental Psychology, 20,* 1074-1081. doi:10.1037/0012-1649.20.6.1074

Bugental, D. (2009). predicting and preventing child maltreatment: A biocognitive transactional approach. In A. Sameroff (Ed.), *The transactional model of development: How children and contexts shape each other* (pp. 97-115). Washington, DC: American psychological Association. doi:10.1037/11877-006

Burt, S. A. (2009). Rethinking environmental contributions to child and adolescent psychopathology: A meta-analysis of shared environmental influences. *Psychological Bulletin, 135,* 608-637. doi:10.1037/a0015702

Chapman, M., & zahn-Waxler, C. (1982). Young children's compliance and non-compliance to parental discipline in a natural setting. *International Journal of Behavioral Development, 5,* 81-94.

Cheyne, J. A. (1972). punishment and "reasoning" in the development of self-control. In R. E. parke (Ed.), *Recent trends in social learning theory* (pp. 77-91). New York, NY: Academic Press.

Cheyne, J. A., & Walters, R. H. (1969). Intensity of punishment, timing of punishment, and cognitive structure as determinants of response inhibition. *Journal of Experimental Child Psychology, 7,* 231-244.

Crockenberg, S., & Litman, C. (1990). Autonomy as competence in two-year-olds: Maternal correlates of child defiance, compliance, and self-assertion. *Developmental Psychology, 26,* 961-971. doi:10.1037/0012-1649.26.6.961

Davidov, M., & Grusec, J. E. (2006). Multiple pathways to compliance: Mothers' willingness to cooperate and knowledge of their children's reactions to discipline. *Journal of Family Psychology, 20,* 705-708. doi:10.1037/0893-3200.20.4.705

Davies, G. R., McMahon, R. J., Flessati, E. W., & Tiedemann, G. L. (1984). Verbal rationales and modeling as adjuncts to a parenting technique for child compliance. *Child Development, 55,* 1290-1298. doi:10.2307/1129998

de Leeuw, R. N. H., Scholte, R. H. J., Sargent, J. D., Vermulst, A. A., & Engels, R. C. M. E. (2010). Do interactions between personality and social-environmental factors explain smoking development in adolescence? *Journal of Family Psychology, 24,* 68-77. doi:10.1037/a0018182

Deptula, D. P., Henry, D. B., & Schoeny, M. E. (2010). How can parents make a difference? longitudinal associations with adolescent sexual behavior. *Journal of Family Psychology, 24,* 731-739. doi:10.1037/a0021760

Eyberg, S. M., Nelson, M. M., & Boggs, S. R. (2008). Evidence-based psychosocial treatments for children and adolescents with disruptive behavior. *Journal of Clinical Child and Adolescent Psychology, 37,* 215-237. doi:10.1080/15374410701820117

Forgatch, M. S., & Patterson, G. R. (2010). parent Management Training-Oregon Model: An intervention for antisocial behavior in children and adolescents. In J. R. Weisz & A. E. Kazdin (Eds.), *Evidence-based psychotherapies for children and adolescents* (2nd ed., pp. 159-177). New York, NY: Guilford Press.

Gershoff, E. T., Aber, J. L., & Clements, M. (2009). parent learning support and child reading ability: A cross-lagged panel analysis for developmental transactions. In A. Sameroff (Ed.), *The transactional model of development: How children and contexts shape each other* (pp. 203-220). Washington, DC: American psychological Association. doi:10.1037/11877-011

Gershoff, E. T., Grogan-Kaylor, A., lansford, J. E., Chang, L., Zelli, A., Deater-Deckard, K., & Dodge, K. A. (2010). parent discipline practices in an international sample: Associations with child behaviors and moderation by perceived normativeness. *Child Development, 81,* 487-502. doi:10.1111/j.1467-8624.2009.01409.x

Grolnick, W. S. (2003). *The psychology of parental control: How well-meaning parenting backfires.* Mahwah, NJ: Erlbaum.

Grusec, J. E. (1997). A history of research on parenting strategies and children's internalization of values. In J. E. Grusec & l. Kuczynski (Eds.), *Parenting and children's internalization of values* (pp. 3-22). New York, NY: Wiley.

Grusec, J. E., & Davidov, M. (2007). Socialization in the family: The role of parents. In J. E. Grusec & p. D. Hastings (Eds.), *Handbook of socialization: Theory and research* (pp. 284-308). New York, NY: Guilford Press.

Grusec, J. E., & Goodnow, J. J. (1994). Impact of parental discipline methods on the child's internalization of values: A reconceptualization of current points of view. *Developmental Psychology, 30,* 4-19. doi:10.1037/0012-1649.30.1.4

Grusec, J. E., Goodnow, J. J., & Kuczynski, L. (2000). New directions in analyses of parenting contributions to children's acquisition of values. *Child Development, 71,* 205-211. doi:10.1111/1467-8624.00135

Hembree-Kigin, T. L., & McNeil, C. B. (1995). *Parent-child interaction therapy.* New York, NY: Plenum Press.

Hill, N. E., & Tyson, D. F. (2009). parental involvement in middle school: A meta-analytic assessment of the strategies that promote achievement. *Developmental Psychology, 45,* 740-763. doi:10.1037/a0015362

Hoffman, M. L. (2000). *Empathy and moral development.* Cambridge, England: Cambridge University Press.

Holden, G. W. (1997). *Parents and the dynamics of child rearing.* Boulder, CO: Westview Press.

Hughes, D., Rodriguez, J., Smith, E. P., Johnson, D. J., Stevenson, H. C., & Spicer, P. (2006). parents' ethnic-racial socialization practices: A review of research and directions for future study. *Developmental Psychology, 42,* 747-770.

doi:10.1037/0012-1649.42.5.747

Kaminski, J. W., Valle, L. A., Filene, J. H., & Boyle, C. L. (2008). A meta-analytic review of components associated with parent training program effectiveness. *Journal of Abnormal Child Psychology, 36,* 567-589. doi:10.1007/s10802-007-9201-9

Kochanska, G. (1997). Multiple pathways to conscience for children with different temperaments: From toddlerhood to age 5. *Developmental Psychology, 33,* 228-240. doi:10.1037/0012-1649.33.2.228

Kochanska, G., Aksan, N., & Joy, M. E. (2007). Children's fearfulness as a moderator of parenting in early socialization: Two longitudinal studies. *Developmental Psychology, 43,* 222-237. doi:10.1037/0012-1649.43.1.222

Kuczynski, L. (1982). Intensity and orientation of reasoning: Motivational determinants of children's compliance to verbal rationales. *Journal of Experimental Child Psychology, 34,* 357-370. doi:10.1016/0022-0965(82)90066-2

Kuczynski, L. (2003). Beyond bidirectionality: Bilateral conceptual frameworks for understanding dynamics in parent-child relations. In l. Kuczynski (Ed.), *Handbook of dynamics in parent-child relations* (pp. 3-24). Thousand Oaks, CA: Sage.

Larzelere, R. E., Cox, R. B., Jr., & Smith, G. L. (2010). Do nonphysical punishments reduce antisocial behavior more than spanking? A comparison using the strongest previous causal evidence against spanking. *BMC Pediatrics, 10*(10). doi:10.1186/1471-2431-10-10

Larzelere, R. E., Ferrer, E., Kuhn, B. R., & Danelia, K. (2010). Differences in causal estimates from longitudinal analyses of residualized versus simple gain scores: Contrasting controls for selection and regression artifacts. *International Journal of Behavioral Development, 34,* 180-189. doi:10.1177/0165025409351386

Larzelere, R. E., & Kuhn, B. R. (2005). Comparing child outcomes of physical punishment and alternative disciplinary tactics: A meta-analysis. *Clinical Child and Family Psychology Review, 8,* 1-37. doi:10.1007/s10567-005-2340-z

Larzelere, R. E., Kuhn, B. R., & Johnson, B. (2004). The intervention selection bias: An underrecognized confound in intervention research. *Psychological Bulletin, 130,*

289–303. doi:10.1037/0033-2909.130.2.289

Larzelere, R. E., & Merenda, J. A. (1994). The effectiveness of parental discipline for toddler misbehavior at different levels of child distress. *Family Relations, 43,* 480–488. doi:10.2307/585381

Larzelere, R. E., Sather, p. R., Schneider, W. N., larson, D. B., & pike, p. l. (1998). punishment enhances reasoning's effectiveness as a disciplinary response to toddlers. *Journal of Marriage and the Family, 60,* 388–403. doi:10.2307/353856

Larzelere, R. E., Schneider, W. N., larson, D. B., & Pike, P. L. (1996). The effects of discipline responses in delaying toddler misbehavior recurrences. *Child & Family Behavior Therapy, 18*(3), 35–57. doi:10.1300/J019v18n03_03

Larzelere, R. E., Silver, C., & Polite, K. (1997). Nonabusive spanking: parental liberty or child abuse? *Children's Legal Rights Journal, 17*(4), 7–17.

McNeil, C. B., & Hembree-Kigin, T. L. (2010). *Parent-child interaction therapy* (2nd ed.). New York, NY: Springer.

Morris, S. Z., & Gibson, C. L. (2011). Corporal punishment's influence on children's aggressive and delinquent behavior. *Criminal Justice and Behavior, 38,* 818–839. doi:10.1177/0093854811406070

Parke, R. D. (1969). Effectiveness of punishment as an interaction of intensity, timing, agent nurturance, and cognitive structuring. *Child Development, 40,* 213–235. doi:10.2307/1127169

Parke, R. D., & Buriel, R. (2006). Socialization in the family: Ethnic and ecological perspectives. In W. Damon, R. M. lerner (Series Eds.), & N. Eisenberg (Vol. Ed.), *Handbook of child psychology. Vol. 3: Social, emotional, and personality development* (6th ed., pp. 429–504). Hoboken, NJ: Wiley.

Patterson, G. R. (1982). *Coercive family process.* Eugene, OR: Castalia Press.

Patterson, G. R., & Fisher, P. A. (2002). Recent developments in our understanding of parenting: Bidirectional effects, causal models, and the search for parsimony. In M. H. Bornstein (Ed.), *Handbook of parenting: Vol. 5. Practical issues in parenting* (2nd ed., pp. 59–88). Mahwah, NJ: Erlbaum.

Pelham, W. E., Jr., & Fabiano, G. A. (2008). Evidence-based psychosocial treatments for attention-deficit/hyperactivity disorder. *Journal of Clinical Child and Adolescent Psychology, 37,* 184-214. doi:10.1080/15374410701818681

Quintana, S. M., Aboud, F. E., Chao, R. K., Contreras-Grau, J., Cross, W. E., Jr., Hudley, C., . . . Vietze, D. L. (2006). Race, ethnicity, and culture in child development: Contemporary research and future. *Child Development, 77,* 1129-1141. doi:10.1111/j.1467-8624.2006.00951.x

Ritchie, K. L. (1999). Maternal behaviors and cognitions during discipline episodes: A comparison of power bouts and single acts of noncompliance. *Developmental Psychology, 35,* 580-589. doi:10.1037/0012-1649.35.2.580

Roberts, M. W. (1982). The effects of warned versus unwarned time-out procedures on child noncompliance. *Child & Family Behavior Therapy, 4,* 37-53. doi:10.1300/J019v04n01_04

Roberts, M. W., & Powers, S. W. (1988). The compliance test. *Behavioral Assessment, 10,* 375-398.

Roberts, M. W., & Powers, S. W. (1990). Adjusting chair timeout enforcement procedures for oppositional children. *Behavior Therapy, 21,* 257-271. doi:10.1016/S0005-7894(05)80329-6

Shaffer, D. R., & Kipp, K. (2007). *Developmental psychology: Childhood & adolescence* (7th ed.). Belmont, CA: Thomson Advantage Books.

Smetana, J. G. (1995). parenting styles and conceptions of parental authority during adolescence. *Child Development, 66,* 299-316. doi:10.2307/1131579

Steinberg, L. (2004). *The 10 basic principles of good parenting.* New York, NY: Simon & Schuster.

Steinberg, L., lamborn, S. D., Darling, N., Mounts, N. S., & Dornbusch, S. M. (1994). Over-time changes in adjustment and competence among adolescents from authoritative, authoritarian, indulgent, and neglectful families. *Child Development, 65,* 754-770. doi:10.2307/1131416

Steiner, p. M., Cook, T. D., Shadish, W. R., & Clark, M. H. (2010). The importance of covariate selection in controlling for selection bias in observational studies. *Psychological Methods, 15,* 250-267. doi:10.1037/a0018719

Timmermans, M., van lier, P. A. C., & Koot, H. M. (2009). pathways of behavior problems from childhood to late adolescence leading to delinquency and underachievement. *Journal of Clinical Child and Adolescent Psychology, 38,* 630-638. doi:10.1080/15374410903103502

Towe-Goodman, N. R., & Teti, D. M. (2008). power assertive discipline, maternal emotional involvement, and child adjustment. *Journal of Family Psychology, 22,* 648-651. doi:10.1037/a0012661

Van Houten, R. (1983). punishment: From the animal laboratory to the applied setting. In S. Axelrod & J. Apsche (Eds.), *The effects of punishment on human behavior* (pp. 13-44). New York, NY: Academic Press.

Wahler, R. G. (1969). Oppositional children: A quest for parental reinforcement control. *Journal of Applied Behavior Analysis, 2,* 159-170. doi:10.1901/jaba.1969.2-159

Zahn-Waxler, C., Radke-Yarrow, M., & King, R. (1979). Child rearing and children's prosocial initiations toward victims of distress. *Child Development, 50,* 319-330. doi:10.2307/1129406

제5장

# Baumrind 부모 유형이 미치는 영향은 문화적으로 특수한가, 아니면 보편적인가

Nadia Sorkhabi, Jelani Mandara

Baumrind의 권위 있는 부모 양육 유형 모델은 양육 연구의 방향에 큰 영향을 미쳤다. 연구에 따르면, 권위 있는 부모를 둔 유럽계 미국인 아이들은 그렇지 않은 부모를 둔 아이들에 비해 유능하고 정서적으로 더 적응적이며 성취도가 높고 불법 약물이나 위험한 행동에 연루될 가능성이 낮은 것으로 나타났다(Baumrind, 1991b; Weiss & Schwarz, 1996). 그러나 이런 유형 분류가 비유럽계 미국인들의 자녀 양육 유형을 정확하게 묘사하는지 여부는 명확하지 않다. Baumrind의 연구 대상들은 대부분 기능이 우수한 양부모가 있는 유럽계 미국인 가정이었기 때문에 권위 있는 유형이 이러한 가정에만 적용될 가능성을 열어 두고 있다. 게다가 부모 양육 태도의 다양한 연구표본을 포함한 초기 연구에서는 비유럽계 미국인 대상에게서 일관되지 않은 결과가 나타났다(예: Baumrind, 1972; Dornbusch, Ritter, Leiderman, Roberts, & Fraleigh, 1987). 이는 양육이 이루어지는 문화적, 사회적 맥락에 따라 양육의 효과가 달라질 수 있다고 일부 연구자들이 주장하는 계기가 되었다(Chao, 2001; Mandara & Murray, 2002). 그러나 다른 연구자들은 권위 있는 양육 방식이 문화적, 사회적 맥락을 초월하여 본질적으로 보편적인 최적의 양육 방식이라고 주장했다(Lamborn & Felbab, 2003). 이 장의 목적은 부모 양육 태도의 본질과 효과의 문화적 차이에 관한 연구와 이론을 검토하여 권위 있는 양육 방식이 비유럽계 미국 청소년들에게 적용 가능한지에 대해 실증적으로 뒷받침된 결론을 도출하는 것이다.

## 초기 양육 방식 연구에서의 문화적 차이

Baumrind(1972)는 초기 연구에서 아프리카계 미국인 부모들이 유럽계 미국인 부모들에 비해 미취학 연령의 딸들에게 단호한 규율을 더 많이 적용했으며, 개인의 개성을 장려하는 정도가 상대적으로 낮다는 것을 발견했다. 그들은 딸들이 더욱 어른스럽게 행동하길 기대했다. 실제로 아프리카계 미국인 부모들의 50%가량이 권위주의적 양육 방식으로 분류된 반면, 유럽계 미국인 부모들은 단 13%만이 권위주의적 부모로 분류되었다. 주요 발견은 이러한 권위주의적 양육 방식이 각 집단에 서로 다른 영향을 미쳤다는 것이다. 아프리카계 미국인 소녀들은 비교적 더 권위주의적인 부모를 두었음에도 유럽계 미국인 소녀들보다 더 자기주장이 강하고 독립적으로 평가되었다. Baumrind(1972)는 소녀들이 부모를 거부적이지 않고 양육적인 존재로 인식했을 것이며, 강한 어머니들과 동일시하여 그들을 본받으려 했을 것이라고 주장했다.

Dornbusch 등(1987)은 Baumrind의 양육 유형 모델이 문화적으로 다양한 대규모의 청소년 집단에 적용 가능한지를 처음으로 검증한 연구를 진행했다. 그들은 자기 보고식 설문조사를 통해 유럽계 미국인들이 아시아계, 라틴계 그리고 아프리카계 미국인들에 비해 권위주의적(authoritarian) 양육 점수는 낮고 권위 있는(authoritative) 양육 점수는 더 높다는 것을 발견했다. 또한 부모 양육 방식의 측정치가 각 집단의 자기 보고에 따른 GPA(평균학점)와 서로 다르게 연관되어 있다는 사실도 발견했다. 일반적으로 모든 인종 집단에서 청소년들이 부모를 권위주의적이라고 평가할수록 청소년들의 GPA는 낮아졌다. 그러나 권위주의적 양육이 자기 보고된 평균학점에 미치는 영향의 크기는 유럽계 미국인에게서 가장 컸고 아프리카계 미국인에게서 가장 작았다. 또한 권위 있는 양육 방식은 유럽계 미국인 집단을 제외한 다른 집단에서는 평균학점과 유의미한 연관이 없다는 사실도 발견되었다.

이러한 연구 결과를 바탕으로, Steinberg, Mounts, Lamborn과 Dornbusch(1991)는 서로 다른 사회적 맥락에서 권위 있는 양육 모델이 청소년들에게 효과적이지 않을 가능성을 구체적으로 검증했다. 이 연구에서 캘리포니아와 위스콘신에 거주하는 다양한 인종과 경제적 계층의 고등학생 10,000명을 대상으로 부모의 온정성, 감독, 심리적 자율성에 대해 자기 보고식 척도로 평가했다. 그 후 부모가 세 가지 양육 척도에서 중앙값 이상을 기록한 경우, 그들을 권위 있는 부모로 분류하였다. 나머지 부모들은 권위적이지 않은 부모로 간주했다. 그들은 연구 대상을 인종(아시아계, 아프리카계, 라틴계, 유럽계 미국인), 가족이 노동자 계층인지 중산층인지, 그리고 한부모 가정의 청소년인지, 양부모 가정의 청소년인지에 따라 분류하였다. 연구자들은 청소년 적응 지표에 따라 각 16개 그룹에서 권위 있는 유형의 부모와 권위 있는 유형이 아닌 부모를 둔 청소년을 비교하였다. Dornbusch 등(1987)의 연구와 마찬가지로 양부모가 있는 중산층의 유럽계 미국인 가정이 권위 있는 부모일 가능성이 가장 높았던 반면, 노동자 계층의 아프리카계, 히스패닉계, 특히 아시아계 미국인 부모는 권위 있는 유형일 가능성이 가장 낮았다.

Dornbusch 등(1991)은 권위 있는 양육 방식이 자녀에게 미치는 영향을 평가하는 연구에서 권위 있는 부모를 둔 자녀들이 그렇지 않은 부모를 둔 자녀들보다 GPA가 더 높고, 더 독립적이며, 심리적 스트레스를 받거나 비행에 연루될 가능성이 낮음을 발견했다. 비록 16개 그룹에서 효과 크기는 차이가 있었지만 각 하위 그룹에서 전반적으로 동일한 패턴이 나타났다. 주요한 차이점은 권위 있는 양육이 양부모가 있는 아프리카계 미국인 노동 계층 가정에서 어떠한 결과도 예측하지 못했으며, 아시아계 미국인 노동 계층의 한부모 가정에서는 GPA 차이를 예측하지 못했다는 점이다. 그러나 이 비교 연구에서 권위 있는 양육 방식의 아프리카계 미국인 부모는 11명, 아시아계 미국인 부모는 겨우 4명에 불과했기 때문에 이러한 특정 결과의 신뢰도에 의문이 제기될 수 있다. 따라서 연구자들은 가장 신뢰할 만한 연구 결과를 바탕으로 권위 있는 부모가 있는 청소년들이 민족적 배경과 무관하게 전반적으로 더 나은 적응력을 보인다고 결론지었다.

후속 연구(Lamborn, Mounts, Steinberg, & Dornbusch, 1991)에서 같은 연구팀은 양육 방식이 미치는 영향에 대해 더 자세히 연구를 진행했다. 권위 있는 양육 방식과 권위적이지 않은 양육 방식을 단순 비교하는 대신, 그들은 Steinberg 등(1991)에서의 부모들을 네 가지 양육 방식 범주(권위주의적, 권위 있는, 허용적, 방임적) 중 하나로 분류했다. 이를 위해 연구팀은 각 청소년들의 부모가 얼마나 수용적이고 자녀의 생활에 개입하는지(accepting/involved), 그리고 얼마나 엄격하고 지도감독을 하는지(strict/supervisory)를 평가했다. 그 후, 부모의 수용이나 엄격함에 대한 측정 점수가 상위 또는 하위 삼분위수에 속하는지에 따라 부모를 네 가지 범주 중 하나로 분류했으며, 연구 대상은 약 4,000명 이상의 청소년이었다. 권위 있는 부모를 둔 청소년들은 학업능력, 심리사회적 발달, 문제행동의 측면에서 전반적으로 가장 잘 적응하는 것으로 나타났다. 게다가 양육 방식의 효과는 민족 집단, 부모의 교육 정도, 청소년의 성별에 따라 통계적으로 큰 차이를 보이지 않았다.

1년 후, 연구자들은 동일한 도구와 분류방법으로 청소년들을 평가했다(Steinberg, Lamborn, Darling, Mounts, & Dornbusch, 1994). 탈락률을 반영한 분류방법을 적용하여 2,300명의 청소년이 최종 표본으로 구성되었다. 연구 결과, 권위 있는 부모를 둔 청소년들의 이득은 1년 넘게 유지되거나 증가했다. 연구진은 권위 있는 양육 방식이 청소년의 측정 영역 전반에서 최적의 양육 방식이라고 다시 한번 결론 내렸다.

선행 연구에서 중요한 발견 중 하나는 아시아계 미국인 청소년들이 유럽계 미국인 청소년들에 비해 권위 있는 부모를 두고 있을 가능성이 매우 낮음에도 불구하고 아시아계 미국인 청소년들의 학업 성취도는 다른 모든 그룹과 같거나 더 높았다는 점이다. 양육 방식이 아프리카계 미국인 청소년들의 학업 성취도에 미치는 영향은 전반적으로 덜 강했다. 이러한 차이점을 더 잘 이해하기 위해 연구팀은 또래 네트워크가 양육 방식의 효과에 미치는 영향을 평가했다(Steinberg, Dornbusch, & Brown, 1992). 양육 방식의 상대적인 영향력은 다른 청소년들에 비해 유럽계 미국 청소년들에게 더욱 강하게 나타났으며, 또래는 아시아계와 아프리카계 미국 청소년들의 성취도에 훨씬 더 큰 영향을 주었다. 또한 연구팀은 성취를 위한 또래의 높은 지지는 아시아계 미국 청소년들이 부모의 권위주의적 성향을 극복하는데 도움이 된다고 결론지었다. 아프리카계 미국 청소년들의 경우, 성취를 위한 낮은 또래의 지지가 권위 있는 양육 방식의 긍정적 효과를 방해하는 것으로 보였다. 따라서 연구진들은 권위 있는 양육 방식이 행동과 정신건강에 있어서는 모든 청소년에게 최적의 방식이지만, 학업성취도에 있어서는 청소년들이 처한 사회적 맥락에 따라 양육 방식의 효과가 달라질 수 있다고 주장하며 연구를 결론지었다.

## 문화적 특수성의 관점

사회화에서의 문화적 특수성 관점은 Baumrind(1972; Baumrind et al., 2010)에 의해 처음 소개되었는데, 그녀는 유럽계 미국인 가정을 대상으로 한 자신의 연구에서 확인한 양육 방식이 타민족 그룹의 양육 방식과 그 결과를 설명하는 데까지 확장될 수 없다고 주장했다. Baumrind(1972)는 다양한 민족 그룹의 양육 방식과 그에 따른 결과에서 존재할 수 있는 잠재적 차이를 추가로 설명하기 위해 적은 수의 아프리카계 미국 가정을 연구 대상으로 연구 자료를 보고했다. 따라서 문화적 특수성 관점의 목적은 다양한 문화적 그룹을 그들만의 기준으로 이해하는 것이었으며, 이는 중산층 유럽계 미국 가정에서 관찰되는 규범과 기준이 타민족 및 사회계층에서도 이상적일 것이라고 생각하는 잠재적인 민족중심적인 가정을 반박한다는 점에서 중요하다(Chao, 1994, 2001). 문화적 특수성 관점은 다음의 네 가지로 정의할 수 있다. ① 부모의 가치관과 사회화의 목표는 개인주의 문화와 집단주의 문화에서 서로 다르며, 그러므로 각기 다른 문화에서 부모들은 질적으로 다른 양육 방식을 취한다. ② 같은 양육 방식(예를 들어, 권위주의적 양육)이 서로 다른 문화의 청소년들에게는 다른 영향을 미친다. ③ 각 문화의 아동과 청소년들은 같은 양육 방식을 다르게 받아들인다. ④ 권위주의적 부모의 정서적, 인지적 특성은 집단주의 문화와 개인주의 문화에서 다르다.

## 부모의 가치관과 사회화의 목표는 다르다

부모의 양육 태도에 있어서 문화적 차이를 이해하기 위한 가장 영향력이 있는 틀은 자녀를 양육하는 가치와 목표에서 문화적인 차이가 있다는 생각에 근거하고 있다(Rudy & Grusec, 2006). 가장 넓은 의미에서 집단주의와 개인주의 그룹을 구분했는데, 집단주의자들은 순종, 권위에 대한 존중, 그리고 집단에 대한 의무나 책임을 중시한다고 여겨지고 개인주의자들은 독립, 자기표현, 그리고 자기 이익을 중시한다(Markus, 2008). 연구자들은 주로 아프리카, 아시아, 라틴계 출신들을 집단주의 성향이 강한 것으로 분류했고, 유럽계 출신들을 개인주의 성향이 강한 것으로 분류해 왔다(Triandis, 1995).

여러 연구자는 부모의 양육 태도와 양육 실천의 차이가 가치관 체계의 차이에서 비롯된다고 주장해 왔다. Chao(1994, 2001)는 이 견해의 대표적인 지지자로, 아시아계 부모를 권위주의적이거나 구속하는 경향이 있다고 간주하는 것은 오해를 불러일으킬 수 있다고 주장했다. 그녀는 유럽계 미국인의 문화적 철학이 아시아 출신의 아동과 청소년의 양육 방식이나 발달 결과를 이해하는 데 적용될 수 없다고 주장했다. Chao(1994)는 아시아의 양육 방식이 역할관계에 대한 유교적 철학으로부터 발전했다고 말했다. 특별히 아시아의 양육 방식을 이해하기 위해서는 **훈련**(training)의 개념을 이해해야 한다고 주장했다. 이 개념은 **챠오 순**[1](教順, Chiao Shun−부모의 투자와 참여)과 **관**(管, Guan−조직적 통제)을 뜻한다. Chao(1994)는 챠오 순과 관이 서구에서 흔히 사용되는 통제와 반응의 개념과는 질적으로 다르다는 점을 지적했다. 예를 들어, 대부분의 아시아계 부모는 유럽계 미국인 부모들처럼 자녀를 안아 주거나 입맞춤하는 것으로 자녀에 대한 애정을 겉으로 드러나게 표현하지 않는다. 그 대신, 자기 희생을 통해 사랑을 암묵적으로 표현한다. 또한

1) 역자 주: Chiao Shun(教順)은 종종 '훈육'으로 번역되며, 아동 행동과 도덕성을 적절하게 교육하고 지도하는 과정을 의미하는 중국의 개념이다. 지도, 감독, 지지 제공 등 다양한 방법을 통해 가치관, 자기 절제, 순종을 가르치는 데 중점을 둔다. 이는 중국식 양육의 핵심 요소로, 단순히 권위주의적인 것으로 오해받기도 하지만, 실제로는 돌봄과 관심이 복합적으로 작용하는 정교한 체계이다.

Chao는 아시아계 부모들은 조직적으로 통제하고 가족의 명예를 강조하며 노력, 자기절제, 성취를 요구한다고 언급했다. 따라서 훈련은 권위 있는 양육 유형과는 다른 방식으로 아시아계 미국인 학생들의 학업 수행을 설명한다고 주장했다.

이를 검증하기 위해 Chao(1994)는 영어를 사용하는 고학력 중국계 이민자 어머니 50명을 고학력 유럽계 미국인 어머니 50명과 비교했고, 반응과 통제에 대한 표준 측정 지표뿐만 아니라 관과 챠오 순 개념을 기준으로 측정하였다. 중국 어머니들은 일방적인 통제, 감독, 불안에 의한 통제에 초점을 맞춘 권위주의적 양육 유형 측정에서 유의미하게 높은 점수를 보였다. 예측한 바와 같이, 중국 어머니들은 자녀 양육에 대한 아시아의 전통적인 신념에서 훨씬 더 높은 점수를 받았다. 이 연구에서 흥미로운 점은 전통적인 권위주의적 양육 방식을 측정할 때 어머니들의 점수를 통제한 후에도 이러한 차이점이 계속 유지되었다는 점이다. 따라서 관과 챠오 순은 개인주의 문화에서 양육을 설명하는 데 활용되는 반응이나 요구 차원과 질적으로 다르다고 결론을 지었다.

후속 연구에서 Chao(2000)는 첫 번째 연구와 동일한 인구통계학적 특성을 가진 중국계 이민자 어머니 95명과 유럽계 미국인 어머니 52명을 대상으로 부모 유형, 사회화 목표, 챠오 순, 그리고 학교 참여도를 평가 측정했다. 그녀는 자신의 이전 연구 결과를 확인했으며, 중국계 어머니들이 권위주의적이고 훈련에 초점을 맞추는 양육 방식을 지지할 가능성이 높다는 점을 발견했다. 또한 유럽계 미국인 어머니들은 자녀들의 높은 자존감과 자기표현력을 개발하는 데 더 집중하는 반면, 중국계 어머니들은 효, 가족의 명예, 성취에 더 중점을 두는 경향이 있음을 발견했다.

라틴계 부모와 유럽계 미국인 부모를 비교한 연구에서도 라틴계 부모가 예의와 순종을 더 중시하고(Smith & Krohn, 1995), 가족에 대한 충성심과 어른의 권위 존중에 더 집중하는 경향이 있음을 발견했다(Valdes, 1996). 또한 라틴계 어머니들은 유럽계 미국인 어머니들에 비해 더 자주 훈육하고 신체적 훈육 방법을 더 사용하는 경향이 있었다(Carlson & Harwood, 2003; Ispa et al., 2004). 일부 연구자들은 히스패닉 가정에서 성취는 가족이나 확대친족관계보다 덜 중요하다고 주장했다(Forehand & Kotchick, 1996; Garcia Coll & Vasquez Garcia, 1995). 그러나 히스패닉 문화가 다양하다는 점에 유의하는 것이 중요하다. 출신 국가, 사회경제적 지위, 부모의 교육수준과 같은 변인은 다양한 히스패닉 부모들이 가족, 확대친족관계에 대한 교육에 중점을 두는 데 영향을 미친다(Garcia Coll & Pachter, 2002).

이와 마찬가지로 유럽계 미국인 부모들과 비교했을 때, Mandara와 Murray (2002)는 아프리카계 미국인 부모들은 그들이 살아가는 문화적 가치와 사회적 맥락이 다르기 때문에 최적의 양육에 대한 규범과 기준이 질적으로 다르다고 주장했다. 대부분의 유색인종 부모는 자신의 문화유산을 보전할 필요를 느끼고 자녀들에게 적극적으로 문화적 자부심을 심어 준다는 점이 주요 차이점 중 하나라고 했다. 이런 생각들을 검증하기 위해 Mandara와 Murray는 아프리카계 미국 청소년과 그들의 부모를 대상으로 다양한 양육 및 가족 기능 변수를 평가했다. 이후 그들은 다양한 군집분석 및 교차검증 절차를 통해 세 가지 유형의 아프리카계 미국인 부모를 발견했다. 이 그룹들은 Baumrind의 권위 있는, 권위주의적, 방임적 양육 유형과 유사했지만 질적으로 달랐다. 가장 독특한 그룹은 '응집력 있고 권위 있는' 그룹이라고 불렸는데, 구성원들은 Baumrind의 개념과 유사하게, 전통적인 권위 있는 부모 양육 유형과 양질의 가족 기능을 보였다. 그들은 온정성, 응집력, 성취지향성, 자율성 부여에서 높은 수준을 나타냈다. 또한 권위 있는 부모들보다 행동 통제와 구조화에서 훨씬 높게 평가되었지만, Baumrind(1971)가 정의한 지시적 부모(directive parents)와 유사한 특징을 보였다. 그들은 자녀들에게 문화적 자부심을 심어 주고 자립심을 통해 장애물을 극복할 수 있다는 신념을 심어 주는 데 초점을 맞춘다는 점에서 유럽계 미국인 부모들과 상당한 차이를 보였다.

## 동일한 부모 유형일지라도 다른 문화배경에서는 다른 결과를 가져온다

문화적 특수성 관점에서 두 번째 요점은 특정 문화 집단에서 널리 만연해 있는 관행이 그 특정한 생태적 환경에서 적응적 가치를 반영한다는 점이다. 문화는 집단이 공유하는 적응적 규칙과 관행의 체계로 정의되기 때문에(Le Vine, 2009;

Matsumoto & Juang, 2003), 이 가설을 지지하는 사람들은 특정한 양육 관행이나 유형이 널리 만연해 있다는 것은 그 가치나 기능성 때문이라고 주장한다. 따라서 권위주의적 양육 유형과 실천은 개인주의 문화에서보다 집단주의 문화에서 더 긍정적인 효과를 가져올 것이라고 암묵적 가정을 할 수 있다.

여러 연구가 이 가설을 직접적 또는 간접적으로 검증했다. 많이 인용된 예로, Chao(2001)는 동일한 측정도구와 중간값 분할방식을 사용하여 500명 이상의 중국계 및 유럽계 미국인 청소년의 부모들을 권위 있는 유형과 권위주의적인 부모 유형으로 분류했다. 이는 Steinberg 등(1991)의 선행 연구에서 사용된 방법이기도 하다. 그녀는 중국계 미국인을 1세대와 2세대로 더 세분화하였다. 결과에서 두 그룹의 중국계 청소년이 유럽계 미국 청소년보다 더 높은 GPA를 기록했고 학업적인 노력을 더 많이 보였다. 두 중국계 그룹들은 유럽계 미국 학생들보다 권위주의적인 부모를 가졌을 가능성이 더 컸지만, 권위 있는 부모일 가능성이 더 낮지는 않았다. 가장 중요한 점은, 이 연구에서 권위 있는 부모를 둔 유럽계 미국 청소년들이 권위주의적인 부모를 둔 또래들보다 더 높은 성적과 학업적 노력을 보였음을 밝혀냈다는 점이다. 1세대 중국계 미국 학생들 사이에서는 권위 있는 부모나 권위주의적인 부모를 둔 그룹 간의 차이가 없었다. 2세대 학생들은 권위 있는 부모를 둔 경우 학업적 노력에서 약간 더 높은 수준을 나타냈다. 그녀는 권위 있는 부모와 권위주의적인 부모의 이분법이 다른 문화권의 사람들에게는 큰 관련성이 없을 수 있다고 결론지었다. 그러나 중국계 미국 청소년들이 미국 사회에 더 통합될수록(세대적 지위로 측정할 때), 권위 있는 양육의 효과는 유럽계 미국인들에게서 나타났던 효과와 비슷한 수준으로 나타났다. 그녀의 선행 연구(Chao, 1994)와는 달리, 권위주의적인 양육은 평균 이하의 참여/수용을 포함했지만, 유럽계 미국인에게서는 권위주의적인 양육은 부모-자녀 간의 낮은 친밀감과 관련이 있었고, 중국계 미국인에게는 그렇지 않았다(Chao, 2001, p. 1838).

또한 몇몇 연구는 통제적인 부모 행동이 라틴계와 유럽계 미국인 가정에서 다르게 작동할 수 있음을 발견했다. 유럽계와 히스패닉계 미국 아동을 대상으로 한 연구에서는, 통제적이고 위계적인 양육이 유럽계 미국 아동들에게서만 더 많은 외현화 행동을 예측할 수 있음이 밝혀졌다(Lindahl & Malik, 1999). Ispa 등(2004)은 아동들의 자유놀이 시간 동안 어머니들의 간섭이 미치는 영향에서의 문화적 차이를 연구했다. 그들은 1,200명 이상의 저소득층 가정의 유아들이 어머니와 상호작용하는 모습을 15개월 때 관찰하고 25개월 때 다시 한번 관찰했다. 그들은 아프리카계나 멕시코계 미국인 어머니들에 비해 유럽계 미국인 어머니들이 아이들에게 덜 간섭하고 더 온정적임을 발견했다. 15개월령의 유럽계 미국인 유아들은 부정적인 정서가 더 적은 것으로 평가되었고, 과제 참여도는 비슷한 수준으로 나타났다. 또한 그들은 15개월 시점에서 어머니의 간섭이 25개월 시점의 유아 참여도와 일대일 상호작용에 부정적 영향을 미친다는 사실을 발견했으며, 이는 유럽계 미국인 어머니들에게만 해당되는 결과였다. Ispa 등은 간섭이 개인주의 문화에서와는 달리, 아프리카계 미국인들과 집단주의 문화의 구성원들에게는 다른 문화적 의미를 가질 가능성이 있다고 주장했다.

의심의 여지 없이, 문화적 특수성 모델을 지지하기 위해 사용된 많은 근거는 행동 통제, 엄격한 훈육, 신체적 처벌이 유럽계 미국인 청소년과 아프리카계 미국인 청소년에게 서로 다른 영향을 미친다는 연구 결과에 기반하고 있다. 여러 연구자(Baumrind, 1972; Mason, Cauce, Gonzales, & Hiraga, 1996; Ogbu, 1981)가 주로 주장하는 바에 따르면, 많은 아프리카계 미국인 청소년이 위험한 도시환경에서 성장하기 때문에 그들이 피해를 입거나 위험한 활동에 연루되지 않도록 높은 수준의 행동 통제와 엄격함을 필요로 한다는 것이다. 그러나 다양한 인종 및 사회경제적 집단의 엄격한 훈육과 '엄한' 양육의 이점을 온전히 평가하기 위해서는 안전한 환경에서 자라는 아프리카계 미국인 아동과 위험한 환경에서 자라는 유럽계 미국인 아동의 결과를 비교하는 추가 연구가 필요하다.

부모의 통제와 감독이 청소년의 비행에 미치는 영향에 문화적 차이가 있는지는 명확하지 않다. 예를 들어, Cernkovich와 Giordano(1987)는 824명의 청소년을 대상으로 양육 방식이 비행과 연관이 있는지 여부를 다양한 지표로 평가했다. 그 결과 백인과 비백인 청소년(주로 흑인) 모두에게서 부모의 통제와 감독이 비행 감소의 중요한 예측변수였음에도 불구하고, 백인 청소년들에게는 도구적 의사소통

(예: 부모가 청소년 자녀의 미래 계획이나 학교 친구나 교사와의 문제에 대해서 논의함)이 비행 감소의 가장 중요한 예측변수였으며, 비백인 청소년에게는 부모의 통제와 감독이 비행 감소의 가장 중요한 예측변수였다.

또 다른 연구자 그룹은 지지적인 양육과 엄격한 훈육의 다양한 결과에 대한 독특하고 장기적인 영향을 평가하기 위해(Pettit, Bates, & Dodge, 1997), 585명의 아동과 그들의 부모를 대상으로 유치원 시작 전과 이후 6학년까지 매년 1회씩, 다양한 도구를 사용하여 데이터를 수집했다. 유치원 적응도 측정을 통제한 후, 엄격한 훈육이 유럽계 미국인 청소년들의 저조한 6학년 학업성취도와 상관관계가 있음을 발견했지만(r=−.24), 아프리카계 미국인 청소년들에게는 부적 방향으로 상관이 있었으나 통계적으로 유의미하지 않은 수준이었다(r=.11).

아마도 양육 방식에 관한 연구에서 체벌의 일환으로서 신체적 훈육의 사용과 가치는 가장 논란이 되는 주제일 것이다. 아동학대와 아동의 인권 침해에 대해 우려하는 이들은 신체적 훈육이 단지 해롭기만 한 것이 아니라 아동학대의 한 형태라고 주장한다(Straus, 2000). 또한 일부 주요 연구자들은 합리적이고 일관된 방식으로 사용한다면 학대적이지 않은 일반적인 신체적 체벌은 원치 않는 행동을 예방하는 데 효과적일 수 있다고 주장한다(Baumrind et al., 2002). 유럽계 미국인 청소년을 대상으로 하는 대부분의 연구는 신체적 체벌을 반대하는 관점을 지지하는 경향이 있는데, 이는 신체적 훈육이 가정과 학교에서의 높은 공격 행동 비율과 상관이 있기 때문이다(Straus, 2000). 엄격한 체벌과 신체적 체벌의 정의는 다양했지만, 일반적으로 잘못된 행동에 대한 보통의 체벌과 지나치게 심각한 신체적 체벌을 같은 범주로 묶는 경우가 많았다(Baumrind et al., 2002). 따라서 이러한 연구 대부분은 일반적인 비학대적 체벌의 영향에 대해서는 평가하지 않는다.

아프리카계 미국인을 대상으로 한 연구에서 유럽계 미국인 청소년과는 반대되는 결과가 나오는 경우가 종종 있었다. Deater-Deckard, Dodge, Bates와 Petit(1996)의 초기 연구는 경제적으로 다양한 배경을 가진 아프리카계 미국인과 유럽계 미국인 아이들을 유치원부터 초등학교 3학년까지 추적 조사했다. 이전 연구와 마찬가지로, 유럽계 미국인 학생들에게서 신체적 훈육은 또래 공격성, 교사-아동 간의 갈등, 기타 파괴적 행동에 대한 또래 및 교사의 평가와 정적 상관이 나타났다. 그러나 아프리카계 미국 학생들에게서는 유의미한 상관관계가 발견되지 않았다. 4세에서 11세 사이의 아프리카계 및 유럽계 미국 아동들을 대상으로 한 유사한 장기연구에서, 신체적 체벌은 아프리카계 미국 아동들이 학교에서 덜 싸우고 일반 공격성이 낮아지는 것과 상관관계가 있었다(Gunnoe & Mariner, 1997). 이와 마찬가지로, McLoyd와 Smith(2002)는 어머니로부터 높은 수준의 정서적 지원을 받은 아프리카계 미국 아동들이, 신체적 체벌을 받았는지 여부와 상관없이, 6년간의 평가 기간 동안 행동 문제를 더 적게 나타냄을 발견했다. 다른 연구들에서도 비슷한 결과가 나타났다(Polaha, Larzelere, Shapiro, & Pettit, 2004). 각 연구의 연구자들은 신체적 훈육이 아프리카계 미국 가정에서는 일반적인 양육 방식과 같은 의미를 가질 수 있다고 결론지었는데, 그 문화에서는 신체적 체벌이 흔하게 이루어지기 때문이다.

이 주제에 관한 가장 큰 연구로 여겨지는 Simon 등(2002)의 연구는 10세에서 12세 사이의 아프리카계 미국인 841가정을 표본으로 하여, 지역사회 특성에 따라 행동 통제와 체벌의 효과가 달라진다는 가설을 직접적으로 검토했다. 행동 통제(예: 관찰, 논리적 설명)는 대부분의 지역사회에서 행동 문제 감소와 관련이 있었지만, 더 높은 일탈 행동 비율을 나타내는 지역사회에서 특히 더 강한 연관을 보였다. 행동 문제에는 절도, 폭력, 거짓말, 방화, 강도 등이 포함되었다. 신체적 체벌은 드물게 사용되는 지역에서만 더 많은 행동 문제와 관련이 있었다. 저자들은 아프리카계 미국인 지역사회에서 신체적 체벌을 광범위하게 받아들이고 있기 때문에, 유럽계 미국 아동들에 비해 아프리카계 미국 아동들에게 신체적 체벌이 미치는 차별적 영향이 있다고 결론지었다.

## 같은 양육 방식에 대한 아동들의 해석은 문화마다 다를 수 있다

문화적 특수성 관점에서 세 번째 요점은 개인주의 문화와 집단주의 문화에서 아동들이 권위주의적인 부모의 양육 방식을 각각 다르게 해석한다는 점이다. 여러 연구자(Chao, 1994; Fung, 1999; McLoyd & Smith, 2002)는 집단주의 문화의 아동들이 권위주의적인 양육 방식을 개인주의 문화의 아동들처럼 적대감과 지배의 표시로 해석하지 않는다고 주장했다. 실제로 이러한 행동은, 특히 부모의 희생이나 온정적인 태도와 함께 나타날 때, 부모의 관심, 배려 그리고 개입의 표현으로 해석될 가능성이 더 컸다(Chao, 1994, 2001; McLoyd & Smith, 2002).

이 가설을 직접적으로 검토한 연구는 많지 않다. 아마도 현재까지 이 문제에 대해 가장 많이 인용된 연구인 Mason 등(2004)은 주로 도시지역에 거주하는 고등학생 288명을 표본으로 진행되었다. 학생들은 15개의 질문을 통해 네 가지 전형적인 부모의 통제에 대해 평가했는데, 이 문항들은 주 양육자가 이러한 방식으로 행동할 때 그들이 어떻게 느끼는지에 대한 질문들이었다. 또한 학생들은 자신들이 받았던 부모의 온정성과 통제의 정도를 평가했다. 15개의 정서반응 항목에 대한 요인분석 결과, 각 항목에서 세 가지 요인이 발견되었다. 저자들은 실제 온정성과 부모의 통제에 대한 인식을 통제한 후, 아프리카계 미국인들이 죄책감을 통한 통제("내가 진심으로 엄마를 생각한다면, 엄마가 걱정할 일은 하지 않아야 해.")와 일반적인 통제('시키는 대로 반드시 해야 한다고 주장하는 것')가 사랑과 배려의 표시라고 보고할 가능성이 다른 이들보다 더 높다는 것을 발견했다. 또한 그들은 이런 부모의 행동에 상처를 받거나 화가 났다고 말할 가능성이 적었다. 그러나 '나에게 매우 엄격하다.'라는 규율 질문에 대해 학생들의 정서반응에서는 인종적 차이가 없었으며, 이 항목은 통제되고 조정당하는 느낌이 아니라 긍정적으로 받아들여졌다. 또한 '내가 어디에 있고 무엇을 하고 있는지 정확히 알고 싶어 한다.'라는 간섭에 대한 질문에서도 인종적 차이는 없었는데, 이 항목은 통제되고 조정당하는 부정적인 느낌으로 해석되었다.

## 권위주의적인 부모의 정서적, 인지적 특성은 문화에 따라 다르다

Rudy와 Grusec(2006)은 개인주의 문화에서 집단주의의 가치를 지닌 부모들이 권위주의적 양육을 행할 때, 그 문화 안에서 그들의 방식이 적절하거나 규범적인 것으로 여겨지지 않는다고 말했다. 그러므로 개인주의 문화에서는 권위주의적 양육이 부정적인 부모의 특성으로 보일 수 있는 반면, 집단주의 문화에서는 그렇지 않을 가능성이 높다. 일부 근거들은 개인주의 문화에 속한 사람들에 대해 Rudy와 Grusec(2006)의 주장을 지지한다. Carlson과 Harwood(2003)는 푸에르토리코 출신 어머니들의 소수 표본에서 유아에 대한 부모의 통제는 안전한 애착과 관련이 있음을 발견했고, 반면 유럽계 미국인 어머니들의 표본에서는 회피적인 애착과 관련이 있음을 발견했다. Rudy와 Grusec(2006)은 앵글로 캐나다인들과 이집트, 파키스탄, 인도, 이란 출신의 캐나다인들을 비교했다. 그들의 가설과 일관되게, 앵글로 캐나다인들은 권위주의적인 양육과 온정성 사이에 유의미한 부적 상관관계가 나타났으나, 다른 그룹에서는 유의미하지 않은 상관이 나타났다. 따라서 부모의 통제는 낮은 돌봄을 나타내는 지표라고 할 수 없으며, 집단주의 문화와 개인주의 문화에서 아동·청소년들이 다르게 해석하는 경향이 있다는 근거가 되었다.

## 문화적 보편성의 관점

문화적 특수성 관점에 반해, 일부 연구자들은 권위 있는 양육 방식의 기본적인 특징과 전제가 다양한 문화 집단에서도 일관되게 나타난다고 주장한다(Sorkhabi, 2005; Steinberg, 2001). 문화적 보편성 관점에 따르면, 아동들이 보편적으로 중요한 특성인 자기 통제, 타인에 대한 배려, 주체성을 발달시키기 위해서는 사랑받고, 보호받고, 존중받는 근본적인 욕구가 채워져야 한다는 점을 모두 공유한다(Lamborn & Felbab, 2003). 또한 아동들은 자신이 속한 사회에서 성인에게 요구되는 책임을 감당할 수 있을 만큼 인지적, 정서적으로 성숙해질 때까지 지도와 구조화를 필요로 한다. 따라서 이 관점의 지지자들은 권위 있는 양육 방식에서 제안하는 구체적인 방식이 이러한 보편적인 욕구를 충족시키기 때문에 모든 청소년에게 중요하다고 주장한다(Lamborn & Felbab, 2003). 이러한 기본 전제와 여러 연구는 문화적 특수성 관점에 반대하는 다음 네 가지 주장의 근거가 되었다. ① 개인주의 문화와 집단주의 문화에서 부모의 가치관과 사회화 목표는 비슷하며, 집단주의 문화와 개인주의 문화 간의 엄격한 양육 방식의 차이는 권위주의적인 양육보다는 지시적인 양육(directive parenting)으로 더 잘 설명된다. ② 동일한 양육 방식(예: 권위주의적인 양육)은 서로 다른 문화에서도 청소년들에게 동일한 영향을 미친다. ③ 서로 다른 문화의 아동, 청소년들이 동일한 양육 방식을 동일하게 해석한다. ④ 서로 다른 문화권이라도 권위주의적인 부모들의 정서적, 인지적 특성은 동일하다.

## 양육 방식, 가치, 목표에서의 지시적인 양육과 문화적 유사성

비유럽계 미국인들에 대한 연구에서 나타나는 대부분의 불일치는 Baumrind의 **지시적인 양육**(directive style)으로 설명할 수 있을 것이다. 지시적인 양육 방식은 Baumrind(1991a, 1991b)의 연구에서 나타난 부모 그룹에 의해 예시화되었는데, 이 부모들은 권위 있는 부모와 유사한 정도와 유형의 통제를 하지만, 돌봄과 자율성을 지원하는 점에서는 중간 정도 수준을 보인다. 10세 자녀에게 미치는 그들의 영향은 Baumrind의 자체 자료(Baumrind, Larzelere, & Owens, 2010)에서 권위 있는 부모가 자녀들에게 미치는 영향과 거의 동일하다. Baumrind 등(2010)은 지시적인 부모를 구별하는 여러 측면을 연구했는데, 이들은 권위주의적인 부모들에 비해 부적절한 권위 행사, 심리적 통제, 폭력적 언어, 독단적인 훈육을 할 가능성이 낮았다. 권위 있는 부모와 달리, 지시적인 부모는 반응성에서 평균 수준을 보였다. 또한 이들은 권위주의적인 부모와 마찬가지로 순종과 순응을 사회화의 목표로 삼았다. 그러므로 비유럽계 부모들에게서 관찰된 긍정적인 양육 방식은 권위주의적 양육 방식이 아닌 지시적 양육 방식과 유사하다. 보편적으로 권위주의적 양육 방식은 아동들에게 해로운 영향을 미친다고 우리는 주장한다.

예를 들어, Chao(1994, 2001)는 아시아 부모 양육은 매우 요구적이고, 적당히 온정적이고 돌봄적이며, 순종, 예의, 가족의 명예, 권위에 대한 존중과 같은 강한 가치를 고수한다고 설명하며, 이는 지시적인 양육 방식과 매우 유사하다고 했다. Chao(2000)가 중국계 미국인들이 훈련 지표에서 더 높은 점수를 얻었음을 밝혔지만, 이는 또한 상당수의 유럽계 미국인 부모들도 이러한 원칙을 지지했다는 사실에서 분명하게 나타난다. 훈련을 지지하는 중국계와 유럽계 미국인 부모들은 효도와 학업성취라는 사회화 목표를 지지하는 데 있어서 서로 유의미한 차이를 보이지 않았다.

부모의 양육 유형이 보편적일 것이라는 가정은 다른 연구들도 검증하였다. 여러 연구에서 군집분석과 기타 다변량 절차를 사용하여 자연스럽게 발생하는 패턴을 기준으로 가족들을 실증적으로 분류한 결과, 다른 민족 집단에서도 동일한 기본 양육 방식이 나타났음을 발견했다. 예를 들어, Brenner와 Fox(1999)는 어린 자녀를 가진 1,000명 이상의 어머니들을 세 가지 양육 요인으로 평가한 후에 그 점수를 군집분석 절차에 적용했다. 그들은 Baumrind의 양육 방식과 유사한 네 가지 그룹 유형을 도출했는데, 이 유형은 다양한 민족 집단에 걸쳐 나타났다. 또한 권위 있는 부모들의 교육수준이 가장 높았으며, 자녀의 행동 문제를 보고할 가능성이 가장 낮았다. 도시에 사는 아프리카계와 멕시코계 미국 청소년들을 대상으로 한 좀 더 정교한 방법론적 연구에서는 군집분석을 사용하여 두 그룹 모두에서 Baumrind의 양육 방식과 유사한 네 가지 양육 유형을 발견했다(Gorman-Smith, Tolan, Henry, & Florsheim, 2000). 그들은 각각 뛰어난 기능을 가진 그룹, 과업 지향적인 그룹, 어려움을 겪는 그룹, 중간 정도의 기능을 가진 네 그룹으로 분류했다. 뛰어난 기능을 가진 부모들은 Baumrind의 지시적인 양육 방식과 유사한 면이 있었는데, 이들은 권위 있는 양육 유형과 비슷했지만 전형적인 권위 있는 부모들보다 반응성이 낮고(정서적 초점), 훈육에 더 초점을 맞추었다. 이와 마찬가지로, Mandara와 Murray(2002)의 연구에서도 '응집력 있는 권위 있는 부모'들은 본질적으로 지시적인 양육 방식을 사용하고 있었다. 이들은 전형적인 권위 있는 부모들과 동일한 특성을 보였지만, 더 훈육을 많이 하고 (자녀의 요구에 반응하지 않는) 낮은 반응성을 보이는 경향이 있었다.

## 양육 방식의 효과는 집단주의 문화와 개인주의 문화에서 유사하다

문화적 보편성 관점에서는 다양한 문화 및 민족 집단에 걸쳐서 권위 있는 양육 방식의 긍정적인 효과가 유사하게 나타난다고 말한다. 이 관점에 영향을 미친 것은 자녀의 행동에서 공동체성(communion)과 주체성(agency) 간의 균형과 부모-자녀 상호작용에서의 상호성이 중요하고 개인주의 문화와 집단주의 문화 모두에서 관련이 있을 수 있다는 점이다(Sorkhabi & Baumrind, 2009). Sorkhabi와 Baumrind(2009)가 지적했듯이, 주체적이고 독립적인 행동은 아동-청소년의 주도성을 위해서뿐만 아니라 부모의 지시에 순종하고 사회적 요구에 적응하기 위해서도 필요하다. 집단주의 문화에서는 다른 집단 구성원의 이익을 위해 봉사하고 생산적인 사회구성원이 되는 것을 가치 있게 생각하는데, 이를 위해 아동에게는 일정 수준의 자립심과 독립성이 필요하다. 그러므로 개인주의 문화와 집단주의 문화 모두에서, 아동의 주체성을 훼손시키지 않고 공동체성을 촉진하는 권위 있고 지시적 양육 방식은 이섬이 있다. 그러나 허용적 부모와 권위주의적 부모는 자녀와 상호작용을 하지 않기 때문에 주체성과 공동체성 모두를 저해한다. 아이들은 상호작용을 통해 사회 규칙의 목적이나 성인으로서 요구되는 행동에 대해 생각해 보고, 순종과 순응이 그 상황에 적절한지, 반대로 이의를 제기하고 불순종하는 것이 적절한지를 비판적으로 평가하고 구별할 수 있게 하기 때문이다.

상호성의 원칙을 확장하여 권위주의적 양육과 허용적 양육의 부정적인 효과와 권위 있는 양육 및 지시적 양육의 긍정적인 효과를 설명한다면, 권위주의적인 부모와 허용적인 부모가 자녀의 필요, 능력, 개성을 이해하거나 수용하지 못함으로써 상호성의 원칙을 위반한다는 점이 분명하다. 예를 들어, 권위주의적 부모는 자녀가 친밀감을 위한 행동을 할 때 반응하지 않고(예: 낮은 온정성) 언어적 상호작용을 하지 않음으로써 상호성의 원칙을 위반한다. 권위주의적인 부모는 자녀의 의견을 물어보지 않고, 언어적 적대감이나 과도한 체벌 등과 같은 다양한 방법으로 자녀의 의견을 적극적으로 억압한다. 마찬가지로, 허용적인 부모는 자녀와 지속적인 언어적 상호작용을 하지 않으며, 권위주의적인 부모처럼 처벌하거나 언어적으로 적대적인 태도를 취하지 않고, 단순히 철수하거나 자녀의 의견을 받아들이기는 하나 적절한 반응을 보이지 않거나 진지하게 여겨 주지 않는다. 이는 특히 아이들이 부모의 의견과 다르거나 비판적일 때 더욱 그렇다(Caughlin & Malis, 2004; Lichtwarck-Aschoff, Kunnen, & van Geert, 2009). 권위 있고 지시적인 부모는 필요할 때 직면을 하기도 하지만, 상호성의 원칙을 위반하지 않는다. 왜냐하면 이들은 언어적 상호작용을 하고, 부모에게 순종하도록 하기 위해 이유를 설명해 주며, 자녀의 의견에 귀 기울이고, 결과적으로 자녀가 부모의 의견에 귀 기울이도록 하는 일련의 양육 방식을 사용하기 때문이다. 권위 있고 지시적인 양육 유형은 개인주의 문화와 집단주의 문화 모두에서 최적의 방식이어야 한다. 왜냐하면 양측이 서로의 관점에 귀 기울이고 서로를 배려할 때 갈등과 오해가 생길 가능성이 최소화되고 정보에 근거한 행동이 극대화되기 때문이다.

이 주장을 뒷받침하면서, Dornbusch 등(1987)과 Steinberg 등(1991, 1994)의 양육 유형에 대한 연구에서는 권위 있는 양육 방식이 모든 민족적 배경의 청소년들의 정신건강과 행동 문제 감소에 상관관계가 있음을 발견했다. 이 연구들은 아프리카계 미국인과 아시아계 미국인의 일부 하위 그룹에서 권위 있는 양육과 권위적인 양육이 자녀의 평균 학점에 단순한 차이를 만든다는 점은 발견하지 못했다. 여러 다른 연구들에서도 권위 있는 양육은 아시아계 아동에게 긍정적인 영향을 미친다는 증거를 제시했다(Ang, 2006; Florsheim, 1997; Garg, Levin, Urajnik, & Kauppi, 2005; Kim & Gim Chung, 2003; Radziszewska, Richardson, Dent, & Flay, 1996). 최근 연구 중, 85명의 중국계 이민자 어머니들을 대상으로 한 연구에서는, 권위 있는 양육을 하는 것이 아동의 자기조절 능력, 교사로부터 받은 행동평가와 정적 상관관계가 있음을 발견했다(Cheah, Leung, Tahseen, & Schultz, 2009).

다른 연구에서도 아프리카계 미국인 청소년들을 대상으로 권위 있는 양육 방식이 책임 있는 행동과 정신건강에 긍정적인 영향을 미친다는 유사한 결과를 발견했다. 어린 자녀를 둔 108명의 아프리카계 미국인 어머니들을 대상으로 한 연구에서는 권위 있는 양육 방식이 권위주의적인 또는 허용적인 양육 방식보다 자녀의 바람직한 행동을 더 강하게 예측하는 요인이었으며, 이는 여러 사회경제적 요인을 통제한 이후에도 동일한 결과를 보였다(Querido, Warner, & Eyberg, 2002). 이와 마찬가지로, Mandara와 Murray(2002)의 연구에서는 권위 있고 결속력이 있는(지시적인) 유형의 부모를 가진 청소년 자녀들은 권위주의적이고 방임적인 부모의 자녀들보다 정신건강, 자존감, 민족 정체성을 측정했을 때 유의미하게 높은 점수를 보였다. 사회경제적 요인과 부모의 결혼상태를 통제한 이후에도 이러한 결과는 일관되게 나타났다. Gorman-Smith 등(2000)은 내재화 행동과 외현화 행동에서도 유사한 결과를 발견했다. 따라서 초기 양육 방식 연구와 일관되게, 현재까지의 거의 모든 연구 결과에서 권위 있는 부모와 지시적 부모를 둔 아프리카계 및 아시아계 미국 청소년들은 그렇지 않은 부모를 둔 청소년들에 비해 행동과 정신건강에서 유의미하게 더 나은 결과를 보였다.

일부 연구에서는 성취의 영역에서도 유사한 효과가 있음이 밝혀졌다. Taylor, Hinton과 Wilson(1995)은 5~18세의 아프리카계 미국인을 대상으로 한 전국적 대규모 표본을 사용한 연구에서, 권위 있는 양육을 하는 부모의 청소년 자녀들이 권위주의적이거나 허용적인 부모의 청소년 자녀들보다 더 성적이 높음을 알아냈다. Attaway와 Bry(2004)는 아프리카계 미국인 어머니들이 가진 권위주의적인 통제에 대한 신념과 청소년 자녀의 평균 학점 간에 부적 상관이 있다고 밝혀냈다. Gorman-Smith 등(2000)의 연구에서는 기능을 매우 잘하는(예: 지시적인) 부모를 가진 아프리카계와 멕시코계 미국인 청소년들이 같은 민족집단 내에서 다른 청소년들에 비해 교육적 목표, 학교생활에서의 긍정적인 태도를 측정했을 때 네 차례의 측정에 걸쳐 더 높은 결과를 보였다. 따라서 기존의 증거들은 Baumrind의 양육 유형이 청소년의 정신건강, 행동, 성취의 영역에서 영향을 미친다는 것을 보여 준다.

## 권위주의적인 양육은 집단주의 문화와 개인주의 문화에서 비슷하게 이해된다

문화적 보편성 관점에서 또 다른 중요한 원칙은 권위주의적 양육이 집단주의 문화와 개인주의 문화의 아동들에게 유사한 방식으로 이해된다는 점이다. 이 관점의 지지자들은 집단주의 문화의 아동들이 권위주의적 양육 방식을 부정적으로 해석하고 평가한다고 말한다(Sorkhabi, 2005). 기존 문헌에 따르면, 아동들이 권위주의적인 양육 방식과 수치심, 사회에서의 비교, 경멸적인 귀인, 가족 명예를 강조함, 아동의 자율성을 독단적으로 억압하는 것 같은 요소들을 평가하고 해석하는데 집단주의 문화에서 자란 아동들은 권위주의적인 부모의 통제를 부모의 사랑, 관심, 참여로 인식하지 않고 거절, 적대감, 단절로 받아들이는 경향이 있었다. 게다가 권위주의적인 통제에 대한 아동들의 인식은 가족 간 및 부모-자녀 갈등과는 정적 상관이 있는 반면, 집단주의 문화의 핵심적 가치로 여겨지는 화합과 결속력과는 부적 상관이 있었다. 예를 들어, Rohner와 Pettengill(1985)의 연구에서 한국 청소년들은 권위주의적인 통제를 부모의 적대감과 거절의 표시로 인식하는 반면, 권위 있는 통제는 부모의 온정성과 참여의 표시로 인식했다. 이와 마찬가지로, Lau와 Cheung(1987)은 홍콩의 고등학생들이 합리적인 목적 없이 청소년의 활동을 제한하는 권위주의적인 부모의 통제를 경험한 경우, 가족 내 갈등이 더 많다고 보고했다.

이러한 권위주의적 통제는 가족 간 화합이나 결속과도 부적 상관을 보인다. McNeely와 Barber(2010)의 흥미로운 연구에서는 여러 문화권(인도, 방글라데시, 중국, 보스니아, 팔레스타인, 독일, 미국, 콜롬비아, 남아프리카, 호주)에서 청소년들이 생각하는 지지적이고 사랑이 넘치는 부모의 양육에 대한 자발적인 의견들을 조사했다. 청소년들은 부모가 자신을 사랑한다고 느끼게 하기 위해 부모가 해야 할 25가지 행동과 하지 말아야 할 25가지 행동을 제시했다. 이 25가지 행동은 정서적이고 동반자적인 지지, 실질적인 지원, 도덕적인 지도와 조언, 자유를 허용하기, 그리고 청소년에 대한 존중과 신뢰를 보여 주기로 분류되었다. McNeely와 Barber는 개인주의 문화와 집단주의 문화의 청소년 중 46%가 부모의 포옹과 뽀뽀 같은 신체적인 애정표현을 포함한 부모의 정서적 지원과 동반자적인 지지를 통해 부모의 사랑과 관심을 느낀다고 했다. 또한 청소년들은 부모의 통제를 사랑과 지지의 표현이라고 믿었다. 그러나 부모의 통제를 처벌적인 경우와 필요한 경우로 구별했다. 처벌적인 통제는 부모가 소리를 지르거나, 때리거나, 정신적 또는 신체적으로 스트레스를 주는 경우를 말하며, 필요한 통제란 부모가 청소년에게 책임이나 의무를 부여하거나 훈육하거나 교훈이나 조언, 지침을 제공하거나 자녀의 행동을 지켜보거나 제한 설정을 하는 것, 그리고 자녀의 미래나 어디에 가 있는지에 관심을 가지고 걱정을 하는 경우이다. 따라서 다양한 문화권의 청소년들은 권위주의적 부모의 양육 방식과 일치하는 처벌적인 부모의 통제, 낮은 반응성, 낮은 애정을 합리적인 부모의 통제와 구별한다. 합리적인 부모의 통제는 충분히 반응적이고 온정적인 권위 있고 지시적인 부모의 양육 방식이다.

## 개인주의 문화와 집단주의 문화에서 권위주의적인 양육은 부모의 부정적인 정서적, 인지적 특성과 상관관계가 있다

문화적 특수성의 관점에서는 집단주의 문화에서 권위주의적 양육이 부모의 긍정적인 정서적, 인지적 특성과 관련이 있다고 여기는 반면, 집단주의 문화와 개인주의 문화 모두에서 권위주의적 양육이 부모의 심리적 고통, 부정적 정서, 그리고 부정적인 가족역동과 관련이 있다는 증거가 있다. Rudy와 Grusec(2001)은 이집트계 캐나다인과 앵글로계 캐나다인인 권위주의적 부모를 대상으로 부모의 온정성, 자녀의 부적절한 행동에 대한 인지적 귀인, 부모의 분노라는 측면에서 비교 연구를 진행했다. 그들은 자신의 가설과는 달리, 두 문화에서 모두 권위주의적 양육이 분노 및 낮은 온정성과 관련이 있음을 발견했다. Chang, Lansford, Schwartz와 Farver(2004)는 홍콩에서 권위주의적 양육이 어머니의 심리적 고통과 우울, 잦은 부부갈등과 관련이 있음을 발견했다. Cheah 등(2009)은 심리적 행복 수준이 높고 양육 스트레스가 낮으며 사회적 지지를 많이 받고 있는 중국계 이민자 어머니들이 권위 있는 양육 방식을 할 가능성이 높음을 발견했다. 아시아 인도계 어머니들을 대상으로 한 연구에서 Sharma, Sharma와 Yadava(2010)는 권위주의적 양육이 어머니의 우울증과 유의미한 정적 상관이 있음을 발견했다. 따라서 여러 연구는 대부분의 문화권에서 권위주의적 양육과 그와 관련된 양육 방식이 부모의 부정적인 정서적, 경제적 상황과 관련이 있음을 보여 주고 있다.

## 결론

대부분의 증거는 Baumrind의 네 가지 부모 유형인 권위주의적 부모, 권위 있는 부모, 허용적 부모, 방임적 부모가 지금까지 평가된 모든 문화 집단에서 나타난다고 말한다. 지시적 유형이 포함된다면, 양육 유형은 개인주의 문화와 집단주의 문화에서의 다양성을 더욱 잘 설명하게 된다. 실제로, 지시적 유형을 포함하는 것은 비유럽계 미국인에 대한 연구에서 많은 불일치를 명확히 하는 데 도움이 될 것이다. 이 분야는 네 가지 양육 유형을 넘어서서 지시적 유형과 다른 유형들도 포함할 필요가 있다. 지시적인 양육 유형을 포함한 모든 범위의 양육 유형을 통합하는 것은 문화 내에서 다양한 양육 형태를 식별하는 데 유용하며, 이를 통해 보다 효과적으로 문화 내 아동 발달 차이를 설명하고 문화 간 비교를 보다 정확하고 세밀하게 수행할 수 있다. 또한 다양한 문화에서 부모 양육 유형의 범위, 특히 권위주의적 양육 유형과 지시적 양육 유형에 관련된 부모의 목표와 가치를 연구하는 것도 유익할 것이다.

근거를 검토해 본 결과, 지금까지 연구된 모든 문화 집단에서 권위 있는 양육과 지시적 양육의 긍정적인 효과가 강력하고 확고함이 분명히 드러났다. 권위 있는 양육 또는 지시적인 양육을 받고 자란 청소년들은 가족의 인구학적 요인을 고려한 후에도 민족적 배경과 상관없이, 연구자들이 측정한 거의 모든 영역에서 더 나은 결과를 보였다. 그러나 또 다른 연구 결과에 따르면, 일부 비유럽계 미국인 그룹, 특히 아프리카계 및 아시아계 미국인은 유럽계 미국 청소년들에 비해서 엄격한 양육으로 인한 부정적인 영향을 덜 받는 것으로 나타났다. 이 연구 결과는 많은 연구자에 의해 권위주의적 양육이 특정 집단에게는 최적이라는 의미로 잘못 해석된 것으로 보인다. 뿐만 아니라 문화적 보편성의 관점을 가진 연구자들은 보다 객관적인 결과 측정 도구(공식적인 학교 성적, 사회계량적 또래 및 교사 보고서)를 활용했으며, 또한 Baumrind의 양육 유형 운영과 일치하는 보다 신뢰롭고 타당한 양육 유형 측정 도구를 사용했기 때문에, 문화 특수성의 관점보다 문화 보편성의 관점에서 사용된 연구 방법론이 보다 타당한 것으로 보인다. 또한 독립 변수와 종속 변수의 데이터가 동일한 출처에서 수집되는 공동출처분산(shared source variance)은 문화 특수성 관점보다 문화 보편성 관점에서 덜 중요한 문제로 여겨진다.

향후 연구에서는 대부분의 집단주의 문화에서 최적의 양육 유형이 Baumrind가 처음 말한 순수한 권위 있는 양육 유형인지, 아니면 Baumrind의 유럽계 미국인 표본 연구나 다른 연구자들의 다양한 표본 분석에서 나타난 지시적 양육 유형인지를 평가할 필요가 있다. 문화 간 비교에 집중하는 연구를 통해 연구 표본집단에서 특정한 양육 유형이 만연하다는 정확하지 않은 결론으로 서로 다른 문화를 균질화시켜 버리는 문제를 방지하기 위해, 향후 연구에서는 발달적 결과와 관련하여 양육 유형의 문화 내 변이를 조사해야 한다.

이 검토를 근거로, 개인주의 문화의 아동들과 마찬가지로 집단주의 문화의 아동들도 처벌적이고 독단적이며 강압적인 권위주의적 통제와 비처벌적이고 합리적이며 아동의 개성을 존중하는 지시적이고 권위 있는 통제를 구별할 수 있다는 결론에 이르렀다. 그러나 정서적 친밀감이나 반응성은 문화적으로 특수한 요소이다. 신체적인 애정표현만이 부모가 자녀에게 사랑을 표현하고 친밀한 정서적 유대감을 형성하는 유일한 방법은 아니다. 다양한 문화에서 청소년들이 권위주의적 양육, 지시적 양육, 권위 있는 양육, 허용적 양육 유형의 차이를 어떻게 평가하고 해석하는지, 그리고 이러한 해석의 차이가 발달적 결과에 어떠한 영향을 미치는지 조사하는 연구가 추가적으로 필요하다. 그러나 특정 문화 집단이 반응성을 어떻게 정의하고 표현하는지와 무관하게, 아동이 성인으로 성장하는 과정에서 사랑받고 존중받으며 확실한 지도를 받아야 한다는 권위 있는 양육 모델의 기본적인 전제는 모든 아동에게 적용되는 것으로 보인다.

## 참고문헌

Ang, R. P. (2006). Effects of parenting style on personal and social variables for Asian adolescents. *American Journal of Orthopsychiatry, 76,* 503-511. doi:10.1037/0002-

9432.76.4.503

Attaway, N. M., & Bry, B. H. (2004). Parenting styles and black adolescents' achievement. *Journal of Black Psychology, 30,* 229-247. doi:10.1177/0095798403260720

Baumrind, D. (1967). Child care practices anteceding three patterns of preschool behavior. *Genetic Psychology Monographs, 75,* 43-88.

Baumrind, D. (1971). Current patterns of parental authority. *Developmental Psychology Monographs, 4* (1, Pt. 2), 1-103.

Baumrind, D. (1972). An exploratory study of socialization effects on black children: Some Black-White comparisons. *Child Development, 43,* 261-267. doi:10.2307/1127891

Baumrind, D. (1991a). Effective parenting during the early adolescent transition. In P. E. Cowan & E. M. Hetherington (Eds.), *Advances in family research* (Vol. 2, pp. 111-163). Hillsdale, NJ: Erlbaum.

Baumrind, D. (1991b). The influence of parenting style on adolescent competence and substance use. *The Journal of Early Adolescence, 11,* 56-95. doi:10.1177/0272431691111004

Baumrind, D., Larzelere, R. A., & Cowan, P. (2002). Ordinary physical punishment-Is it harmful? *Psychological Bulletin, 128,* 580-589.

Baumrind, D., Larzelere, R. E., & Owens, E. B. (2010). Effects of preschool parents' power assertive patterns and practices on adolescent development. *Parenting: Science and Practice, 10,* 157-201. doi:10.1080/15295190903290790

Brenner, V., & Fox, R. A. (1999). An empirically-derived classification of parenting practices. *The Journal of Genetic Psychology: Research and Theory on Human Development, 160,* 343-356. doi:10.1080/00221329909595404

Carlson, V. J., & Harwood, R. L. (2003). Attachment, culture, and the caregiving system: The cultural patterning of everyday experiences among Anglo and Puerto Rican mother-infant pairs. *Infant Mental Health Journal, 24*(1), 53-73. doi:10.1002/imhj.10043

Caughlin, J. P., & Malis, R. S. (2004). Demand/withdraw communication between parents and adolescents: Connections with self-esteem and substance use. *Journal of Social and Personal Relationships, 21*(1), 125-148. doi:10.1177/0265407504039843

Cernkovich, S. A., & Giordano, P. C. (1987). Family relationships and delinquency. *Criminology, 25,* 295-319. doi:10.1111/j.1745-9125.1987.tb00799.x

Chang, L., Lansford, J. E., Schwartz, D., & Farver, J. M. (2004). Marital quality, maternal depressed affect, harsh parenting, and child externalizing in Hong kong Chinese families. *International Journal of Behavioral Development, 28,* 311-318. doi:10.1080/01650250344000523

Chao, R. K. (1994). Beyond parental control and authoritarian parenting style: Understanding Chinese parenting through the cultural notion of training. *Child Development, 65,* 1111-1119. doi:10.2307/1131308

Chao, R. K. (2000). The parenting of immigrant Chinese and European American mothers: Relations between parenting styles, socialization goals, and parental practices. *Journal of Applied Developmental Psychology, 21,* 233-248. doi:10.1016/S0193-3973(99)00037-4

Chao, R. K. (2001). Extending research on the consequences of parenting style for Chinese Americans and European Americans. *Child Development, 72,* 1832- 1843. doi:10.1111/1467-8624.00381

Cheah, C. S. L., Leung, C. Y. Y., Tahseen, M., & Schultz, D. (2009). Authoritative parenting among immigrant Chinese mothers of preschoolers. *Journal of Family Psychology, 23,* 311-320. doi:10.1037/a0015076

Deater-Deckard, K., Dodge, K. A., Bates, J. E., & Pettit, G. S. (1996). Physical discipline among African American and European American mothers: Links to children's externalizing behaviors. *Developmental Psychology, 32,* 1065-1072. doi:10.1037/0012-1649.32.6.1065

Dornbusch, S. M., Ritter, P. L., Leiderman, P. H., Roberts, D. F., & Fraleigh, M. J. (1987). The relation of parenting style to adolescent school performance. *Child Development, 58,* 1244-1257. doi:10.2307/1130618

Florsheim, P. (1997). Chinese adolescent immigrants: Factors related to psychosocial adjustment. *Journal of Youth and Adolescence, 26,* 143-163. doi:10.1023/A:1024548430764

Forehand, R., & Kotchick, B. A. (1996). Cultural diversity: A wakeup call for parent training. *Behavior Therapy, 27,* 187-206. doi:10.1016/S0005-7894(96)80014-1

Fung, H. (1999). Becoming a moral child: The socialization of shame among young Chinese children. *Ethos, 27,* 180-209. doi:10.1525/eth.1999.27.2.180

Garcia Coll, C., & Vasquez Garcia, H. A. (1995). Hispanic children and their families: On a different track from the very beginning. In H. E. Fitzgerald, B. M. Lester, & B. S. Zuckerman (Eds.), *Children of poverty: Research, health, and policy issues* (Vol. 23, pp. 57-83). New York, NY: Garland.

Garcia Coll, C., & Pachter, L. M. (2002). Ethnic minority parenting. In M. H. Bornstein (Ed.), *Handbook of parenting. Vol. 4: Social conditions and applied parenting* (pp. 1-46). Mahwah, NJ: Erlbaum.

Garg, R., Levin, E., Urajnik, D., & Kauppi, C. (2005). Parenting style and academic achievement in East Indian and Canadian adolescents. *Journal of Comparative Family Studies, 36,* 653-661.

Gorman-Smith, D., Tolan, P. H., Henry, D. B., & Florsheim, P. (2000). Patterns of family functioning and adolescent outcomes among urban African American and Mexican American families. *Journal of Family Psychology, 14,* 436-457. doi:10.1037/0893-3200.14.3.436

Gunnoe, M. L., & Mariner, C. L. (1997). Toward a developmental-contextual model of the effects of parental spanking on children's aggression. *Archives of Pediatrics & Adolescent Medicine, 151,* 768-775. doi:10.1001/archpedi.1997.02170450018003

Ispa, J. M., Fine, M. A., Halgunseth, L. C., Harper, S., Robinson, J., Boyce, L., . . . Brady-Smith, C. (2004). Maternal intrusiveness, maternal warmth, and mother-toddler relationship outcomes: Variations across low-income ethnic and acculturation groups. *Child Development, 75,* 1613-1631. doi:10.1111/j.1467-8624.2004.00806.x

Kim, H., & Gim Chung, R. H. (2003). Relationship of recalled parenting style to self-perception in korean American college students. *The Journal of Genetic Psychology: Research and Theory on Human Development, 164,* 481-492. doi: 10.1080/00221320309597891

Lamborn, S. D., & Felbab, A. J. (2003). Applying ethnic equivalence and cultural values models to African-American teens' perceptions of parents. *Journal of Adolescence, 26*, 601-618. doi:10.1016/S0140-1971(03)00059-9

Lamborn, S. D., Mounts, N. S., Steinberg, L., & Dornbusch, S. M. (1991). Patterns of competence and adjustment among adolescents from authoritative, authoritarian, indulgent and neglectful families. *Child Development, 62*, 1049-1065. doi:10.2307/1131151

Lau, S., & Cheung, P. C. (1987). Relation between Chinese adolescents' perception of parental control and organization and their perception of parental warmth. *Developmental Psychology, 23*, 726-729. doi:10.1037/0012-1649.23.5.726

Le Vine, R. A. (2009). Socialization of the child. In R. A. Shweder (Ed.), *The child: An encyclopedic companion* (pp. 929-933). Chicago, IL: University of Chicago Press.

Lichtwarck-Aschoff, A., Kunnen, S. E., & van Geert, P. L. C. (2009). Here we go again: A dynamic systems perspective on emotional rigidity across parent- adolescent conflicts. *Developmental Psychology, 45*, 1364-1375. doi:10.1037/a0016713

Lindahl, K. M., & Malik, N. M. (1999). Marital conflicts, family processes, and boys' externalizing behavior in Hispanic American and European American Families. *Journal of Clinical Child Psychology, 28*(1), 12-24. doi:10.1207/s15374424jccp2801_2

Mandara, J., & Murray, C. B. (2002). The development of an empirical typology of African American family functioning. *Journal of Family Psychology, 16*, 318-337. doi:10.1037/0893-3200.16.3.318

Markus, H. R. (2008). Pride, prejudice, and ambivalence: Toward a unified theory of race and ethnicity. *American Psychologist, 63*, 651-670. doi:10.1037/0003-066X.63.8.651

Mason, C. A., Cauce, A. M., Gonzales, N. A., & Hiraga, Y. (1996). Neither too sweet nor too sour: Problem peers, maternal control and problem behaviors in African American adolescents. *Child Development, 67*, 2115-2130. doi:10.2307/1131613

Mason, C. A., Walker-Barnes, C. J., Tu, S., Simons, J., & Martinez-Arrue, R. (2004). Ethnic differences in the affective meaning of parental control behaviors. *The*

*Journal of Primary Prevention, 25,* 59-79. doi:10.1023/B:JOPP.0000039939.83804.37

Matsumoto, D., & Juang, L. (2003). *Culture and psychology* (3rd ed.). Belmont, CA: Wadsworth/Thomson Learning.

McLoyd, V. C., & Smith, J. (2002). Physical discipline and behavior problems in African American, European American, and Hispanic children: Emotional support as a moderator. *Journal of Marriage and Family, 64,* 40-53. doi:10.1111/j.1741-3737.2002.00040.x

McNeely, C. A., & Barber, B. K. (2010). How do parents make adolescents feel loved? Perspectives on supportive parenting from adolescents in 12 cultures. *Journal of Adolescent Research, 25,* 601-631. doi:10.1177/0743558409357235

Ogbu, J. U. (1981). Origins of human competence: A cultural-ecological perspective. *Child Development, 52,* 413-429. doi:10.2307/1129158

Pettit, G. S., Bates, J. E., & Dodge, K. A. (1997). Supportive parenting, ecological context, and children's adjustment: A seven-year longitudinal study. *Child Development, 68,* 908-923.

Polaha, J., Larzelere, R. E., Shapiro, S. K., & Pettit, G. S. (2004). Physical discipline and child behavior problems: A study of ethnic group differences. *Parenting: Science and Practice, 4,* 339-360. doi:10.1207/s15327922par0404_6

Querido, J. G., Warner, T. D., & Eyberg, S. M. (2002). Parenting styles and child behavior in African American families of preschool children. *Journal of Clinical Child and Adolescent Child Psychology, 31,* 272-277. doi:10.1207/153744202753604548

Radziszewska, B., Richardson, J. L., Dent, C. W., & Flay, B. R. (1996). Parenting style and adolescent depressive symptoms, smoking, and academic achievement: Ethnic, gender, and SES differences. *Journal of Behavioral Medicine, 19,* 289-305. doi:10.1007/BF01857770

Rohner, R. P., & Pettengill, S. M. (1985). Perceived parental acceptance-rejection and parental control among korean adolescents. *Child Development, 56,* 524-528. doi:10.2307/1129739

Rudy, D., & Grusec, J. E. (2001). Correlates of authoritarian parenting in individualist and collectivist cultures and implications for understanding the transmission of values. *Journal of Cross-Cultural Psychology, 32,* 202-212. doi:10.1177/0022022101032002007

Rudy, D., & Grusec, J. E. (2006). Authoritarian parenting in individualist and collectivist group: Associations with maternal emotion and cognition and children's self-esteem. *Journal of Family Psychology, 20,* 68-78. doi:10.1037/0893-3200.20.1.68

Sharma, M., Sharma, N., & Yadava, A. (2010). Depression in relation to parenting style and self-efficacy among female adolescents. *Indian Journal of Community Psychology, 6,* 208-220.

Simons, R. L., Kuei-Hsiu, L., Gordon, L. C., Brody, G. H., Velma, M., & Conger, R. D. (2002). Community differences in the association between parenting practices and child conduct problems. *Journal of Marriage and Family, 64,* 331-345. doi:10.1111/j.1741-3737.2002.00331.x

Smith, C., & Krohn, M. D. (1995). Delinquency and family life among male adolescents: The role of ethnicity. *Journal of Youth and Adolescence, 24,* 63-93. doi:10.1007/BF01537561

Sorkhabi, N. (2005). Applicability of Baumrind's parent typology to collective cultures: Analysis of cultural explanations of parent socialization effects. *International Journal of Behavioral Development, 29,* 552-563. doi:10.1080/01650250500172640

Sorkhabi, N., & Baumrind, D. (2009). Authority and obedience. In R. A. Shweder (Ed.), *The child: An encyclopedic companion* (pp. 81-86). Chicago, IL: University of Chicago Press.

Steinberg, L. (2001). We know some things: Parent-adolescent relationships in retrospect and prospect. *Journal of Research on Adolescence, 11,* 1-19. doi:10.1111/1532-7795.00001

Steinberg, L., Dornbusch, S. M., & Brown, B. B. (1992). Ethnic differences in adolescent achievement: An ecological perspective. *American Psychologist, 47,* 723-729. doi:10.1037/0003-066X.47.6.723

Steinberg, L., Lamborn, S. D., Darling, N., Mounts, N. S., & Dornbusch, S. M. (1994). Over-time changes in adjustment and competence among adolescents from authoritative, authoritarian, indulgent, and neglectful families. *Child Development, 65,* 754-770. doi:10.2307/1131416

Steinberg, L., Mounts, N. S., Lamborn, S. D., & Dornbusch, S. M. (1991). Authoritative parenting and adolescent adjustment across varied ecological niches. *Journal of Research on Adolescence, 1,* 19-36.

Straus, M. A. (2000). Corporal punishment and primary prevention of physical abuse. *Child Abuse & Neglect, 24,* 1109-1114. doi:10.1016/S0145-2134(00)00180-0

Taylor, L. C., Hinton, I. D., & Wilson, M. N. (1995). Parental influences on academic performance in African American students. *Journal of Child and Family Studies, 4,* 293-302. doi:10.1007/BF02233964

Triandis, H. C. (1995). The self and social behavior in differing cultural contexts. In N. R. Goldberger & J. B. Veroff (Eds.), *The culture and psychology reader* (pp. 326-365). New York, NY: New York University Press.

Valdes, G. (1996). *Con respeto: Bridging the distances between culturally diverse families and schools: An ethnographic portrait.* New York, NY: Teachers College Press.

Weiss, L. H., & Schwarz, J. C. (1996). The relationship between parenting types and older adolescents' personality, academic achievement, adjustment, and substance use. *Child Development, 67,* 2101-2114. doi:10.2307/1131612

제6장

# 보편적인 부모-청소년 갈등의 발생 및 적응성: Baumrind의 사회화 이론과 인지 사회 영역 이론

Nadia Sorkhabi

Baumrind의 부모 유형과 부모-청소년 갈등의 발생 및 적응성 간의 연관성을 직접적으로 탐구한 연구는 놀라울 정도로 적다. 이 장에서는 Baumrind의 사회화 이론과 연구를 활용하여 부모와 청소년 간 갈등이 발생하는 방식을 분석하고, 일상적인 부모-청소년 갈등이 적응적인지 여부와 시점을 검토하며, 아직은 연구가 미비한 이 분야에서 향후 탐구 방향을 제시하고자 한다. 갈등의 발생 방식에 대해 인지 사회 영역 이론(cognitive social domain theory; 예: Smetana, 2002)을 비롯한 청소년기에 대한 많은 이론과 연구는 권위를 유지하려는 부모의 목표와 자율성을 원하는 청소년의 목표가 양립할 수 없다는 것을 강조하며 이를 갈등이 발생하는 한 가지 방식으로 제시한다. 그러나 Baumrind의 부모 양육 유형을 고려할 때, 부모-청소년 갈등이 발생하는 이유는 훨씬 더 넓은 범위에서 나타난다. 모든 부모가 권위를 갖는 것을 목표로 하지는 않으며, 자녀를 강압적인 방식으로 통제하려고 하거나 부모로서 가진 권위를 행사하고 주장하는 것은 아니기 때문이다. 또한 모든 청소년이 자율성을 위해 부모의 권위에 저항하는 것도 아니다. 갈등의 적응 가능성(adaptiveness)에 관하여, 나는 청소년들이 부모의 권위에 저항하는 것이 일부 사회화 이론과 연구에서 제안한 바와 같이(예: Smetana, 1995a) 부모가 자율성을 허용하고 통제를 포기하는 결과로 이어진다는 주장에 대해, 이를

Baumrind의 부모 유형(parenting styles)을 통해 재검토할 필요가 있다고 결론지었다. 이러한 분석은 서로 다른 부모 유형을 가진 부모들이 청소년들의 저항과 일상적인 갈등을 해석하고 반응하는 방식이 각기 다르다는 점을 보여 준다. 갈등의 적응 가능성에 대한 두 번째 결론은, 부모들이 청소년의 활동 영역이나 분야 전반에서 통제를 행사하는 방식에 일정한 패턴이 있다는 점이다. 이 패턴은 부모가 규제하는 구체적인 영역이나 내용만큼이나 중요하다. 이는 Smetana(1997), Grusec와 Davidov(2010) 등 인지 사회 영역 이론가들이 강조한 바와 일치한다.

갈등의 발생과 관련하여, 인지 사회 영역 이론가들(예: Nucci, 2008; Smetana, 2005)은 Piaget(1932)의 이론을 바탕으로 설명한다. Piaget는 부모와 자녀 간의 자연스러운 권력 차이가 아동들이 자아중심적 경향을 충분히 극복하고, 자율적이고 도덕적인 이성적 사고(reasoning)에 필요한 평등의 원칙을 이해하는 데 중대한 장애물이 된다는 내용을 이론화했다. Piaget는 또래와의 평등한 사회적 관계가 아동들에게 평등의 원칙을 추상화하고 부모의 권위라는 장애를 극복할 경험적 기반을 제공한다고 강조했다. 이와 유사하게 영역 이론가들(예: Smetana, 1995a, 1997, 2002)은 평등한 관계를 청소년 발달의 중요한 요소로 간주하며, 부모-청소년 갈등은 부모의 통제와 권위를 포기하지 못하거나 포기하려 하지 않는 부모와 대칭적인 관계를 형성하려는 청소년의 필요가 반영된 것이라고 보았다. 이와 같이 부모와 청소년 욕구 간의 긴장은 주요한 갈등의 원인으로 여겨진다. 또한 갈등이 개인의 관점을 탈중심화하고 확장하는 데 있어 건설적인 역할을 한다는 Piaget의 강조와 부합하여, 사회 영역 이론가들은 규범적 갈등을 부모가 청소년의 자율성과 반대 의견에 적응하게 만드는 적응적 과정으로 본다. 이러한 과정은 부모가 자기중심적 시각에서 벗어나 청소년의 반대되는 관점과 자율성에 대한 주장에 적응하도록 요구하며, 그들의 권위의 경계를 새롭게 해석하도록 강요한다(Smetana, 1995a). 영역 이론가들은 부모-청소년 갈등과 청소년의 심리적 적응(psychological adjustment)이 주로 부모가 개인 영역(예: 옷차림이나 음악 선택과 같은 개인적 취향이나 선호를 포함한 행동과 선택)과 복합적 문제(예: 여러 영역의 특성을 공유하는 문제로, 남자가 귀걸이를 착용하거나 청소년의 방을 깨끗이 유지하는 문제) 등을 규제하는 방식과 관련이 있다고 제안한다. 반면, 사회적으로 규제되는 영역, 예를 들면 도덕적 문제(타인에게 피해를 주는 행위로, 폭력, 싸움, 도둑질, 불평등 등), 관습적 문제(가사와 같은 사회적 질서와 예측 가능성을 포함하는 문제), 신중성의 문제(음주와 같이 개인에게 해를 끼치지만 타인에게는 해를 끼치지 않는 행위)를 규제하는 방식과는 큰 관련이 없다고 보았다.

Baumrind의 종단적 연구 프로그램은 부모-자녀 간의 보편적 상호작용과 관련된 발달적 결과를 포괄적으로 분석하기 위해서는 부모의 양육 유형에서 나타나는 보편적 차이와 부모-청소년 관계의 역사를 반드시 검토해야 한다는 설득력 있는 증거를 제시한다(Baumrind, Larzelere, & Owens, 2010). 반면, 영역 이론(domain theory)의 인지적 초점은 부모-청소년 갈등의 발생과 적응적 특성(adaptive nature)에 기여하는 보편적 관계 맥락의 변화를 포착하지 못한다.

영역 이론가들은 보편적 부모-청소년 갈등의 변화를 포착하려는 의도가 없었을 수도 있다. 그러나 영역 이론가들이 제안하는 이유로 갈등이 발생한다는 것을 완전히 입증하거나 영역 이론가들의 주장처럼 일상적인 갈등이 적응적이라는 주장을 받아들이기 위해서는(Smetana, 1997, 2002), 보편적 부모-청소년 관계의 질에서 발생할 수 있는 변화를 고려하는 것이 중요하다. 이러한 변화를 검토하면 갈등이 잠재적으로 발생하는 다양한 방식을 확인하고, 다양한 관계 맥락에서 일상적인 갈등이 실제로 적응적인지 여부를 확인할 수 있다.

영역 이론가들은 부모-청소년 관계에 영향을 미치는 상호작용의 내용이나 영역과 같은 중요한 요소를 강조하고, 갈등을 유발하고 적응적으로 만드는 요인에 대한 독창적인 관점을 제시해 왔다. 여기에서는 영역 이론을 확장하기 위해 Baumrind의 권위주의적, 권위 있는, 허용적 부모 유형을 활용하여 영역 이론가들(예: Nucci, Hasebe, & Lins-Dyer, 2005; Smetana, 1989, 1994, 1995a, 1995b, 1997, 2002, 2005)이 갈등의 발생과 적응성을 설명하기 위해 제시한 다섯 가지 명제를 분석한다. 갈등 발생과 관련된 다섯 가지 명제 중 세 가지는 다음과 같다. ① 부모의 주요 목표는 권위를 유지하는 것이다. ② 청소년의 목표는 자유를 얻어 부모로부터 분리되는 것이다. ③ 청소년은 부모-자녀 관계를 위계적으로 인식한다. 이 세 가지 명제와 관련하여, 부모 유형의 변화를 고려하면 갈등이 불가피한 것은 아니며,

갈등은 여러 이유로 발생할 수 있다는 결론에 도달한다. 모든 부모가 권위를 유지하고자 하지는 않으며, 모든 청소년이 자유를 얻어 부모로부터 분리되고 싶어 하는 것은 아니기 때문이다. 또한 모든 청소년이 부모와의 관계를 위계적으로 보는 것도 아니다. 다섯 가지 명제 중 나머지 두 개는 일상적인 보편적 부모-청소년 갈등의 적응성에 관한 것이다. ④ 부모 권위에 대한 갈등과 청소년의 저항은 부모가 통제를 포기하고 청소년에게 자율성을 부여하게 만든다. ⑤ 개인 영역에 대한 부모의 규제는 갈등의 적응적 성격에 영향을 미치지만 사회적으로 규제된 영역에 대한 규제는 그렇지 않다. 이 두 가지 명제와 관련한 나의 의견은 다음과 같다. 부모 유형을 고려하면 모든 부모가 청소년의 저항에 따라 통제를 포기하는 것은 아니며, 부모는 청소년의 저항을 다양하게 해석하고 이에 반응한다. 나아가, 또한 부모가 어떤 영역에서든 청소년의 활동을 규제하는 방식은 갈등의 적응성에 중요한 영향을 미칠 수 있다.

## 권위주의적 부모, 권위 있는 부모, 허용적 부모의 통제와 자율성에 대한 사회화 목표 및 통제 의지의 차이

영역 이론가들은 부모와 청소년의 목표 간의 불일치가 부모-청소년 갈등을 야기한다고 보았다(예: Nucci et al., 2005; Smetana, 1989, 2005). 일반적으로 부모는 권위를 유지하고 사회적 관습을 유지하는 것을 주요 목표로 삼고, 청소년은 부모의 통제 밖에 있는 개인 영역을 만들어 자율성을 얻는 것을 주요 목표로 삼는다. Smetana(2005)는 다음과 같이 언급했다.

> 연구의 결과는 다음과 같다……. 부모는 사회적 관습, 사회적 규제, 부모의 권위를 중시하는 반면, 청소년들은 이러한 우려를 표현하는 경우가 거의 없다. 대신 청소년들은 개인적 자유를 얻고 개인적인 선택을 극대화하는 데 더 관심을 가졌다(pp. 73-74).

부모와 청소년 간의 공통된 목표가 부재하다는 점은 Smetana(1989)가 실증적 증거를 기반으로 내린 결론에서도 명확히 드러난다. "갈등은 청소년이 자율성을 주장하려는 시도[신체적 외모, 집안일, 대인 관계, 행동 유형(behavioral style)과 관련된 문제들]가 가정을 다스리고 부모의 권위를 유지함으로써 관습적인 기준(conventional standards)을 준수하려는 부모의 목표와 충돌할 때 발생한다."(p. 1064) Smetana와 Asquith(1994)는 부모와 청소년 간의 목표 차이를 다음과 같이 언급했다. "이러한 세대 간 차이는 가족의 위계적 구조를 반영하는 것으로 보인다. 부모는 가족 내 도덕적, 사회적 질서를 유지하는 데 더 많은 투자를 하는 반면, 청소년은 그 안에서 더 큰 자율성을 원한다."(p. 1159)

Smetana(1997)는 가상 시나리오에서 부모가 자신들의 권위뿐만 아니라 청소년과 어린아이들의 자율성 요구도 인식한다고 설명했다. 그러나 Smetana는 부모가 가상 시나리오에서 자녀에게 자율성을 부여해야 한다고 판단한 영역에서도 실제로는 자율성을 부여하지 않는 경향이 있다고 지적했다. 실제로 부모는 자녀나 아동의 자율성보다 부모의 권위를 유지하는 것을 더 중요하게 여기며, 이로 인해 갈등이 발생한다. Smetana(1997)에 따르면 "부모가 자녀의 재량에 맡긴다고 주장하는 문제들은 실제로는 부모-자녀 관계에서 갈등을 초래하는 문제들이다"(p. 184).

Smetana 등이 언급했듯이, 부모가 통제를 유지하려는 목표는 갈등을 유발하는 중요한 요소이다. 그러나 부모들이 권위 유지와 사회적 관습 강화라는 목표에 얼마나 중점을 두느냐에 따라 생기는 차이 또한 갈등에 기여하는 요소로서 주목되어야 한다. 즉, 연구자들은 부모-자녀 관계에서 갈등이 발생하는 다양한 방식을 조사하며, 더 중요하게는 일부 부모-자녀 관계가 갈등을 어떻게 회피하는지 조사해야 한다. Smetana 등은 양육 유형에 따라 부모의 목표가 어떻게 달라질 수 있는지, 그리고 그로 인해 갈등이 어떻게 다르게 나타날 수 있는지에 대한 중요한 변화를 분석하지는 않았다.

Baumrind(1991a, 1991b)의 초기 청소년기를 대상으로 한 종단 연구에 따르면, 권위 유지와 사회적 관습의 강화라는 부모의 목표에 중점을 두는 접근은 일부 가족에서 갈등을 유발하는 과정을 설명할 수 있지만, 다른 가족에서는 부모의 양육 목표와 그 목표를 달성하기 위한 행동 방식이 전혀 다른 과정으로 나타날 수 있다. 예를 들어, Baumrind(1991a, 1991b)는 허용적 부모들이 자녀의 자율성에 대해 개입하지 않는 아동 중심의 철학을 가지고 있으며, 권위와 통제를 유지하고 관습을 강제하는 것은 그들의 주요 목표가 아니라는 것을 발견했다. 허용적 부모의 주요 목표는 자녀의 자율성을 장려하는 것이며, 자율성 장려와 권위 유지 및 규범 강화라는 양육 목표 간의 균형을 추구하지 않는다(Baumrind, 1991a, 1991b; Baumrind et al., 2010).

Baumrind에 따르면 권위 있는 부모의 목표는 부모 중심적(통제 행사) 또는 아동 중심적(자율성 부여)인 것에만 국한되지 않는다고 밝혔으며, 두 가지 유형의 목표를 통합한다고 설명했다(Baumrind & Thompson, 2002). 반면, 권위주의적 부모는 권위 있는 부모나 허용적 부모와는 달리, 지위와 위계를 중시하는 성향을 보인다는 면에서 영역 이론과 부합한다. 그들의 주요 목표는 권위에 대한 복종을 심어 주고 사회적 관습에 대한 순응을 요구하는 것이다. Hastings와 Rubin(1999) 또한 권위주의적 부모의 주요 사회화 목표가 자녀의 독립성과 자율성을 증가시키는 적절한 행동 원칙과 자기조절 기술을 가르치는 아동 중심의 목표가 아니라 자녀로부터 즉각적인 복종을 얻는 부모 중심의 목표라고 설명했다. Baumrind(1991a, 1991b)는 또한 사회적 규범에 대한 순응을 심어 주려는 목표를 가진 지시적(direct) 부모 그룹과, 자녀가 권위의 압력에 순응하거나 굴복하기보다는 권위적 행위 자체를 비판적으로 성찰하고 의문을 제기하도록 자녀를 이끄는 것을 목표로 하는 비순응적(nonconforming) 부모 그룹을 구별했다(Baumrind, 1973). 요약하자면, Baumrind의 연구는 부모 중 일부 하위 그룹(즉, 권위주의적 및 지시적 부모)이 관습을 강화하는 것을 주된 목표로 삼고 있으며 그중에서도 권위주의적 부모만이 권위를 유지하는 것을 주요 목표로 삼고 있음을 보여 준다. 영역 이론가들은 이러한 두 가지 주요 목표가 부모 전체 범주에 속하는 것으로 간주한다.

영역 이론가들이 사회화 목표(socialization goals) 중 무엇이 우선적인지를 보는 관점은 부모-자녀 관계가 본질적으로 위계적이라는 가정에 기초한다. 이는 부모가 청소년보다 더 큰 권력을 가지고 있으며 자신의 지배력을 유지하려고 한다는 것을 암시한다(Smetana & Asquith, 1994, p. 1159). 그러나 권력을 사회적 영향력으로 정의할 경우 부모가 청소년에 비해 어느 정도의 권력을 가지고 있는지를 평가하는 것은 복잡한 문제이며, 관계에서의 권력 또는 사회적 영향력의 정도 또한 영역 이론가들에 의해 충분히 연구되지 않은 상태이다(Emery, 1992; Maccoby, 1999). 관계 이론가들(예: Schermerhorn & Cummings, 2008)은 관계에서의 권력 정도는 갈등에서 승리하거나 유리한 결과를 얻기 위해 영향력을 행사할 수 있는 쪽에 의해 결정된다고 주장한다. 이러한 관점에서 보면 허용적 부모를 둔 자녀는 명목상으로는 부모가 권위자이지만 실제로는 부모보다 더 큰 권력을 가지고 있다고 볼 수 있다. 이는 부모가 아닌 자녀가 상호작용의 결과를 통제하기 때문이다. 예를 들어, Patterson과 Fisher(2002)는 부모에게 불합리한 요구를 하고 부모를 무력화하며 부모가 자신의 요구에 굴복하도록 강요하는 강압적인 자녀가 존재한다는 것을 발견했다. Patterson과 Fisher는 허용적 가족에서는 자녀가 지배적이고 강압적이며 부모에게 아무런 논의 없이 즉각적인 순응을 요구한다고 설명한다. 이러한 부모는 자녀의 분노, 분노 발작, 거부를 피하기 위해 자녀의 요구를 따르는 방식으로 반응하는 경우가 많다. 이러한 상호작용 패턴은 Baumrind(1971, 1991a, 1991b) 및 Baumrind 등(2010)의 연구에서도 확인되었다. 이들은 허용적 가정에서 부모가 자녀나 청소년의 요구나 저항에 쉽게 굴복하고, 직면을 회피하며, 상호적으로 유익한 결과를 보장하기 위한 단호한 통제를 행사하지 못하는 경향을 발견했다. 허용적 부모는 부모가 자녀의 순응을 반드시 이끌어 내야 하는 상황에서도 애정이나 관심의 철회와 같은 은밀한 조작 수단(covert manipulation)에 의존하며, 이러한 방식은 실제로 청소년의 순응으로 이어지지 않는 경우가 많다.

따라서 허용적 부모는 청소년기 자녀에 대한 권력과 통제를 충분히 갖고 있지 않기 때문에, 그것을 유지하려는 시도조차 어려우며, 가정의 리더로서 부모가 지닌 권위를 어떻게 효과적으로 행사해야 하는지도 알지 못한다. 부모의 목표와 이와 관련된 갈등의 발생 원인, 부모 목표의 다양성, 그리고 부모 유형에 따른 목표 실현 방식에 영향을 미치는 다양한 요소를 완전히 이해하기 위해서는 추가적인 연구가 필요하다.

## 갈등의 발생: 자율성과 부모로부터의 분리에 대한 청소년의 욕구 대 청소년의 자율성과 지속적인 연결에 대한 필요성을 지지하는 부모의 지원

영역 이론가들은 청소년이 더 큰 자유와 개인적 자율성을 얻기 위해 부모의 권한 범위를 줄이고자 하는 욕구가 부모 권위에 대한 저항과 부모-청소년 갈등의 중심에 있다고 주장한다. Smetana(2005)는 "청소년-부모 갈등은 **본질적으로**(원문에서 강조) 부모의 통제와 권위, 그리고 청소년의 자율성 사이의 경계를 어디에 그어야 하는지에 대한 논쟁"이라고 설명했다(p. 75). 이러한 명제에 대한 실증적 증거(Smetana, 1988, 1989)는 청소년들이 부모와의 갈등과 관련한 가상의 상황에 대해 제시한 응답에서 찾아볼 수 있다. 청소년들은 개인적 정당화("그건 내 결정이어야 해." 또는 "내 방인데 왜 간섭해?")를 갈등의 원인으로 들었다.

영역 이론가들의 명제는 부모-청소년 갈등의 원인 중 하나를 지적하고 있지만, 이러한 설명은 청소년의 분리와 자율성에 대한 욕구만을 강조하기 때문에 불완전하다. 모든 부모가 자율성을 지지하지 않는다는 전제를 일반화할 수 있는지, 혹은 일부 부모는 자율성을 지지하고 다른 부모는 그렇지 않은지를 판단하기 위해, 양육 유형에 따른 부모 목표의 질적 차이도 고려되어야 한다.

Baumrind(1971, 1989, 1991a, 1991b, 2008)의 연구에 따르면, 권위 있는 부모의 핵심 사회화 목표 중 하나는 자율성을 촉진하고 자기 신뢰(self-reliance)를 함양하는 것이다. 권위 있는 부모는 발달에 적합한 자녀의 요구를 수용할 뿐만 아니라, 이성적 설명과 인과관계에 대한 인지적 통찰을 통해 자녀가 스스로 선택과 결과를 이해하도록 돕고, 노력과 지속성을 요구하고 성취를 인정함으로써 높은 수준의 성숙을 장려한다. Baumrind(1971, 1991a, 1991b)와 Baumrind 등(2010)은 권위 있는 부모가 합리적 통제[즉, 확고한 통제, 직면적 훈육(confrontive discipline)]와 독립 훈련(유아기부터 청소년기까지)을 결합하여 자녀를 개별화되고, 자신을 신뢰하며, 효능감이 있는 유능한 사람으로 성장시키는 것을 발견했다. 이는 영역 이론가들과 Baumrind 모두가 최적 발달의 중요한 지표로 간주하는 결과이다. 권위 있는 부모와의 상호작용은 처음에는 어렵거나 부담스러워 보이는 과제를 통해 목표 달성의 성취 경험을 제공한다. 이러한 상호작용은 자율적 행동을 장려한다. 이 자율성은 영역 이론가들이 강조하는(Nucci, 2008) 개인적 영역(예: 옷차림, 헤어스타일, 음악 취향 결정)뿐만 아니라, 더 깊이 있는 문제를 다루는 도덕적 및 관습적 영역에서도 나타난다. 따라서 권위 있는 부모가 통제를 적용할 때 그 목적은 단순히 행동을 금지하려는 것이 아니라 유능한 독립적 행동과 자기 주도성을 가능하게 하려는 목적에서 비롯된 것이다. Baumrind가 이 책의 제1장에서 지적한 것처럼, 권위 있는 부모와의 갈등은 본질적으로 청소년이 부모로부터 자율성을 추구하려는 데서 비롯된 것이 아니라 청소년이 지속적으로 자기 신뢰를 북돋우며 개별화와 자기 역량 발달을 지지받는 과정에서 나타나는 갈등이다.

게다가 권위주의적 또는 허용적인 부모와 발생하는 갈등은 영역 이론가들이(Smetana, 1995a) 강조하는 것과는 달리 청소년이 부모로부터 분리되거나 마음이나 자율성을 추구하는 욕구로만 해석할 수 없다. 오히려 이 갈등은 청소년이 느끼는 친밀감, 수용, 부모의 이해에 대한 욕구가 충족되지 않았기 때문일 수도 있다. Baumrind(1991a, 1991b)의 연구에 따르면, 권위주의적 부모는 자녀의 건설적인 행동과 성취를 인정하거나 칭찬하지 않고, 실패를 이유로 자녀를 비난하거나 아이의 잘못을 쉽게 찾아내고 비판하며, 자녀의 자기 주도(self-direction)에 대한 합리적인 요구를 지지하지 않고, 외부 통제와 지도 없이 올바른 의사결정을 하기 위해 필요한 인지적 통찰을 촉진하지 않는다. Patterson(1971), Emery(1992), Greenberger와 Chen(1996)을 포함한 많은 연구는 Baumrind의 발견을 뒷받침한다. 그들은 특정 부모-자녀 관계에서 청소년들이 건설적인 행동에 대해 타당화, 수용, 긍정적인 인정을 받지 못하고, 잘못이나 실패뿐 아니라 모든 종류의 행동에 대해 지속적으로 부정적인 주목, 경멸, 비난을 받는다고 설명했다.

Patterson에 따르면 권위주의적 부모는 자녀가 순종적이고 부모를 기쁘게 하려는 시도를 할 때조차도 강압적이고 처벌적인 방식으로 반응하며, 건설적인 행동에 긍정적인 주의를 기울이지 않는다. Patterson과 Fisher(2002)는 "자녀가 어떻게 행동하든지 부모는 경멸과 비판으로 반응한다"고 언급했다(pp. 65-66). 권위주의적 부모의 이러한 무차별적 거부는 아동과 청소년이 추구하고 필요로 하는 부모와의 애착과 연결을 방해할 수 있다. 실제로, Baumrind(1991a, 1991b)는 권위주의적 부모를 둔 청소년들은 자신의 부모를 무관심하고 냉담하며 자신들과 단절된 존재로 인식한다고 설명했다.

마찬가지로, Greenberger와 Chen(1996)의 연구는 부모와의 연결을 느끼지 못한다고 보고한 초기 및 후기 청소년들이 '내가 아무리 애를 써도 어머니를 만족시키기가 어렵다' 또는 '내가 어머니의 기대를 충족하지 못하면 어머니가 나를 사랑하지 않게 될까 봐 걱정된다'와 같은 항목에 동의하는 경향이 있음을 보여 주었다. 이러한 청소년들은 다른 청소년들보다 더욱 빈번한 갈등을 경험했다.

Caughlin과 Malis(2004)는 갈등이 촉발되는 방식에 대한 연구에서 권위주의적 양육 맥락에서 흔히 나타나는 부모-청소년 갈등이 비적응적 갈등 참여 패턴인 요구-철회(demand-withdraw) 패턴(한쪽이 지속적으로 요구를 제기하고, 그 요구가 증가할수록 상대방은 더 많이 철회하는 것)의 특성을 띤다는 점을 발견하였다. Caughlin과 Malis는 권위주의적 부모들(Baumrind et al., 2010)처럼 자주 강요하고 잔소리나 비난을 하면, 청소년은 부모로부터 철회하여 다른 세상(예: 또래)에서 인정받으려 한다고 설명했다. 이는 부모의 더 강압적인 행동을 유발하며 청소년의 추가적인 철회로 이어진다.

영역 이론가들(Nucci, 2008)은 이러한 갈등 교환을 청소년이 또래와 어울리며 개인적 영역을 유지하려는 시도로 설명한다. 그러나 권위주의적 양육 맥락에서 이러한 갈등 교환 및 행동은 또한 청소년이 부모와 연결되고자 하나 충족되지 못한 욕구를 반영할 수 있으며, 이는 또래로부터 인정과 수용을 얻으려는 시도로 나타날 수 있다. 따라서 부모-청소년 갈등은 단순히 청소년이 모든 형태의 부모 통제로부터 벗어나려는 시도를 나타내는 것이 아니라, 특정한 요구-철회 갈등 패턴이나 권위주의적 부모의 거부와 통제로 인해 발생하는, 부모와 연결되지 못하고 수용받지 못하는 욕구의 결핍을 드러내는 것이기도 하다.

허용적인 부모와의 갈등 또한 청소년이 부모로부터 충족받지 못한 연결감과 수용감을 반영한다. Baumrind(1991a, 1991b) 및 Baumrind 등(2010)의 연구에 따르면, 허용적인 부모는 자녀 양육에 대한 헌신이나 청소년의 삶에 대한 관여가 부족하며 자녀의 발달적 필요와 행동 결과와 동떨어진 방식으로 청소년을 무조건적으로 강화하고 지지하는 형태를 보인다. 허용적인 부모는 반항적인 청소년의 행동을 직접적으로 대면하기를 꺼려하기 때문에 무차별적으로 동의하고 칭찬한다. 이러한 양육 방식은 청소년이 부모와의 연결감을 느끼는 것을 방해할 수 있는데, 이는 허용적인 부모가 청소년의 개별성을 고려하여 칭찬받을 행동과 바람직하지 않은 행동을 명확히 구분하려는 노력을 하지 않기 때문이다.

허용적인 부모의 헌신 부족, 무분별한 긍정, 청소년과의 대결에서 후퇴하는 경향에 관한 Baumrind의 연구 결과는 허용적인 부모가 자녀의 강압적이고 용납되지 않는 행동에 대해 중립적이거나 심지어 긍정적으로 반응하며, 자녀가 원하는 것을 단순히 받아들인다는 Patterson과 Fisher(2002)의 연구와 일치한다. 마찬가지로, Caughlin과 Malis(2004)의 연구에 따르면, 허용적인 양육 맥락에서의 요구–철회 갈등 패턴은 청소년이 문제를 논의하려고 하거나 어떤 이슈를 제기하려 할 때 부모가 물리적으로 접촉을 피하거나, 침묵하거나, 청소년을 무시하거나, 문제를 무시하거나, 청소년이 논의하고 싶어 하는 문제의 중요성을 축소시키는 방식으로 철회하는 행동을 보인다. 부모가 이러한 방식으로 철회할수록, 청소년은 부모에게 더 많은 요구를 제기하며 비난하고 비판한다. 따라서 부모와 청소년 간의 갈등은 청소년의 자유에 대한 필요를 단순히 나타내는 것에 그치지 않고, 허용적인 부모의 불충분한 헌신과 참여를 수반하며, 청소년의 연결에 대한 충족되지 않은 욕구를 반영한다.

요약하면, 허용적 양육과 권위주의적 양육 모두 청소년이 부모와의 연결감을 느끼는 것을 방해한다. 허용적 부모는 무차별적으로 청소년을 인정하거나 동의하거나 철회하는 반면, 권위주의적 부모는 무차별적으로 비판하거나 비하하기 때문이다. 두 가지 유형 모두 부모가 청소년의 개별성을 고려한 차별화된 양육을 거부하고 충분히 관여하지 않는다는 메시지를 준다.

권위 있는 부모의 경우처럼 청소년의 건설적인 주도, 선택, 자기 신뢰를 위한 시도를 인정하고 지원해 주면, 청소년과 부모의 연결감은 강화된다. 반면, 허용적 부모의 경우처럼 청소년의 주도권을 인정하거나 지지하지 않고, 권위주의적 부모의 경우처럼 폄하하거나 방해하면, 청소년의 자율성은 저해되고 부모와의 연결감은 방해받게 된다. 권위 있는 부모는 청소년의 자율성을 건설적으로 지지하며, 이는 부모와의 정서적 연결감도 함께 강화되는 결과로 이어진다. 예를 들어, Caffery와 Erdman(2000)의 개념적 검토에서는 청소년이 부모와의 연결 부족을 느낄 때, 부모가 반대할 것을 알면서도 위험한 행동을 하게 된다고 설명했다. 이는 부모로부터의 분리나 개별화를 위한 것이 아니라, 부모의 동정을 끌어내어 부모와 더 강한 연결을 만들기 위한 방법이다. 유사하게, Fuligni(1998)의 횡단적 및 종단적 연구자료는 청소년이 어머니와의 유대감을 느낄수록 어머니에게 반대하려는 의지가 감소하고, 어머니의 권위에 대한 지지가 증가했다고 보고했다.

사회 영역 이론은 통제를 유지하려는 부모의 목표와 자유를 추구하는 청소년의 목표 간 대립으로 갈등이 발생한다고 강조한다. 그러나 양육 유형은 갈등의 존재와 지속성에 대한 보다 다양하고 차별화된 원인들을 보여 준다. 갈등은 부모와의 자유 및 분리에 대한 청소년의 필요뿐만 아니라, 부모와의 수용과 연결에 대한 충족되지 않은 욕구를 두고 벌어지는 논쟁일 수 있다. 서로 다른 양육 유형을 가진 부모와의 갈등이 발생하는 이유를 청소년과 부모의 관점에서 탐색하기 위해서는 더 많은 연구가 필요하다.

## 갈등의 발생: 부모와의 권력 차이를 부당하게 여기는 청소년들의 관점 대 부모와의 권력 차이에 대한 청소년들의 판단

영역 이론가들(Smetana, 2002)이 부모-청소년 갈등의 발생 원인으로 제시한 세 번째 이유는, 청소년들이 부모와의 관계가 불평등하고 억압적이며 부당하다고 인식한다는 점이다. 그들은 가족 내에서 자신의 종속적인 위치를 높이고 부모와의 상호적인 권위나 대등한 지위를 이루고자 한다. Smetana(2002)는 "명백하지만 자주 간과되는 사실은, 전통 사회에서 남성과 여성 간의 관계처럼 부모-자식 관계도 위계적이며 부모는 지배적인 위치, 자식은 종속적인 위치에 있다는 점"이라고 밝혔다(p. 57). 또한 Smetana는 청소년들이 부모와의 위계적 관계에서 종속적인 위치에 있다는 것은 "더 전통적인 문화에서, 남성보다 종속된 위치에 있는 여성들을 연구한 문화인류학자들이 지적한 것과 같은 많은 긴장과 모순"을 내포하고 있다고 언급했다(p. 57). 청소년들이 자신의 종속적인 지위를 높이려는 시도는 부모의 규칙과 권위에 대한 저항으로 나타난다(Nucci, 2008; Smetana, Crean, & Campione-Barr, 2005).

영역 이론가들은 부모-청소년 관계에서 또 한 가지 중요한 요소를 드러낸다. 즉, 청소년들은 부모의 요구와 행동을 판단하고 평가하는데, 이 평가가 부모와의 관계에서 청소년들의 행동에 영향을 미친다는 것이다. 다른 연구자들(예: Hetherington & Kelly, 2002) 또한 청소년들이(심지어 어린아이들도) 부모와의 관계를 부당하고 불공정하다고 판단하면, 그들은 자율적인 권력 행사의 강압적인 부과에 저항할 것이라고 확인했다. 그러나 나는 청소년들이 부모가 더 많은 권력과 자원을 가지고 있다는 사실을 어떻게 인식하고 해석하는지, 그리고 그 권위에 저항하려는 의지가 어느 정도인지는 청소년마다 다양하므로, 이러한 인식과 반응의 차이를 식별하고 분석하는 것이 중요하다고 제안한다. 청소년들이 항상 부모의 권위를 부당하다고 해석하는 것은 아니며, 모든 유형의 부모 통제를 자율성을 억압하는 위계적 구조로 평가하지는 않는다. 부모가 권력을 행사하는 방식은 청소년들이 부모와의 관계에서 불평등을 평가하는 기초가 되며, 그로 인한 반란이나 저항이 일어날 수 있다.

청소년들이 부모와의 관계에서 권력 불균형을 본능적으로 위계적이고 불공정하게 보지 않는다는 근거는, ① 청소년들의 이상적인 부모 권력 및 자기 권력에 대한 관점과 ② 청소년들이 부모가 청소년의 활동을 규제하는 규칙을 만드는 부모의 권력을 얼마나 수용하거나 거부하는지에 대한 연구들에서 나온 증거들에 기초한다.

### 청소년은 부모와의 권력 차이를 부당하다고 여기지 않을 수도 있다

Feldman과 Gehring(1988)은 청소년들에게 부모와의 이상적인 권력 균형에 대해 묻자, 모든 연령대(11.9~18.2)의 청소년들이 자신보다 부모에게 더 큰 권력을 부여했다고 밝혔다. 이러한 결과는, 청소년들이 부모와 자신 사이에 존재하는 자연스러운 권력 차이를 부당한 것으로 인식하지 않을 뿐 아니라, 오히려 평등보다 이러한 권력 차이를 선호할 수 있다는 점을 시사한다.

### 청소년은 일방적인 규칙을 설정하는 부모의 힘에 저항하지 않는다

Sorkhabi(2010)는 Baumrind의 종단 데이터를 사용하여 대부분의 청소년이 부모의 규칙 설정 권위를 거부하지 않는다는 사실을 발견했다. Sorkhabi의 가설과 Lamborn, Dornbusch와 Steinberg(1996)의 이전 연구 결과와는 달리, 부모가 청소년에게 규칙 설정에 의견을 제시하거나 역할을 부여하는지 여부와 갈등 빈도는 유의미한 관계가 없었다. 부모가 규칙을 설정하는 방식(즉, 일방적인 부모의 규칙 설정, 양방향 규칙 설정, 일방적인 청소년의 규칙 설정)도 갈등 빈도와 유의미한 관계가 없었다(청소년들이 보고한 어머니의 규칙 설정을 제외하고). Sorkhabi와 Middaugh(2012)에 따르면, 10학년과 12학년 청소년들이 가족 규칙 설정에 의견을 제시하는 것과 갈등 빈도나 강도는 유의미한 관계를 보이지 않았다.

### 부모가 규칙을 시행하는 방식은 규칙을 구성하는 방식에 비해 갈등에 더 큰 영향을 미친다

부모가 청소년 활동을 규제하는 방식은, 부모가 청소년보다 더 많은 권력을 가지고 규칙을 정한다는 단순한 사실보다, 청소년이 부모와의 권력 차이를 불공정하다고 느끼고 이에 저항하려는 의지에 더 큰 영향을 미칠 수 있다. Baumrind

(1991a, 1991b; 표 3 및 5.2 참고)는 부모의 양육 유형에 따라 청소년 활동을 규제하는 방식이 질적으로 다르다는 점에서, 청소년들은 허용적 부모, 방임적 부모, 권위주의적 부모를 부당하고 자의적이며 자신들에게 미치는 영향력이 부족하다고 평가하는 경향이 있다고 밝혔다. 반면, 권위 있는 부모는 청소년들에게 공정하고 영향력 있는 부모로 평가된다. 다양한 양육 유형의 부모에 대한 청소년들의 평가는 Baumrind의 연구 결과를 뒷받침한다. 또한 Chassin 등(2005)은 권위 있는 부모를 둔 청소년들이 다른 유형의 부모를 둔 청소년들에 비해 반항성과 통제 저항이 가장 낮다고 밝혔다.

영역 이론가들(예: Nucci, 2008; Smetana, 2002; Smetana et al., 2005)이 부모 권위와 권력의 핵심 요소로 간주하는, 청소년의 활동을 규율하는 규칙을 설정하고 집행할 권위는, 그 자체로 청소년에게 저항해야 할 부당한 강압으로 인식되지 않을 수도 있다. 오히려 청소년들은 부모 역할이 규칙을 설정하고 이를 시행할 권한을 포함한다는 것을 인정하는 것으로 보인다. 향후 연구에서는 부모가 갈등 상황에서 규칙을 어떻게 집행하고 통제를 행사하는지, 그리고 그 실행 방식이 양육 유형에 따라 어떻게 다르게 나타나는지, 또한 그것이 청소년의 권력 차이에 대한 인식 및 갈등 빈도의 차이에 어떠한 영향을 미치는지를 살펴볼 필요가 있다.

## 갈등의 적응성: 부모가 통제를 포기하게 만드는 수단으로서의 청소년의 저항과 갈등 대 청소년의 저항과 갈등에 대한 부모의 해석 및 반응

일부 연구자들은 부모-청소년 갈등이 부적응적이며, 불안, 우울증, 주의력 부족, 집중력 문제와 같은 청소년의 부정적인 결과와 관련이 있다고 밝혔다. 예를 들어, Chung, Flook과 Fuligni(2009)는 다양한 민족 그룹(아시아인, 라틴계, 유럽계 미국인)의 청소년을 대상으로 한 대규모 표본에서, 부모와의 일상적인 갈등이 청소년 시기에 걸쳐 나타나는 불안, 우울증, 감정적 고통과 관련이 있으며, 특히 여자 청소년에게 더 두드러진다고 보고했다.

그러나 사회적 영역 이론가들(Smetana, 1995a)은 부모-청소년 갈등이 적응적이며 고유한 발달적 이점을 가지고 있다고 강조한다. 이들은 "갈등은 부모가 자신의 권위의 한계와 청소년의 개인적인 영역의 경계를 재평가하게 만든다"고 설명했다(p. 178). 청소년이 부모의 전통적이고 권위적인 관점을 거부하는 특정 문제들에 대한 재평가는, 부모가 청소년의 거부에 직면하면서 권위와 영역을 재평가하고 점진적으로 더 대칭적인 관계를 구축하게 만드는 과정을 통해 이루어진다.

나는 영역 이론가들이 주장한 것처럼 갈등이 일부 부모가 권위와 청소년 자율성에 대한 개념을 재해석하게 함으로써 대칭적인 관계를 형성하는 데 기여할 수 있다고 생각한다. 그러나 일부 부모는 청소년들이 성숙하면서 더 평등한 관계를 형성할 필요를 느끼지 않으며, 다른 부모들은 청소년의 저항 때문에 통제를 완화하지 않을 가능성도 있다. 갈등 자체가 반드시 긍정적 변화를 유도하거나 변화 자체를 유발하지는 않는다는 내 주장의 근거는 Lichtwarck-Aschoff, Kunnen과 van Geert(2009)의 연구에서 찾아볼 수 있다. 이 연구들은 일부 부모와 청소년기 중반에 있는 청소년들이 다양한 문제에 대해 갈등이 많음에도 불구하고 여전히 갈등에 대해 변함 없고 경직된 방식으로 반응한다고 주장한다. 그러나 다른 부모-청소년 관계에서는 갈등이 드물더라도, 갈등의 맥락과 주제에 따라 민감하게 반응하며, 갈등이 발생한 이유를 의식적으로 살펴보고 그에 어떻게 대응하고 해결할지 유연하게 다루기도 한다. 따라서 모든 부모가 다양한 주제에 대해 빈번한 갈등을 경험한다고 해서 반드시 그들의 접근 방식을 변화시키거나 갈등을 해결하고 청소년의 발달적 요구를 수용하는 방식으로 변화하도록 '강요당하는' 것은 아니다. 일부 부모는 청소년들이 성숙해짐에 따라 기꺼이 더 대칭적인 관계(symmetrical relationship)를 형성하려 한다.

청소년의 저항과 독립성 요구에 대한 부모의 수용은 최소한 다음의 세 가지 요인에 달려 있다. ① 부모의 가장 중요한 사회화 목표가 청소년의 저항으로 위협받고 있는지 여부, ② 부모가 청소년의 저항 원인을 청소년의 성향으로 돌리는지 여부, ③ 부모가 부모의 관점에서 벗어나거나 부모의 관점을 거부하는 행동, 논쟁 또는 의견을 수용하는지 여부이다.

## 부모의 본질적인 사회화 목표와 청소년 저항 수용 의지

첫 번째 요소와 관련하여, 부모의 청소년 요구와 저항을 수용하는 의지는 부모의 핵심적인 사회화 목표가 도전받고 있는지 여부에 따라 달려 있다. Coplan, Hastings, Lagace-Seguin과 Moulton(2002)은 권위 있는 어머니들과 비교하여, 권위주의적인 어머니의 주요 사회화 목표는 순종과 권위에 대한 존중을 심어 주는 것이라고 언급했다. 이 목표에서 벗어나는 아동 행동은 명백하게 반사회적이거나 반항적이지 않더라도(예: 수줍음) 권위주의적인 부모에게 분노와 당황 같은 부정적인 감정을 유발한다. Coplan 등은 권위주의적인 부모들은 가장 중요한 목표인 순종과 권위에 대한 존중을 심어 주는 데 실패했다고 느끼고, 다양한 사회적 맥락에서 자신들의 양육 기술이 부정적으로 평가받을까 봐 우려한다고 설명했다. 따라서 순종을 중요시하고 위계질서를 믿는 권위주의적 부모들은 청소년의 저항을 보다 대칭적인 관계에 일치하는 방법으로 목표를 재해석하기보다는 순종과 권위에 대한 존중을 심어 주지 못한 실패로 간주할 가능성이 높다. Coplan 등은 허용적 부모나 권위 있는 부모의 중요한 목표에 대해서는 연구를 진행하지 않았다. Hastings와 Grusec(1998)은 부모의 목표에 따라 다른 양육 방식을 연구했으며, 부모 중심의 목표는 권력 행사와 자녀에 대한 공감 감소와 관련이 있고, 자녀 중심의 목표는 자녀의 관점을 이해하려는 노력과 이성적 사고와 관련이 있으며, 관계 중심의 목표는 온정성, 협상, 협력과 함께 자녀에 대한 공감 증가와 관련이 있다고 주장했다. Hastings와 Grusec의 연구 결과는 Baumrind(1991a, 1991b)의 연구 결과와 일치한다.

향후 연구에서는 허용적 부모와 권위 있는 부모의 중요한 사회화 목표를 구체적으로 파악하고, 청소년들이 부모의 중요한 사회화 목표에 도전할 때, 권위 있는 부모와 허용적 부모가 어떻게 반응하는지를 연구할 필요가 있다.

## 청소년 저항에 대한 부모의 해석과 수용 의지

두 번째 요인과 관련하여, 나는 부모가 아동의 저항을 어떻게 설명하느냐에 따라 그들이 어떻게 반응할지가 달라질 것이라고 제안한다(Dix & Reinhold, 1991; Grusec, Rudy, & Martini, 1997). 부모는 아동 행동의 원인을 내부적/기질적 요인 또는 외부적/상황적 요인으로 설명한다(Coplan et al., 2002). Coplan 등(2002)은 권위주의적인 부모와 권위 있는 부모가 사회적으로 방해되지 않는 행동(예: 수줍음), 긍정적인 행동(예: 친사회적 행동), 부정적인 행동(예: 반항)에서 어떻게 원인을 귀속시키는지에 대한 차이를 조사했다. 권위주의적인 어머니들은 긍정적인 아동 행동은 외적/상황적 요인으로, 부정적인 아동 행동은 내적/성향적 요인으로 귀속시키는 경향이 있음을 발견했으며, 이를 통해 연구자들은 권위주의적인 어머니들을 '발달적 비관론자'로 간주했다. 이 연구 결과는 권위주의적인 부모들이 청소년의 저항을 발달적으로 적합한 자율성의 요구로 해석할 가능성이 적으며, 청소년을 고집스럽고 반항적인 성향을 가진 존재로 간주할 가능성이 높음을 나타낸다. 이런 이성적 사고는 부모들이 침해적이고 강압적인 통제를 사용하도록 유도할 수 있다(Baumrind, 1991a, 1991b; Baumrind et al., 2010; Grolnick, Weiss, Mckenzie, & Wrightman, 1996).

따라서 갈등 자체만으로는 일부 부모, 즉 권위주의적 부모가 권위를 재해석하여 더 대칭적인 관계를 형성하도록 강요하지 못하며, 오히려 고집스럽고 반항적인 존재로 간주하는 부모의 경직된 인식을 더욱 강화시키는 계기가 될 수 있다. 향후 연구에서는 권위 있는 부모와 허용적 부모가 자녀의 저항을 어떻게 해석하고 설명하는지, 긍정적 및 부정적 아동 행동에 대해 성향적 또는 상황적 설명이 이루어지는 조건이 무엇인지, 그리고 자율성을 적절히 부여하는 것과 방임이나 강압적 태도 사이에 영향을 미치는 조건에 대해 조사할 필요가 있다.

## 의견 차이에 대한 부모의 관용과 청소년 저항의 수용

세 번째 요소와 관련하여, 부모가 의견 차이를 용인하고 자녀의 행동 및 부모의 신념이나 기대와 다른 의견을 수용하는 정도는 다양하다. 모든 부모가 의견 차이와 갈등 상황에서 청소년의 관점을 수용하려고 하는 것은 아니다. Sorkhabi (2010)는 Baumrind의 3차 인터뷰 자료를 활용하여 어머니, 아버지, 청소년을 인터뷰하고, 청소년이 부모와 의견이 다르거나 부모에 반대하여 따르기를 거부할 때, 이러한 갈등 상황에서 부모가 반응하는 방식의 차이를 조사했다. 면접 질문은 부모가 청소년의 이성적 사고와 설명 능력의 발달을 인정하여, 청소년이 자신의 관점을 설명하고 주장할 기회를 허용하는지, 그리고 청소년이 제시한 설득력 있는 논거를 수용하여 부모 자신의 초기 입장을 수정하는지를 평가하는 데 초점을 맞췄다. Sorkhabi의 연구에 따르면, 일부 부모는 권위 있는 양육 유형과 부합하게 청소년의 반대 입장을 인정할 뿐만 아니라, 청소년이 설득력 있는 주장을 제시할 경우 기꺼이 자신의 초기 입장을 수정하려는 태도를 보였다. 그러나 권위주의적 양육 스타일에 부합하는 다른 부모는 청소년의 반대 입장을 들으려 하지 않거나, 자신의 초기 입장을 수정하지 않으려는 태도를 보였다. 허용적 양육을 고수하는 세 번째 그룹의 부모는 상호적인 의사소통에 효과적으로 참여하지 않았으며, 심지어 자신보다 청소년이 더 능숙하게 이성적 사고와 논리를 사용할 수 있다는 사실을 인정하기도 했다. 어머니, 아버지 그리고 청소년을 대상으로 한 보고서에 따르면, 이성적 사고를 권위 있게 사용하는 부모는 허용적이거나 권위주의적인 방식으로 이성적 사고를 사용하는 부모들보다 갈등을 가장 적게 경험했다(Sorkhabi, 2010). 청소년의 관점을 용인하고 인정하면 갈등 빈도가 줄어든다. 이 연구 결과는 부모들이 청소년의 의견 차이를 수용하는 정도는 다양하며, 부모 자신의 입장을 수정해야 하는 상황에서 청소년의 관점의 타당한 측면을 인정하려는 의지 또한 다양하다는 점을 보여 준다.

따라서 권위주의적이고 허용적인 부모는 청소년의 관점을 수용하기 위해 청소년과 상호적인 상호작용을 하지 않기 때문에 모든 부모가 청소년의 저항에 의해 청소년의 필요나 요구를 수용하도록 강요받는다고 볼 수는 없다. 향후 연구는 권위주의적이고 허용적인 부모와의 갈등이 부모가 자녀의 요구와 관점을 인식하고, 그들의 양육 방식을 발달에 맞게 조정하는 데 어떤 적응적 가치를 지닐 수 있는지 살펴볼 필요가 있다.

## 갈등의 적응성: 권위주의적, 권위 있는, 허용적 부모들이 적용하는 부모의 통제와 갈등의 영역 특수성 대 영역 간 통제의 변이

사회적 영역 이론가들은 갈등을 청소년들이 부모의 관할 밖에서 개인적인 영역을 구축하려는 시도로 묘사한다. 개인적인 영역을 확립하려는 필요성에 대한 강조와 일관되게, Smetana(1997)는 가상의 시나리오에 대해 이성적으로 사고하는 과정에서 "아동과 청소년은 부모의 개입을 개인적인 영역에서 부적절하다고 보고" 따라서 "자신의 사건을 개인적이라고 주장하며 규제를 거부하고 성인 권위에 도전한다"고 밝혔다(p. 184). 이러한 가상 시나리오에서의 판단에 관한 연구 결과와 일치하게, 영역 이론가들은 실제 부모가 개인적 영역에 대해 규제할 경우 빈번한 갈등과 부정적인 발달 결과가 나타난다는 것을 발견했다(예: 낮은 성취, 심리적 통제감, 우울증, 섭식 장애, 불안; Hasebe, Nucci, & Nucci, 2004; Nucci, 2008; Smetana et al., 2005). 예를 들면, Nucci(2008)는 "개인적인 영역은 부모들이 신중하게 접근해야 할 영역임이 분명하다"라고 결론지었다(p. 84). 그러나 영역 이론가들은 청소년들이 사회적으로 규제된 영역[예: 도덕적, 관습적, 실용적(prudential)]과 관련된 가상의 시나리오에 대해 추론할 때 이러한 영역에서 부모의 권위의 정당성을 받아들인다는 것을 발견했다. Nucci(2008)는 "다양한 문화권에서 아동과 청소년은…… 부모가 아동의 도덕적, 관습적, 신중한 행동에 대한 관할권을 가지고 있다"고 언급했다(p. 84). 사회적으로 규제된 영역에 대한 가상의 판단과 일관성 있게, 영역 이론가들은 청소년들이 이러한 영역에서 실제 부모의 권위를 거부하지 않으며, 과도하거나 제한적인 통제가 부정적인 발달 결과나 빈번한 갈등과도 연관되지 않는다고 설명한다(Hasebe et al., 2004; Nucci, 2008; Nucci et al., 2005; Smetana et al., 2005). 예를 들어, Nucci(2008)는 "청소년과 부모는 도덕성, 기본 사회적 관습, 명확한 신중함 문제에 대해 거의 분쟁이 없다고 보고한다……. 이 모든 것은 부모 권위의 정당한 범위 내에 있다고 간주된다"(p. 84)고 밝혔다. 또한 영역 이론가들은 사회적으로 규제되는 영역에서 부모의 관할권에 저항하는 청소년들은 정상적인 범위를 벗어난 임상적 범주에 속하는 소수의 청소년들이라고 주장했다. Smetana(2005)는 "발달적으로 적절한 저항은 청소년의 개인적 영역의 경계를 넘어 발생한다"(p. 82)고 밝히며, "품행장애와 반항적 행동장애의 임상적 정의가 암시하듯, 반항은 부모가 제시한 도덕적, 관습적 규칙, 규범, 가치를 거부하는 청소년의 행동으로 나타날 수 있으나, 이는 건강한 발달 과정으로 보기 어렵다"(p. 82)고 지적했다.

따라서 영역 이론가들은 갈등과 부정적인 발달 결과를 부모의 개인 영역 규제 탓으로 돌리는 반면, 사회적으로 규제된 영역에는 이를 귀속시키지 않는다. 또한 영역 이론가들은 사회적으로 규제된 영역이나 개인 영역 내에서 부모 통제의 질적 변화를 설명하지 않는다(Nucci, 2008; Smetana, 2005).

갈등의 발생과 적응성에 기여하는 요인들을 완전히 이해하려면 부모-자녀 상호작용이 이루어지는 각 영역을 깊이 살펴볼 필요가 있다. 그러나 영역 이론가들이 부모 권위의 영역별 차이를 강조하고, 가상 시나리오에 의존해 부모의 정당성을 평가하는 접근은 실제 부모-청소년 간 상호작용에서 나타나는 중요한 특성을 간과하게 만든다(Baumrind, 2005). Barber(2002)의 심리적 통제나 Baumrind(1991a, 1991b; Baumrind et al., 2010)의 간섭적(intrusive)/강압적(coercive) 통제와 같은 부적응적 통제 방식은 개인적 영역뿐만 아니라 사회적으로 규제된 영역에도 영향을 미친다. 또한 임상적 집단에 속하지 않는 청소년들 역시 부모의 양육 유형에 따라 사회적으로 규제된 영역에서는 부모의 통제에 저항할 수 있으며, 반대로 개인적 영역에서는 저항하지 않을 수도 있다. 부모가 각 영역을 규제하는 방식은 청소년이 부모 권위의 정당성을 어떻게 받아들이는지, 갈등이나 저항 가능성을 어떻게 인식하는지, 그리고 발달적 결과에 어떤 영향을 미치는지를 결정짓는 데 있어 중요한 역할을 한다(Sorkhabi & Middaugh, 2012).

Smetana(1991, 1995b; Smetana, Yau, & Hanson, 1991)의 연구에 따르면, 청소년들이 도덕적 문제 및 관습적 문제와 관련해 겪는 심각한 갈등의 이유는 부모가 사회적 영역뿐 아니라 개인적 영역을 어떻게 규제하느냐에 달려 있다. 심각한 갈등은 부모가 도덕적 영역을 과도하게 통제하여 청소년의 권리를 침해하는 불공정한 규제를 부과할 때 발생한다. 또한 관습적 영역에서 부모가 규제를 자의적으로 적용하여, 집안일을 언제, 어떻게 해야 하는지 지나치게 통제하거나 형제 · 자매 간에 불공정하게 배분할 때도 발생할 수 있다. 가상 시나리오를 기반으로 한 추론에서는 청소년들이 사회적으로 규제된 영역에서 부모 권위의 정당성을 개인적 영역보다 더 많이 인정하는 것으로 나타났으나 현실에서는 부모의 규제 방식에 따라 사회적으로 규제된 영역에서도 심각한 갈등이 발생한다(Smetana, 1995b). 심지어 임상적 집단에 속하지 않는 청소년들조차 이러한 영역에서 부모 권위에 저항하는 경우가 있다. 마찬가지로 개인적 영역에서도, 부모가 어떤 양육 유형을 사용하는지에 따라 부모-청소년 관계의 질이 달라지고, 그에 따라 청소년은 의복 선택이나 친구 관계처럼 개인적인 사안에 대해 지시적, 권위 있는, 민주적 또는 '충분히 좋은' 부모의 제안을 심리적 통제로 여기기보다는 오히려 반기는 경우도 있다(Baumrind et al., 2010). 이는 Hasebe 등(2004)이 청소년이 그러한 제안도 통제로 느낄 것이라 제시한 주장과는 다르다.

마찬가지로, 영역 이론가들은 청소년 방의 청결 문제와 같은 다면적인 문제(예: 두 개 영역 이상의 특징을 공유하는 문제)에 대한 갈등을 청소년들이 부모 권위를 제한하고 자율성과 개인 영역을 확장하려는 시도로 해석하며, 청소년기에는 부모가 이러한 영역에서 통제를 내려놓아야 한다고 본다. 방 청결 문제를 예로 들면, 청소년은 방이 자신의 개인 공간이라고 주장하는 반면, 부모는 집 전체가 자신의 소유이며 방도 그 일부라고 주장하면서 갈등이 발생한다. 그러나 이는 단순히 문제 자체가 다면적이거나 양측의 관점이 근본적으로 다르기 때문이 아니라, 부모가 청결을 요구하는 방식 때문일 가능성이 크다. 부모가 청소년보다 발달적으로 성숙했음에도 청소년의 관점을 이해하려 하지 않고 인식 차이를 좁히려 하지 않을 경우, 갈등은 계속될 것이다. 만약 부모가 청소년의 입장을 무시한 채, 집의 단독 소유자로서 집안의 모든 공간을 자신이 통제할 권리가 있다고 주장하며 자의적으로 규제한다면, 청소년은 배제되고 무시당한다고 느껴 갈등이 심화될 수 있다. 일부 부모는 이러한 갈등을 언어적 적대감으로 악화시키기도 한다(예: "넌 지저분한 게으름뱅이야.").

Baumrind 등(2010)의 연구에서는 독단적인 훈육, 무조건적인 권위 행사, 언어적 적대감이 권위주의적 부모의 특징으로 나타난다고 언급했다. 그러나 청소년의 관점을 존중하고, 그들을 가정의 중요한 구성원으로 대우하며, 방이 깨끗할 때 이를 인정하고 칭찬하는 등 권위 있는 부모의 비강압적 전략을 사용한다면, 이러한 갈등은 쉽게 해결될 수 있다. 전반적으로, 청소년들이 부모와의 갈등을 정당화하는 방식은, 부모가 청소년의 요구나 관점과는 단절된 채 강압적이고 자의적이며 적대적인 통제를 적용할 때 갈등이 빈번하고 강렬하게 발생하며, 쉽게 해결되지 않는다는 점을 보여 준다. 이러한 양상은 Baumrind의 권위주의적 양육 스타일과 일치한다(Smetana et al., 1991).

Gerris 등(1997)과 Pratt 등(1999)의 연구는 Baumrind의 연구와 일관되게, 권위 있는 부모가 다른 부모 유형보다 상호주관성을 더 효과적으로 확립하고, 관점을 수용하는 능력이 뛰어나며, 특히 초기에는 부모와 자녀의 이해관계가 충돌하더라도 자녀의 관점을 더욱 잘 포용한다는 점을 보여 준다. 반면, 권위주의적 부모와 방임적 부모는 상호주관성을 확립하지 못한다. 권위주의적 부모는 청소년의 능력을 인식하지 못해 불필요한 통제를 지속하며, 방임적 부모는 청소년의 미숙함을 인식하지 못해 강한 통제나 대면적 훈육이 필요한 영역에서도 이를 제공하지 않는다(Baumrind et al., 2010).

청소년기에 관한 많은 연구와 이론은 청소년의 자율성 욕구와 이를 위해 부모가 통제를 완화해야 할 필요성을 강조한다(Kerr, Stattin, Biesecker, & Ferrer-Wreder, 2003). 그러나 청소년들에게는 부모의 지속적인 관심과 이해가 여전히 중요하며, 권위 있는 부모와 지시적 부모가 행사하는 지속적인 통제가 필요하다는 점도 강조되어야 한다(Baumrind et al., 2010).

## 결론 및 향후 연구 방향

사회적 영역 체계(social domain framework; Turiel, 1983)는 인간 활동의 범위와 사회적 행동 및 결정의 결과를 체계화하고 구별하는 가치 있는 틀을 제공한다. 그러나 사회적 영역 체계는 사회적 관계에 대한 인지적 설명이며, 가상 시나리오와 같은 방법론을 사용하여 실제 부모-자녀 간의 보편적 상호작용의 변화를 충분히 반영하지 못한다. 갈등이 발생하는 다양한 이유를 밝혀내고, 보편적 범위 내에서 발생하는 모든 갈등이 적응적인지 여부를 규명하려면 실제 부모-자녀 관계의 변화를 조사할 필요가 있다. 따라서 사회화 연구는 영역과 부모 유형을 통합함으로써 이점을 얻을 수 있다.

향후 연구에서는 다음의 주제와 관련하여 부모의 양육 유형이 미치는 차별화된 영향을 살펴볼 필요가 있다.

1. 부모의 양육 유형에 따라 특정한 양육 방식의 군집(cluster)이 영역 전반에서 확인될 수 있는가? 또한 이러한 양육 방식은 발달적 결과에 어떻게 연관되어 있는가(Sorkhabi & Middaugh, 2012)? 이 연구는 사회적 영역 이론가들뿐만 아니라 Grusec과 Davidov(2010)가 제안한 것처럼, 부모가 영역별로 사용하는 양육 방식과 해당 영역에서 나타나는 결과가 각각 독립적인지, 아니면 서로 연관되어 있는지를 탐구하는 데 기여할 수 있다.
2. 부모가 서로 다른 영역에서 양육 방식을 다르게 사용하는가? 그리고 이러한 영역 간 양육 방식의 차이는 자녀의 발달 결과와 어떤 관련이 있는가(Sorkhabi & Middaugh, 2012)? 이 연구는 영역 이론가 및 다른 연구자들(예: Grusec & Davidov, 2010; Trickett & Kuczynski, 1986)이 제기한 것처럼 부모가 자녀의 활동이나 행동 유형에 따라 서로 다른 방식을 사용한다는 주장도

다룰 수 있다.

3. 부모 유형에 따라 부모의 양육 목표가 일관되게 구현되는가? 그리고 부모의 목표와 그 목표의 실행 간 일관성과 관련된 결과는 무엇인가?
4. 청소년의 주요 목표는 무엇이며, 이 목표는 부모의 양육 유형에 따라 부모의 목표와 충돌하는가?
5. 청소년은 부모의 양육 유형에 따라 자신과 부모 간의 권력 차이를 어떻게 인식하는가?
6. 청소년이 인식하는 부모 권력의 차이에 대한 다양성은 청소년의 저항, 갈등, 그리고 심리사회적 결과와 어떤 관련이 있는가?
7. 부모는 자신의 양육 유형에 따라 어떻게 청소년의 저항을 해석하고 대응하는가?
8. 부모가 청소년의 저항과 자율성 요구를 수용할지 여부에 영향을 미치는 요인은 무엇이며, 그 요구를 어떻게 수용하는가?

## 참고문헌

Barber, B. K. (Ed.). (2002). *Intrusive parenting: How psychological control affects children and adolescents.* Washington, DC: American Psychological Association. doi:10.1037/10422-000

Baumrind, D. (1971). Current patterns of parental authority. *Developmental Psychology Monographs, 4*(1, Pt. 2), 1-103. doi:10.1037/h0030372

Baumrind, D. (1973). The development of instrumental competence through socialization. In A. Pick (Ed.), *Minnesota symposia on child psychology* (Vol. 7, pp. 3-46). Minneapolis: University of Minnesota Press.

Baumrind, D. (1989). Rearing competent children. In W. Damon (Ed.), *Child development today and tomorrow* (pp. 349-378). San Francisco, CA: Jossey-Bass.

Baumrind, D. (1991a). Effective parenting during the early adolescent transition. In P. E. Cowan & E. M. Hetherington (Eds.), *Advances in family research* (Vol. 2, pp.

111-163). Hillsdale, NJ: Erlbaum.

Baumrind, D. (1991b). The influence of parenting style on adolescent competence and substance use. *The Journal of Early Adolescence, 11,* 56-95. doi:10.1177/0272431691111004

Baumrind, D. (2008). Authoritative parenting for character and competence. In D. Straight (Ed.), *Parenting for character: Five experts, five practices* (pp. 14-30). Portland, OR: Council for Spiritual and Ethical Education.

Baumrind, D., Larzelere, B., & Owens, L. (2010). Effects of preschool parents' power assertive patterns and practices on adolescent development. *Parenting: Science and practice, 10,* 157-201. doi:10.1080/15295190903290790

Baumrind, D., & Thompson, R. (2002). The ethics of parenting. In M. Bornstein (Ed.), *Handbook of parenting: Vol. 5. Practical issues in parenting* (2nd ed., pp. 3-34). Mahwah, NJ: Erlbaum.

Caffery, T., & Erdman, P. (2000). Conceptualizing parent-adolescent conflict: Applications from systems and attachment theories. *The Family Journal, 8*(1), 14-21. doi:10.1177/1066480700081004

Caughlin, J. P., & Malis, R. S. (2004). Demand/withdraw communication between parents and adolescents: Connections with self-esteem and substance use. *Journal of Social and Personal Relationships, 21*(1), 125-148. doi:10.1177/0265407504039843

Chassin, L., Presson, C. C., Rose, J., Sherman, S. J., Davis, M. J., & Gonzalez, J. L. (2005). Parenting styles and smoking-specific practices as predictors of adolescent smoking onset. *Journal of Pediatric Psychology, 30,* 333-344. doi:10.1093/jpepsy/jsi028

Chung, G. H., Flook, L., & Fuligni, A. J. (2009). Daily family conflict and emotional distress among adolescents from Latin American, Asian, and European backgrounds. *Developmental Psychology, 45,* 1406-1415. doi:10.1037/a0014163

Coplan, R. J., Hastings, P. D., Lagace-Seguin, D. G., & Moulton, C. E. (2002). Authoritative and authoritarian mothers' parenting goals, attributions, and emotions across different childrearing contexts. *Parenting: Science and Practice, 2,* 1-26.

doi:10.1207/S15327922PAR0201_1

Dix, T., & Reinhold, D. P. (1991). Chronic and temporary influences on mothers' attributions for children's disobedience. *Merrill-Palmer Quarterly: Journal of Developmental Psychology, 37,* 251-271.

Emery, R. E. (1992). Family conflicts and their developmental implications: A conceptual analysis of meanings for the structure of relationships. In C. U. Shantz & W. W. Hartup (Eds.), *Conflict in child and adolescent development* (pp. 270-298). New York, NY: Cambridge University Press.

Feldman, S. S., & Gehring, T. M. (1988). Changing perceptions of family cohesion and power across adolescence. *Child Development, 59,* 1034-1045. doi:10.2307/1130269

Fuligni, A. J. (1998). Authority, autonomy, and parent-adolescent conflict and cohesion: A study of adolescents from Mexican, Chinese, Filipino, and European backgrounds. *Developmental Psychology, 34,* 782-792. doi:10.1037/0012-1649.34.4.782

Gerris, J. R. M., Dekovic, M., & Janssens, J. M. A. M. (1997). The relationship between social class and childrearing behaviors: Parents' perspective taking and value orientations. *Journal of Marriage and the Family, 59,* 834-847. doi:10.2307/353786

Greenberger, E., & Chen, C. (1996). Perceived family relationships and depressed mood in early and late adolescence: A comparison of European and Asian Americans. *Developmental Psychology, 32,* 707-716. doi:10.1037/0012-1649.32.4.707

Grolnick, W. S., Weiss, L., McKenzie, L., & Wrightman, J. (1996). Contextual, cognitive, and adolescent factors associated with parenting in adolescence. *Journal of Youth and Adolescence, 25*(1), 33-54. doi:10.1007/BF01537379

Grusec, J. E., & Davidov, M. (2010). Integrating different perspectives on socialization theory and research: A domain-specific approach. *Child Development, 81,* 687-709. doi:10.1111/j.1467-8624.2010.01426.x

Grusec, J. E., Rudy, D., & Martini, T. (1997). Parenting cognitions and child outcomes: An overview and implications for children's internalization of values. In J. E.

Grusec & L. Kuczynski (Eds.), *Parenting and children's internalization of value* (pp. 259-282). New York, NY: Wiley.

Hasebe, Y., Nucci, L., & Nucci, M. (2004). Parental control of the personal domain and adolescent symptoms of psychopathology. *Child Development, 75*, 815-828. doi:10.1111/j.1467-8624.2004.00708.x

Hastings, P. D., & Grusec, J. E. (1998). Parenting goals as organizers of responses to parent-child disagreement. *Developmental Psychology, 34*, 465-479. doi:10.1037/0012-1649.34.3.465

Hastings, P. D., & Rubin, K. H. (1999). A longitudinal study of the development of mothers' beliefs about preschool-aged children's social behavior. *Child Development, 70*, 722-741. doi:10.1111/1467-8624.00052

Hetherington, E. M., & Kelly, J. (2002). *For better or for worse: Divorce reconsidered.* New York, NY: Norton.

Kerr, M., Stattin, H., Biesecker, G., & Ferrer-Wreder, L. (2003). Relationship with parents and peers in adolescence. In R. M. Lerner, M. A. Easterbrooks, & J. Mistry (Eds.), *Handbook of psychology: Developmental psychology* (Vol. 6, pp. 395-419). New York, NY: Wiley.

Lamborn, S. D., Dornbusch, S. M., & Steinberg, L. (1996). Ethnicity and community context as moderators of the relations between family decision making and adolescent adjustment. *Child Development, 67*, 283-301. doi:10.2307/1131814

Lichtwarck-Aschoff, A., Kunnen, S. E., & van Geert, P. L. C. (2009). Here we go again: A dynamic systems perspective on emotional rigidity across parent- adolescent conflicts. *Developmental Psychology, 45*, 1364-1375. doi:10.1037/a0016713

Maccoby, E. E. (1999). The uniqueness of the parent-child relationship. In W. A. Collins & B. Laursen (Eds.), *Relationships as developmental contexts: Minnesota symposia on child psychology* (Vol. 30, pp. 157-175). Mahwah, NJ: Erlbaum.

Nucci, L. P. (2008). The domains of social reasoning: How we think about right and wrong and why it matters to parents. In D. Streight (Ed.), *Parenting for character: Five experts, five practices* (pp. 76-88). Portland, OR: Council for Spiritual and Ethical Education.

Nucci, L. P., Hasebe, Y., & Lins-Dyer, M. T. (2005). Adolescent psychological well-being and parental control of the personal. In J. Smetana (Ed.), *New directions for child and adolescent development: No. 108. Changing boundaries of parental authority during adolescence* (pp. 17-30). San Francisco, CA: Jossey-Bass. doi:10.1002/cd.125

Patterson, G. R. (1971). *Families: Applications of social learning to family life* (Rev. ed.). Champaign, IL: Research Press.

Patterson, G. R., & Fisher, P. A. (2002). Recent developments in our understanding of parenting: Bidirectional effects, causal models, and the search for parsimony. In M. H. Bornstein (Series Ed.), *Handbook of parenting: Vol. 5. Practical issues in parenting* (2nd ed., pp. 59-88). Mahwah, NJ: Erlbaum.

Piaget, J. (1932). *The moral judgment of the child.* New York, NY: Free Press.

Pratt, M. W., Arnold, M. L., Pratt, A. T., & Diessner, R. (1999). Predicting adolescent moral reasoning from family climate: A longitudinal study. *The Journal of Early Adolescence, 19,* 148-175. doi:10.1177/0272431699019002002

Schermerhorn, A. C., & Cummings, E. M. (2008). Transactional family dynamics: A new framework for conceptualizing family influence processes. In R. V. Kail (Ed.), *Advances in child development and behavior* (Vol. 36, pp. 187-250). San Diego, CA: Elsevier. doi:10.1016/S0065-2407(08)00005-0

Smetana, J. G. (1988). Adolescents' and parents' conceptions of parental authority. *Child Development, 59,* 321-335. doi:10.2307/1130313

Smetana, J. G. (1989). Adolescents' and parents' reasoning about actual family conflict. *Child Development, 60,* 1052-1067. doi:10.2307/1130779

Smetana, J. G. (1991). Adolescents' and mothers' evaluations of justifications for conflicts. In R. L. Paikoff (Ed.), *Shared views in the family during adolescence* (Vol. 51, pp. 71-86). San Francisco, CA: Jossey-Bass.

Smetana, J. G. (Ed.) (1994). Beliefs about parenting: Origins and developmental implications. In *New directions for child development* (No. 66, pp. 21-36). San Francisco, CA: Jossey-Bass. doi:10.1002/cd.23219946604

Smetana, J. G. (1995a). Conflict and coordination in adolescent-parent relationships.

In S. Strauss (Series Ed.) & S. Shulman (Vol. Ed.), *Human development: Vol. 7. Close relationships and socioemotional development* (pp. 155-184). Norwood, NJ: Ablex Publishing.

Smetana, J. G. (1995b). Parenting styles and conceptions of parental authority during adolescence. *Child Development, 66,* 299-316. doi:10.2307/1131579

Smetana, J. G. (1997). Parenting and the development of social knowledge reconceptualized: A social domain analysis. In J. E. Grusec & L. Kuczynski (Eds.), *Parenting and children's internalization of values: A handbook of contemporary theory* (pp. 162-192). New York, NY: Wiley.

Smetana, J. G. (1998). Concepts of self and social convention: Adolescents' and parents' reasoning about hypothetical and actual family conflicts. In M. R. Gunnar & W. A. Collins (Eds.), *Minnesota symposia on child psychology: Vol. 21. Development during the transition to adolescence* (pp. 79-122). Hillsdale, NJ: Erlbaum.

Smetana, J. G. (2002). Culture, autonomy, and personal jurisdiction in adolescent-parent relationships. In R. V. Vail & H. W. Reese (Eds.), *Advances in child development and behavior* (Vol. 29, pp. 51-87). New York, NY: Academic Press.

Smetana, J. G. (2005). Adolescent-parent conflict: Resistance and subversion as developmental processes. In L. Nucci (Ed.), *Conflict, contradiction, and contrarian elements in moral development and education* (pp. 69-91). Mahwah, NJ: Erlbaum.

Smetana, J. G., & Asquith, P. (1994). Adolescents' and parents' conceptions of parental authority and adolescent autonomy. *Child Development, 65,* 1147-1162.

Smetana, J. G., Crean, H. F., & Campione-Barr, N. (2005). Adolescents' and parents' changing conceptions of parental authority. In J. Smetana (Ed.), *New directions for child and adolescent development: Changing boundaries of parental authority during adolescence* (pp. 31-46). San Francisco. CA: Jossey-Bass. doi:10.1002/cd.126

Smetana, J. G., Yau, J., & Hanson, S. (1991). Conflict resolution in families with adolescents. *Journal of Research on Adolescence, 1,* 189-206. doi:10.1207/s15327795jra0102_5

Sorkhabi, N. (2010). Sources of parent-adolescent conflicts: Content and form of parenting. *Social Behavior and Personality, 38,* 761-782. doi:10.2224/sbp.2010.38.6.761

Sorkhabi, N. & Middaugh, E. (2012). *Adolescents' perceptions of variation in parental control as exercised by parents with different parenting styles: Outcomes of parent-adolescent conflict, adolescent problem behaviors and disclosure.* Manuscript in preparation.

Trickett, P. K., & Kuczynski, L. (1986). Children's misbehaviors and parental discipline strategies in abusive and nonabusive families. *Developmental Psychology, 22,* 115-123. doi:10.1037/0012-1649.22.1.115

Turiel, E. (1983). *Development of social knowledge: Morality and convention.* Cambridge, England: Cambridge University Press.

제3부

# 임상 및 교육에서의 적용

제7장 공격적인 아동의 부모와 작업하기: 권위 있는 양육의 역할과 10가지 원칙

제8장 효과적인 자녀 양육의 실제: 사회적 상호작용 학습 이론과 감정 코칭 및 마음챙김의 역할

제9장 권위 있는 양육과 아동의 인지발달을 위한 부모의 조력

제7장

# 공격적인 아동의 부모와 작업하기:

## 권위 있는 양육의 역할과 10가지 원칙

Timothy A. Cavell, Amanda W. Harrist, Tamara Del Vecchio

Baumrind의 권위 있는 양육 개념은 대부분의 부모와 전형적으로 발달하는 아동에게 적합한 사회화 전략의 패턴을 설명한다. 이 개념은 부모가 지향하는 특정한 목표(예: 유능한 시민으로서의 아동 사회화, 자기 훈련 발달 촉진), 가치(예: 의사소통, 아동의 자율성), 그리고 기술(예: 경계 설정, 수용적 태도 전달)을 포함한다. 그러나 높은 공격성을 보이는 아동을 훈육하거나 관계가 주는 즐거움을 유지하는 데 어려움을 겪는 부모에게 권위 있는 양육 스타일이 가능할 것인가? 공격적 행동 발달에 대한 연구자들의 이해는 점점 더 정교해지고 있지만, Baumrind의 틀(framework)은 이러한 변화를 충분히 반영하지 못하고 있다. 마찬가지로, 현재의 부모 훈련 모델은 공격적인 부모-자녀 관계의 복잡한 특성을 완전히 통합하지 못하고 있다. 이 장에서는 부모의 양육과 아동의 공격성 발달에 대한 최신 연구를 검토한다. 또한 Baumrind의 관계 기반 유형론(relationship-based typologies)과 기술 기반 부모 훈련 모델(skill-based parent training models)을 결합한 부모 기반 개입의 10가지 지도 원칙(guiding principles)을 제시하고 공격적인 아동을 양육하는 과정의 복잡한 특징들을 반영하고자 한다.

우리는 먼저 로버트의 사례로 논의를 시작한다.

> 로버트는 10세로, 어머니와 두 명의 이복 여동생들과 함께 살고 있다. 집에서 그는 집안일 돕기를 거부하고, 자신의 뜻대로 되지 않으면 소리를 지르거나 징징거린다. 그는 여동생들과 끊임없이 다투며, 가끔은 그들을 때리거나 놀리고, 물건을 빼앗기도 한다. 로버트의 어머니인 린다는 요양원에서 시간제로 일하며, 두 번 이혼한 상태이다. 그녀는 육아에 압도감을 느끼며, 로버트를 어떻게 다뤄야 할지 확신이 없다. 로버트가 문제를 일으키면 빠르게 반응하지만, 처벌은 효과가 없는 것처럼 보인다. 때로는 훈육할 기운조차 없어 로버트를 자극하지 않는 편이 낫다고 생각하기도 한다. 학교에서 로버트는 규칙을 어기고 다른 아이들과 싸우는 등 문제를 일으키는 학생으로 알려져 있다. 그는 심지어 쉬는 시간 동안 자신을 운동장에서 제외시킨 교사를 위협하기도 했다. 로버트는 학업 능력은 있지만, 대체로 성취 동기가 부족한 편이다. 최근에는 나이가 더 많은 소년들과 어울리기 시작했는데, 그중 두 명은 담배를 피우고 갱단에 들어가는 것에 대해 이야기하는 것을 즐긴다.

진단적으로 볼 때, 로버트는 아동기 발병 품행장애(Conduct Disorder, Childhood Onset) 기준을 충족할 가능성이 높다(American Psychiatric Association, 2000). 기존 연구들은 로버트와 같은 사례에 대해서 우려할 만한 이유가 있음을 보여 준다. 아동기 공격성은 상당히 안정적인 특성을 가지며(Loeber, 1990), Patterson, Forgatch, Yoerger와 Stoolmiller(1998)의 연구에 따르면, 9~10세에 공격적인 행동을 보이는 것으로 확인된 남아의 50%가 14세 이전에 체포되었으며, 14세 이전에 체포된 남아의 75%는 18세까지 세 건 이상의 체포 이력이 있었다. 특히 Moffitt(1993)이 설명한 **생애 지속형**(life-course persistent) 범죄 패턴을 보이는 아동의 경우, 더욱 심각한 위험을 동반한다. 이러한 패턴은 조기 발병(early onset), 극단적인 심각성(extreme severity), 다양한 환경에서의 문제 발생이라는 특징을 보이며, 향후 범죄 행위와 반사회적 성격장애를 예측할 수 있다.

로버트와 같은 아동의 부모는 그들과 가족에게 긍정적인 변화를 가져올 수 있는 양육 방법에 대한 지도가 필요하다. 이러한 지침은 일반적으로 두 가지 출처에서 제공된다. 첫째는 권위 있는 양육(authoritative parenting)에 대한 연구로, 부모의 반응성(responsiveness)과 요구성(demandingness)의 결합이 효과적이라는 강력한 근거를 제공한다. 권위 있는 양육은 사회적으로 유능하며, 심각한 행동 문제를 보일 가능성이 낮은 아동의 부모가 흔히 사용하는 양육 방식이다. 둘째는 행동 기반 부모 훈련으로, 이는 권위 있는 부모의 양육에 대한 Baumrind의 획기적인 연구와 동시에 등장한 개입 전략이며, 자주 연구되고 강력하게 추천되는 개입 방법이다(Cavell, 2000).

이 장에서는 권위 있는 부모의 양육과 행동 기반 부모 훈련이라는 두 연구 분야가 ① 서로에게 어떻게 영향을 줄 수 있는지, ② 아동기 공격성 발달에서 양육의 역할에 대한 최신 연구를 어떻게 반영할 수 있는지, 그리고 ③ 공격적인 아동의 부모가 직면하는 어려움을 보다 포괄적으로 이해할 수 있는 틀을 제공하도록 어떻게 통합될 수 있는지를 탐색한다. 우리는 이 틀을 10가지 지도 원칙의 형태로 제시하고자 한다.

## 부모의 양육과 아동기 공격성 발달에 관한 최신 연구 발전

지난 25년 동안, 연구자들은 공격적인 아동에 대해, 그리고 부모의 양육이 아동기 공격성의 발달과 지속 과정에 미치는 역할에 대해 많은 것을 밝혀냈다. 공격적이고 반사회적인 행동(antisocial behavior: ASB)의 발달 과정은 이제 생물학적, 인지적, 정서적 요인과 사회적 맥락 요인이 상호작용하는 역동적 과정으로 이해되고 있다(Cicchetti & Toth, 2009). 전향적 종단 연구(prospective longitudinal studies)는 생물유전적(biogenetic) 위험 요인, 부적응적 사회 인지, 위험한 사회적 맥락(예: 부정적 양육, 비행 또래), 외현화 행동 문제, 그리고 비행 행위 등이 **발달적 연쇄 과정**(developmental cascade)에서 상호작용하는 요인임을 설명한다. 이러한 발달적 연쇄 과정은 단순한 직선이나 일방향적 또는 매개적 경로에서 기대되는 결과보다 훨씬 더 다루기 어려운 결과들을 초래하는 복잡한 상호작용 과정을 의미한다

(Lansford, Malone, Dodge, Pettit, & Bates, 2010).

아동기 공격성에 대한 연구자들의 이해 증진에 중요한 발전 영역은 아동 효과(child effects)의 기여를 설명하는 연구(Lytton, 1990)와 아동 발달에서 선천적 요인(nature)과 환경적 요인(nurture)의 상호작용 역할을 규명하는 연구였다(Collins, Maccoby, Steinberg, Hetherington, & Bornstein, 2000). Burt(2009)의 메타분석에 따르면, 아동과 청소년 품행 문제의 58%는 유전적 요인으로 설명되었다. 또한 유전자-환경 상호작용으로도 일부 설명할 수 있었다. 유전자-환경 상호작용은 주의력결핍/과잉행동장애(ADHD)와 같은 특정 생물학적 위험 요인을 가진 아동이 부정적 양육을 유발할 가능성을 포함하였다. 신경발달적/자기조절(neurodevelopmental/self-regulatory) 요인도 아동이 보이는 공격성 수준에 기여한다(Fairchild et al., 2011; Nigg & Huang-Pollock, 2003). 또한 주목할 만한 점은, 냉담/비정서적(callous/unemotional) 특성이 아동과 청소년의 ASB를 예측하는 요인으로 밝혀졌다는 점이다(Frick, Stickle, Dandreaux, Farrell, & Kimonis, 2005). 냉담/비정서적 특성이 높은 아동은 처벌에 상대적으로 둔감하며, 공격성이 긍정적인 결과를 가져올 것이라는 사회인지적 기대를 하고, 부모의 양육 효과로 예측할 수 없는 높은 수준의 외현화 행동 문제를 보이는 것으로 나타났다(Oxford, Cavell, & Hughes, 2003).

두 번째로 중요한 연구 발전 영역은 공격성과 ASB의 발달에 대한 상충하는 사회적 맥락의 영향을 입증한 것이다(Cavell, Hymel, Malcolm, & Seay, 2007 참고). 일부 맥락은 긍정적인 영향을 제공하지만(예: 학교, 4-H 클럽), 위험군 아동에게는 접근이 어렵거나 지나치게 요구가 많아 부담이 될 수 있다. 반면, 다른 맥락은 반사회적 활동 면에서 '성공'을 가능하게 해 준다(예: 일탈적 또래, 범죄율이 높은 이웃 환경). 이러한 맥락은 부모 이외의 중요한 환경적 요인으로 작용하며, ASB의 발달과 관련된 부모 역할을 설명하는 모델은 이러한 상충하는 영향이나 양육이 일어나는 더 넓은 사회적 맥락을 간과해서는 안 된다(Conger & Simons, 1997; Harris, 1995).

마지막으로 중요한 발전 영역은 부모-자녀 관계가 아동 사회화의 핵심 맥락이 되게 하는 상호적 과정(dyadic processes)에 대한 연구자들의 이해가 심화된 것이다. 이 분야의 많은 연구는 부모의 영향을 설명하는 사회 학습 모델과 이에 따른 행동 기반 부모 개입과 관련이 있으며, 특히 부모와 자녀 간의 강압적 상호작용의 역할을 다룬다(Patterson, Reid, & Dishion, 1992). 그러나 최근 연구들은 양육 모델과 공격성 발달 과정에 대한 연구자들의 이해를 확장시켰다. 새로운 모델들은 애착 관련 현상, 양심의 발달, 부모의 정서 사회화 전략, 부모-자녀 상호작용을 특징짓는 상호성(mutuality) 또는 호혜성(reciprocity) 수준을 탐구했다. 예를 들어, 어린 시절 부모-자녀 간의 상호적 반응 지향성(mutually responsive orientation; 예: Kochanska, Aksan, Prisco, & Adams, 2008)과 상호 동기화(dyadic synchrony; 예: Harrist & Waugh, 2002) 수준이 낮은 것은 이후 아동의 자기조절 부족과 공격성 증가와 관련이 있는 것으로 밝혀졌다.

권위 있는 양육이 소개된 후 40년이 넘는 시간 동안, 연구자들의 이해를 돕는 부모의 양육과 사회화에 대한 연구에는 막대한 변화가 있었다. ASB의 발달 경로를 설명하는 개념적 모델도 더 포괄적이고 복잡해졌다. 이는 사회화와 반사회적 행동(ASB) 발달의 **통합적 생애 과정 사회 학습**(integrated life-course-social learning) 모델(Cavell et al., 2007)에서 찾아볼 수 있다. 통합적 생애 과정 사회 학습 모델은 아동 발달 과정에서 다른 사회화 요인이 작용하는 방식 속 부모 양육의 위치를 규명해 준다([그림 7-1]). 이 모델은 공격적인 아동을 대상으로 한 부모 기반 개입에 중요한 시사점을 제공한다. 그리고 강력한 영향을 미치는 세 가지 요소, ① 생물유전적 위험 요인, ② 접근 가능한 사회적 환경, ③ 아동이 해당 환경에 접근하고 성공할 수 있는 능력을 강조한다. 부모-자녀 관계는 아동 발달에 영향을 미치는 여러 환경 중 하나일 뿐이며, 공격적인 아동을 둔 부모는 대부분의 부모와 마찬가지로, 아동이 시간과 정서적 노력을 쏟는 다른 환경, 때로는 일탈적 환경과도 경쟁해야 한다. 공격적인 아동은 이중적인 불이익 상황에 놓여 있다. 이들은 친사회적 환경(예: 학교)에서 성공할 가능성이 낮고, 일탈적 환경에 더 쉽게 끌리며 더 높은 성공 가능성을 보인다. 부모-자녀 관계는 적어도 ASB를 촉진하지 않는 환경이 되어야 한다. 권위 있는 부모가 다른 친사회적이지 않은 환경에 대항하여 경쟁하기 위해서는 ASB를 제한하는 것 이상의 노력을 기울여야 한다.

또한 이 모델은 아동이 관여하는 다양한 환경을 모니터링하고 관리하는 것의 어려움을 인정한다. 부모가 자녀의 행선지, 친구 관계, 활동에 대해 지속적으로 파악하지 못하는 경우, 이는 곧 부적절한 모니터링에 해당된다. 그러나 인과관계의 방향이 항상 명확한 것은 아니다. 어떤 아동은 모니터링을 하는 것이 더 어렵다. 사실, 부모의 모니터링과 ASB 간의 강력한 관계를 나타내는 연구는 부분적으로 아동과 청소년이 그들이 관여하는 다른 환경에 대해 부모에게 제공하는 정보를 적극적으로 관리하는 것에서 기인한다(Kerr & Stattin, 2000). 따라서 모니터링을 부모의 양육 실천 방식으로만 보는 관점은 아동과 청소년이 이 과정에서 행사

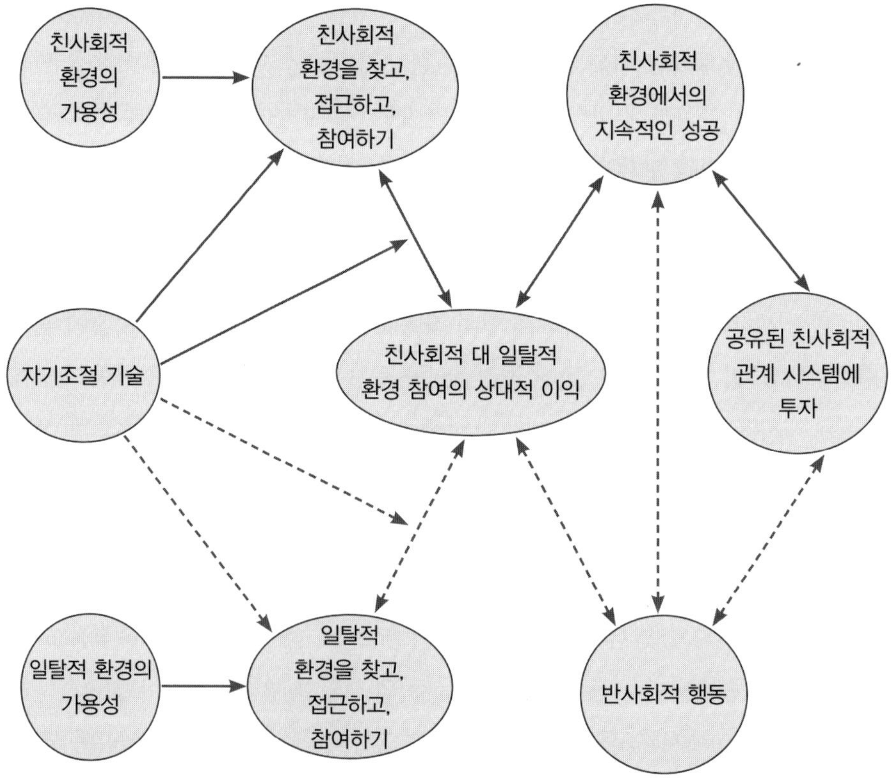


**[그림 7-1]** 사회화 과정과 반사회적 행동 발달 간의 관계를 나타내는 통합된 생애 과정-사회 학습 모델. 조절 효과는 개념이 아닌 경로를 가리키는 화살표로 표시됨. 점선은 역관계를 나타냄

하는 영향력 수준을 간과하는 것이다. 그리고 일부 청소년은 비행 또래의 영향력에 더 취약하다(Vitaro, Brendgen, & Tremblay, 2001). 공격적이고 또래에게 거부당하는 청소년은 친구를 구별하여 사귀거나 친구 관계를 유지하기 위해 '필수적'이라고 인식하는 활동(예: 비행, 약물 사용)을 구별하여 선택할 수 있는 여유가 없다(Boivin, Vitaro, & Poulin, 2005). 이러한 청소년들에게 비행 또래와의 관계는 선택이 아니라 사회적 상호작용의 마지막 수단이 되는 경우가 많다. 이로 인해 자녀가 시간과 에너지를 보내는 환경을 제한하려는 부모의 노력을 어렵게 만든다.

## 부모 관리 훈련

Baumrind(1967, 1971)가 부모의 양육 유형 개념을 도입하던 시기, 다른 연구자들은 반항적, 파괴적, 공격적인 행동을 보이는 아동을 둔 부모를 위한 개입 전략을 개발하고 있었다(Patterson & Brodsky, 1966; Wahler, Winkle, Peterson, & Morrison, 1965). **부모 관리 훈련**(Parent Management Training: PMT)은 행동주의적 훈육 기술을 기반으로 부모가 자녀의 문제행동을 관리할 수 있도록 훈련하는 치료적 전략을 지칭하는 포괄적인 용어이다(Kazdin, 1993). PMT는 적대적 반항장애와 품행장애를 가진 아동을 위한 개입 중에서 가장 널리 연구된 개입이자(Serketich & Dumas, 1996), 유망한 개입 중 하나이다(Lundahl, Risser, & Lovejoy, 2006; Maughan, Christiansen, Jenson, Olympia, & Clark, 2005). PMT의 장기적 효과는 일반적으로 긍정적이나(Hood & Eyberg, 2003; Webster-Stratton, 1990), 무작위 대조 연구에서 추후 평가는 기간적으로도 제한적이고 결과 또한 혼재되어 나타난다(예: Hagen, Ogden, & Bjornebekk, 2011). 예외적으로, Forgatch, Patterson, DeGarmo와 Beldavs(2009)의 연구에서는 개입 종결 9년 후에 이혼한 어머니를 둔 소년들의 결과를 분석하였다. 비임상군 샘플에서 PMT가 교사가 보고한 비행과 경찰 체포를 유의미하게 감소시킨 것으로 나타났다. PMT의 장기적 효과(Eyberg, Edwards, Boggs, & Foote, 1998)나 취약 계층 및 소수 집단에 대한 적용 가능성(Lundahl et al.,

2006; Prinz & Miller, 1991)에 대한 의문이 여전히 남아 있지만, PMT는 품행 문제를 가진 아동을 위한 몇 안 되는 경험적으로 지지된 치료법이다(Eyberg, Nelson, & Boggs, 2008).

일부 프로그램에서는 부모의 정서 사회화 역할을 다루고 있지만(예: Forgatch & Patterson, 2010; 제8장 참고), PMT의 효과적인 양육과 효과적이지 않은 양육에 대한 기본 가정은 여전히 최근 연구에서 밝혀진 부모의 양육과 공격성 발달 간의 관계를 충분히 반영하지 못하고 있다. PMT는 아동의 공격성 치료를 조작적 조건형성(operant conditioning) 관점에서 접근한다. 부모가 제시하는 조건에 의해 의도하지 않게 부정적 행동이 강화되어 공격성이 학습된다는 기본적인 가정을 바탕으로 한다. 강압 이론(Patterson et al., 1992)은 아동이 강압적인 부모(끊임없는 잔소리에서부터 신체적 폭행에 이르는 행동)로부터 강압적인 행동을 배우게 되지만, 부모는 또한 아동이 강압적인 행동으로 부모의 요구를 거부하면, 부모가 포기하게 되며, 이는 아동의 강압적 행동을 강화한다고 주장한다. 시간이 지나면서 강압적인 순환 과정은 이후 비행으로 이어질 가능성이 높은 아동들에게 강압을 주요한 영향력 행사 전략으로 정착시킨다. 강압적 행동이 타인과의 상호작용으로 일반화되면, 일탈 또래에 의해 다양한 형태의 ASB가 강화되는 등 일련의 부정적인 연쇄 반응이 나타날 가능성이 높아진다(Forgatch et al., 2009). Patterson(1982)의 획기적인 연구는 공격적인 아동의 가정에서 순간순간 발생하는 조건들을 분석하였으며, 이러한 조건을 변화시키기 위해 개발된 PMT 개입의 탄탄한 기초를 제공하였다. 미시적 수준의 부모-자녀 과정에 대한 강조는, 보다 거시적 수준의 부모 양육 유형 개념과 뚜렷한 대조를 이루었다.

Patterson의 초기 강압 이론은 1982년 저서 출간 이후 중요한 수정 과정을 거쳤다. Snyder와 Patterson(1995)은 대응 법칙(matching law; Herrnstein, 1974)의 기본 원리를 활용하여 Patterson(1982)의 초기 가설을 재검토하였으며, 특히 공격적 행동을 결정하는 조건들의 개인 간 차이에 대한 강조점을 분석하였다. 대응 법칙은 개인 내 변화와 이를 조절하는 긍정적 및 부정적 조건들의 경쟁적 맥락에 보다 큰 초점을 둔다. 이 법칙에 따르면, 특정 반응을 보일 확률은 일반적으로 해당 반응이 다른 반응에 비해 강화되거나 처벌받을 확률과 일치하는 경향이 있다(Snyder & Patterson, 1995). 맥락의 역할을 이해하는 데 있어 대응 법칙의 **시간 할당**(time allocation) 개념 역시 중요한 요소로 작용한다. 대응 법칙은 "어떤 환경에서 보내는 시간은 그 환경이 제공하는 강화 비율에 비례한다"고 본다(Conger & Simons, 1997, p. 62). 특정 맥락 내에서 강화 조건이 분배된 정도가 아동이 ASB를 보일지 여부에 영향을 미치지만, 아동이 일탈적 사회적 맥락에서 더 많은 시간을 보내는지는 전체 사회적 환경에서 강화 조건이 어떻게 분포되어 있는지에 따라 달라진다(Conger & Simons, 1997). 따라서 친사회적 활동과 반사회적 활동을 각각 다르게 지지하는 다양한 사회적 맥락의 경쟁적 가치를 고려하는 것이 필수적이다(Cavell et al., 2007). 공격적인 아동을 둔 부모에게 이는 곧, 엄격한 행동 통제만이 아니라 부모-자녀 관계를 유지하여 아동이 가족 환경에 지속적으로 몰입할 수 있도록 균형을 맞추는 것이 중요함을 시사한다.

Granic과 Patterson(2006)은 강압 이론을 더욱 수정하고 확장하면서, 조작적 조건형성의 원리를 넘어 역동적 시스템(dynamic systems)의 원리와 방법을 적용했다. 여전히 강압적 상호작용이 아동의 공격성 발달과 안정화를 유도한다는 핵심 전제는 유지되었지만, 몇 가지 중요한 한계가 언급되었다. 그중 하나는 상호작용을 일방향적인 조작적 원리로 설명하기보다는 상호적 또는 순환적 인과관계로 이해했다는 점이다. 또한 "관계 자체가 고유한 특성과 발달 역사를 지닌다"(Granic & Patterson, 2006, p. 106)에서 알 수 있듯이, 개개인의 행동을 넘어서는 관계 패턴이나 전체 시스템에 대한 고려가 부족했다는 점이다. "부모-자녀 관계의 발달 경로에서 행동 습관이 형성되면, 상호작용의 자유도는 점점 줄어든다"(p. 105)에서처럼, 부모와 자녀 사이에 강압적 상호작용이 반복될수록 향후 상호작용은 점점 더 제한된 방식으로 이루어진다.

역동적 시스템 모델(dynamic systems model)은 상호작용 패턴(끌개, attractors)의 강도가 다를 수 있으며, 강도가 높을수록 변화에 대한 저항성이 증가된다고 제안한다. 하나의 시스템 내에는 여러 개의 끌개가 공존할 수 있으며, 이로 인해 경쟁적인 반응 요구가 발생할 수 있다. 부모-자녀 관계에서는 맥락적 변화에 따라 상호 간에 특정한 상호작용 패턴(끌개)으로 이동하거나 그로부터 멀어질 수 있다. 그러나 일부 상호작용 패턴(끌개)은 특히 강력하여, 부모와 자녀가 빠르게 그 패턴으로 이동하고 쉽게 벗어나지 못하는 경우가 있다. 공격적인 아동과 부모 사이에서 형성되는 상호 적대적 패턴이 대표적인 예이다. Granic과 Patterson(2006)의 수정된 강압 이론은 이전 모델에서 다루지 않았던 인지적 및 정서적 요소를 포함한다. 강력한 상호작용 패턴(끌개)이 형성된 상태에서 부모가 부정적인 귀인(attributions)과 기대를 가지게 되면, 분노나 경멸과 같은 감정이 더해지면서 강압적 행동이 급격하게 증가할 가능성이 커진다. 이는 사소하고 거의 불쾌하지 않은 자극조차도 강한 강압적 반응을 촉발하는 결과를 초래할 수 있다. 자녀 양육의 인지적, 정서적 부분은 또한 두 가지 유형의 강압적 양육 방식을 구별하는 데 도움을 준다. 하나는 부모가 적대적이고 강압적인 경우이고 다른 하나는 아동의 강압적 행동에 과도하게 관대한 반응을 보이는 경우이다. 이 두 가지 패턴은 각각 권위주의적 자녀 양육과 허용적 자녀 양육을 연상시키지만, Granic과 Patterson은 두 유형 모두 유사하게 아동의 강압적 행동과 ASB의 증가를 초래한다고 지적했다. Granic과 Patterson은 또한 역경의 환경적 맥락(adverse environment context)이 종종 아동의 까다로운 기질과 부모의 정신병리를 결합하여, 부모의 양육을 방해하고 강압적 양육을 증가시킨다고 주목했다. 시간이 지나면서 역경은 강압적 양육과 비강압적 양육 간의 불균형을 초래하며(Patterson, Forgatch, & DeGarmo, 2010, p. 951), 친사회적 교류의 기회가 줄어들게 만들고 강압적 반응이 가장 강력한 상호작용 패턴(끌개)으로 자리 잡게 한다.

따라서 역동적 시스템 체계 내에서 비효과적인 양육은 단순히 아동의 강압적 행동을 무의식적으로 강화하는 것뿐만 아니라, 변화하는 상황과 상충하는 요구 속에서도 적대적이거나 허용적인 강압적 상호작용 패턴으로 경직되게 되돌아가는 것을 의미한다. 강압 이론의 최신 개정판에서는 Baumrind(1973)가 처음 정의한 부모의 양육 유형과의 유사성을 발견할 수 있다. Patterson 등(2010)은 강압적 양육이 일종의 정지-출발(stop-go) 메커니즘으로 작용하며 "가족 구성원들은 본질적으로 서로 강압적이거나 본질적으로 서로 긍정적인 방식으로 상호작용한다"

(p. 967)고 제안했다. 상호 적대적인 패턴은 사회적 역량과 친사회적 발달을 촉진하는 데 필요한 긍정적인(권위 있는 유형에 가까운) 양육의 가능성을 감소시킨다. 공격적인 아동 또한 또래 및 가족 외의 타인과 경직된 상호작용 패턴에 빠지기 쉬우며, 이는 친사회적 맥락에 접근하고 그 안에서 성공할 수 있는 기회를 더욱 제한한다.

개입 전략으로서 행동 관리를 위한 PMT의 핵심 요소들은 수년 동안 큰 변화가 없었다. 혁신은 주로 전달 방식(예: 집단, 비디오 모델링)의 변화나 핵심 교육과정에 추가된 구성 요소로 제한되어 왔다. 일반적인 PMT 교육과정은 행동 수정 기법의 도구 상자에서 많은 부분을 차용하고 있다. 바람직한 아동 행동의 빈도를 증가시키기 위해 고안된 긍정적 양육 전략(칭찬, 관심, 보상)이 일반적으로 먼저 소개되며, 이후 바람직하지 않은 행동의 빈도를 줄이기 위한 전략(무시하기, 타임아웃)이 제시된다. PMT의 효과를 지지하는 연구가 증가함에 따라, 이러한 기술들은 단순히 행동 관리를 위해 차용된 기법이 아니라 효과적인 양육의 기본 요소로 인식되기 시작했다(Cavell, 2001; Cavell et al., 2007). 흥미롭게도, 문제행동으로 의뢰되지 않은 아동의 부모들은 조건부 칭찬을 거의 사용하지 않으며, 이것이 임상 가정(Roberts, 1985)과 비임상 가정(Griest, Forehand, Wells, & McMahon, 1980)에서 아동의 순응 수준과 관련이 없다는 증거가 있다. 그럼에도 공격적인 행동을 보이는 아동의 부모는 종종 기본적인 양육 기술이 부족한 것으로 간주되었으며, 기술 부족이 아동의 공격성에 기여하는 주요 요인으로 여겨졌다. 이러한 개념은 기술 훈련 중심의 개입 모델과 잘 부합하였다.

기술 결핍 가설(skills-deficit hypothesis)과 관련된 개념으로는 기술 습득과 기술 수행의 차이가 있다. 아동의 문제행동과 부적절한 양육 간의 연관성을 보여 주는 많은 연구는 효과적인 양육 기술의 부족이 아니라, 이러한 기술의 사용이 방해받는 현상에 초점을 맞춘다. 이러한 구분의 고전적인 예는 Green, Forehand와 McMahon(1979)의 연구에서 찾아볼 수 있다. 연구의 초기 단계에서, 문제행동으로 의뢰된 아동과 그렇지 않은 아동의 어머니들은 귀에 장착한 송신기('bug')를 통해 30초마다 구체적이고 비반복적이며 명확한 지시를 내리도록 지시받았다. 품행 문제를 가진 아동은 52%의 순응도를 보였으며, 의뢰되지 않은 아동은 73%의 순응도를 나타냈다. 다음 단계에서는 어머니들에게 아동이 순응하는 것처럼 또는 순응하지 않는 것처럼 '보이게 하라'는 지시가 주어졌으며, 이를 달성하는 방법은 어머니들에게 자율적으로 맡겨졌다. 놀랍게도, 두 집단의 어머니 모두 두 가지 과제를 성공적으로 수행할 수 있었다. 아동을 순응하지 않는 듯 보이게 할 때 어머니들은 더 부정적인 태도를 보였고, 아동을 순응하는 것처럼 보이게 할 때는 더 긍정적인 태도를 취했다. 이러한 결과는 문제행동으로 의뢰된 아동의 어머니들 역시 아동을 순응적으로 보이게 할 수 있는 기술을 보유하고 있음을 시사한다. 그러나 이들의 핵심적인 양육 기술 수행은 어떤 방식으로든 방해를 받는다는 점이 확인되었다.

PMT의 효과에 대한 상당한 지지에도 불구하고 일부 가족들은 여전히 혜택을 받지 못하며(예: Webster-Stratton, 1990), 공격적인 학령기 아동을 대상으로 한 결과는 개선될 여지가 있다. 우리의 전제는, 공격적인 아동의 부모와 함께 일하는 전문가들이 이러한 아동에게 적용 가능한 보다 최신의 사회화 모델로부터 이점을 얻을 수 있다는 것이다. 필요한 것은 ASB가 걸음마기부터 청소년 후기에 이르기까지 어떻게 변화하는지, ASB의 변화가 부모-자녀 관계에 어떤 영향을 미치는지, 그리고 아동의 다양한 발달 시기에 나타나는 상호작용의 성공 또는 실패가 부모의 양육 방식에 어떻게 영향을 주는지를 고려하는 체계적 틀이다. 또한 아동기 공격성의 만성적 특성(Kazdin, 1993)과 공격적인 아동을 양육하는 것이 거의 20년에 걸친 장기적 과업이 될 수 있다는 사실을 인식하는 개념적 모델이 필요하다. ASB의 조기 발병 경로에 있는 아동의 경우, 공격성은 친사회적 발달로부터 일시적으로 벗어난 상태가 아니며, 전문가들은 사회화 자체가 개입이라는 점을 인식해야 한다(Cavell et al., 2007). 아동의 순응이라는 단기 목표가 사회화라는 장기 목표를 가리지 않아야 한다. 확장된 최신 모델은 부모가 외부 스트레스 요인과 가족 내 변화로 인해 때때로 어려움을 겪게 됨에 따라 양육의 효과성이 변동할 수 있음을 고려한다. 부모가 다른 사회화 영향력들과 경쟁하고 있다는 개념도 중요하다. 공격적인 아동을 양육한다는 것은 긴 시간 동안 아동의 사회화에 영향을 미치는 다양한 환경을 관리하고, 아동이 흥미롭지만 비행적인 활동에 관여하는 또래 집단이나 일탈적 환경에 끌릴 때 효과적으로 경쟁하는 것을 의미한다. 마지막으로, 보다 폭넓은 개념적 모델은 부모-자녀 관계의 장기적인 관리에 초점을 맞춰야 한다. 이는 공격적인 아동의 사회화가 이루어지는 핵심적인 맥락이기 때문이다. 요약하면, 현재의 부모 훈련 모델들은 공격적인 아동을 양육하는 과정에 내재된 복잡성이나 혼란스러움을 부분적으로만 다루고 있다. 다음 절에서는 이러한 복잡성을 인식하고, Baumrind(1967, 1971)가 처음 제시하고 Granic과 Patterson(2006)이 최근에 구체화한 부모-자녀 관계의 전체 또는 패턴을 반영한 개념적 틀을 제시하고자 한다.

## 부모 기반 개입의 10가지 지도 원칙

우리의 체계적 틀은 10가지 지도 원칙으로 구성되어 있다(Cavell, 2000, 2001; Cavell & Elledge, 2007; Cavell & Strand, 2003). 이 원칙들은 종합적으로 공격적인 아동의 부모와 함께 일할 때 활용할 수 있는 포괄적인 경험적 지침을 제공한다. 비유적으로 말하자면, 이 틀은 새로운 포도주도, 오래된 포도주를 새로운 병에 담은 것도 아니다. 오히려 검증된 오래된 포도나무에서 수확한 포도를 새로운 방식으로 혼합하는 것에 가깝다. 이는 또한 중요한 간극을 메우기 위한 시도이기도 하다. 즉, 부모의 양육과 아동기 공격성 발달에 대한 과학적 지식과 실제로 PMT에서 전문가들에게 권장되는 내용 간의 간극을 줄이려는 것이다. 이론적으로 이 원칙들은 사회 학습 이론, 가족체계 이론, 애착 이론에서 영향을 받았으며, 보다 구체적으로는 환경적 조건(contingency; Conger & Simons, 1997), 유전적인 개인 차이(Scarr, 1992), 아동이 자신의 발달에 영향을 미치는 능력(Kuczynski, 2003), 그리고 관계 기반의 사회화 모델(Kuczynski & Hildebrandt, 1997; Richters & Waters, 1991)에서 영감을 얻었다. 이 원칙들의 핵심 목표는 공격적인 아동의 부모가 장기적인 사회화 관계 과정에서 반응성과 요구성을 조화시키도록 돕는 것이다(Baumrind, 1971).

## 원칙 1. 공격적인 아동의 장기적인 사회화는 단기적인 행동 관리보다 우선한다

아동을 공동의 친사회적 교류 체계(shared prosocial commerce) 속에서 사회화하는 장기적인 목표(Richters & Waters, 1991)는 일반적인 부모에게도 중요하지만, 공격적인 아동의 부모에게는 특히 더 중요하다(Cavell et al., 2007). 이러한 초점의 전환은 전문가들이 공격적인 아동의 부모와 작업하는 방식에 막대한 영향을 미칠 수 있다. 아동기의 공격성은 만성적인 경과를 보이는 경향이 있지만(Kazdin, 1993), 공격적인 아동의 부모들 중 명확한 장기적 사회화 계획을 가진 경우는 드물다. 이들은 대개 현재 발생하는 문제에 대한 도움을 구하는 경향이 있으며, 이는 자녀의 행동으로 인해 영향을 받는 주변 사람들의 불만과, 통제하기 어렵고 애정 표현조차 쉽지 않은 아동을 양육하는 과정에서 발생하는 정서적 부담에 기인한다. 또한 부모들은 일부 아동의 발달 결과(예: 지적 기능)에 대한 자신의 영향력을 과대평가하는 동시에, 발달적으로 중요한 장기적 목표인 아동의 사회화를 추구하는 것의 가치를 과소평가함으로써 사회화의 본질을 간과하는 경우가 많다.

## 원칙 2. 부모-자녀 관계는 공격적인 아동을 사회화하는 효과적인 수단이다

우리는 공격적인 아동의 부모가 부모-자녀 관계의 본질과 질을 관리하는 것에 초점을 맞출 때 긍정적인 효과를 얻을 수 있다고 제안한다. 이러한 권고는 아동의 행동 관리를 중심으로 한 기존 PMT의 주된 관점과는 대조적이다. 공격적인 아동의 행동을 효과적으로 관리하는 것은 중요하지만, 부모가 아동의 행동에 어떻게 반응하는지는 부모-자녀 관계의 맥락을 고려하지 않고는 온전히 이해될 수 없다(Cavell, 2000, 2001; Kuczynski & Hildebrandt, 1997; Richters & Waters, 1991). 여기서 효과적인 양육이란 특정 문제행동에 적절한 행동 수정 기법을 단순히 적용하는 것에 불과하다는 관점은 명확히 배제된다(예: Christophersen & Mortweet,

2001). 대신, 우리는 이러한 과정이 발생하는 보다 넓은 시간적 맥락에 주목한다. Kuczynski와 Hildebrandt(1997)가 언급했듯이, 관계 기반의 사회화 모델은 "부모-자녀 상호작용에 시간적 차원을 부여한다"(p. 236)라고 설명하며, 이는 부모-자녀 쌍이 과거의 상호작용 경험을 바탕으로 어떻게 행동을 조절하고, 미래의 상호작용에 어떻게 접근하는지를 설명하는 데 도움을 준다.

## 원칙 3. 사회화 관계는 시간의 흐름에 따라 공격적인 아동에게 정서적 수용, 행동적 통제, 그리고 친사회적 가치를 제공한다

Cavell은 부모가 정서적 수용(emotional acceptance), 행동적 통제(behavioral containment), 그리고 친사회적 가치(prosocial values)라는 세 가지 요소를 모두 제공하는 관계를 형성하고 유지할 수 있다면, 이러한 부모가 공격적인 아동의 위험 경로(risk trajectory)를 변화시킬 가능성이 더 높다고 제안했다. 극도로 강압적이고 전투적인 아동을 단호하게 훈육하거나 정서적으로 수용하는 것은 결코 쉬운 일이 아니며(Granic & Patterson, 2006), 실제로 일부 공격적인 아동의 부모는 명백하게 반사회적 행동을 보이거나 반사회적 신념을 지지하는 경우도 있다(Pettit, Dodge, & Brown, 1988; Tapscott, Frick, Wootton, & Kruh, 1996). 공격적인 아동의 부모는 아동의 ASB가 급격하게 변화하는 상황과 ASB에 영향을 미치는 다양한 맥락적 요인 속에서도 이 세 가지 핵심적인 관계적 요소를 지속적으로 제공하는 방법을 찾아야 한다.

좋은 양육이 다면적이라는 개념은 결코 새로운 것이 아니며, Baumrind(1971)가 제안한 권위 있는 양육 개념은 이를 보여 주는 대표적인 사례 중 하나이다. PMT 프로그램은 부모들이 긍정적 기법(예: 칭찬, 보상)과 훈육 기법 모두를 사용할 수 있도록 정기적으로 훈련한다(Eyberg, 1988; Forehand & McMahon, 1981; Webster-Stratton, 1987). 그러나 PMT에 반영된 암묵적 양육 모델은 이러한 긍정적 양육과 훈육 기법을 단편적으로 가르치는 경향이 있다. 즉, 부모가 두 가지 기법을 모두 사용할 것으로 기대되지만, 이를 시간의 흐름 속에서 동시에 수행해야 하는 어려움은 거의 고려되지 않는다. 이러한 두 가지 과제의 분리는 특히 공격적인 아동의 부모에게 문제가 될 수 있다. 이들은 아동의 강압적 행동을 제한해야 하는 동시에, 스스로는 강압적 방식에 의존하지 않으면서 양육해야 하기 때문이다(Granic & Patterson, 2006).

## 원칙 4. 정서적 수용과 행동적 통제의 비율은 사회화 관계의 핵심 요소이다

효과적인 부모는 두 가지 상충되는 요구를 성공적으로 조율할 수 있다. 이는 ① 강압적 행동을 엄격히 제한하는 것과 ② 정서적으로 긍정적인 부모-자녀 관계를 유지하는 것이다(Baumrind, 1971; Maccoby & Martin, 1983). 이러한 부모는 아동이 정서적 또는 관계적 위협을 느끼지 않으면서도 옳고 그름을 배우는 기회를 제공한다. 그러나 공격적인 아동의 부모는 이러한 상충되는 요구를 충족하는 데 어려움을 겪는 경우가 많다. 이들은 종종 한 가지 요구에만 집중하면서 다른 하나를 놓치거나, 두 가지 요구 사이를 오락가락하거나, 둘 다 포기해 버리기도 한다(Patterson et al., 1992; Webster-Stratton & Spitzer, 1996).

최근 연구들은 긍정적 상호작용과 부정적 상호작용의 비율이 기능적인 대인 관계와 역기능적인 대인 관계를 구분하는 중요한 요소라는 점에 주목하고 있다. 긍정적인 정서적 상호작용의 비율이 부정적인 상호작용의 비율을 지속적으로 초과할 때, 관계는 더 안정적이고 적응적으로 유지되는 경향이 있다(Dumas, LaFreniere, & Serketich, 1995; Gottman, 1994). 파괴적 행동을 보이지 않는 아동의 어머니들은 약 80%의 시간 동안 긍정적 정서를 표현하는데(4:1 비율), 파괴적 행동을 보이는 아동의 어머니들은 긍정적 정서 표현이 30%에 불과하다(Dumas et al., 1995). 또한 유아기 아동의 부모는 긍정적 발언과 부정적 발언의 비율이 약 6:1로 유지되며(Hart & Risley, 1995), 문제행동으로 의뢰되지 않은 학령기 아동의 어머니들은 7번의 긍정적인 사회적 상호작용마다 한 번의 지시-순응 상호작용을 시작하는 경향이 있다(Wahler, Herring, & Edwards, 2001). 대응 법칙(matching law) 관점에서 보면, 긍정적 상호작용의 비율은 상호 관계에 전반적인 강화 수준을 제공하며, 결과적으로 부정적 행동의 상대적 가치를 감소시킨다(McDowell, 1982).

부모-자녀 사이에서 대부분의 부정적인 상호작용은 부모가 아동의 행동을 교정하거나 제한하려고 할 때 발생한다. 공격적인 아동의 부모는 정서적으로 긍정적인 관계를 유지해야 한다는 요구에 의해 아동의 문제행동 관리 노력이 제한되는 일종의 훈육 '할당제(quota system)' 속에서 양육 활동을 수행하게 된다. 따라서 긍정적인 상호작용의 수준에 맞춘 훈육 접근 방식이 필요하며, 아동의 ASB를 억제할 만큼 충분히 효과적이면서도 부모-자녀 관계의 정서적 질을 해치지 않을 정도로 과도하지 않은 방법이어야 한다.

대부분의 부모는 자녀가 특정한 친사회적 행동을 해야 하는 이유나 바람직하지 않은 행동을 해서는 안 되는 이유를 여러 가지로 설명할 수 있다. 그러나 이러한 부모의 기대는 부모-자녀 관계의 특성을 고려할 때 실제로 가능하고 필요한 것과는 별개로 존재할 수 있다. 나아가 부모-자녀 관계의 정서적 분위기가 지나치게 가혹하고 처벌적인 경우, 부모의 기대는 큰 의미를 갖지 못할 것이다. Stormshak 등(Stormshak, Bierman, McMahon, Lengua, & Conduct Problems Prevention Research Group, 2000)이 지적했듯이, "가혹한 훈육은 명백히 중대한 양육 문제이며, 임상 현장에서 아동과 가족을 대상으로 다루어야 할 가장 중요한 양육 과제일 수 있다" (p. 27). 실증적 근거에 기반한 행동 관리 기법을 활용하는 부모들조차도 공격적인 아동이 일정 수준의 강압적인 행동을 지속하는 것을 발견하게 될 가능성이 크다(Forgatch, 1991; Webster-Stratton, 1990). 훈육에 과도하게 집중하면 부정적 상호작용 대비 긍정적 상호작용의 비율을 감소시켜 사회화의 기반을 위태롭게 만들 수 있다(Dumas et al., 1995; Kochanska, 1997; Richters & Waters, 1991; Wahler, 1997). 따라서 이러한 원칙에 기반하여, 본문에서는 지지적 관계와 확고한 훈육을 장기적 관점에서 통합된 체계로 결합한 신-바움린드(neo-Baumrindian) 모델을 지지하고자 한다.

## 원칙 5. 부모, 아동, 그리고 부모-자녀 관계를 둘러싼 생태적 특성은 사회화 관계가 형성되고 유지되는 정도에 영향을 미친다

이론적으로, 보통 협조적이고 비강압적인 아동을 둔 부모들도 공격적인 아동을 둔 부모들과 동일한 훈육 할당제 안에서 기능한다. 그러나 아동이 부모의 기대를 대부분, 아니면 전부 충족시키는 경우에는 이러한 가능성이 잘 인식되지 않을 수 있다. 나아가 부모가 대체로 침착하고 신중한 경우, 부모가 훈육 할당제 안에서 양육하고 있다는 개념은 더욱 부각되지 않는다. 이러한 가족에서는 부모가 높은 기대를 설정하고, 아동이 그 기대를 충족시키며, 부모-자녀 관계가 원만하게 유지된다. 그러나 공격적이고 위험도가 높은 아동을 둔 가족은 이와는 다른 환경 속에서 살아간다. 이들 부모는 종종 일관성이 부족하고 감정적으로 민감하게 반응하며, 아동은 비협조적이고 강압적인 행동을 보일 수 있다. 여기에 전형적으로 더해지는 요소로는 부부 갈등, 경제적 어려움, 열악한 교육 환경, 그리고 폭력적인 이웃 환경이 있다. 이러한 모든 요인은 긍정적인 부모-자녀 상호작용 비율을 유지하기 어렵게 하며, 결과적으로 부모가 효과적인 사회화 관계를 제공하는 것을 방해한다.

## 원칙 6. 공격적인 아동을 위한 부모 기반 개입의 주요 목표는 사회화에 필요한 조건들을 최소한으로 충족하면서도 최대한 지속 가능한 부모-자녀 관계를 확립하고 유지하도록 돕는 것이다

부모-자녀 관계는 사회화를 위한 효과적인 매개체이지만, 공격적인 아동의 부모에게는 이러한 관계를 구축하고 유지하는 것이 어려운 과제일 수 있다. 전문가들은 다음과 같은 질문에 답해야 한다. "아동의 반사회적 행동을 촉진하지 않으면서 이 부모와 아동이 평화롭게 공존할 수 있는 방법은 무엇인가?" 부모, 아동 그리고 양육 환경에 영향을 미칠 수 있는 다양한 위험 요인이 이러한 과제를 더욱 복잡하게 만든다. 따라서 전문가들은 부모가 사회화에 필요한 관계 조건들을 최소한으로 충족하면서도 최대한 지속할 수 있는 전략을 찾고 실행할 수 있도록 돕는 데 중점을 두어야 한다. 이를 위해서는 이러한 조건의 최소 기준을 명확히 정의하는 것이 중요하다.

## 원칙 7. 행동 통제는 공격적이고 반사회적인 행동에 대한 엄격한 제한에서 시작된다

일반적인 PMT 커리큘럼은 단호한 훈육의 중요성을 인식하고 있지만, 이를 긍정적, 부정적인 정서적 상호작용의 균형을 유지하는 것과 통합하는 데는 미흡했다. 여기서 중요한 것은 부모가 어떻게 훈육하느냐뿐 아니라, 무엇을 그리고 언제 훈육하느냐이다. 많은 PMT 프로그램에서는 부모가 아동의 불순응(noncompliance) 행동을 처벌(예: 타임아웃)하도록 권장하는데, 이는 불순응이 아동의 공격성 발달에 있어 핵심적인 행동으로 간주되기 때문이다(Loeber & Schmaling, 1985). 그러나 일부 부모–자녀 관계에서는 불순응을 지나치게 단속하려는 태도가 부모–자녀 관계의 정서적 질을 약화시킬 수 있다(Cavell, 2001). Cavell은 훈육 목표를 부모와 자녀의 특성에 맞게 조정할 것을 권장했다. 예를 들어, 평소 가혹하거나 과도하게 감정적으로 반응하지 않은 부모는 관계를 크게 손상시키지 않으면서 순응 기반의 훈육 전략을 사용할 수 있다. 이는 특히 아동이 심하게 공격적이거나 반항적이지 않은 경우에 해당된다. 반면, 부모가 평소에 가혹하고 지나치게 처벌적이며, 아동이 강압적 행동을 보이는 경우에는 효과적이면서도 상황에 맞게 선별적으로 사용하는 훈육 전략이 필요하다. Cavell(2001)은 Patterson 등(1992)의 연구를 인용하며, 아동의 비신체적 강압(nonphysical coercion)이 신체적 공격성(physical aggression)으로 이어지는 발달 경로가 불순응과 공격성 간의 연관성보다 더 강력하다는 점을 제시했다. 발달 연구들 또한 아동이 공격적이지 않으면서도 불순응할 수 있다는 사실(Kuczynski, Kochanska, Radke-Yarrow, & Girnius-Brown, 1987)과, 일부 형태의 순응이 부모의 가치 내면화와 반드시 관련되지는 않는다는 점(Kochanska, Aksan, & Koenig, 1995)을 밝혀냈다. 강압적 행동은 불순응보다 더 큰 발달적 의미를 지니므로, 훈육은 공격성과 기타 강압적 행동을 효과적으로 통제하는 것에서 시작되어야 한다. 이는 특히 감정적으로 민감하게 반응하는 부모와 높은 수준의 공격성을 보이는 아동에게 더욱 중요하다.

## 원칙 8. 정서적 수용은 소속감에 대한 암묵적인 메시지로부터 시작된다

긍정적 양육은 전통적으로 두 가지 방식으로 정의되어 왔다. 행동주의 문헌에서는 아동이 친사회적 행동을 보일 때 부모가 조건적으로 주목하거나 격려(예: 칭찬, 보상)를 제공하는 것으로 긍정적 양육을 설명한다. 반면, 발달심리학 문헌에서는 긍정적 양육을 부모의 반응성(responsiveness)이나 따뜻한 개입(warm involvement)으로 설명하는 경우가 많았다(Baumrind, 1971; Maccoby & Martin, 1983). 그러나 공격적인 아동의 부모들은 따뜻하고 우호적인 태도를 유지하기 어려워하며, 긍정적 강화를 일관되고 상황에 맞게 사용하는 것 또한 쉽지 않다(Wahler & Dumas, 1989).

긍정적 양육에 대한 또 다른 접근 방식은 이를 **정서적 수용**(emotional acceptance)으로 보는 것이다. Cavell(2000)은 정서적 수용을 아동의 관계적 안정성을 위협하지 않으면서 자율성을 촉진하는 모든 행동으로 정의했다. 이때 중요한 것은 친밀한 관계의 질을 향상시키기 위한 변화와 수용의 구분이다. Jacobson(1992)은 건강한 관계란 "일부 관계 문제는 본질적으로 해결될 수 없다는 사실을 수용할 수 있는 능력을 포함한다"(p. 502)고 했다. 정서적 수용은 Baumeister와 Leary(1995)가 언급한 **소속의 욕구**(need to belong)와 유사한 개념으로, 이는 "지속적인 관계적 유대 안에서 빈번하고 불쾌하지 않은 상호작용이 이루어지는 욕구"(p. 497)로 정의된다. Baumeister와 Leary는 소속의 욕구가 인간의 근본적인 동기라고 주장했다. 긍정적 양육을 이와 같이 정의하면, 바람직한 행동을 세심하게 관찰하고 조건에 부합할 때 강화하는 것이나 따뜻한 개입에 익숙하지 않은 부모라도 여전히 **수용의 태도**(posture of acceptance)를 유지할 수 있다는 점에서 의미가 있다(Cavell, 2000).

이는 부모의 개입이 항상 필요하다고 가정하지 않으면서, 정서적 거부를 규칙이 아닌 예외로 간주하는 기본적인 상호작용 방식을 의미한다.

많은 가정에서 부모의 빈번한 적극적 개입은 애정이나 칭찬의 명확한 메시지를 전달한다. 그러나 공격적인 아동을 둔 가정에서는 이러한 부모의 개입이 부정적인 정서 표현과 의도치 않은 정서적 거부의 메시지로 변질될 수 있다. 공격적인 아동의 부모는 최소한, 과도하게 엄격한 양육이나 불필요한 통제 시도로 이어질 가능성이 높은 상호작용은 피해야 한다. 갈등이 많은 부모-자녀 관계에서는 오히려 '적게 하는 것'이 더 나은 결과를 가져올 수 있으며, 전문가들은 부모가 아동과 단순히 함께 있는 것만으로도 암묵적이거나 비언어적으로 소속감을 전달할 수 있는 방법을 고려해야 한다. 최소한 정서적 수용은 이러한 암묵적 소속감의 메시지에서 출발해야 하며, 이는 신중하게 선택된 상호작용과 전반적인 수용의 태도를 통해 이루어질 수 있다.

## 원칙 9. 친사회적 가치관은 반사회적 행동에 대한 명확한 반대 선언에서 시작된다

연구에 따르면 아동은 가족 구성원이 명시적으로 지지하는 가치관과 행동 규범의 영향을 받는다(예: Bogenschneider, Wu, Raffaelli, & Tsay, 1998; Brody, Flor, Hollett-Wright, & McCoy, 1998). 예를 들어, Bogenschneider 등(1998)의 연구에서는 아버지가 음주를 더 부정적으로 인식할수록, 아버지의 모니터링과 청소년의 약물 사용 간의 연관성이 더 강하게 나타났다. 아동이 사회화 관계에 참여하는 것이 부모의 가치관을 내면화하도록 돕는다면, 이러한 가치관이 친사회적일수록 더 큰 도움이 된다. 그러나 이것이 항상 적용되는 것은 아니다. 특히 공격적인 아동의 부모는 비공격적인 아동의 부모보다 반사회적 성격장애나 범죄 이력을 가질 가능성이 더 높기 때문이다(Frick & Jackson, 1993; Tapscott et al., 1996). ASB에 취약한 아동에게는 단순히 반사회적 규범이 없는 환경만으로는 충분하지 않다. 이들에게는 ASB에 대한 강력하고 명확한 반대 메시지가 필요하다. Brody 등(1998)

의 연구에 따르면, 알코올 사용과 관련된 금주 중심의 메시지에서 조금이라도 벗어난 가족 규범은, 높은 위험군 기질을 가진 아동에게는 느슨한 기준으로 오해될 가능성이 높았다. 따라서 우리는 공격적인 아동의 부모가 친사회적 가치를 함양하기 위한 출발점으로 ASB에 대한 명확한 반대 선언을 할 것을 권장한다.

## 원칙 10. 공격적인 아동을 위한 효과적인 부모 기반 개입은 다중 체계적이어야 한다

이 원칙은 부모-자녀 간의 상호작용을 넘어서, 아동의 사회화 경험에 영향을 미치는 다양한 요인으로 초점을 확장한다. 이러한 요인들 중 상당수는 부모의 양육 방식이나 가족 기능의 붕괴를 통해 매개된다(Patterson et al., 1992). 부부 갈등, 이혼, 가정 폭력, 부모의 정신병리, 경제적 빈곤 등은 가족 기능을 왜곡시킬 수 있는 대표적인 방해 요인이다. 이러한 문제들은 일반적으로 부모 훈련의 맥락에서는 PMT 커리큘럼에 추가된 교육 모듈(예: 의사소통 기술, 문제해결, 스트레스 대처)을 통해서 다루어져 왔다(Cavell, 2000). 이러한 접근 방식은 이론적으로 부모가 부족하다고 여겨지는 기술 목록을 길게 만들며, 전문가가 가르쳐야 할 내용 또한 늘어나게 된다. 예를 들어, Triple P 양육 개입 프로그램은 9개 기능 영역에 걸쳐 40가지의 다양한 양육 기술을 포함하고 있다(Sanders, Markie-Dadds, & Turner, 2003). Kazdin과 Whitley(2003)는 부모의 문제해결 능력을 추가한 개입 요소가 효과적이라는 근거를 제시하였으나, 이러한 방식이 PMT의 효과를 향상시키는 데 얼마나 가치가 있는지에 대해서는 의문을 제기하였다.

> 치료적 변화를 촉진할 수 있거나 실제로 촉진하는 치료 구성 요소를 계속 추가할 수는 없다. 아동, 청소년, 성인의 심리치료에서 내담자의 이탈률이 이미 높으며(40~60%), 이는 부분적으로 내담자의 요구(Kazdin, Holland, & Crowley, 1997)와 치료 기간(Phillips, 1985)에 따라 결정된다. 이러한 요구나 치료 기간을 증가시키는 요소를 추가하면 치료 이탈률이 더욱 높아져 치료를 끝까지 완

료하는 내담자가 줄어들 가능성이 크다(p. 513).

이에 대한 대안적 접근은 양육, 나아가 부모 기반 개입이 두 가지 중요한 부모-자녀 외의 기능 영역과 관련되어 있음을 인식하는 것이다. 이 두 가지 영역은 바로 **가족 구조**(family structure)와 **부모의 자기 돌봄**(self-care)이다.

이 두 가지 기능 영역은 부모가 사회화 관계를 형성하고 유지하려는 노력에 직접적인 영향을 미칠 수 있다. 예를 들어, Patterson, DeGarmo와 Forgatch(2004)의 연구에 따르면 PMT 종료 6개월 후의 어머니 우울 감소가 이후 18개월 동안 어머니와 아동의 기능 향상으로 이어질 수 있음을 예측했다. 연구자들은 "많은 경우, 구조화된 프로그램에 참여하는 것 자체가 우울증 감소와 관련이 있을 수 있다(즉, 새로운 희망이 생긴다)"(p. 631)고 추측했다. 과도한 스트레스로 압도되어 지속적으로 낙담하는 부모, 자녀에게 정서적 지지를 의존하는 부모, 또는 가족의 리더로서의 역할을 받아들이지 않는 부모는 공격적인 아동이 법을 준수하는 시민으로 성장하는 데 필요한 관계를 제공할 수 없다. 신뢰할 수 있는 방식으로 재충전하며, 자녀 양육이라는 어려운 과업에 다시 참여할 수 있는 설득력 있는 이유를 찾는 것은 공격적인 아동을 둔 부모에게 사치가 아니라 필수적이다. 마찬가지로, 충분한 가족 구조가 없다면 공격적인 아동의 부모는 자동적으로 덜 적응적인 양육 방식과 대처 전략에 취약하게 될 것이다(Dumas et al., 2005).

## 결론

부모-자녀 관계는 특별한 유형의 사회적 맥락이다. 이 관계는 생물학적 연결, 반복적인 상호작용, 지속적인 사회적 역할, 문화적으로 내포된 의미, 강한 정서적 투자를 포함한다. 모든 조건이 동일하다면, 이러한 특성들은 부모-자녀 관계가 잠재적으로 일탈적인 다른 맥락들과 경쟁할 때 뚜렷한 이점을 제공하며(Maccoby, 1992), ASB의 출현과 고착화를 방지하는 독특한 보호 기능을 수행한다(Masten,

2001 참고). 장기적인 관계 기반 사회화 모델은 아동의 문제행동을 단기적으로 관리하는 데 초점을 둔 모델보다 더 많은 이점을 제공하며, 부모-자녀 상호작용에 시간적 차원을 부여한다(Kuczynski & Hildebrandt, 1997). 부모와 자녀는 서로 얽힌 관계의 역사와 공통된 기대를 가지고 있으며, 이는 상호작용의 질에 상당한 영향을 미칠 수 있다(Granic & Patterson, 2006). 조기 발현형 ASB를 보이는 아동의 경우, 부모-자녀 관계는 여러 사회적 맥락 중 하나일 뿐이지만, 이들이 사회에 통합될 수 있도록 돕는 특별한 자원으로 남아 있다. 40여 년 전, Diana Baumrind는 권위 있는 양육 개념을 소개했으며, 이는 공격적인 아동의 부모를 위한 행동주의 기반 개입 프로그램이 개발되던 시기와 맞물려 있었다. 그러나 오랜 기간 동안 이 두 연구 분야는 별개의 경로를 따라 발전해 왔으며, 서로에게 큰 영향을 미치지 않았다. 우리는 공격적인 아동의 부모가 자녀 양육 개입을 통해 비강압적인 관계를 구축하고, 아동의 발달 과정 전반에 걸쳐 반응성과 요구성을 효과적으로 통합할 때 더 큰 도움을 받을 수 있다고 믿는다.

## 참고문헌

American Psychiatric Association. (2000). *Diagnostic and statistical manual of mental disorders* (4th ed., text revision). Washington, DC: Author.

Baumeister, R. F., & Leary, M. R. (1995). The need to belong: Desire for interpersonal attachments as a fundamental human motivation. *Psychological Bulletin, 117,* 497-529. doi:10.1037/0033-2909.117.3.497

Baumrind, D. (1967). Child care practices anteceding three patterns of preschool behavior. *Genetic Psychology Monographs, 75,* 43-88.

Baumrind, D. (1971). Current patterns of parental authority. *Developmental Psychology Monographs, 4*(1, Pt. 2), 1-103. doi:10.1037/h0030372

Baumrind, D. (1973). The development of instrumental competence through socialization. In A. Pick (Ed.), *Minnesota symposia on child psychology* (Vol. 7, pp. 3-46). Minneapolis: University of Minnesota Press.

Bogenschneider, K., Wu, M., Raffaelli, M., & Tsay, J. C. (1998). Parental influences on adolescent peer orientation and substance use: The interface of a parenting practices and values. *Child Development, 69,* 1672-1688. doi:10.2307/1132139

Boivin, M., Vitaro, F., & Poulin, F. (2005). Peer relationships and the development of aggressive behavior in early childhood. In R. E. Tremblay, W. W. Hartup, & J. Archer (Eds.), *Developmental origins of aggression* (pp. 376-397). New York, NY: Guilford Press.

Brody, G. H., Flor, D. L., Hollett-Wright, N., & McCoy, J. K. (1998). Children's development of alcohol use norms: Contributions of parent and sibling norms, children's temperaments, and parent-child discussions. *Journal of Family Psychology, 12,* 209-219. doi:10.1037/0893-3200.12.2.209

Burt, S. A. (2009). Rethinking environmental contributions to child and adolescent psychopathology: A meta-analysis of shared environmental influences. *Psychological Bulletin, 135,* 608-637. doi:10.1037/a0015702

Cavell, T. A. (2000). *Working with parents of aggressive children: A practitioner's guide.* Washington, DC: American Psychological Association. doi:10.1037/10372-000

Cavell, T. A. (2001). Updating our approach to parent training. I: The case against targeting noncompliance. *Clinical Psychology: Science and Practice, 8,* 299-318. doi:10.1093/clipsy.8.3.299

Cavell, T. A., & Elledge, L. C. (2007). Working with parents of aggressive, high-risk children. In J. Briesmeister & C. Schaefer (Eds.), *Handbook of parent training* (3rd ed., pp. 379-423). Hoboken, NJ: Wiley.

Cavell, T. A., Hymel, S., Malcolm, K., & Seay, A. (2007). Socialization and the development of antisocial behavior: Models and interventions. In J. E. Grusec & P. D. Hastings (Eds.), *Handbook of socialization* (pp. 42-67). New York, NY: Guilford Press.

Cavell, T. A., & Strand, P. S. (2003). Parent-based interventions for aggressive, anti-social children: Adapting to a bilateral lens. In L. Kuczynski (Ed.), *Handbook of dynamics in parent-child relations* (pp. 395-420). Thousand Oaks, CA: Sage.

Christophersen, E. R., & Mortweet, S. L. (2001). *Treatments that work with children: Empirically supported strategies for managing childhood problems.* Washington, DC: American Psychological Association. doi:10.1037/10405-000

Cicchetti, D., & Toth, S. L. (2009). The past achievements and future promises of developmental psychopathology: The coming of age of a discipline. *Journal of Child Psychology and Psychiatry, 50,* 16-25. doi:10.1111/j.1469-7610.2008.01979.x

Collins, W. A., Maccoby, E. E., Steinberg, L., Hetherington, E. M., & Bornstein, M. H. (2000). Contemporary research on parenting: The case for nature and nurture. *American Psychologist, 55,* 218-232. doi:10.1037/0003-066X.55.2.218

Conger, R. D., & Simons, R. L. (1997). Life-course contingencies in the development of adolescent antisocial behavior: A matching law approach. In T. P. Thornberry (Ed.), *Advances in criminological theory* (pp. 55-99). New York, NY: Aldine.

Dumas, J. E., LaFreniere, P. J., & Serketich, W. J. (1995). "Balance of power": A transactional analysis of control in mother-child dyads involving socially competent, aggressive, and anxious children. *Journal of Abnormal Psychology, 104,* 104-113. doi:10.1037/0021-843X.104.1.104

Dumas, J. E., Nissley, J., Nordstrom, A., Smith, E. P., Prinz, R. J., & Levine, D. W. (2005). Home chaos: Sociodemographic, parenting, interactional, and child correlates. *Journal of Clinical Child and Adolescent Psychology, 34,* 93-104. doi:10.1207/s15374424jccp3401_9

Eyberg, S. M. (1988). Parent-child interaction therapy: Integration of traditional and behavioral concerns. *Child & Family Behavior Therapy, 10*(1), 33-46. doi:10.1300/J019v10n01_04

Eyberg, S. M., Edwards, D., Boggs, S. R., & Foote, R. (1998). Maintaining the treatment effects of parent training: The role of booster sessions and other maintenance strategies. *Clinical Psychology: Science and Practice, 5,* 544-554. doi:10.1111/j.1468-2850.1998.tb00173.x

Eyberg, S. M., Nelson, M. M., & Boggs, S. R. (2008). Evidence-based psychosocial treatments for children and adolescents with disruptive behavior. *Journal of Clinical Child and Adolescent Psychology, 37,* 215-237. doi:10.1080/15374410701820117

Fairchild, G., Passamonti, L., Hurford, G., Hagan, C. C., von dem Hagen, E. A. H., van Goozen, S. H. M., . . . Calder, A. J. (2011). Brain structure abnormalities in early-onset and adolescent-onset conduct disorder. *The American Journal of Psychiatry, 6,* 624-633. doi:10.1176/appi.ajp.2010.10081184

Forehand, R., & Long, N. (1991). Prevention of aggression and other behavior problems in the early adolescent years. In D. J. Pepler & K. H. Rubin (Eds.), *The development and treatment of childhood aggression* (pp. 317-330). Hillsdale, NJ: Erlbaum.

Forehand, R. L., & McMahon, R. J. (1981). *Helping the noncompliant child: A clinician's guide to present training.* New York, NY: Guilford Press.

Forgatch, M. S. (1991). The clinical science vortex: A developing theory of anti-social behavior. In D. J. Pepler & K. H. Rubin (Eds.), *The development and treatment of childhood aggression* (pp. 291-315). Hillsdale, NY: Erlbaum.

Forgatch, M. S., & Patterson, G. R. (2010). Parent management training-Oregon model: An intervention for antisocial behavior in children and adolescents. In J. R. Weisz & A. E. Kazdin (Eds.), *Evidence-based psychotherapies for children and adolescents* (2nd ed., pp. 159-178). New York, NY: Guilford Press.

Forgatch, M. S., Patterson, G. R., DeGarmo, D. S., & Beldavs, Z. G. (2009). Testing the Oregon delinquency model with 9-year follow-up of the Oregon Divorce Study. *Development and Psychopathology, 21,* 637-660. doi:10.1017/S0954579409000340

Frick, P. J., & Jackson, Y. K. (1993). Family functioning and childhood antisocial behavior: Yet another reinterpretation. *Journal of Clinical Child Psychology, 22,* 410-419. doi:10.1207/s15374424jccp2204_1

Frick, P. J., Stickle, T. R., Dandreaux, D. M., Farrell, J. M., & Kimonis, E. R. (2005). Callous-unemotional traits in predicting the severity and stability of conduct problems and delinquency. *Journal of Abnormal Child Psychology, 33,* 471-487. doi:10.1007/s10648-005-5728-9

Gottman, J. M. (1994). *What predicts divorce?* Hillsdale, NJ: Erlbaum.

Granic, I., & Patterson, G. R. (2006). Toward a comprehensive model of antisocial development: A dynamic systems approach. *Psychological Review, 113,* 101-131.

doi:10.1037/0033-295X.113.1.101

Green, K. D., Forehand, R., & McMahon, R. J. (1979). Parental manipulation of compliance and noncompliance in normal and deviant children. *Behavior Modification, 3,* 245-266. doi:10.1177/014544557932007

Griest, D. L., Forehand, R., Wells, K. C., & McMahon, R. J. (1980). An examination of differences between nonclinic and behavior-problem clinic-referred children and their mothers. *Journal of Abnormal Psychology, 89,* 497-500. doi:10.1037/0021-843X.89.3.497

Hagen, K. A., Ogden, T., & Bjornebekk, G. (2011). Treatment outcomes and mediators of parent management training: A one-year follow-up of children with conduct problems. *Journal of Clinical Child and Adolescent Psychology, 40,* 165-178. doi:10.1080/15374416.2011.546050

Harris, J. R. (1995). Where is the child's environment? A group socialization theory of development. *Psychological Review, 102,* 458-489. doi:10.1037/0033-295X.102.3.458

Harrist, A. W., & Waugh, R. M. (2002). Dyadic synchrony: Its structure and function in children's interactions. *Developmental Review, 22,* 555-592. doi:10.1016/S0273-2297(02)00500-2

Hart, B., & Risley, T. R. (1995). *Meaningful differences in the everyday experience of young American children.* Baltimore, MD: Brookes.

Herrnstein, R. J. (1974). Formal properties of the matching law. *Journal of the Experimental Analysis of Behavior, 21,* 159-164. doi:10.1901/jeab.1974.21-159

Hood, K. K., & Eyberg, S. M. (2003). Outcomes of parent-child interaction therapy: Mothers' reports of maintenance three to six years after treatment. *Journal of Clinical Child and Adolescent Psychology, 32,* 419-429. doi:10.1207/S15374424JCCP3203_10

Jacobson, N. S. (1992). Behavioral couple therapy: A new beginning. *Behavior Therapy, 23,* 493-506. doi:10.1016/S0005-7894(05)80218-7

Kazdin, A. E. (1993). Treatment of conduct disorder: Progress and directions in psychotherapy research. *Development and Psychopathology, 5,* 277-310.

doi:10.1017/S0954579400004399

Kazdin, A. E., & Whitley, M. K. (2003). Treatment of parental stress to enhance therapeutic change among children referred for aggressive and antisocial behavior. *Journal of Consulting and Clinical Psychology, 71,* 504-515. doi:10.1037/0022-006X.71.3.504

Kerr, M., & Stattin, H. (2000). What parents know, how they know it, and several forms of adolescent adjustment: Further support for a reinterpretation of monitoring. *Developmental Psychology, 36,* 366-380. doi:10.1037/0012-1649.36.3.366

Kochanska, G. (1997). Mutually responsive orientation between mothers and their young children: Implications for early socialization. *Child Development, 68,* 94-112. doi:10.2307/1131928

Kochanska, G., Aksan, N., & Koenig, A. L. (1995). A longitudinal study of the roots of preschoolers' conscience: Committed compliance and emerging internalization. *Child Development, 66,* 1752-1769. doi:10.2307/1131908

Kochanska, G., Aksan, N., Prisco, T. R., & Adams, E. E. (2008). Mother-child and father-child mutually responsive orientation in the first 2 years and children's outcomes at preschool age: Mechanisms of influence. *Child Development, 79,* 30-44. doi:10.1111/j.1467-8624.2007.01109.x

Kuczynski, L. (2003). Beyond bidirectionality: Bilateral conceptual frameworks for understanding dynamics in parent-child relations. In L. Kuczynski (Ed.), *Handbook of dynamics in parent-child relations* (pp. 1-24). Thousand Oaks, CA: Sage.

Kuczynski, L., & Hildebrandt, N. (1997). Models of conformity and resistance in socialization theory. In J. E. Grusec & L. Kuczynski (Eds.), *Parenting and the internalization of values: A handbook of contemporary theory* (pp. 227-256). New York, NY: Wiley.

Kuczynski, L., Kochanska, G., Radke-Yarrow, M. O., & Girnius-Brown, O. (1987). A developmental interpretation of young children's noncompliance. *Developmental Psychology, 23,* 799-806. doi:10.1037/0012-1649.23.6.799

Lansford, J. E., Malone, P. S., Dodge, K. A., Pettit, G. S., & Bates, J. E. (2010). Developmental cascades of peer rejection, social information processing biases, and aggression during middle childhood. *Development and Psychopathology, 22,* 593-602. doi:10.1017/S0954579410000301

Loeber, R. (1990). Development and risk factors of juvenile antisocial behavior and delinquency. *Clinical Psychology Review, 10,* 1-41. doi:10.1016/0272-7358(90)90105-J

Loeber, R., & Schmaling, K. B. (1985). The utility of differentiating between mixed and pure forms of antisocial child behavior. *Journal of Abnormal Child Psychology, 13,* 315-335. doi:10.1007/BF00910651

Long, P., Forehand, R., Wierson, M., & Morgan, A. (1994). Does parent training with young noncompliant children have long-term effects? *Behaviour Research and Therapy, 32,* 101-107. doi:10.1016/0005-7967(94)90088-4

Lundahl, B., Risser, H. J., & Lovejoy, M. C. (2006). A meta-analysis of parent training: Moderators and follow-up effects. *Clinical Psychology Review, 26,* 86-104. doi:10.1016/j.cpr.2005.07.004

Lytton, H. (1990). Child and parent effects in boys' conduct disorder: A reinterpretation. *Developmental Psychology, 26,* 683-697. doi:10.1037/0012-1649.26.5.683

Maccoby, E. E. (1992). The role of parents in the socialization of children: An historical overview. *Developmental Psychology, 28,* 1006-1017. doi:10.1037/0012-1649.28.6.1006

Maccoby, E. E., & Martin, J. (1983). Socialization in the context of the family: Parent-child interaction. In E. M. Hetherington (Ed.) & P. H. Mussen (Series Ed.), *Handbook of child psychology: Vol. 4. Socialization, personality, and social development* (pp. 1-101). New York, NY: Wiley.

Masten, A. S. (2001). Ordinary magic: Resilience processes in development. *American Psychologist, 56,* 227-238. doi:10.1037/0003-066X.56.3.227

Maughan, D. R., Christiansen, E., Jenson, W. R., Olympia, D., & Clark, E. (2005). Behavioral parent training as a treatment for externalizing behaviors and disruptive behavior disorders: A meta-analysis. *School Psychology Review, 34,* 267-286.

McDowell, J. J. (1982). The importance of Herrnstein's mathematical statement of the law of effect for behavior therapy. *American Psychologist, 37,* 771-779.

doi:10.1037/0003-066X.37.7.771

Moffitt, T. E. (1993). Adolescence-limited and life-course-persistent antisocial behavior: A developmental taxonomy. *Psychological Review, 100,* 674-701. doi:10.1037/0033-295X.100.4.674

Nigg, J., & Huang-Pollock, C. (2003). An early-onset model of the role of executive functions and intelligence in conduct disorder/delinquency. In B. B. Lahey, T. E. Moffitt, & A. Caspi (Eds.), *Causes of conduct disorder and juvenile delinquency* (pp. 227-253). New York, NY: Guilford Press.

Oxford, M., Cavell, T. A., & Hughes, J. N. (2003). Callous/unemotional traits moderate the relation between ineffective parenting and child externalizing problems: A partial replication and extension. *Journal of Clinical Child and Adolescent Psychology, 32,* 577-585. doi:10.1207/S15374424JCCP3204_10

Patterson, G. R. (1982). *Coercive family process.* Eugene, OR: Castalia Press.

Patterson, G. R., & Brodsky, G. (1966). A behavior modification program for a child with multiple problem behaviors. *Journal of Child Psychology and Psychiatry, 7,* 277-295. doi:10.1111/j.1469-7610.1966.tb02253.x

Patterson, G. R., Forgatch, M. S., & DeGarmo, D. S. (2010). Cascading effects following intervention. *Development and Psychopathology, 22,* 949-970. doi:10.1017/S0954579410000568

Patterson, G. R., DeGarmo, D., & Forgatch, M. S. (2004). Systematic changes in families following prevention trials. *Journal of Abnormal Child Psychology, 32,* 621-633. doi:10.1023/B:JACP.0000047211.11826.54

Patterson, G. R., Forgatch, M., Yoerger, K. L., & Stoolmiller, M. (1998). Variables that initiate and maintain an early-onset trajectory for juvenile offending. *Development and Psychopathology, 10,* 531-547. doi:10.1017/S0954579498001734

Patterson, G. R., Reid, J. B., & Dishion, T. J. (1992). *Antisocial boys: A social interactional approach.* Eugene, OR: Castalia Press.

Pettit, G. S., Dodge, K. A., & Brown, M. M. (1988). Early family experiences, social problem solving patterns, and children's social competence. *Child Development, 59,* 107-120. doi:10.2307/1130393

Prinz, R. J., & Miller, G. E. (1991). Issues in understanding and treating childhood conduct problems in disadvantaged populations. *Journal of Clinical Child Psychology, 20,* 379-385. doi:10.1207/s15374424jccp2004_6

Richters, J. E., & Waters, E. (1991). Attachment and socialization: The positive side of social influence. In M. Lewis & S. Feinman (Eds.), *Social influences and socialization in infancy* (pp. 185-213). New York, NY: Plenum Press.

Roberts, M. W. (1985). Praising child compliance: Reinforcement or ritual? *Journal of Abnormal Child Psychology, 13,* 611-629. doi:10.1007/BF00923145

Sanders, M. R., Markie-Dadds, C., & Turner, K. M. T. (2003). Theoretical, scientific and clinical foundations of the Triple P-Positive Parenting Program: A population approach to the promotion of parenting competence. *Parenting Research and Practice Monograph, 1,* 1-21.

Scarr, S. (1992). Developmental theories for the 1990s: Development and individual differences. *Child Development, 63,* 1-19. doi:10.2307/1130897

Schneider, W. J., Cavell, T. A., & Hughes, J. N. (2003). A sense of containment: Potential moderator of the relation between parenting practices and children's externalizing behaviors. *Development and Psychopathology, 15,* 95-117. doi:10.1017/S0954579403000063

Serketich, W. J., & Dumas, J. E. (1996). The effectiveness of behavioral parent training to modify antisocial behavior in children: A meta-analysis. *Behavior Therapy, 27,* 171-186. doi:10.1016/S0005-7894(96)80013-X

Snyder, J. J., & Patterson, G. R. (1995). Individual differences in social aggression: A test of a reinforcement model of socialization in the natural environment. *Behavior Therapy, 26,* 371-391. doi:10.1016/S0005-7894(05)80111-X

Stormshak, E. A., Bierman, K. L., McMahon, R. J., Lengua, L. J., & Conduct Problems Prevention Research Group. (2000). Parenting practices and child disruptive behavior problems in early elementary school. *Journal of Clinical Child Psychology, 29, 17-29.* doi:10.1207/S15374424jccp2901_3

Tapscott, M., Frick, P. J., Wootton, J., & Kruh, I. (1996). The intergenerational link to antisocial behavior: Effects of paternal contact. *Journal of Child and Family Studies,*

5, 229-240. doi:10.1007/BF02237945

Vitaro, F., Brendgen, M., & Tremblay, R. E. (2001). Preventive intervention: Assessing its effects on the trajectories of delinquency and testing for mediational processes. *Applied Developmental Science, 5,* 201-213. doi:10.1207/S1532480XADS0504_02

Wahler, R. G. (1997). On the origins of children's compliance and opposition: Family context, reinforcement, and rules. *Journal of Child and Family Studies, 6,* 191-208. doi:10.1023/A:1025050724559

Wahler, R. G., & Dumas, J. E. (1989). Attentional problems in dysfunctional mother-child interactions: An interbehavioral model. *Psychological Bulletin, 105,* 116-130. doi:10.1037/0033-2909.105.1.116

Wahler, R. G., Herring, M., & Edwards, M. (2001). Co-regulation of balance between children's prosocial approaches and acts of compliance: A pathway to mother-child cooperation? *Journal of Clinical Child Psychology, 30,* 473-478. doi:10.1207/S15374424JCCP3004_04

Wahler, R. G., Winkle, G. H., Peterson, R. F., & Morrison, D. C. (1965). Mothers as behavior therapists for their own children. *Behaviour Research and Therapy, 3,* 113-124. doi:10.1016/0005-7967(65)90015-X

Webster-Stratton, C. (1987). *The parents and children series.* Eugene, OR: Castalia Press.

Webster-Stratton, C. (1990). Long-term follow-up of families with young conduct problem children: From preschool to grade school. *Journal of Clinical Child Psychology, 19,* 144-149. doi:10.1207/s15374424jccp1902_6

Webster-Stratton, C., & Spitzer, A. (1996). Parenting a young child with conduct problems: New insights using qualitative methods. In T. H. Ollendick & R. J. Prinz (Eds.), *Advances in clinical child psychology* (Vol. 18, pp. 1-62). New York, NY: Plenum Press. doi:10.1007/978-1-4613-0323-7_1

제8장

# 효과적인 자녀 양육의 실제: 사회적 상호작용 학습 이론과 감정 코칭 및 마음챙김의 역할

James Snyder, Sabina Low, Lisha Bullard, Lynn Schrepferman,
Marissa Wachlarowicz, Christy Marvin, Andrea Reed

40여 년 전, Diana Baumrind는 효과적인 양육 방식에 대한 영향력 있는 연구를 발표했다(Baumrind & Black, 1967). 그 시기 즈음에는 부모가 자녀 양육을 능숙하게 하도록 돕기 위한 개입 방법들을 개발하려는 초기 노력이 이루어지던 시기였다(Hanf, 1968; Patterson & Brodsky, 1966; Wahler, Winkle, Peterson, & Morrison, 1965). 두 접근법 모두 사회적 학습 관점을 공유하며, 아이들의 순응, 행동 조절, 그리고 사회적 역량을 증진시키기 위해 엄격한 훈육과 긍정적 양육을 결합해야 함을 강조했다. 그 이후로 Parent Management Training-Oregon(PMTO; Forgatch & Rains, 1997), Incredible Years(Webster-Stratton, 2001), Triple P(Sanders, 1999), Family Check-Up(Dishion & Kavanagh, 2003)을 비롯한 사회적 상호작용 학습(Social Interaction Learning: SIL) 관점에서 파생된 여러 부모교육 방법이 개발되었다. SIL의 기본 전제는 아이들이 부모를 포함한 중요한 사회적 인물들과의 일상적인 상호작용을 통해 사회화된다는 것이다. 따라서 부모교육에서는 자녀와의 지지적인 상호작용을 유지하는 동시에 명확한 한계를 설정하고 효과적인 훈육을 사용하는 데 초점을 맞춘다. 이런 개입들은 아동의 행동 문제를 개선하고 역량을 증진하기 위한 예방 및 임상 프로그램으로서 그 효과와 효능이 명확히 입증되었다. 연구에 따르면, 긍정적인 양육 방식을 강화하고 강압적 훈육을 감소하는 것은 부모교육이 아동에게 미치는 효과를 매개한다는 것이 입증되었다.

## 양육 연구와 개입에 대한 Baumrind의 기여

40여 년 전, Baumrind가 구분한 양육 유형군이 후속되는 양육 연구와 SIL 관점을 활용한 부모교육 개입 개발을 견인했다는 점은 주목할 만하다. 〈표 8-1〉은 Baumrind(1973)가 정의한 효과적인 양육(권위 있는 유형)과 비효과적인 양육(권위주의적 또는 허용적 유형)의 특성을, 후속된 SIL 연구에서 보고된 양육 방식 및 SIL 부모교육과 비교한 것이다.

Baumrind가 부모 양육 평가를 위해 다양한 방법을 사용한 것은 혁신적이었다. 이러한 방법에는 부모-자녀 상호작용에 대한 관찰, 양육에 대한 관찰자의 평가, 양육 방법에 대한 부모의 보고가 포함된다(Baumrind & Black, 1967). Baumrind가 1960년대에 사용한 방법과 최근 양육 과정이 문제행동 발달에 미치는 영향을 평가하는 방법 사이에 주목할 만한 일치점이 있다(Dishion, Burraston, & Li, 2003).

양육 방식에 대한 연구에서 도출된 두 가지 폭넓은 차원은 SIL 양육 개입의 일반적인 목표로 활용되는데, 이는 Baumrind의 원개념인 온정성/반응성과 통제/요구성에 해당한다. 이 두 가지 양육 범위에는 〈표 8-1〉에서와 같이 긍정적인 사례와 부정적인 사례가 모두 존재한다. 긍정적인 방식은 부모가 자녀에게 주의를 기울이고 적극적으로 상호작용하는 것인데, 자녀의 순종을 촉진하기, 학습의 기회를 만들어 주기, 사회적이고 실용적인 기술을 가르치기 위해 적극적인 전략을 활용하기, 조건적 관심 주기를 활용하여 기술 형성하기, 확실한 제한 설정과 집행, 건설적인 언어 소통과 문제해결을 장려하기 등이다. 부정적인 방식은 부모가 과도하게 엄격하거나 설명 없이 독단적으로 제한을 설정하기, 가혹하고 비일관적인 훈육 방법을 사용하기, 화를 자주 내거나 비일관적인 태도, 그리고 자녀의 문제행동 훈육을 쉽게 포기해 버리는 것이다(Forgatch & Patterson, 2010).

그러나 Baumrind와 다른 양육 연구자들은 〈표 8-1〉에 설명된 행동들로 효과

표 8-1 양육 연구와 개입에서 Baumrind의 기여

| SIL 부모교육 및 연구의 주요 목표 | Baumrind의 양육 유형군 설명 |
|---|---|
| 효과적인 양육 방법 | |
| 비계설정(scaffolding) | 자극이 되는 환경 |
| 칭찬과 관심을 통한 기술 형성 | 아동의 독립성을 증진시키기 |
| 프롬프트, 신호 주기, 지시하기 | 설명되지 않음 |
| 온정성과 개입 | 설명되지 않음 |
| 명확한 규칙과 제한 | 권위 존중하기 |
| 제한 설정 | 지시적인 |
| 지시 → 순종 | 순종 |
| 타임아웃, 반응 비용 | 확고한 집행 |
| 조건적 반응과 일관성 | 유연성과 부모의 명확한 관점 |
| 정확히 정의하고 추적하기 | 설명되지 않음 |
| 감시하기 | 설명되지 않음 |
| 문제해결 | 언어 교환 |
| 설명되지 않음 | 분노와 불만 표현하기 |
| 설명되지 않음 | 개성을 증진하기 |
| 설명되지 않음 | 부모의 자신감 |
| 효과적이지 않은 양육 방법 | |
| 강제성 | 강제성 |
| 불필요하고 반복적인 말 | 처벌적 훈육 |
| 예측할 수 없음 | 확고한 집행의 부족 |
| 너무 많은 이유와 원인을 부여하기 | 설명되지 않음 |
| 개입하지 않음 | 낮은 자립성 요구 |
| 설명되지 않음 | 아동의 정서적 독립을 장려함 |

참고. SIL=사회적 상호작용 학습(social interaction learning)

적인 양육을 완전히 정의할 수는 없다는 점을 지적했다. 오히려 이러한 양육 방식들의 고차원적이고 비선형적인 조합이나 존중(Barber, 1996), 조율(Baumrind, 1991), 인정(Gottman, Katz, & Hooven, 1996)과 같은 추가적인 방법이 효과적인 양

육의 핵심 요소가 될 수도 있다. 효과적인 양육의 세 가지 추가적인 특성이 가설이 될 수 있음을 제안한다. 첫째, Baumrind가 **조율**이라고 언급한 자녀의 현재 **심리적 공간**(감정, 생각, 필요)을 부모가 인식하는 것이다. 이 인식은 부모 자신의 생각과 감정으로 확장된다. 이는 종종 **마음챙김**(mindfulness) 또는 "경험이 순간순간 펼쳐지는 것에 대해 의도적으로, 현재에, 비판단적으로 주의를 기울이는 인식"으로 일컬어진다(Kabat-Zinn, 2003, p. 145). 두 번째로 조율과 마음챙김을 위해서는 부모가 자녀의 생각, 감정, 필요를 인정해야 한다. 이는 **지지**라고도 표현할 수 있는데 자녀가 어떻게 생각하고 느껴야 하는지 통제하려는 시도나 얽매임을 피하는 것이다. 부모의 마음챙김에 적용했을 때, 이는 **수용**이라고 불릴 수 있는데, 부모가 자신의 생각과 감정에 의한 부적응적인 융해나 감정에 압도되는 것을 피하는 것이다. 세 번째로 이러한 특성은 부모에게 양육에 대한 가치와 자녀에 대한 희망을 명확하게 표현할 수 있는 능력을 제공하며, 자신의 가치관에 부합하는 방식으로 자녀와 의도적으로 소통하고 교육할 수 있는 능력을 제공한다. 우리의 가설은 부모가 자녀와의 조율과 인정, 그리고 자신의 생각과 감정에 대한 마음챙김과 수용 능력이 양육 가치에 접근할 수 있게 하고, 〈표 8-1〉에 나열된 효과적인 양육 방식을 유연하고 일관성 있게 적용하도록 한다는 것이다. 총체적으로 이러한 특성들은 민감하고 반응적인 양육을 반영한다. 이 세 가지 특성을 통합한 효과적인 양육 모델은 〈표 8-1〉에 나타나 있다.

이 장의 목표는 현재의 SIL 양육 모델을 보완하고 확장할 수 있고 추가적인 부모 양육의 특성을 포착할 수 있는 연구와 개입에 대한 최근의 두 가지 발전을 간략히 설명하고 실증적으로 검토하는 것이다. 감정 코칭(emotion coaching), 그리고 관계틀 이론(Relational Frame Theory: RFT)과 그 개입 파생 모델인 수용전념치료(Acceptance and Commitment Therapy: ACT)이다. **감정 코칭**은 부모가 자녀의 감정적 경험과 표현을 수용하고 명명하며, 타당화하는 노력과 기술을 의미한다. 또한 자녀가 정서적 흥분을 조절하고 감정을 표현하며 그 감정들의 원인이 되는 문제를 해결할 수 있도록 돕는다. RFT와 ACT는 상호 보완적인 방식으로, 아이들이 자신의 감정을 정확하게 명명할 수 있도록 하고, 아이들이 자신의 감정을 '통제

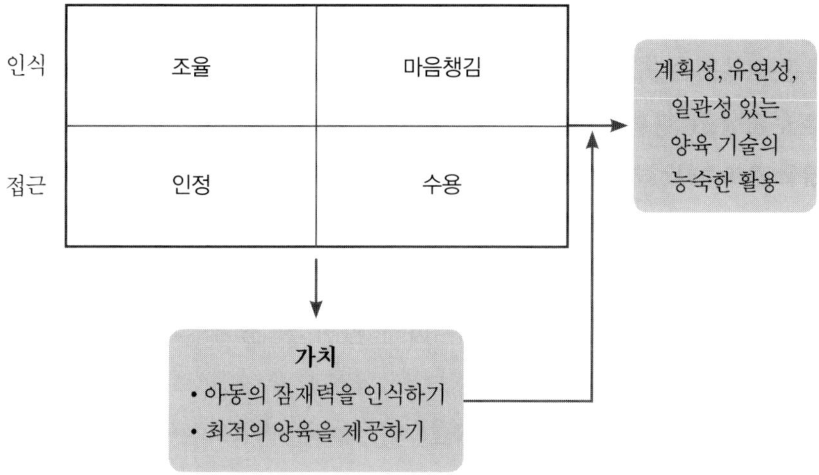


**[그림 8-1] 효과적인 양육에서 조율, 인정, 계획성의 역할**

(control)'하려 하기보다는 기꺼이 '받아들이며(have)', 환경적 목표를 달성하기 위해 감정을 활용할 수 있도록 부모들이 돕는 방법에 초점을 맞추고 있다.

하지만 이러한 목표를 추구하는 과정에서, 효과적인 양육 방식과 비효과적인 양육 방식을 구분하고 SIL 부모교육 개입의 효능과 효과성을 입증한 연구들이 상당한 실증적 성과를 이루어 냈다는 점을 아는 것이 중요하다. 효과적인 양육 방식에 대한 더욱 정교한 이해와 더욱 강력한 부모교육 개입을 모색하는 과정에서, 이러한 새로운 발전이 기존의 양육 및 부모교육 모델에 추가적인 실증적 가치를 제공하는지 검토하는 것도 중요하다.

## 감정 코칭

전통적으로, SIL 관점을 기반으로 한 부모교육에서 목표로 하는 양육 방식에 대한 연구에서는 정서와 정서 조절에 대해 상대적으로 언급을 많이 하지 않았다. 부모의 조절되지 않는 지속적인 분노와 우울한 정서 표현의 부정적인 영향에 대한 인식은 어느 정도 있어 왔다(Silk, Shaw, Forbes, Lane, & Kovacs, 2006). 그러나 부모가 자녀의 정서 경험과 표현에 어떻게 효과적으로 대응해야 하는지에 대한 논의는 부족했다. 반면, 아동의 능력과 정신병리에 관련된 정서에 대한 연구(Silk, Steinberg, & Morris, 2003)와 부모의 정서사회화 역할에 관한 연구는 상당히 진행되어 왔다(Gottman, Katz, & Hooven, 1997; Morris, Silk, Steinberg, Myers, & Robinson, 2007).

정서란 행동에 동기를 부여하고 지휘하는 자연스러운 개인내적 경험의 과정이며, 사회적 관계의 일원으로서 개인 간의 사회적 행동이라는 것이 이 연구의 핵심적인 전제이다(Izard, 2002). 감정 경험, 각성, 표현은 적절히 조절되어 사회적으로 바람직한 방식으로 표현되었을 때, 목표지향적인 행동을 유도했을 때(도구적 기능), 그리고 효과적인 사회적 관계를 형성했을 때(사회적 기능) 잠재적으로 건설적이라 할 수 있다. 그러나 감정적 각성, 경험, 표현이 적절하게 조절되지 않고 목표지향적 행동이나 건설적인 사회적 과정을 저해하는 방식으로 나타날 경우, 부적응과 사회관계 문제에 대한 위험요소가 된다.

아동은 순응, 규칙 준수, 도구적 및 사회적 기술과 마찬가지로 부모의 행동을 보면서 감정 경험, 표현, 조절을 배워 나간다. 부모의 효과적인 감정 사회화는 '감정 코칭(emotion coaching)'이라고 불리며, 부모의 비효과적인 감정 사회화는 '감정 무시(emotion dismissing)'라고 불린다(Gottman et al., 1997). 부모 양육 연구에서 도출된 감정 코칭과 감정 무시 행동의 주요 특성은 〈표 8-2〉에 제시하였다(Gottman, Katz, & Hooven, 1996; Gottman et al., 1997).

부모의 감정 코칭은 두 가지 단계에서 이루어진다. 첫째, 〈표 8-2〉의 상단에 제시되어 있듯이, 부모가 자신의 감정을 인식하고 인정하며 표현하고 조절하는 과정을 건설적으로 모델링하면서 자녀들에게 어떻게 감정을 명명하고, 조절하고, 사용하고, 건설적으로 표현하는지 보여 준다. 부모가 자신의 감정을 인식하고 주의 깊게 받아들일 때, 정서적으로 지지적인 양육 환경을 조성하게 된다. 이런 양육 환경은 긍정적인 정서와 개입, 잘 조절된 부모의 부정적 감정 표현으로 특징지어진다. 둘째, 감정 코칭은 자녀들의 강하고 즉각적인 감정 표현에 부모가 건설적으로 대응하는 것이 특징이라 할 수 있다. 〈표 8-2〉에서 볼 수 있듯이, 이러한 반응에는 자녀의 감정을 인식하고 명명하며 인정하는 것이 포함되며, 동시에 감정 조절과 문제해결을 지도하려는 노력이 수반된다. 감정 무시 반응은 빈약한 조율, 감정의 압도, 그리고 정서의 무효화와 관련이 있으며, 이는 아동의 감정 표현을 폄하하거나 억압하거나 무시하는 것뿐만 아니라 이러한 감정 표현에 동일하게 반응하거나 더욱 증폭시키는 방식을 의미한다. 정서에 대한 조율과 타당화가 없으면 부모는 자기조절이나 문제해결 전략을 지도하려는 노력을 거의 하지 않는다. 아동의 감정 표현에 대한 부모의 반응은 총체적으로 **정서 관련 사회화 행동**(Emotion-Related Socialization Behavior: ERSB)이라고 불리며(Eisenberg, Cumberland, & Spinrad, 1998) 이는 부모가 자녀의 감정을 얼마나 조율하고 인정하는지를 반영한다.

**표 8-2 건설적이고 부적응적인 부모의 정서사회화의 특징**

| 효과적인: 감정 코칭 | 비효과적인: 감정 무시 |
|---|---|
| 부모 모델링과 지시 | |
| 인식과 표현을 모델링하기 | 감정의 억압을 모델링하기 |
| 조절과 활용을 모델링하기 | 조절되지 않는 감정 모델링하기 |
| 자신과 자녀의 감정에 대해 이야기하기 | 감정에 대해 말하는 것을 회피하기 |
| 자녀의 감정에 대한 부모의 반응 | |
| 타당화, 공감하기 | 무시하기 |
| 명명하기 | 폄하하기, 비난하기 |
| (차분하게) 수용하기 | 보복하기, 확대하기 |
| 문제해결(감정의 자원) | 참으라고 하기, 축소하기 |
| 문제해결 노력을 연습하기 | 말 돌리기, 고치려고 하기 |
| 격려하기, 설명해 주기 | 지시하지 않기 |
| 진정시키기, 위로하기 | 체벌하기 |
| 신속하게 규제하기, 스스로 진정시키기 | 포기하기(조절장애의 부적 강화) |

정서 사회화에 대한 많은 연구는 SIL 관점에서 개발된 부모교육 개입과 통합되거나 이를 체계적으로 지원하는 데 활용되지 않았다. 실제로 〈표 8-1〉과 〈표 8-2〉를 비교해 보면 감정 코칭 관점과 SIL 관점에서 설명하는 양육 전략에서 겹치는 부분이 그리 많지 않음을 알 수 있다. 이는 두 접근이 중복되지 않을 가능성을 시사한다. 두 접근이 중복되지 않는지를 확인하는 한 가지 방법은 표준 SIL 양육 변수가 감정 코칭 변수와 상관관계가 있는지를 계산하는 것이다. 공유된 분산이 상당하지 않다면, 아동 중심의 감정 코칭 전략을 SIL 양육 연구 및 부모교육 개입에 완전하게 통합하는 것이 유용할 수 있다.

5~6세 아동을 대상으로 한 종단 연구에서 저소득층 공동체의 50가구를 표본으로 하여 가족 상호작용 중 어머니가 아동의 부정적 정서 표현에 보이는 반응(ERSB)을 코딩하는 방식으로 경험적 연구를 시작했다. 코딩에서는 상호 배타적이면서도 포괄적인 일곱 가지 ERSB 부모반응 범주를 사용한다. 진정시키기, 문제해결, 공감/인정(건설적 코칭); 문제해결을 하지 않고 받아들이기/묵인하기, 무시하기/그냥 넘어가기, 지시하기(축소 반응); 그리고 폄하하기(묵살 반응) 등이다. 2시간 동안의 부모-자녀 상호작용에서 특정 정서 코딩 시스템(Specific Affect Coding System: SPAFF; Gottman, McCoy, Coan, & Collier, 1996)을 사용하여 아동이 분노, 슬픔, 두려움을 표현할 때 부모가 보이는 반응 유형을 분석하였으며, 코딩된 부모의 다양한 ERSB 반응의 평균 빈도와 비율은 〈표 8-3〉에 제시되어 있다. 대부분의 부모는 아동의 정서 표현을 단순히 무시하거나 기타 축소 반응을 보이는 것으로 관찰되었다. 폄하하는 반응도 비교적 자주 나타났다. 아동의 부정적 정서에 대한 건설적인 감정 코칭 반응은 상대적으로 드물게 나타났다. 이 가족들에서 건설적인 ERSB 반응은 규칙이라기보다는 예외로 보였다. 또한 SPAFF를 사용하여 아동의 정서 표현을 구별하는 방식은 부모가 의도적으로 아동의 부정적 정서 표현을 무시하는 비율을 더 크게 만들었을 가능성도 있다. 부모와의 상호작용에서 파악하기 어려운 짧고 미묘한 아동의 부정적 정서 표현을 SPAFF 코딩을 훈련받은 관찰자가 식별하는 것이 훨씬 더 수월하다.

표 8-3 관찰된 부모의 정서 관련 사회화 행동(ERSB) 범주의 상대적 비율

| 부모의 반응 | 빈도 | | |
|---|---|---|---|
| | *M* | *SD* | Total (%) |
| 공감, 인정 | 0.12 | 0.33 | 0.5 |
| 진정시키기 | 0.88 | 1.42 | 3.5 |
| 문제해결 | 0.88 | 1.54 | 3.5 |
| 건설적인 ERSB 코칭 | 1.88 | 2.45 | 7.5 |
| 문제해결을 하지 않고 받아들이기, 묵인하기 | 2.08 | 3.11 | 8.4 |
| 지시하기 | 3.36 | 4.50 | 13.6 |
| 무시하기, 그냥 넘어가기 | 13.28 | 9.14 | 53.2 |
| ERSB를 최소화하기 | 18.62 | 12.82 | 74.8 |
| 폄하하기 | 4.52 | 5.97 | 18.0 |
| ERSB를 묵살하기* | 23.14 | 17.87 | 92.8 |

* ERSB 최소화하기를 포함

또한 부모의 ERSB 반응 비율이 아동의 적응도와 동일한 가족 표본에서 관찰된 SIL 양육 과정과 어떻게 관련되는지 살펴보았다. 〈표 8-4〉 상단에 제시된 바와 같이, 미취학 자녀에 대한 건설적인 부모의 ERSB 반응은 부모와 교사가 보고한 아동의 외현적 행동 문제 감소와 관련이 있었다. ERSB에서 묵살하는 반응은 더 많은 외현적 행동 문제와 관련이 있었으며, 이러한 상관관계는 2학년이 끝날 때까지 나타났다. 〈표 8-4〉의 오른쪽 하단 부분에 나타난 바와 같이, 아동의 부정적인 정서 표현에 대한 건설적인 부모의 ERSB 반응은 아동이 또래로부터 받는 긍정적인 지지의 빈도와 정적 상관이 있었으며, 부모의 ERSB 축소 반응은 긍정적인 지지와 부적 상관을 보였다. 이러한 상관관계는 부모가 제공하는 ERSB가 아동의 행동 문제와 사회적 역량에 영향을 미칠 수 있음을 시사한다. Baumrind(1983, 1991)의 관점에서 건설적인 ERSB 반응은 부모가 자녀의 독립성과 표현의 자유를 존중하는 것을 반영하며 자기주장, 개성 발현, 그리고 사회적 역량을 촉진한다. 반면, 축소 반응과 묵살 반응은 제한적이고 간섭적이며, 심리적 통제를 반영하고

표 8-4 **관찰된 정서 관련 사회화 행동(ERSB)과 양육 방법 및 아동 행동의 관계**

| 부모 ERSBs | 부모가 보고하는 외현화 문제 | | | | | 교사가 보고하는 외현화 문제 | | | | |
|---|---|---|---|---|---|---|---|---|---|---|
| | 가을 유치원 | 봄 유치원 | 가을 1학년 | 봄 1학년 | 봄 2학년 | 가을 유치원 | 봄 유치원 | 가을 1학년 | 봄 1학년 | 봄 2학년 |
| 건설적 | −.40* | −.19 | −.28* | −.34* | −.29* | −.23 | −.19 | −.40* | −.37* | −.57* |
| 축소 | .24 | .20 | .30* | .39* | .26 | .28 | .31* | .38* | .36* | .61* |
| 묵살 | .46* | .35* | .50* | .28 | .23 | .21 | .28 | .13 | .02 | .31* |

| | 유치원에서 관찰된 양육 | | | | 긍정적인 또래 선호(지지) | |
|---|---|---|---|---|---|---|
| | 강압적인 상호작용 | 미흡한 훈육 | 온정성, 긍정적인 참여 | 부실한 관찰 | 가을 유치원 | 봄 유치원 |
| 건설적 | .08 | −.09 | .43* | −.23 | .42* | .32* |
| 축소 | −.08 | .05 | −.38* | .36* | −.38* | −.36* |
| 묵살 | .42* | .09 | .07 | .22 | .05 | −.27 |

* $p < .05$.

자기조절 능력과 실용적 역량을 감소시킨다.

두 번째 상관 분석을 통해 ERSB와 SIL 양육 방식 관찰이 상호 보완적인지, 중복되는지를 평가했다. 〈표 8-4〉의 왼쪽 하단 부분에 나타난 바와 같이, 아동의 부정적 정서 표현에 대한 건설적인 부모의 ERSB 반응 비율은 부모의 온정성 및 참여 수준과 동시에 관련이 있었으며, Baumrind(1991)의 용어로는 '반응성'과 연결되었다. ERSB의 축소 반응은 낮은 수준의 온정성, 참여, 그리고 부족한 행동 관찰과 연관이 있었으며, ERSB 묵살 반응은 더 높은 수준의 강압적 양육과 관련이 있었다. 이는 Baumrind(1991)의 용어로는 '자의적이고 가혹하며 비효율적인 요구'로 설명할 수 있다. 부모의 ERSB 반응과 효과적이거나 비효과적인 양육 방식에 대한 표준 SIL 구성요소 간의 상관관계는 비교적 크지 않았으며, 이는 감정 코칭이 Baumrind 연구와 기타 SIL 연구에서 아동의 문제행동 및 사회적 역량과 관련된 양육 방식의 설명을 보완하고 확장할 수 있음을 시사한다. 부모가 감정 코칭 기술을 습득하고 적용하도록 촉진하는 것은 현재의 SIL 부모교육 개입의 효율성과 효과성 향상에 도움이 될 수 있다.

## 관계틀 이론(RTF)과 수용전념치료(ACT) 접근을 통한 양육

SIL에서 파생된 부모교육 개입과 양육에 관한 연구는 본질적인 가설로 특징지을 수 있다. 중요한 것은 부모가 무엇을 하는가이다. 일상적인 상호작용 중 아동을 향한 양육 행동은 사회화에서 가장 핵심에 가깝고 강력한 과정이며, 부모가 자녀와 상호작용하는 동안 경험하는 수많은 내적 사건들(귀속, 의도, 감정 등)은 외적으로 드러나는 부모 행동의 말단적이고 간접적인 결정요인이다. 부모가 무엇을 생각하거나 느끼는 것보다 부모가 실제로 하는 행동이 더 중요하다는 점은 SIL 양육 방식에 관한 연구에서 명백히 드러난다. 부모 자신이 부모로서 무엇을 한다고 말하거나 자녀의 반응을 설명할 때, 그 내용이 정확하지 않은 경우가 많다. 부모의 보고와 양육 관찰 간의 상관관계는 전형적으로 그다지 크지 않으며, 자가 보고된 양육 방식은 아동의 행동 결과를 예측하는 데 상대적으로 미약한 예측변수로 작용한다. 단, 그 아동의 행동 결과가 부모의 보고를 통해 측정되는 경우는 예외일 수 있다. 양육 행동의 중요성은 SIL 부모 훈련에서도 분명히 나타난다. 부모는 자녀의 행동과 그 행동을 다루는 데 있어서 무엇이 '효과적'이고 무엇이 '효과적이지 않은지'에 대해 선뜻 말하지만, 다른 사람(심지어 전문가)과 대화하고 조언을 받는 것만으로는 큰 변화가 일어나지 않는다. 부모교육에서 치명적인 함정 중 하나는 부모의 귀인에 대해 많은 시간을 이야기하고 어떻게 양육해야 할지, 어떻게 양육하면 안 되는지 논의하는 데 많은 시간을 보내면서, 새로운 양육 행동을 가정 환경에서 모델링하거나 역할 놀이를 하고 적용하는 데 시간을 적게 쓴다는 것이다.

그러나 일부 연구에 따르면, 부모의 양육에 대한 생각과 감정이 효과적인 양육 방식을 일관되게 사용하는 데 영향을 미친다고 한다(Snyder, Cramer, Afrank, & Patterson, 2005). 부모교육에서 가장 어려운 과제 중 일부는 부모가 ① 새로운 양육 기술을 습득하기 위해 시간을 내고 노력을 기울이도록 격려하는 것, ② 배운 기술을 일관되게 사용하도록 하고, 자동적으로 부적응적이고 강압적인 반응으로 되돌아가지 않도록 하는 것, ③ 우울하거나 피곤하고 걱정되거나 스트레스를 받을 때에도 양육 기술을 적용하도록 하는 것이다(Dumas, 2005). 현재로서는 효과적인 양육 방법을 습득하고 일상적으로 사용하는 데 부모의 고통과 짜증이 미치는 부정적인 영향을 줄이기 위한 부모 훈련 개입 전략의 강력한 이론적 모델은 없다.

RFT(관계틀 이론)와 ACT(수용전념치료; Hayes & Wilson, 1999)는 부모의 생각과 감정이 양육에 미치는 영향을 더 잘 이해하고, 효과적인 양육 방식을 습득하여 일관되게 적용할 수 있도록 돕는 전략의 모델을 제공한다. RFT와 ACT의 관점에서, 생각, 이미지, 언어, 감정은 내재적인 적응적 반응으로 간주된다. 이러한 반응들은 외부 세계에 대한 행동을 하는 데 매우 유용하며, 감정은 사람들이 행동을 취하도록 동기를 부여한다. 생각은 목표를 설정하고, 여러 선택지를 평가하며, 결과를 예상하고 행동을 가이드하는 데 유용하다. 이들이 내재적이라는 사실은 우리가 계속해서 그것들을 생성한다는 것을 의미한다. 우리는 감정을 느끼지 않거나 생각을 하지 않을 수 없다. 이런 반응은 인간으로서 우리 능력의 일부이다.

이러한 지속적인 생각, 이미지, 감정의 흐름은 외부 세계에서 효과적으로 행동하는 데 강력하고 유용한 도구가 될 수 있지만, 동시에 방해가 될 수도 있다. 개인이 자신의 생각을 문자 그대로 진리로 받아들이거나 감정에 휘둘릴 때, 자신의 목표와 가치에 부합하는 방식으로 행동하지 못할 수 있다. 이는 그 생각과 감정에 강하게 융해되어 있기 때문이다. 융해되었을 때, 생각과 감정이 '사실은 어떻게 되어 있는지'를 정의하는 긴급한 타당성을 부여받으며, 이를 관리하거나 해소하거나 통제하려는 행동에 중점을 둔다. 위협이 인식되었을 때 부정적인 감정이 융해되면, 주변 환경에 주의를 기울이거나 지지적인 사회적 관계를 형성하는 반응을 의지적으로 구성하고 실행할 수가 없다. 이런 상황에서는 자기몰입이 강해지고, 타인의 필요, 목표, 생각, 감정에 대해 조율하지 못한다. 융해와 그로 인해 유발되는 행동은 위협과 부정적인 감정이 줄어드는 것 같은 단기적인 결과에 의해 강화될 수 있다. 예를 들어, 타인에 의한 자극(위협 귀인)에 맞닥뜨렸을 때 분노하는 것은 타당해 보일 수 있으며 강압적 행동을 유발할 수 있는데, 이런 강압 행동은 상대방의 혐오 행동이 감소함으로써 강화된다. 이러한 강화는 부정적인 귀인과의 융해("위협은 실제로 있어.")와 분노("이것이 타당하고 표현해야 돼.")를 촉진할 뿐만 아니라 이것이 유발하는 강압적 행동 또한 강화한다는 점에 주목해야 한다. 그 사람은 '속을 털어놓고' 분노를 '발산'하며, 이러한 방식이 단기적으로 생각과 감정을 해소하는 데 도움이 될 수 있다.

융해 상태에서는 부정적인 감정(분노)과 생각(부정적 귀인)이 불쾌하거나 나쁜 것으로 평가되며, 이를 해소하거나 통제하거나 바꾸려는 데 행동의 초점이 맞춰진다. 그러나 이러한 방식은 오히려 장기적으로 역효과를 낳을 수 있다. 관계틀 이론(RFT) 연구에 따르면, 생각과 감정을 변화시키거나 억제하거나 통제하려는 반복적인 노력은 오히려 줄이려고 했던 그 생각과 감정을 불러일으키는 결과를 초래할 수 있다(Hayes & Gregg, 2001). 예를 들어, 분노는 소리를 지르거나 감정을 분출하는 것으로 해소되지 않고 오히려 더 증폭될 수 있다(Olatunji, Lohr, & Bushman, 2007). 또 걱정하지 않으려고 할수록 오히려 더 자주 걱정하게 된다. 융해 상태와 그로 인해 지속적으로 내면의 생각과 감정을 바꾸거나 발산하거나 해소하려는 시도에는 또 다른 상당한 장기적 대가가 따른다. 이러한 시도는 외부 환경에 대한 인식을 방해하고, 더 근본적인 목표와 가치(즉, 부정적인 생각이나 감정을 떨쳐낼 수만 있다면 진정으로 하고 싶은 일)를 이루기 위해 필요한 행동을 하는 데에도 방해가 된다.

부정적인 생각과 강한 감정은 자연스러운 반응이다. 만약 이런 감정과 생각을 피하거나 해소하거나 통제할 수 없다면, 무엇이 건설적인 대안일까? RFT와 ACT에 따르면, 건설적인 대안은 개인이 자신의 부정적인 생각과 감정을 마음챙김과 수용의 자세로 받아들이는 것이며, 진정한 목표와 가치에 부합하는 방식으로 행동하는데 이러한 내면의 반응이 방해가 될 때 생각과 감정에서 분리하고 거리두기를 하는 것이다. 마음챙김, 수용 그리고 거리두기는 개인이 자신의 부정적인 생각과 감정에서 (그것들을 단순히 인식하거나 해소하는 방식으로) '벗어날 수 있게' 해 준다. 동시에, 자신의 진정한 가치와 목표에 부합하는 행동을 의도적으로 계획하고 실행할 수 있게 해 준다(Hayes, Follette, & Linehan, 2004). RFT와 ACT 관점에서, 더 건설적이고 적응적으로 괴로운 생각과 감정에 반응하는 방식은 〈표 8-5〉에 나타나 있다.

**표 8-5 관계틀 이론(RFT)과 수용전념치료(ACT) 접근법을 통한 생각과 감정**

| 건설적/적응적 | 비효율적/부적응적 |
|---|---|
| 수용/마음챙김 | 융해 |
| 생각과 감정으로부터 거리두기 | 좋고 나쁨으로 평가함 |
| 가치 있는 행동(외부 세계에서 행동하기) | 생각과 감정을 통제하는 데 집중함 |
| 문제해결(외부 세계에 대해) | 생각이나 감정을 해소하거나 변화시키기 |
| 계획과 실행(외부 세계에 대해) | 생각이나 감정으로부터 도피하거나 회피하기 |
| 장기적 결과에 집중함 | 단기적 결과에 집중함 |
| 의도적 | 반응적 |

관계틀 이론(RFT)과 수용전념치료(ACT) 관점은 어떻게 부모에게 적용될 수 있을까? 부모는 자녀에 대해 강력한 희망과 꿈을 가지고 있다. 그들의 진정한 가치는 사랑과 지지를 주고, 자녀가 능력 있는 인간으로 성장할 수 있도록 사회화하는 것이다. 부모의 의도는 자녀가 신체적, 정신적으로 건강하게 성장하고, 규칙을 준수하며, 사회적 기술과 학습능력을 발달시키고, 자기조절을 하며 궁극적으로 독립적인 사람이 될 수 있도록 돕는 것이다. 자녀는 큰 기쁨과 놀라움의 원천이다. 그러나 부모로서의 일상적인 도전과 다른 요구들, 스트레스 때문에 이런 희망과 꿈을 이루고 기쁨과 놀라움을 경험하며, 사랑과 지지를 표현하는 일을 종종 놓치게 된다. 이러한 일상의 도전은 분노, 우울, 고통을 유발하고, 자녀나 자신의 양육능력에 대해 부정적인 평가를 하게 만든다. 부모가 이러한 부정적인 생각과 감정에 휘말리게 되면, 부모로서의 진정한 목표와 가치에 맞는 건설적인 양육 방식을 실천할 능력이 줄어든다.

부모가 자신의 생각과 감정에 휘말리는 두 가지 유형은 가설로 제시될 수 있다. [그림 8-2]의 상단에 표시된 대로, 첫 번째 모델(적대적/분노/반응적)에서는 부모가 자녀의 행동에 대해 부정적 귀인을 할 수 있다(예: "그가 일부러 내 성질을 건드리려고 한다."). 이는 자녀의 지속적이고 의도적으로 보이는 부정적인 도발행동이 부모의 분노를 '정당화'하는 형태로 나타날 수 있다. 이러한 부모의 내면적 반응은 부모의 짜증을 유발하거나 동반하거나, 또는 부모가 체벌적인 통제를 사용하도록 할 수 있다. 부정적인 귀인, 분노, 그리고 그에 따른 체벌적 전략은 자녀의 행동을 통제하는 데 단기적으로는 효과를 발휘하기 때문에 강화될 수 있다. 하지만 연구에 따르면, 이러한 전략은 자녀의 반항으로 이어지고 자녀의 강압적인 행동은 간헐적으로 부정적인 강화가 일어나게 된다(Snyder & Stoolmiller, 2002). 이 적대적/분노/반응적 양육 반응은 자녀의 필요, 생각, 감정을 인식하거나 인정하지 못하는 결과를 동반할 가능성도 크다. 일관성이 없거나 임의적인 훈육, 그리고 자녀의 숙련된 행동을 지원할 수 있는 충분한 지원과 긍정적인 관심 부족을 초래할 수 있다. 이러한 특성들은 모두 권위주의적 양육의 특징이라 할 수 있다(Baumrind, 1967).

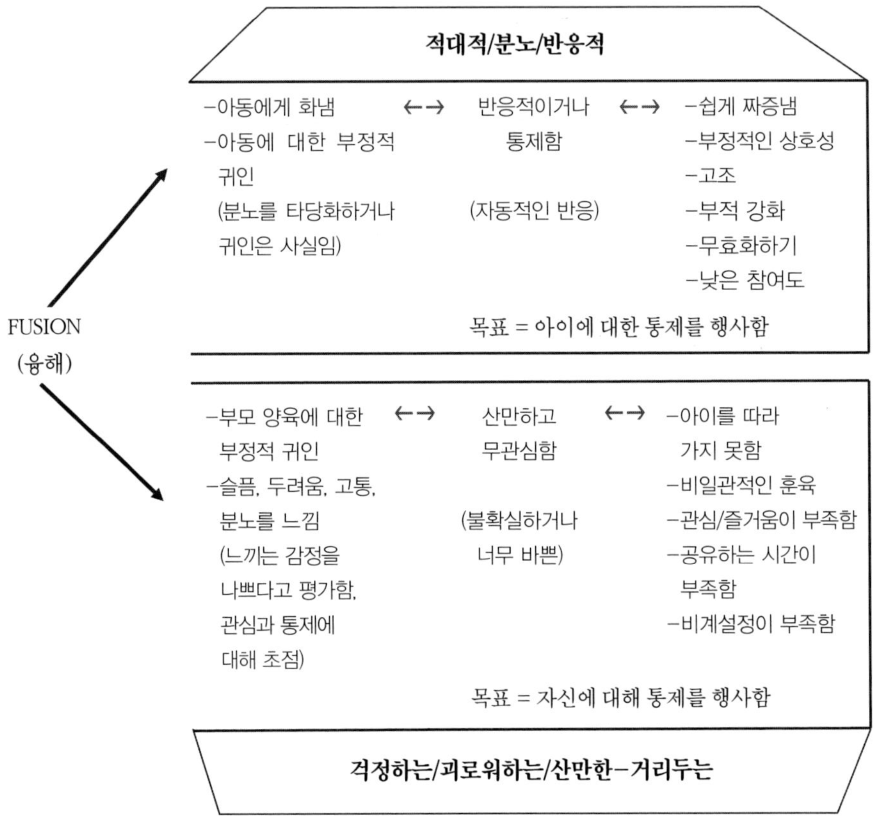


**[그림 8-2] 부적응적 양육 귀인-감정 반응 세트**

두 번째 모델(걱정하는/괴로워하는/산만한-거리두는)은 [그림 8-2]의 하단에 제시되어 있으며, 자신의 걱정과 슬픔에 사로잡혀 압도되는 부모이다. 이들은 괴로움을 줄이기 위해 주로 완화적 자기 돌봄(palliative self-care)에 집중한다. 부모로서의 무력감이나 부족함을 느끼며, 양육에서 산만해지거나 거리를 두는 방식이 나타난다. 기능적으로 볼 때, 이러한 반응 양식은 단기적인 괴로움 완화, 돌봄 요구의 감소, 그리고 타인의 괴로움에 따른 돌봄(distress-contingent care)에 의해 강화된다(Hops, Sherman, & Biglan, 1990). 또한 자녀의 행동을 제대로 따라가지 못하는 것, 기대와 한계 설정의 부족, 비일관적인 훈육, 상호작용의 감소, 함께하는 즐거움의 결핍, 그리고 자녀의 기술 향상을 돕기 위한 적절한 비계설정과 상황에 맞는 강화를 충분히 하지 못하는 것과 관련이 있다. 이런 부모는 반응성과 요구 수준 모두 낮은 경향을 보인다(Baumrind, 1991).

일반적으로, 부모교육 개입은 부모에게 부정적인 감정을 조절하거나 변화시키도록 가르치는 것(예: 분노조절)과 적대적인 해석을 보다 적응적이고 정확한 방식으로 대체하도록 돕는 데 초점을 맞춘다. 관계틀 이론(RFT)과 수용전념치료(ACT) 관점에서는, '나쁜' 인지를 바꾸거나 부정적인 감정을 통제하려는 직접적인 시도가 오히려 역효과를 낳을 수 있는데, 이러한 접근은 변화의 대상이 된 감정과 인지를 오히려 강화할 가능성이 있다. RFT와 ACT에서는 부모가 자신의 생각과 감정으로부터 거리를 두고, 의도적이고 반응적인 방식으로 양육에 몰입하도록 돕는 것이 더 효과적인 방법이다. 이는 감정 표현과 조절 측면에서 부모가 역량을 보여 주고, 건강한 가족 정서 환경을 조성하며, 자녀의 부정적 행동에 대한 반응을 의도적으로 조절하는 등의 건설적인 감정사회화 방식과 일치한다(Morris et al., 2007). [그림 8-3]에서 보듯이, 우리가 자신의 부정적인 생각과 감정을 자신이 경험하는 반응으로 인식하고 인정하며 받아들이는 것(거리두기)을 포함한다. 이런 접근은 부모가 그 감정과 생각에 융해되지 않도록 하여, 양육 가치에 따라 양육 행동을 구분하고 수행할 수 있도록 돕는다. 근본적인 개념은, 부모가 화가 나거나 우울한 감정을 느끼고 자신이나 자녀에 대해 부정적인 생각을 하더라도, 동시에 긍정적인 상호작용, 공동의 관심, 반응성을 강조하는 양육 행동을 실천하고 강압적이지 않으며 상황에 맞는 한계 설정과 훈육—즉, 권위 있는 양육—을 수행할 수 있다는 것이다. 이 접근법을 위한 대중적인 용어는 '**마음챙김 양육**(mindful parenting)'이다.

우리는 구조화된 면담 방식으로 도전적인 자녀 행동에 대한 부모의 반응을 평가한 후, 그런 행동에 대한 부모의 자기 보고된 인지적, 정서적, 행동적 반응을 탐색했다. 위험군에 속하는 267명의 부모를 대상으로 면담을 진행하였다. 관찰자들은 자녀의 잘못된 행동에 대한 귀인과 가능한 훈육 방법에 관한 개방형 질문을 코딩했고, 이후 부모는 자신의 훈육 반응의 효율성과 다양한 훈육 방법에 대해 평가했다. 이 자료는 [그림 8-2]와 [그림 8-3]에 제시된 모델들의 타당성을 검증하는 데 사용되었다. 면담의 변수는 〈표 8-6〉의 왼쪽 열에 제시되어 있다. 요인 분

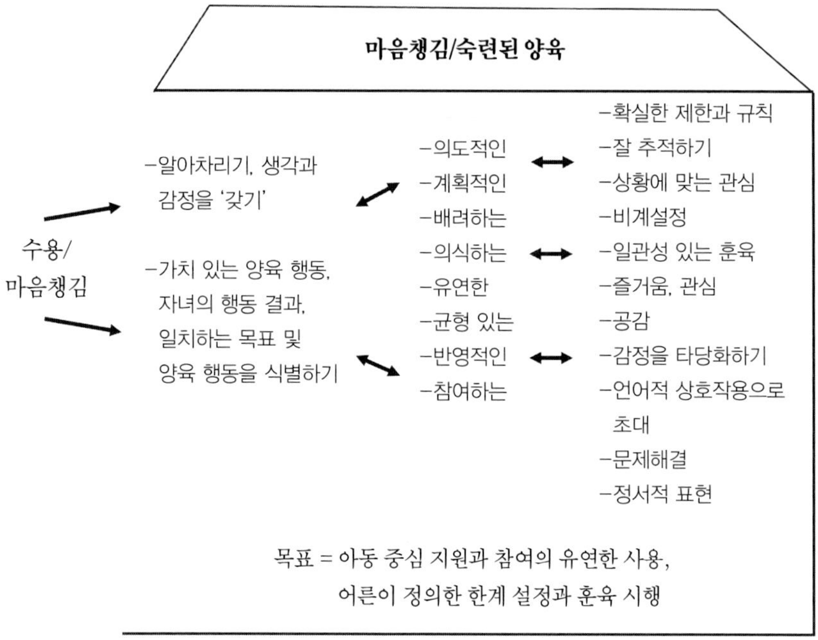


**[그림 8-3] 건설적인 양육 귀인-정서적 반응 세트**

석 결과, 이 변수들은 훈육과 관련된 세 가지 양육 귀인-정서적 반응 세트로 분류되었다. 단호한/상황에 맞는 반응, 가혹한/적대적 반응, 양보/포기하는 반응 등이다. 단호한/상황에 맞는 반응 요소는 [그림 8-3]에 설명된 마음챙김/숙련된 양육 반응과 가장 밀접하게 관련이 있다. 이 반응을 지지하는 부모는 도전적인 행동을 정확하게 추적하고, 이 행동의 도발적인 성격에 대한 부정적인 귀인에서 거리를 두며, 자녀의 괴로움을 조절하고, 문제해결에 참여하며, 비처벌적인 상황에 맞는 반응을 한다.

〈표 8-6〉에서 '가혹한/적대적'과 '양보/포기하는'으로 표시된 두 가지 요소는 [그림 8-2]에 제시된 '적대적/분노/반응적'과 '걱정하는/괴로워하는/산만한-거리두는' 양육 반응과 일치한다. 가혹한/적대적 훈육 방식을 지지하는 부모는 자녀의 도전적인 행동을 도발적이거나 의도적인 것으로 인식하고, 반응적이며 권위적인 훈육을 지지하며, 자녀의 행동과 정서적 각성에 대처하는 데 있어 낮은 주도성을

표 8-6 구조화된 면담 응답의 요인 분석: 양육 귀인-정서적 훈육 반응 세트

| 귀인-정서적 반응 | 단호한/상황에 맞는 | 가혹한/적대적 | 양보/포기하는 |
|---|---|---|---|
| 정확한 신호 감지 | .32 | | |
| 적대적 귀인 | −.76 | .68 | |
| 문제해결 반응 생성 | .38 | | |
| 높은 효능감-자녀의 부정적인 감정 관리 | .50 | −.54 | |
| 높은 효능감-자녀의 행동에 영향 미치기 | .40 | −.44 | |
| 단호한 훈육 전략 지지하기 | .54 | | |
| 강력한 반응 생성하기(명령, 강압, 결과) | | .62 | |
| '강경한' 훈육 전략 지지하기 | | .57 | |
| 위로하는 반응 생성하기 | | | .78 |
| '양보하는' 훈육 전략 지지하기 | | | .61 |

보고한다. 이 반응 세트는 또한 강압적이고 가혹한 훈육 방식을 지지하는 특성을 가진다. '양보/포기하는' 훈육 방식은 도전적인 자녀 행동에 대해 비상황적이고 따뜻하며 최소한의 접근을 설명하는 두 가지 항목에 의해 덜 명확하게 정의된다. 두 항목은 자녀를 위로하기, 잘못된 행동을 무시하기, 자녀의 요구에 굴복하기이다.

[그림 8-1]과 [그림 8-2]에 제시된 관계틀 이론(RFT)과 수용전념치료(ACT) 모델을 바탕으로 한 이러한 귀인-정서적 접근은 관찰된 양육 행동과 관련이 있어야 한다. 〈표 8-7〉의 상단 부분은 부모-자녀 상호작용 관찰을 통해 도출된 표준 SIL 양육 방식과 각 접근법 간의 상관관계를 제공한다. 가설대로, '단호한/상황에 맞는' 접근법은 긍정적인 양육 및 문제해결과 상관관계가 있었다. '가혹한/적대적' 접근법은 관찰된 가혹한 훈육과 긍정적인 상관관계를 보였으며, 부모의 가르치는 기술, 긍정적인 양육, 문제해결과는 부적 상관관계를 보였다. '양보/포기하는' 접근법은 가르치는 기술과 부적 상관을 보였다. 이 상관관계는 부모의 자기 보고된 귀인, 선호하는 훈육 방식, 그리고 그 훈육 방식의 효능에 대한 인식이 실제로 관찰된 양육 방식과 관련이 있음을 시사한다.

[그림 8-2]의 부적응적인 RFT와 ACT 모델은 부모가 자신의 부정적인 정서 상태에 융해되는 것도 포함한다. 이 가설을 검증하기 위해 부모의 자기 보고된 기분 상태는 각 부모의 귀인-정서적 요인들과 상관관계를 가졌다. 〈표 8-7〉 하단에서 볼 수 있듯이, 부모의 슬픔, 불안과 걱정, 분노와 적대감은 차분한/단호한 훈육 접근법과 부적 상관을 보였다. 슬픔/우울감과 분노/적대감은 가혹한/적대적 훈육 접근법과 정적 상관을 보였으며, 이 세 가지 부정적인 부모의 정서 상태는 모두 양보/포기하는 훈육 접근법과 정적 상관을 보였다. 부모의 부정적인 기분은 조화 부족, 낮은 효능감, 반응적이고 처벌적이며 비상황적인 훈육 방식을 지지하는 귀인-정서적 훈육 접근법과 관련이 있다.

분석 결과, 차분한/단호한 훈육 방식과 가혹한/적대적 훈육 방식은 SIL 양육 방식에 의해 설명된 것 이외에도 자녀의 외현적 행동 문제에서 추가적인 변화를 설명한다. 1학년 자녀의 외현적 행동 문제는 유치원에서의 외현적 행동 문제를 통제한 후, 좋은 문제해결 능력($\beta$=−.20, p<.05) 및 차분한/단호한 훈육 접근법($\beta$=−.18, p<.005)과 부적 상관을 보였다. 1학년 자녀의 외현적 행동 문제는 관찰된 부모의 가혹한 훈육 방식($\beta$=.12, p<.05), 가혹한/적대적 훈육 접근법($\beta$=.13, p<.05), 가혹

표 8-7 **구조화된 면담 요인과 양육 방식 및 부모의 자기 보고된 정서 간의 상관관계**

| | 단호한/상황에 맞는 | 가혹한/적대적 | 양보/포기하는 |
|---|---|---|---|
| 관찰된 양육 행동 | | | |
| 가혹한 훈육 | −.12 | .35*** | .01 |
| 가르치는 기술 | .10 | −.22** | −.18* |
| 긍정적인 양육 | .25*** | −.28*** | −.07 |
| 문제해결 | .20** | −.21*** | .03 |
| 부모의 자기 보고식 정서 | | | |
| 슬픔/우울감 | −.31*** | .22*** | .27** |
| 불안/걱정 | −.19* | .09 | .22** |
| 분노/적대감 | −.39*** | .41** | .19* |

* $p<.05$. **$p<.01$. ***$p<.001$.

한 훈육 방식과 가혹한/적대적 접근법의 상호작용($\beta$=.18, p<.01)뿐만 아니라 유치원에서의 외현적 행동 문제($\beta$=.54, p<.001)에 의해서도 예측되었다. 상호작용 항목은 부모가 가혹한/적대적 훈육 접근법을 지지할 때, 관찰된 가혹한 훈육 방식과 자녀의 외현적 행동 문제 간의 연관성이 강화된다는 것을 나타낸다. 이 연구 결과는 RFT와 ACT 모델에 대한 일부 지지를 제공하며, 또한 Baumrind의 권위 있는 양육에 대한 설명과 일치한다. 권위 있는 양육은 자녀의 현재 행동, 정서, 발달 능력에 맞춰 섬세하고 의도적으로 반응성과 요구의 균형을 맞추는 것이 그 특징이라 할 수 있다(Baumrind, 1991).

RFT와 ACT 모델에서 두 가지 중요한 측면이 강조되어야 한다. 첫째, 현재의 부모교육 개입과 비교할 때, RFT와 ACT 기반 접근은 부정적인 귀인과 감정에 어려움을 겪는 부모들을 돕기 위해 다른 방식을 사용할 것이다. 부정적인 귀인과 감정을 해소하고 관리하도록 촉진하는 대신, 마음챙김, 수용 그리고 거리두기를 더 발전시키는 데 중점을 둘 것이다. 마음챙김, 수용 그리고 거리두기는 부모가 숙련된 양육 방식을 습득할 준비를 하게 하고, 부모가 자녀와의 일상적인 상호작용에서 이런 방식을 일관되게 실행할 수 있는 능력을 키우도록 도움을 줄 수 있다. RFT와 ACT는 현재의 부모교육 개입과 호환되며 이를 보완한다. 둘째, RFT와 ACT는 감정 코칭과 맥을 같이한다. 마음챙김, 수용 그리고 거리두기는 부모가 건설적인 감정 표현과 감정 조절을 모델링하고 감정을 활용할 수 있도록 돕고, 자녀의 부정적인 감정 표현에 반응하여 부모가 자녀를 인정하고 감정을 명명하며 문제해결을 촉진하도록 돕는다.

## 부모 훈련 개입에서 감정 코칭과 관계틀 이론(RFT), 수용전념치료(ACT)

건설적인 감정 사회화 실천을 명시적으로 촉진하고, 가치부여, 마음챙김, 수용을 통합하는 양육 개입을 개발하는 데 노력을 기울였다. 감정 코칭과 수용전념치료 요소를 추가하는 것이 부모교육의 효능과 효과를 향상시킬 수 있는지에 대한 실증적 시험을 설계하는 첫 단계는 감정 코칭과 수용전념치료가 현재 실증적으로 검증된 부모교육 개입에 얼마나 통합되어 있는지 살펴보는 것이다. 감정 코칭 관점에서 파생된 최근의 양육 개입 구성요소(Havighurst, Wilson, Harley, & Prior, 2009)는 〈표 8-8〉에 제시되어 있으며, 잘 검증된 PMTO(Forgatch & Patterson, 2010)의 구성요소와 비교된다. PMTO는 주로 부모가 자신의 부정적인 감정을 관리하는 데 초점을 맞추며, 감정 조절 장애가 숙련된 양육을 방해한다고 가정한다[〈표 8-8〉의 '부모 중심(self focus)' 참고]. 이것은 감정 코칭의 첫 번째 수준인 부모 모델링 및 가족의 정서적 분위기와 일치한다. PMTO는 부모가 자녀의 감정 표현에 어떻게 건설적으로 반응하는지에 대해 명확하지 않다[〈표 8-8〉의 '아동 중심(child focus)' 참고]. 건설적인 ERSBS(감정 반응 및 사회적 행동 기술)는 SIL 부모교육에서 추가적으로 목표로 삼을 수 있는 유용한 기술일 수 있다. 부모교육 개입 중에는 주로 부모의 마음챙김에 초점을 맞추고 다른 양육 방식은 명시적으로 다루지 않는 개입(예: Duncan, Coatsworth, & Greenberg, 2009), 또는 표준 실증적으로 검증된 부모 관리 훈련에 RFT와 ACT의 원리와 연습을 추가하여 보완하는 개입(예:

**표 8-8 감정 코칭과 표준 사회적 상호작용 학습(SIL) 부모교육 개입의 목표 비교**

| 감정 코칭 목표 | PMTO 감정 코칭 목표 |
|---|---|
| 아동 중심 정서관련 사회화 행동 | |
| 주의를 기울임 | 다른 감정을 추적하기 |
| 반영, 명명, 강조 | 아동의 감정을 알아채고 명명하기 |
| 한계 설정 | |
| 행동–감정 구분하기 | |
| 문제해결 | |
| 조절 전략을 형성, 유도하기 | |
| 안전 표현 | |
| 감정 '말하기' 시간 | |

| 부모 중심 | |
|---|---|
| 인식하고 이해하기 | 자신의 감정을 알아채기, 명명, 묘사하기 |
| 감정에 대한 믿음 | 설명되지 않음 |
| 조절 전략 | 자신의 감정을 관리하기 |
| 감정 셀프케어 | 감정과 스트레스 |
| | 자신의 감정을 묘사(객관화)하기 |
| | 부모의 감정이 자녀에게 미치는 영향 |

주. PMTO = Parent Management Training-Oregon.

**표 8-9 표준 사회적 상호작용 학습(SIL) 부모교육 개입에 내재된 관계틀 이론(RFT)과 수용전념치료(ACT) 원리의 적용**

| SIL 회기의 내용 | SIL 개입 과정 |
|---|---|
| 자녀에 대한 희망과 꿈(가치와 목표) | 역할놀이, 모델링, 연습 및 가정에서의 적용을 강조(말하기보다는 실행하기) |
| 양육과 자녀의 감정을 정의하고 추적하기(외적 행동에 집중하기) | 은유, 역설 그리고 재구성 사용하기(문자 그대로의 해석과 융해를 깨뜨리기) |
| 부모를 교사로서 지지하고 보상을 사용하기(계획, 기술, 결과에 집중하기) | 함께하고 경청하며 이야기 흐름에 연결하기(반발과 저항 줄이기) |
| 자신과 자녀의 감정을 인식하기(하지만 통제, 수용, 마음챙김을 강조) | 양육 기술에 대한 언어적 교육과 경험적 활동(말하기보다는 실행하고 경험하기) |
| 문제해결 | 설명되지 않음 |
| 자녀의 감정, 생각, 경험에 반응하지 않고 경청하기: 변화 계획을 탐색하고 선택하기(수용, 마음챙김, 행동에 집중) | 문제해결과 갈등관리 기회를 활용하기('추상적인 설명과 논의'보다는 '뜨거운' 경험을 사용하기) |

Dumas, 2005)도 개발되었다. 일부 RFT와 ACT 원리는 표준 SIL 부모교육 개입에 내재되어 있으며(〈표 8-9〉의 괄호 안의 언급 참고), 비교적 미묘한 방식으로 전달된다. RFT와 ACT 연습을 표준 부모교육에 추가하는 것이 개입의 범위와 효능을 증가시키는지 여부를 검증한 연구는 거의 없다.

## 감정 코칭과 관계틀 이론, 수용전념치료: 이 모든 것은 어디로 향하는가

SIL 모델은 효과적인 양육에 대한 실증적으로 근거 있는 이해와 효과적인 양육을 촉진하는 개입 도구 세트를 만들어 냈다. 그러나 SIL 모델의 강한 행동주의적 뿌리로 인해 인지, 감정, 의도, 가치 등을 양육 연구와 부모교육에 통합하는 데 어려움이 있었다. 감정 사회화와 RFT를 포함한 새로운 이론적 모델과 부모 감정 코칭 및 ACT 원리를 통합한 새로운 개입 전략은 효과적인 양육 방식에 대한 연구자들의 이해를 높이고, 점차적으로 더 효율적이고 효과적인 부모교육 개입을 개발하는 기반이 될 수 있다.

하지만 연구와 개입에서 새로운 모델을 찾을 때 가장 중요한 점은 실증적이라는 것이다. SIL 모델은 상당한 실증적 지지를 받고 있다. SIL 모델은 새로운 개념들이 통합되는 기본 모델로 간주될 수 있다. 부모 감정 코칭과 부모 마음챙김은 Baumrind의 이론과 맥을 같이하며, 자녀의 자기조절, 도구적 능력, 사회적 기술을 촉진하기 위해 부모들이 수행하는 효과적인 행동을 더 온전히 설명할 수 있다. 그러나 양육의 확장된 모델을 찾는 데 있어 세 가지 질문에 답을 해야 한다. 첫째, 확장된 모델의 구성 요소들은 신뢰할 수 있고 타당하게 측정될 수 있는가? 둘째, 자녀의 행동 결과에 대해 설명 가능한 분산으로 이런 구성 요소들이 추가될 수 있는가? 셋째, 부모교육 개입에서 새로운 변화의 목표와 새로운 전략을 추가하는 것이 기존 SIL 개입의 효능과 효과를 증가시키는가? 연구자들은 Diana Baumrind의 중요한 기여와 같은 새로운 창의적인 생각에 대한 개방성과 과학의 보수성 사이에서 균형을 맞춰야 한다.

# 참고문헌


Barber, B. K. (1996). Parental psychological control: Revisiting a neglected construct. *Child Development, 67,* 3296-3319. doi:102307/1131780

Baumrind, D. (1967). Child care practices anteceding three patterns of preschool behavior. *Genetic Psychology Monographs, 75,* 43-88.

Baumrind, D. (1973). The development of instrumental competence through socialization. In A. D. Pick (Ed.), *Minnesota symposia on child psychology* (Vol. 7, pp. 3-46). Minneapolis: University of Minnesota Press.

Baumrind, D. (1983). Rejoinder to Lewis's reinterpretation of parental firm control effects: Are authoritative families really harmonious? *Psychological Bulletin, 94,* 132-142. doi:10.1037/0033-2909.94.1.132

Baumrind, D. (1991). The influence of parenting style on adolescent competence and substance use. *The Journal of Early Adolescence, 11,* 56-95. doi:10.1177/0272431691111004

Baumrind, D., & Black, A. E. (1967). Socialization practices associated with dimensions of competence in preschool boys and girls. *Child Development, 38,* 291-327. doi:10.2307/1127295

Dishion, T. J., Burraston, B., & Li, F. (2003). Family management practices: Research design and measurement issues. In Z. Sloboda & W. J. Bukowski (Eds.), *Handbook of drug abuse prevention: Theory, science and practice* (pp. 578-607). New York, NY: Kluwer Academic/Plenum.

Dishion, T. J., & Kavanagh, K. (2003). *Intervening in adolescent problem behavior: A family-centered approach.* New York, NY: Guilford Press.

Dumas, J. E. (2005). Mindfulness-based parent training: Strategies to lessen the grip of automaticity in families with disruptive children. *Journal of Clinical Child and Adolescent Psychology, 34,* 779-791. doi:10.1207/s15374424jccp3404_20

Duncan, L. G., Coatsworth, J. D., & Greenberg, M. T. (2009). A model of mindful parenting: Implications for parent-child relationships and prevention research. *Clinical Child and Family Psychology Review, 12,* 255-270. doi:10.1007/s10567-009-0046-3

Eisenberg, N., Cumberland, A., & Spinrad, T. (1998). Parental socialization of emotion. *Psychological Inquiry, 9,* 241-273. doi:10.1207/s15327965pli0904_1

Forgatch, M. S., & Patterson, G. R. (2010). Parent Management Training -Oregon model: An intervention for antisocial children and adolescents. In J. R. Weisz & A. E. Kazdin (Eds.), *Evidence-based psychotherapies for children and adolescents* (2nd ed., pp. 159-178). New York, NY: Guilford Press.

Forgatch, M. S., & Rains, L. (1997). *Parenting through change* [Parent training manual]. Eugene: Oregon Social learning Center.

Gottman, J. M., Katz, L. F., & Hooven, C. (1996). Meta-emotion philosophy and the emotional life of families: Theoretical models and preliminary data. *Journal of Family Psychology, 10,* 243-268. doi:10.1037/0893-3200.10.3.243

Gottman, J M., Katz, L F., & Hooven, C. (1997). *Meta-emotion: How families communicate emotionally*. Mahwah, NJ: Erlbaum.

Gottman, J. M., McCoy, K., Coan, J., & Collier, H. (1996). *The specific affect coding system (SPAFF) for observing emotional communication in marital and family interaction*. Mahwah, NJ: Erlbaum.

Hanf, C. (1968, November). *Modification of mother controlling behavior during mother- child interaction in a controlled laboratory setting*. Paper presented at the regional meeting of the Association for the Advancement of Behavior Therapy, Olympia, WA.

Havighurst, S. S., Wilson, K. R., Harley, A. E., & Prior, M. R. (2009). Tuning into kids: An emotion-focused parenting program-initial findings from a community trial. *Journal of Community Psychology, 37,* 1008-1023. doi:10.1002/jcop.20345

Hayes, S., Follette, V., & Linehan, M. (2004). *Mindfulness and acceptance: Expanding the cognitive-behavioral tradition*. New York, NY: Guilford Press.

Hayes, S., & Gregg, J. (2001). Functional contextualism and the self. In J. C. Muran (Ed.), *Self-relations in the psychotherapy process* (pp. 291-311). Washington, DC: American Psychological Association. doi:10.1037/10391-012

Hayes, S., & Wilson, K. (1999). *Acceptance and commitment therapy: An experiential approach to behavior change*. New York, NY: Guilford Press.

Hops, H., Sherman, L., & Biglan, A. (1990). Maternal depression, marital discord, and children's behavior: A developmental perspective. In G. R. Patterson (Ed.), *Depression and aggression in family interaction* (pp. 185-208). Hillsdale, NJ: Erlbaum.

Izard, C. E. (2002). Translating emotion theory and research into preventive interventions. *Psychological Bulletin, 128,* 796-824. doi:10.1037/0033-2909.128.5.796

Kabat-Zinn, J. (2003). Mindfulness-based interventions in context: Past, present, and future. *Clinical Psychology: Science and Practice, 10,* 144-156.

Morris, A. S., Silk, J. S., Steinberg, L., Myers, S., & Robinson, L. R. (2007). The role of family context in the development of emotion regulation. *Social Development, 16,* 361-388. doi:10.1111/j.1467-9507.2007.00389.x

Olatunji, B. O., Lohr, J. M., & Bushman, B. J. (2007). The pseudo-psychology of venting in interventions for anger and related conditions: Implications for mental health practice. In T. A. Cavell & K. Malcolm (Eds.), *Anger, aggression and interventions for interpersonal violence* (pp. 119-142). Mahwah, NJ: Erlbaum.

Patterson, G. R., & Brodsky, G. (1966). A behavior modification programme for a child with multiple problem behaviors. *Journal of Child Psychology and Psychiatry, 7,* 277-295. doi:10.1111/j.1469-7610.1966.tb02253.x

Sanders, M. R. (1999). Triple P-Positive Parenting Program: Towards an empirically validated, multilevel parenting and family support strategy for the prevention of behavior and emotional problems in children. *Clinical Child and Family Psychology Review, 2,* 71-90. doi:10.1023/A:1021843613840

Silk, J. S., Shaw, D. S., Forbes, E. E., Lane, T. L., & Kovacs, M. (2006). Maternal depression and child internalizing: The moderating role of child emotion regulation. *Journal of Clinical Child and Adolescent Psychology, 35,* 116-126.

Silk, J. S., Steinberg, L., & Morris, A. S. (2003). Adolescents' emotion regulation in daily life: Links to depressive symptoms and problem behavior. *Child Development, 74,* 1869-1880. doi:10.1046/j.1467-8624.2003.00643.x

Snyder, J., Cramer, D. A., Afrank, J., & Patterson, G. R. (2005). The contribution of ineffective discipline and parent hostile attributions about child misbehavior to the development of conduct problems at home and school. *Developmental Psychology, 41*, 30-41. doi:10.1037/0012-1649.41.1.30

Snyder, J., & Stoolmiller, M. (2002). Reinforcement and coercion mechanisms in the development of antisocial behavior: The family. In J. B. Reid, G. R. Patterson, & J. Snyder (Eds.), *Antisocial behavior in children and adolescents: A developmental analysis and model for intervention* (pp. 65-100). Washington, DC: American Psychological Association. doi:10.1037/10468-004

Wahler, R. G., Winkle, G. H., Peterson, R. F., & Morrison, D. C. (1965). Mothers as behavior therapists for their own children. *Behaviour Research and Therapy, 3*, 113-124. doi:10.1016/0005-7967(65)90015-X

Webster-Stratton, C. (2001). *Leader's guide, the parent and children's series: A comprehensive course divided into four programs*. Seattle: University of Washington.

제9장

# 권위 있는 양육과 아동의 인지발달을 위한 부모의 조력

Mary Gauvain, Susan M. Perez, Heidi Beebe

권위 있는 양육은 사회적, 정서적 기술 발달을 도울 뿐만 아니라 성숙한 행동의 발달을 돕는다(Baumrind, 1973). 이 양육 방식은 자녀의 필요에 민감하게 반응하면서도 간섭하거나 강압적이지 않고, 점진적으로 자율성을 부여하여 아이가 적절한 시기에 자신의 결정에 책임을 질 수 있도록 돕는다. 또한 구조와 훈육을 제공할 때 논리적 설명과 설득을 우선시하므로 사회정서적 성장을 촉진하는 데 효과적이다. 이 책의 여러 장에서도 확인할 수 있듯이, 권위 있는 양육이 사회적, 정서적 발달에 기여하는 점이 연구의 초점이 되어 왔으나, 이러한 양육 유형은 인지발달을 돕는 데도 이상적인 방식이다. 이는 교육이나 지도와 같이 직접적인 방식과 아동의 정서발달에 영향을 미치는 간접적인 방식을 통해 이루어지며, 아동기 전반에 걸쳐 인지발달을 조절하는 데 도움을 준다.

이 장에서는 권위 있는 양육의 맥락에서 부모가 자녀의 인지발달에 기여하는 바를 논의한다. 특히 부모-자녀 상호작용에서 인지발달의 기회, 이 과정에서 중요한 역할을 할 수 있는 아동의 특성인 정서성과 권위 있는 양육에 내재된 부모의 양육 행동과의 관계에 관심을 둔다. 구체적으로 온정성, 격려, 반응성, 피드백과 같은 권위 있는 양육 행동에 초점을 맞추는데, 이러한 행동을 통해 부모가 자녀의 활동을 지도하지만 지나치게 통제하지 않을 때 아동의 독립적 사고를 촉진할 수 있다. 또한 권위 있는 부모가 자녀의 현재, 그리고 발달 중인 인지적, 정서적 역량에 대한 기대치를 조정해 나가는 노력에 관심을 기울인다. 이러한 노력은 **성숙에 대한 요구**(maturity demands)라고 일컬어진다. 이 장에서는 주로 유아기와 아동기 중기에 관련된 연구를 다루지만 청소년기에 관련된 연구도 일부 논의한다. 이 장에서의 접근 방식은 아동의 사고가 사회적 경험을 통해 형성된다고 주장하는 사회문화 이론에 기반을 두고 있다(Vygotsky, 1987). 인지발달의 사회적 기반에 대한 논의로 이 장을 시작한다.

## 인지발달의 사회적 본질

지난 몇십 년간 인지발달의 복잡한 사회적 본질에 대한 공감이 커지고 있다. 이 관점에서 사고의 발달은 아동의 사회적, 문화적 경험으로부터 생긴 특성으로 여겨진다. 러시아의 심리학자 Lev S. Vygotsky(1987)의 이론과 사회문화적 접근에 기반한 인지발달에 대한 저술 및 실증적 연구(예: Cole, 1996; Göncü & Gauvain, 2012; Rogoff, 1990)는 이러한 개념 정립에 핵심적인 역할을 해 왔다. 이 접근에서 인지발달은 사회적 과정, 즉 타인과의 상호작용을 수반한다. 또한 인지발달을 위한 사회적 지원은 광범위하고 다양하다. 이 접근의 두 가지 주요 원리를 설명하면서 인지발달에 대한 부모의 기여에 관해 논의를 시작한다.

### 인지발달은 타인과의 상호작용을 수반한다

사회문화적 접근은 인지발달이 사회적 세계와 분리된 개인적인 과정이라는 오랫동안 이어져 내려온 견해에 도전한다(Rogoff, 1998). 학습과 인지발달은 타인과의 상호작용, 그리고 아동이 성장하는 문화의 산물과 과정들을 포함한다.

개인에 초점을 맞춘 연구에서는 인지발달을 성숙해 가는 과정의 결과, 비사회적인 경험적 학습의 결과, 또는 이 두 과정의 결합으로 설명한다. 반면, 사회문화적 접근은 학습이 타인뿐만 아니라 문화의 도구, 유물, 기관 등을 포함하여 이루어진다고 본다(Cole, 1996). 사회적, 문화적 과정은 인지발달의 주요 수단으로 간주되며, 이러한 과정은 성숙해 가면서 인지 성장 과정을 지원하고 확장하며 수정한다(Gauvain, 2001). 실험실 환경에서 이루어지는 혼자 하는 활동조차도 사회적 맥락이 내포되어 있다. 인간은 이러한 활동을 설계할 때, 언어와 물적 자원을 포함한 사회적, 문화적 도구와 산물에 의존한다. 그리고 세상과 상호작용하는 방법에 대한 공동의 이해를 통해 의미를 부여한다.

## 인지발달을 위한 사회적 지원은 광범위하고 다양하다

연구에 따르면, 인지발달을 위한 사회적 지원은 매우 광범위하고 다양한 형태를 지닌다. 여기에는 모방, 시연과 같은 공식적인 설명과 유도된 참여, 비계설정, 부모 자녀 간 대화, 사회적으로 조직된 활동에 참여하는 것과 같이 아이들에게 생각과 생각하는 방식을 전달하는 덜 공식적인 방식을 포함한다(Gauvain & Perez, 2007; Rogoff, 1998). 아동의 근접 발달 영역(zone of proximal development)이나 잠재적 발달영역, 학습에 있어서 민감한 영역을 목표로 하는 교육(Vygotsky, 1978)은 학습을 지원하는 데 특히 효과적이다. 근접 발달 영역은 아동이 혼자서 할 수 있는 것과 더 숙련된 누군가의 도움을 받아서 할 수 있는 것의 차이를 의미한다.

학습과 인지발달을 지원하는 활동에서 사람들이 함께 작업을 할 때, 더 경험이 많은 파트너는 경험이 적은 파트너의 학습적 필요에 맞추어 지원을 제공한다. 예를 들어, **비계설정**(scaffolding)은 부모와 같이 지식이 더 풍부한 파트너가 아동과 상호작용을 하면서 아동이 배울 필요가 있는 것들에 교육적 지원의 양과 방식을 조율해 나가는 것을 의미한다(Wood, Bruner, & Ross, 1976). 예를 들어, 함께 문제해결을 하는 동안, 부모는 활동에서 더 해야 할 것이 무엇인지 생각해 주는 등의 아동의 정신적 요구를 감당해 줌으로써 학습을 지원할 수 있다. 결국 이러한 지원은 아동이 부모의 문제해결 행동을 관찰하고 아동 자신이 처리할 수 있는 문제에 집중할 수 있도록 도와준다.

사회적 맥락에서 학습은 역동적인 과정이다. 아동이 학습하기 위해서는 경험이 많은 파트너와 경험이 적은 파트너 모두가 적극적으로 참여해야 한다. 경험이 많은 파트너가 지원과 방향을 제공하면, 경험이 적은 파트너는 자신의 관심사와 필요, 능력에 맞는 방식으로 집중해서 참여하고, 파트너가 제공하는 학습 기회에 잘 맞추어 간다(Bell, 1968; Odden & Rochat, 2005; Rogoff et al., 2007). 학습에서 경험이 적은 파트너의 노력은 특히 더 중요한데, 학습자가 어떻게 과제를 수행하고 있는지 알 수 있기 때문이다. 이런 정보를 통해 경험이 많은 파트너는 제공하는 교육과 지원을 수정하거나 조정할 수 있다.

## 부모는 인지발달에 많은 지원을 제공한다

인지발달에 대한 사회적 접근은 부모나 다른 주양육자가 아동의 지적 성장에서 하게 되는 역할이 무엇인지 분석하는 길을 마련한다(Gauvain & Perez, 2007). 부모는 자녀의 인생 초기에 사회적 학습을 위한 가장 중요한 파트너이며, 자녀가 성장함에 따라 부모는 가정 안팎에서 지속적으로 자녀의 학습을 지원하고 영향을 미친다(Maccoby, 2007). 아동은 다양한 방식을 통해 부모로부터 배운다. 부모는 세상에 대한 많은 것을 아동에게 직접 가르치고, 아동은 이런 경험으로부터 많은 인지적 이득을 얻는다. 연구에 따르면, 아동이 인지적 과제를 통해 부모와 상호작용을 한 후, 처음에는 어렵게 느꼈던 유사한 과제에서 더 높은 수준의 수행 능력을 보였다(Gauvain & Rogoff, 1989; Rogoff & Gauvain, 1986). 또한 부모는 정서발달과 같이 인지발달과 연관된 다른 영역의 성장을 지원함으로써 아동의 학습과 인지발달을 간접적으로 돕는다. 그리고 아동과 함께 가치 있는 공동체 활동에 참여하여 아동이 지지적이고 조직된 의미 있는 환경에서 새로운 기술을 익히고 연습할 수 있도록 돕는다(Rogoff, 2003).

부모-자녀 관계의 여러 특성은 자녀들의 학습과 인지발달을 위한 독특한 사회적 맥락을 형성한다. 부모는 사고의 여러 영역에서 자녀들보다 더 많은 지식을 갖고 있으며, 이는 근접 발달 영역의 개념에서 설명하는 사회적 구조와 일치한다.

부모와 자녀는 상호작용에서 발휘하는 자기조절능력에서도 차이를 보이는데, 이는 자녀들이 주의집중을 하도록 돕고 학습하는 데 필수적인 역할을 한다. 가족 생활의 지속성으로 인해 자녀와 부모는 자주 상호작용한다. 반복적인 상호작용은 학습할 수 있는 다수의 기회를 제공하며, 자녀의 관심사와 필요에 대한 광범위한 정보를 부모에게 제공한다. 이러한 정보는 부모가 자녀를 의미 있고 효과적인 방식으로 가이드하고 지원할 수 있도록 돕는다. 부모는 자녀의 인지능력 발달에 사회적, 정서적으로 깊이 관여하며, 이는 자녀의 학습을 돕고자 하는 동기로 이어진다.

가족 구성원 간의 강한 정서적 유대는 부모-자녀 상호작용에 질적, 양적으로 영향을 미친다. 이러한 유대감은 아동이 최적의 학습 상태에 도달하도록 도와줌으로써(Anderson, 2000; Yerkes & Dodson, 1908) 아동의 학습을 촉진할 수 있다(Bugental & Goodnow, 1998; Hinde, 1989), 그러나 강한 정서적 유대감은 사회적 학습의 기회를 저해할 수도 있다. Gauvain과 Perez(2008)는 만성적으로 불순응 행동을 보이는 유치원생과 같은 연령대의 규범적으로 순응적인 아동을 포함한 쌍을 대상으로 인지적인 과제를 수행하는 동안 부모-자녀 상호작용을 관찰했다. 두 그룹의 아동은 IQ를 기준으로 짝이 되었으며, 아동들의 단독 사전검사에서는 차이가 없었다. 그럼에도 만성적으로 불순응 행동을 보이는 아동의 어머니는 순응적인 아동의 어머니에 비해 자녀에 대한 못마땅함을 더 많이 표현했으며, 자녀가 독립적으로 과제를 탐색할 때 제한하는 지시를 더 많이 했다. 상호작용 중, 불순응적인 아동은 과제에 덜 참여했고, 순응적인 아동보다 활동에 대한 책임감도 적었다. 이러한 결과는 부모-자녀 상호작용에서 얻을 수 있는 인지적 이점은 보장되는 것이 아니며, 부모 자녀 사이에 공유하는 사회적 역사를 반영할 수 있음을 시사한다(Gauvain & DeMent, 1991). 즉, 아동에게 제공되는 학습 및 인지발달의 기회는 아동의 사회정서적 발달과 기술, 그리고 부모-자녀 관계에서의 이전 경험, 사회화 목표와 상관이 있을 가능성을 의미한다. 부모-자녀 상호작용 및 부모-자녀 관계의 다양한 측면을 살펴보는 것은 서로 다른 학습의 결과에 기여할 수 있으므로 중요하다. 아동의 인지적, 사회정서적 발달에 기여하고 이를 반영할 수 있는

한 가지 측면은 바로 양육 유형이다. 이러한 관점에서 양육 유형은 사회적 맥락에서 학습 기회의 동적인 특성을 나타내는 지표로 작용할 수 있다.

## 양육 유형과 인지적 역량 발달

Baumrind(1967, 1991)의 종단 연구에 따르면, 부모는 돌봄, 의사소통, 성장에 대한 요구, 그리고 통제라는 네 가지 사회심리학적 차원을 반영하는 일정한 방식으로 자녀와 상호작용한다. Baumrind는 이러한 차원을 활용하여 세 가지 양육 유형을 설명했다. **권위 있는 부모**(authoritative parents)는 따뜻하고 반응적이며 자녀의 삶에 적극적으로 참여하지만 지나치게 간섭하지 않는다. 또한 합리적인 규칙을 설정하고 자녀가 적절하게 성숙한 행동을 하도록 기대한다. **권위주의적 부모**(authoritarian parents)는 가혹하고 반응이 없으며 경직된 태도를 보이고 독단적인 통제방법을 사용한다. **허용적 부모**(permissive parents)는 자녀에게 애정을 주지만, 느슨하고 일관적이지 않은 훈육 방식을 사용하며, 자녀가 자신의 충동을 자유롭게 표현하도록 촉진한다.

권위 있는 부모의 양육은 자존감, 적응력, 내면화된 통제, 또래관계에서의 인기, 그리고 낮은 수준의 반사회적 행동과 같은 긍정적인 결과와 관련된다(Baumrind, 1973). 반면, 권위주의적 양육과 허용적 양육은 부정적인 결과와 관련이 있다. 권위주의적 양육은 두려움과 기분 변화, 스트레스 취약성 그리고 낮은 사회적 능력, 자신감 부족, 또래관계에서의 주도성 결여와 관계가 있으며, 허용적 양육은 충동적이고 반항적이며 공격적인 행동과 관련이 있다. 인지 능력의 측면에서 권위 있는 양육 유형은 다른 두 양육 유형에 비해 더 다양한 인지 능력의 발달과 관련된다(Baumrind, 1967). 이 연구에서 세 가지 양육 유형 아동들의 지능에는 차이가 없었지만, 자립성, 자기통제, 환경 탐색 및 자극추구 경향성, 학업 성취도, 타인과 활동에 대한 긍정적인 참여도 등의 기타 인지 능력 지표에서는 차이를 나타냈다.

다음 설명에서는 양육 유형의 네 가지 차원에 대해 논의한다. 또한 부모와 자녀 간 상호작용에서 각 차원이 학습과 인지발달을 지원하는 잠재력에 대해 다룬다.

## 돌봄

돌봄은 자녀에게 긍정적인 존중이나 애정을 표현하고, 자녀의 요구에 반응하며, 자녀의 신체적, 정서적 안녕을 보호하는 부모의 행동을 말한다. 돌봄 자체만으로는 인지발달을 촉진하지 않지만, Baumrind의 허용적 양육 유형에서 나타난 바와 같이, 학습을 위한 지지적이고 긍정적인 정서적 환경을 제공한다. 권위 있는 부모는 자녀의 요구에 반응하며, 더 많은 긍정적인 강화를 사용하고, 더 온정적이며, 자녀를 더 수용하고, 권위주의적 부모보다 자녀의 경험에 대해 더 많은 공감과 지지를 보여 준다. 반면, 권위주의적 유형에서 나타나는 거부감을 포함한 부정적이고 가혹한 대우는 학습에 대한 충분한 지원과 격려를 제공하지 못한다(Baumrind, Larzelere, & Owens, 2010).

연구에 따르면, 부모가 자녀의 관심과 주의에 민감하게 반응하는 것은 자녀의 인지 능력 발달과 관련된다(Bornstein & Tamis-LeMonda, 1997; Mattanah, Pratt, Cowan, & Cowan, 2005). 온정성과 같은 부모의 정서적 반응이 인지발달에 어떻게 기여하는지는 아직 많이 알려져 있지 않지만, 몇몇 연구에 따르면 자녀의 활동에 대한 부정적인 평가나 신체적 개입 등 온정성이 부족한 경우에는 부모와 함께 한 후에도 자녀의 독립적인 인지 수행 능력이 저하되는 경향이 있었다(Gauvain, Fagot, Leve, & Kavanagh, 2002).

## 의사소통

Baumrind(1973)는 세 가지 양육 유형에서 부모–자녀 의사소통의 중요성과 명확성에서 차이가 있음을 발견했다. 효과적인 부모–자녀 의사소통에서는 이성을 훈육의 수단으로 활용하며, 자녀의 감정과 의견을 이끌어 내기 위해 격려를 사용한다. Baumrind는 권위 있는 부모가 자녀와 더 효과적인 의사소통을 한다는 것을 발견했다. 그들은 자녀의 감정과 의견을 더 존중하며, 자녀의 협력을 이끌어 내기 위해 이성과 설명을 활용하고, 자녀가 대화에 적극적으로 참여하도록 하기 위해 권위주의적 또는 허용적 부모보다 더 많이 격려했다. 이러한 의사소통 과정은 인지발달을 촉진하는 상호작용의 핵심 요소이다. 권위 있는 양육에서 개방적이고 지지적인 의사소통은 부모가 자녀의 학습적인 요구에 맞춰 적절한 도움을 제공하고 자녀가 학습 과정에 적극적으로 참여하도록 장려한다. 이러한 형태의 소통은 상호이해 또는 상호주관성(Rommetveit, 1985)을 형성하는 데 유리하며, 이는 사회적 맥락에서 학습에 중요한 역할을 한다(Wertsch, 1985).

## 성장에 대한 요구

성장에 대한 요구(maturity demands)는 부모가 자녀의 지적, 사회적, 정서적 수행, 그리고 자녀가 독립적으로 의사결정을 할 수 있는 능력에 대해 가지는 기대를 의미한다. 성장에 대한 요구가 높은 부모는 자녀가 지적, 사회적, 정서적 능력에 맞게 수행할 것을 기대한다. 이런 부모는 자녀의 독립적인 의사결정 능력이 개발되는 것을 격려하고 지지한다. 권위 있는 부모는 자녀의 행동에 대해 합리적이면서도 달성 가능한 목표를 설정하고, 자녀의 독립적인 기술에 대한 적절한 기대를 가지고 자녀의 학습을 촉진한다(Baumrind et al., 2010).

## 부모의 통제

부모가 자녀를 통제하거나 훈육하는 방식에는 차이가 있다. Baumrind(1973; 제1장 참고)는 부모가 자녀의 행동을 조절하고 변화를 유도하려는 방식에 관심을 가지고, 자녀의 활동을 구조화하고 가정 내 규칙을 설정하여 시행하는 등의 통제 기법에 초점을 맞추었다. 그리고 자녀의 행동에 대한 한계를 분명히 하고 삶에 구조와 질서를 제공하는 통제가 발달에 긍정적인 영향을 미친다는 것을 발견했다. 통제는 인지발달과 관련하여 자녀가 기술이나 지식을 습득할 때 지도하고 조정하는 부모의 노력뿐만 아니라, 자녀가 의사결정이나 계획을 통해 자율성을 키울 때 이에 대한 부모의 반응도 포함된다.

부모의 통제와 양육 방식에 대한 여러 연구는 자녀가 잘못된 행동을 했을 때 훈육하기 위한 부모의 교정적 행동에 초점을 맞추고 있다. 이러한 연구들은 갈등 없이 상호작용의 사회적 맥락에서 이루어지는 인지발달과는 큰 관련성이 없다. 하지만 갈등이 발생하는 경우, 특히 자녀의 잘못된 행동으로 인해 생긴 갈등에서는, 자녀가 활동에 참여하고 그 과정에서 배움을 얻도록 돕기 위해 부모가 구조를 제공하고 방향을 제시하는 것이 도움이 된다. 허용적 양육 방식의 부모들처럼 통제를 너무 적게 하는 경우 자녀들은 가이드를 거의 받지 못하는 반면, 권위주의적 부모들처럼 통제를 너무 많이 하면 인지발달의 기회를 제한할 수 있다. 더욱이 권위주의적 양육 방식의 부모들과 같이, 부모의 지시가 비판적이거나 가혹하거나 자녀의 활동을 방해하는 경우, 자녀가 학습에 대해 관심을 갖고 지속해 나가는 능력을 떨어뜨릴 수 있다. 권위 있는 부모들은 이성적 접근과 대화 중심의 부모-자녀 의사소통에 초점을 맞추며, 자녀와의 능숙한 상호작용을 하면서 통제 기법을 사용하는 경향이 있다. 또한 이들은 자녀의 관점을 섬세하게 이해하는데, 이는 자녀가 현재 수행 중인 과제에서 어려움을 겪을 때 인지적 상호작용에서 특히 도움이 될 수 있다.

## 요약

Baumrind의 모델은 부모가 자녀와 함께 인지적 활동을 하는 동안 자녀를 격려하고 시범을 보이는 행동뿐만 아니라 학습을 지원할 수 있는 부모와 자녀 간의 정서적 유대 유형에도 양육 방식이 영향을 미칠 수 있음을 시사한다. 권위 있는 양육은 권위주의적 양육이나 허용적 양육보다 부모-자녀 상호작용에서 인지적 지원을 제공하는 데 더 적합한 것으로 보인다. 반응적이고 침해적이지 않으며, 자녀가 합리적인 한도 내에서 자유롭게 탐색할 수 있도록 허용하는 권위 있는 양육은 자녀의 학습 요구와 독립성 발휘를 지원할 수 있으며, 이는 자녀가 준비되었을 때 활동에 대해 자녀 스스로 책임질 수 있도록 촉진할 수 있다. 이러한 책임 이양은 학습과 인지발달을 촉진하는 사회적 상호작용의 중요한 특징이다. 인지발달에 대한 사회적 기여는 학습자가 새로운 사고와 문제해결에 대해 준비가 되었을 때 숙련된 파트너에서 덜 숙련된 파트너로 책임이 이양될 때 드러난다.

이러한 추론을 뒷받침하는 연구들은 권위 있는 양육과 부모의 자녀 학습 지원 간의 직접적인 연관성을 밝혀냈다. 유아를 대상으로 한 연구에서는, 문제해결 과제를 함께 수행할 때 권위 있는 부모(어머니와 아버지)는 그렇지 않은 부모보다 자녀의 근접 발달 영역을 목표로 지원을 제공할 가능성이 더 높았으며, 자녀가 과제에 대한 숙련도를 높여 갈 때 지원 수준을 조정할 가능성도 더 높았다(Pratt, Kerig, Cowan, & Cowan, 1988). 학령기 아동을 대상으로 한 연구에서는 아이가 수학 숙제를 할 때 권위 있는 부모가 더 효과적으로 비계설정을 하는 것으로 나타났다(Pratt, Green, MacVicar, & Bountrogianni, 1992). 또한 권위 있는 부모를 둔 청소년은 중요한 결정을 내릴 때 부모의 영향에 더 잘 반응하며(Mackey, Arnold & Pratt, 2001), 부모를 안내자로 삼으면서도 결정을 내리는 과정에서 적절한 수준으로 자신의 자율성을 확보할 수 있다.

이제부터는 권위 있는 양육과 학습 및 인지발달을 돕는 부모-자녀 상호작용 간의 관계를 살펴본다. 먼저, 인지발달을 위해 특별히 풍부한 환경이 되는 부모-자녀 상호작용의 독특한 특징에 대해 논의한다. 이후, 권위 있는 양육과 학습을 촉진하는 부모-자녀의 인지적 상호작용 간의 연결을 보여 주는 계획과 의사결정 발달에 대한 우리의 연구를 설명한다. 마지막으로, 정서적 기능의 어려움으로 인해 사회적 학습에 어려움을 겪는 아동을 대상으로 한 부모-자녀 상호작용에 대한 실험실 연구를 다룬다. 이 연구는 권위 있는 양육과 일치하는 부모의 학습 지원과 반응성이 어려운 부모-자녀 상호작용 상황에서도 아동의 학습에 긍정적인 효과를 가져올 수 있음을 시사한다.

## 권위 있는 양육과 인지발달

부모가 인지발달에 기여하는 방식은 여러 연구를 통해 조사되어 왔다. 일부 연구는 부모의 교육 수준, 사회적 계층, 민족성, 부모-자녀 독서와 같은 가족의 특성과 자녀의 학업 성취 간의 관계를 탐구한다(Davis-Kean, 2005; Gauvain, Savage, & McCollum, 2000). 또 다른 연구에서는 부모와 자녀가 함께 인지 활동에 참여하거나 공동 목표를 달성하기 위해 협력하는 과정을 관찰한다. 이러한 연구 대부분은 인지발달의 사회문화적 접근(Vygotsky, 1987)에 의해 이루어지며, 이는 아동이 사회적, 문화적 맥락에서 지적으로 기능할 수 있도록 돕는 사고 방식을 타인으로부터 배우는 과정을 중점적으로 다룬다. 이 견해에서 부모와 같은 더 숙련된 파트너와 아동 간의 사회적 상호작용은 인지발달에 있어 특히 중요하다. 숙련된 파트너는 아동이 현재 능력을 넘어서는 행동에 참여할 수 있도록 지원하며, 효과적인 학습 상황에서는 아동의 근접 발달 영역(Vygotsky, 1978)에서 이러한 참여가 이루어진다. 아동의 능력이 향상됨에 따라 숙련된 파트너는 점진적으로 지원을 철회하며, 결국 아동은 더 높은 수준의 지적 기능을 독립적으로 수행할 수 있게 된다. 함께하는 인지적 활동 중 부모는 자녀의 인지발달을 지원하기 위해 다양한 방법을 사용한다. 예를 들어, 부모는 문제를 해결하는 방법을 설명하거나 시범을 보이며, 문제를 여러 부분으로 나누고 자녀의 주의와 노력을 관리 가능한 하위 목표로 이끌 수도 있다(Saxe, Guberman, & Gearhart, 1987).

부모-자녀 상호작용은 주의력, 기억력, 추론, 문제해결, 계획 등 여러 인지발달 영역과 관련이 있는 것으로 나타났다(Gauvain, 2001). 예를 들어, 부모-자녀 상호작용을 통해 문제해결 및 기억 전략을 습득한 아동은 이후 유사한 과제를 독립적으로 수행할 때 더 나은 성과를 보였다(Gauvain & Rogoff, 1989; Haden, Ornstein, Eckerman, & Didow, 2001; Landry, Miller-Loncar, Smith, & Swank, 2002; Stright, Herr, & Neitzel, 2009). 게다가 이러한 상호작용은 단기적인 학습 맥락을 넘어서는 데 기여하기도 한다. 종단 연구에 따르면, 2세 때 부모의 지지가 높은 아동은 5세 때 수학과 언어 평가에서 더 높은 성취를 보였다(Martin, Ryan, & Brooks-Gunn, 2007). 또 다른 연구에서는 비계설정 기법을 사용하는 부모의 자녀들이 학업적으로 성공하고자 하는 동기가 더 높으며(Mattanah et al., 2005), 학교에 입학할 때 더 큰 자율성을 보이는 것으로 나타났다(Stright et al., 2009). 이러한 연구 결과들은 부모-자녀 관계가 인지 기술 발달을 위한 중요한 사회적 맥락임을 보여 준다. 또한 이 과정에서 권위 있는 양육 방식과 관련된 부모의 양육 실천이 특히 유익할 수 있음을 시사한다.

## 권위 있는 양육과 계획 기술 발달

우리 연구실의 연구는 자녀의 학습을 지원하는 부모의 역할이 권위 있는 양육 방식과 일치한다는 주장을 뒷받침한다. 먼저, 유아기부터 청소년 중기까지 아동의 계획 능력 발달을 위한 부모의 개입과 지원에 관한 연구를 논의한다. 이 연구는 Baumrind(1966, 1973, 1991)의 **가족 사회화와 발달적 역량 연구 프로그램**(Family Socialization and Developmental Competence Research Program: FSP)에서 수집된 종단적 데이터를 사용했다. 이후, 부모가 자녀의 의사결정 기술 발달을 어떻게 지원하는지를 다룬 우리 연구의 종단적 연구 결과를 설명한다(Gauvain & Perez, 2005). 이 두 연구는 부모-자녀의 인지적 상호작용과 Baumrind(1967, 1991)가 제시한 권위 있는 양육의 네 가지 사회심리적 차원인 양육적 태도, 의사소통, 성숙에 대한 요구, 통제 간의 연관성을 시사한다. 마지막으로, 정서적 어려움을 겪는 아동과 부모 간의 상호작용을 살펴본 연구(Perez & Gauvain, 2005, 2009)를 다룬다. 이러한 상호작용은 아동에게 많은 학습 기회를 제공하지 못할 수 있으나, 부모가 반응적이고 권위 있는 양육 방식에 맞는 지원을 제공할 때, 아동들이 얻을 수 있는 인지적 이점에 초점을 맞춘다.

### 가정 환경에서의 아동 계획 능력

권위 있는 양육은 가족 활동과 행사에 대해 논의하는 일에 아동이 참여하는 것과 관련이 있을까? 이러한 참여는 미래 지향적 사고와 계획 기술의 발달을 지원할 수 있으며, 이는 성숙한 사회적, 인지적 기능에 중요하다(Kopp, 1997). Gauvain과 Huard(1999)는 4세, 9세, 15세 아동과 그 부모를 포함한 종단적 프로젝트인 Baumrind(1966, 1973, 1991)의 가족 사회화와 발달적 역량 연구 프로그램(FSP) 데이터를 분석했다. 가정 관찰을 통해 수집된 자료는 양육 방식과 부모-자녀 상호작용이 아동이 미래 행동을 예상하고 계획하는 대화에 참여할 기회와 어떻게 관련되는지를 조사하는 데 유용한 민족지학적(ethnographic) 데이터를 제공했다. 가족은 정기적으로 앞으로의 활동을 계획하거나 조직하므로, 미래 지향적 사고 발달을 위한 이상적인 사회적 환경이다.

우리는 68가족(여아 27명)을 포함한 FSP 데이터 세트의 하위집합을 사용했다. 이 가족들은 연구 시작 시, 양부모가 모두 가정에 거주하고 있었으며, 자녀의 유아기, 아동기 중기, 청소년기 중기에 해당하는 세 시점에서 가정 관찰에 참여했다. 가정 관찰은 주로 늦은 오후와 이른 저녁 시간에 이루어졌으며, 보통 저녁 식사 시간이 포함되었다. 우리는 Baumrind의 가정 관찰 기록에서 계획과 관련된 논의를 코딩했으며, 코딩자는 가족의 양육 방식을 알지 못한 상태였다. 미래 지향적 활동과 관련된 모든 가족 논의를 구분하고, 이 논의의 내용과 누가 시작하고 참여했는지를 코딩했다. 예를 들어, 다가오는 가족 휴가에 대한 논의는 다음과 같이 기록되었다. "어머니가 가족의 여름 휴가에 대한 논의를 시작한다. 어머니, 아버지, 자녀가 출발 시기와 여행 기간 등 세부 사항을 포함하여 휴가에 대해 논의한다." 미래 지향적 대화는 시간적 기준으로도 구분되어, 당일 오후나 저녁처럼 가까운 시점의 목표나 더 먼 미래의 장기 목표와 관련된 내용으로 분류되었다.

연구 결과, 양육 방식은 시간에 따라 아동이 계획과 관련된 논의에 참여하는 정도를 예측하는 요인이었다. 권위 있는 부모의 자녀는 청소년기에 계획과 관련된 논의를 스스로 시작하는 비율이 권위주의적 부모의 자녀보다 높았으며, 권위주의적 부모의 자녀는 가장 낮은 비율을 보였다. 부모가 시작한 미래 지향적 대화의 내용을 분석한 결과, 권위주의적 부모는 자녀의 미래 행동을 논의할 때 지시적인 태도를 보인 반면, 권위 있는 부모는 제안하거나 미래 행동을 상기시키는 경우가 더 많았다. 이러한 양육 방식의 차이는 청소년이 미래 지향적 대화를 주도하는 빈도에도 영향을 미쳤으며, 부모가 제안이나 상기를 자주 사용하는 가정에서 청소년이 더 자주 계획을 세우려는 모습을 보였다.

비계설정, 모델링, 기타 사회적 전수 형태의 역할은 직접적으로 평가되지는 않았지만, 이러한 과정에 대한 통찰은 얻을 수 있었다. 권위 있는 가정에서 유아기와 아동기 중기 동안 미래 지향적 대화가 지속적으로 높은 빈도를 보였다는 점은 부모의 모델링이 이루어지고 있음을 시사한다. 또한 제안이나 상기와 같은 개방형 상호작용 형태는 권위 있는 양육 방식을 사용하는 가정에서 더 흔했으며, 이러한 형태는 실험실에서 평가된 비계설정 과정과 일치했다. 이러한 결과는 권위 있는 양육 방식과 관련된 특정한 부모-자녀 상호작용이 가정 환경에서 아동의 계획 기술 발달을 지원한다는 점을 시사한다.

### 방과 후 활동에 대한 부모-자녀 의사결정

Gauvain과 Perez(2005)는 양육 방식과 아동이 가정 내외 활동을 결정할 기회 간의 관계를 연구했다. 이들은 부모가 성숙에 대한 요구, 온정성, 통제에 중점을 두는 정도와 부모가 아동의 방과 후 활동을 어떻게 조직하고 지원하는지가 연관되어 있는지를 조사했다. 연구자들은 양육 방식에 대한 기존 가정에 따라, 부모의 성숙에 대한 요구가 아동의 의사결정 기술 발달 기회와 관련이 있으며, 온정성과 반응성의 분위기가 이 과정을 촉진할 것이라고 예측했다. 또한 통제에 높은 비중을 두고 반응성이 낮은 부모는 아동이 의사결정을 배우고 연습할 기회를 덜 제공할 것이라고 예상했다.

어머니와 아동 149쌍이 아동이 7세일 때부터 3년간 매년 연구에 참여했다. 실험실을 방문하는 동안 어머니들은 두 가지 설문지를 작성했다. 첫 번째는 자녀의 일상 활동(Your Child's Daily Activities)으로, 방과 후 조직적, 비공식적 활동에 대한 아동의 참여와 이 활동을 결정하는 과정에서 부모와 자녀의 관여 정도를 평가했다. 두 번째는 자녀 양육 실천 보고서(Child-Rearing Practices Report; Block, 1965)로, Baumrind(1973)의 개념화를 기반으로 부모의 양육 방식을 세 가지 차원에서 측정했다. ① 연령에 적합한 행동과 책임에 대한 기대를 의미하는 성숙에 대한 요구, ② 자녀에 대한 애정, 지지, 관심을 의미하는 온정성, ③ 규칙의 엄격한 시행을 의미하는 통제가 그것이다.

연구 결과, 부모의 의사결정 기술 발달 지원은 권위 있는 양육 방식과 관련이 있었다. 부모의 성숙에 대한 요구는 아동의 활동 참여와 부모-자녀가 함께 활동을 결정하는 과정 모두와 정적 상관이 있었다. 부모의 온정성은 부모와 자녀가 함께 아동의 활동 참여를 결정하는 것과 정적 상관이 있었다. 반면, 부모의 통제는 아동의 활동 참여와 부적 상관이 있었고, 부모가 혼자 아동의 활동 참여를 결정하는 것과는 정적 상관이 있었다.

이러한 결과는 아동의 필요에 반응하고, 적절한 수준의 성숙을 요구하며, 통제 수준이 낮은 양육 방식이 아동에게 스스로 활동을 결정할 더 많은 기회를 제공할 수 있다는 점을 보여 준다. 반대로, 온정성과 성숙에 대한 요구 수준이 낮고 통제에 높은 비중을 두는 양육 방식은 이러한 기회를 줄이는 경향이 있었다. 또한 3년의 연구 기간 동안 부모가 더 지지적인 양육 방식을 사용한 아동은 그렇지 않은 부모를 둔 아동보다 나이가 들수록 자신의 활동에 대한 의사결정을 할 때 스스로 책임지는 모습을 보였다. 이는 권위 있는 부모가 자율성 발달을 촉진한다고 본 Baumrind(1991)의 견해와 일치한다.

이 두 연구는 부모-자녀 상호작용이 이루어지는 가정 환경에서 권위 있는 양육 방식과 아동의 계획 및 의사결정 기술 발달 기회 간의 연관성을 보여 준다. 이러한 결과는 권위 있는 양육(즉, 지지적이고 연령에 맞는 기대를 제공하는 부모)이 아동의 계획 능력과 미래 지향적 의사결정 기술 발달에 적합한 가정 환경을 제공한다는 점을 시사한다.

## 아동의 정서적 기능과 부모-자녀 상호작용 속 학습

부모와 자녀 간의 사회적 상호작용에서 이루어지는 역동적인 학습 과정은 정서적으로 중요한 2인 관계(dyadic relationship) 속에서 이루어진다(Hinde, 1989). 부모의 교육적 접근은 자녀를 사회화하려는 부모의 목표와 앞서 언급한 부모와 자녀가 공유하는 사회적 역사 모두의 영향을 받을 가능성이 높다. 권위 있는 양육 방식을 선호하는 부모는 아동의 학습에 유익하다고 알려진 인지적 지원 유형을 제공할 가능성이 더 높을 수 있다. 그러나 이러한 지원은 아동의 특성과 그 특성이 부모의 양육 방식과 어떻게 상호작용하는지에 따라 달라질 수 있다. 우리는 특히 아동의 정서발달과 관련된 차이에 주목한다. 부모의 양육 방식은 아동의 정서발달과 인지발달 모두에 기여한다는 것이 우리의 기본 입장이다. 그리고 아동의 정서적 기능은 부모-자녀 간 인지적 상호작용과 그 상호작용을 통해 아동이 학습할 수 있는 기회에도 영향을 미칠 수 있다.

### 양육 방식과 정서발달

양육 방식은 아동의 정서발달에 어떤 영향을 미칠 수 있을까? Baumrind(1991)의 연구는 권위 있는 양육이 아동기부터 청소년기에 이르기까지 사회적, 정서적 역량 향상과 관련이 있음을 보여 주었다. 최근 연구(Baumrind et al., 2010)에서도 유아기 때 부모가 권위 있는 유형으로 분류된 청소년들이 권위주의적 부모를 둔 청소년들보다 더 유능하고 잘 적응한 것으로 나타났다. 특히 언어적 적대감과 심리적 통제는 청소년의 발달 결과에 부정적인 영향을 미쳤다.

이러한 연관성에는 몇 가지 과정이 작용할 수 있다. 예를 들어, 부모-자녀 간의 대화, 정서 모델링, 자녀의 정서 표현에 대한 부모의 반응, 정서에 대한 가르침 등은 아동의 정서적 역량 발달에 영향을 미친다(Denham, 1998; Halberstadt & Eaton, 2003; Harris, 2000; Parke, 1994; Saarni, 1999). 부모는 아동의 정서적 차이에 따라 각기 다른 반응을 보인다. 연구에 따르면, 민감하고 반응적인 어머니는 아동의 행동(예: 불안할 때 진정시킴)과 환경(예: 주의를 돌리고 도움을 제공하며, 상황적 요구를 최소화함)을 관리하여 자기통제와 정서 조절 기술 발달을 촉진하는 경향이 있다(Thompson & Meyer, 2007). 이러한 과정은 Baumrind의 권위 있는 양육 개념과 일치한다. 반대로, 부모가 덜 민감하고 더 통제적일 경우, 상황적 요구를 증가시켜 아동의 조절 문제를 악화시킬 수 있다(Manzeske & Stright, 2009). 그러나 따뜻하고 반응적인 양육 맥락에서 이루어지는 어머니의 통제는 특히 정서 조절에 어려움을 겪는 아동의 사회적, 정서적 발달을 촉진할 수 있다(Blandon, Calkins, & Keane, 2010).

### 아동의 정서와 부모-자녀 인지 상호작용

아동의 정서적 기능은 부모-자녀 간 인지적 상호작용과 아동의 학습 기회에 어떤 영향을 미칠 수 있을까? 정서적 경험과 표현은 아동이 사회적 상호작용에 참여하고 인지적 과제를 수행할 수 있는 능력과 관련되어 있다. 정서적으로 쉽게 흥분하고 부정적인 감정을 자주 표현하는 아동은 교사와 또래로부터 사회적 능력이 부족하다는 인식을 받는 경우가 많다(Eisenberg et al., 1995). 또한 부정적 정서는 정보 처리의 비효율성과 연관되며(Cummings & Davies, 1995), 고차원 인지 기능과 관련된 뇌의 전두엽 비활성화(Davis, Bruce, & Gunnar, 2002) 및 주의력 조절 능력(Fox & Calkins, 2003)과도 관련이 있다. 따라서 아동의 정서적 역량은 부모와의 상호작용 동안 인지 기술을 발달시키는 데 중요한 역할을 할 수 있다.

아동의 정서적 상태에 민감하게 반응하는 부모(예: 권위 있는 부모)는 자녀의 필요에 맞게 인지적 지도를 조정하거나 통제 방식을 수정할 가능성이 더 높다(Baumrind, 제1장 참고). Perez와 Gauvain(2005, 2009)의 연구는 정서적 강도와 부정적 정서 표현이 높은 아동의 어머니들이 공동 계획 과제를 수행할 때 자녀에게 더 많은 지시를 내리는 경향이 있음을 보여 주었다. 이러한 관계는 모자간 계획 상호작용 동안 아동이 강렬한 정서를 드러내지 않았음에도 발견되었다. 표면적으로는 지시적이고 통제적인 교육적 행동이 아동의 학습을 촉진하는 것으로 알려진 지도 방식과 상반되는 것처럼 보이긴 하지만, 정서적 어려움을 보이는 아동에게 어떤 교육 전략이 가장 효과적인지는 명확하지 않다. 어쩌면 어머니들은 정서와 행동을 조절하는 데 어려움을 겪는 아동에게 필요한 구조를 제공함으로써 민감하게 반응하고 있을지도 모른다. 지시적이고 통제적일 수 있지만 동시에 양육적 지원을 제공하거나 적어도 거부와 적대감이 없는 교육적 접근 방식을 구분할 수 있는지에 대한 추가 연구가 필요하다.

## 양육 방식과 인지발달의 사회문화적 접근 간의 조화

Baumrind의 양육 방식 관점과 인지발달의 사회문화적 접근은 아동 발달의 서로 다른 측면에 초점을 맞추지만, 두 견해 사이에는 몇 가지 공통점이 있다. 두 접근은 철학적 기원을 공유하며(Baumrind, 제1장 참고; Daniels, Cole, & Wertsch, 2007), 아동 발달의 역동적이고 사회적인 본질과 발달을 촉진하는 민감하고 반응적인 파트너의 중요성을 강조한다.

이러한 공통점에도 불구하고, 두 연구 분야를 완전히 연결하는 것은 어렵다. 첫째, 부모와 부모의 행동에 대한 관심이 다르다. 양육 방식 연구에서는 이론적 초점이 명확하게 부모에게 맞춰져 있다. 반면, 인지발달의 지도 학습 연구에서는 부모의 역할이 명시적으로 강조되기보다는, 편의상 부모가 연구에 포함되는 경우가 많다. 둘째, 두 접근은 분석 수준이 다르다. 인지발달에 대한 사회문화적 연구는 연구자가 특정 학습 맥락에서 인지적 변화를 조사하기 위해 상호작용을 설계하는 미시 분석적 접근을 사용하는 경우가 많다. 반면, 양육 방식 연구는 사회화 과정을 보다 일반적으로 다루며, 관찰된 상황을 넘어서는 가족 구성원의 행동적 경향에 주목한다. 따라서 두 연구 분야는 부모-자녀 2인 관계를 포함하지만, 각기 다른 심리적 과정과 결과에 초점을 맞추며, 지속성과 맥락에 대한 가정도 서로 다르다.

사회화의 영역별 관점(domain-specific views of socialization; Grusec & Davidov, 2010; Grusec & Goodnow, 1994)은 사회화 과정에서 부모-자녀 상호작용이 다양한 영역에서 어떻게 달라지는지를 설명하려 하며, 이로써 두 접근 간의 접점을 찾고자 한다. 그러나 이러한 관점에서도 지도 학습이 아동 사회화에 어떻게 맞춰지는지에 대한 문제는 여전히 남아 있다. 아동의 학습이 사회화의 본질적 요소임은 분명하지만, 이 학습이 정확히 무엇을 포함하고, 누구에 의해 이루어지며, 어떻게 발생하고 얼마나 자주 일어나야 하는지는 여전히 열린 질문이다. 우리는 부모가 자녀와 함께하는 인지적 협력 과정에서 이루어지는 사회화 노력이 특정한 양육 방식의 경향성뿐만 아니라 다양한 요인을 반영한다고 주장한다. 예를 들어, 정서적 어려움을 겪는 아동과의 2인 관계 과정에 대한 연구는 학습에 적극적으로 참여하는 아동이 부모의 비계설정과 학습 지원을 조절할 수 있음을 시사한다. 따라서 부모가 제공하는 학습과 인지발달 지원은 권위적 양육 방식만으로 결정되지 않는다.

Rogoff 등(2003, 2007)이 설명한 것과 같은 자연적 맥락에서의 학습 연구는 실험실에서 비계설정과 같은 과정을 집중적으로 다루는 연구보다 사회화 과정에 더 가깝다. 이 점에서 비계설정을 촉진하기 위해 설계된 2인 상호작용에서 어머니와 다른 성인(예: 교사, 훈련된 실험자)을 비교한 연구는 시사하는 바가 크다. Wertsch, Minick과 Arns(1984)의 연구에 따르면, 어머니는 교사보다 아동을 위해 더 많은 문제해결 행동을 수행하여, 아동이 학습을 촉진하는 활동에 참여할 기회를 제한했다. Pacifici와 Bearison(1991)의 연구에서는 유아와 함께 퍼즐을 맞추는 과정에서 어머니와 훈련된 실험자를 비교했는데, 어머니는 자녀의 학습 요구에 민감하게 반응했으나, 상황에 맞는 일관된 반응 빈도는 이상적 수준보다 낮았다. 어머니와 함께 과제를 수행한 아동은 사전-사후 검사에서 점수가 향상되었지만, 실험자와 함께한 아동만큼의 향상은 보이지 않았다. 또한 아동이 일상생활에서 경험하는 비계설정은 실험실에서 관찰된 것과 다를 수 있다는 연구도 있다. Carew(1980)의 가정 관찰 연구에 따르면, 유아는 비계설정으로 이어지는 상호작용의 75% 이상을 주도했으며, 이는 연구자가 비계설정 기회를 마련하고 어머니가 상호작용과 학습에 대한 책임을 주로 맡는 실험실 관찰과는 매우 다른 양상이다. 가정에서의 상호작용에는 어머니, 아버지, 형제자매, 조부모 등 여러 사회적 파트너가 포함되어 있으며, 이들은 아동의 학습에 각기 다른 방식으로 기여한다.

이 연구들은 부모-자녀 관계 맥락에서 이루어지는 인지적 지원이 향후 연구를 위한 중요한 주제임을 보여 준다. 그러나 이러한 연구가 사회화에 대한 이해에 기여하기 위해서는, 문화적 맥락 속에서 부모가 아동에게 무엇을, 어떻게 가르쳐야 하는지에 대한 가치, 신념, 실천 방식을 내포한 지속적인 사회정서적 관계 속에서 아동의 학습을 설명할 수 있는 이론이 필요하다.

사회문화적 접근은 인간발달의 사회적, 문화적 기반, 즉 문화에서 비롯된 부모의 신념이 양육 방식에 어떻게 스며들고, 나아가 아동의 발달과 학습에 어떻게 기여하는지를 다룬다(Harkness et al., 2010). 이 접근은 문화적 맥락과 상관없이 권위 있는 양육이 아동 발달에 최적이라는 주장에 의문을 제기한다. 권위 있는 양육이 발달에 가장 유익하다는 연구는 주로 서구, 특히 유럽계 미국인 가정에서 나온 결과이다. 미국 내 특정 민족 공동체나 비서구 지역사회에서 이루어진 연구들은 이러한 맥락에서 다른 양육 방식이 아동 발달에 유익할 수 있음을 시사하지만, 이 견해는 논란의 여지가 있다(Chao & Tseng, 2002; Sorkhabi, 2005; 제5장 Sorkhabi & Mandara 참고).

이 글은 이와 같은 문제를 다루는 데 한계가 있다. 부모-자녀 상호작용, 아동의 학습, 양육 방식에 대한 문화 간 데이터를 검토하지 않았는데, 비서구 및 보다 전통적인 사회에서 이 주제에 대한 연구가 부족하기 때문이다. 또한 기존 연구들 역시 관찰 결과를 양육 방식 문헌에서 설명된 부모의 양육 차원과 연결하려는 시도를 하지 않았다. 권위 있는 양육의 과정은 서구 문화에 국한된 것은 아니지만, 서구 문화에서 더 일반적으로 나타나며, 형식 교육과 서구적 이상과 같은 문화적 제도나 요인에서 비롯되었을 수 있다(Maccoby, 2007). 심지어 서구 문화 내에서도 아동이 사회적 맥락에서 경험하는 다양한 학습 과정을 포괄하는 사회화 이론이 아직 존재하지 않기에, 이러한 개념들을 설명하고 통합하려는 시도는 향후 연구에 맡겨져 있다. 이와 관련해 Edwards, Sheridan과 Knoche(2010)가 제안한, 다양한 문화적 배경에 적용 가능한 부모의 개입 방식을 설명하려는 접근은 유망해 보인다. 이들은 부모의 개입을 세 가지 차원으로 정의했는데, 부모의 온정성과 민감성, 아동의 자율성 발달 지원, 학습에 대한 적극적 참여이다. 이 차원들은 권위적 양육과 일치하며, 아동의 사회정서적, 인지적 발달과 학교 적응을 예측한다(National Institute of Child Health and Human Development, Early Child Care Research Network, 2002).

## 결론과 새로운 방향

이 장에서 양육 방식과 아동의 인지발달을 검토한 결과, 최소한 서구 문화적 맥락에서는 권위 있는 양육이 부모-자녀 상호작용에서 인지적 지원을 제공하는 데 있어 권위주의적 양육이나 허용적 양육보다 더 적합하다는 결론을 내릴 수 있다. 권위 있는 부모는 침해적이지 않으며, 자녀가 합리적인 한도 내에서 자유롭게 탐색할 수 있도록 허용하고, 자녀의 학습 요구와 독립성 발휘에 민감하게 반응한다. 이러한 부모의 행동은 아동이 준비되었을 때 활동에 대한 책임을 학습자에게 이전하는 과정을 촉진할 수 있으며, 이는 근접 발달 영역에서 이루어지는 학습의 핵심 과정이다(Vygotsky, 1978). 따라서 서구 문화적 환경에서 권위 있는 양육 방식과 관련된 부모의 양육 실천은 지도 학습을 포함한 일상 경험에서 인지 기술 발달을 촉진할 수 있는 사회적 학습 맥락을 형성하는 것으로 보인다.

그럼에도 권위 있는 양육과 인지발달의 사회적 기반을 명확하게 연결하기 위해서는 아직 할 일이 많다. 아마도 가장 큰 장벽은 인간 관계적 관점에서 인지발달을 이해하는 것이다. 지난 30여 년간 사회문화 이론은 인간 지적 발달의 사회적, 문화적 본질을 설명하며 인지발달 연구를 발전시켜 왔다. 그러나 이 과정의 인간 관계적 기반은 여전히 연구에서 충분히 주목받지 못했다. 아동은 단순히 '타인'에게서 배우는 것이 아니라, 종종 매우 친숙한 '익숙한 타인'에게서 배운다. 그리고 많은 경우, 학습의 파트너는 아동과 깊은 정서적 유대를 가진 사람들이다. 현재의 인지발달 모델들은, 사회적, 문화적 맥락을 강조하는 모델조차도, 이 과정이 지닌 풍부함과 복잡성을 완전히 포착하지는 못하고 있다. 우리는 이 장이 사회적 맥락에서 인지적 역량 발달을 설명하는 매우 다른 접근들 사이의 연결 고리를 탐구함으로써 새로운 통찰을 제공할 수 있음을 보여 주기를 바란다.

## 참고문헌


Anderson, J. R. (2000). *Cognitive psychology and its implications* (5th ed.). New York, NY: Worth.

Baumrind, D. (1966). Effects of authoritative parental control on child behavior. *Child Development, 37,* 887-907. doi:10.2307/1126611

Baumrind, D. (1967). Child care practices anteceding three patterns of preschool behavior. *Genetic Psychology Monographs, 75,* 43-88.

Baumrind, D. (1973). The development of instrumental competence through socialization. In A. Pick (Ed.), *Minnesota symposia on child psychology* (Vol. 7, pp. 3-46). Minneapolis: University of Minnesota Press.

Baumrind, D. (1991). Effective parenting during the early adolescent transition. In P. E. Cowan & E. M. Hetherington (Eds.), *Advances in family research* (pp. 111-163). Hillsdale, NJ: Erlbaum.

Baumrind, D., Larzelere, R. E., & Owens, E. B. (2010). Effects of preschool parents' power assertive patterns and practices on adolescent development. *Parenting: Science and Practice, 10,* 157-201. doi:10.1080/15295190903290790

Bell, R. Q. (1968). A reinterpretation of the direction of effects in studies of socialization. *Psychological Review, 75,* 81-95. doi:10.1037/h0025583

Blandon, A. Y., Calkins, S. D., & Keane, S. P. (2010). Predicting emotional and social competence during early childhood from toddler risk and maternal behavior. *Development and Psychopathology, 22,* 119-132. doi:10.1017/S0954579409990307

Block, J. H. (1965). *The children-rearing practices report.* Berkeley: University of California, Institute of Human Development.

Bornstein, M. H., & Tamis-LeMonda, C. (1997). Maternal responsiveness and infant mental abilities: Specific predictive relations. *Infant Behavior & Development, 20,* 283-296. doi:10.1016/S0163-6383(97)90001-1

Bugental, D. B., & Goodnow, J. J. (1998). Socialization processes. In W. Damon (Series Ed.) & N. Eisenberg (Vol. Ed.), *Handbook of child psychology: Vol. 3. Social, emotional, and personality development* (5th ed., pp. 389-462). New York, NY: Wiley.

Carew, J. V. (1980). Experience and the development of intelligence in young children at home and in day care. *Monographs of the Society for Research in Child Development, 45*(6-7, Serial No. 187).

Chao, R., & Tseng, V. (2002). Parenting of Asians. In M. H. Bornstein (Ed.), *Handbook of parenting: Vol. 4. Social conditions and applied parenting* (2nd ed., pp. 59-93). Mahwah, NJ: Erlbaum.

Cole, M. (1996). *Cultural psychology: A once and future discipline.* Cambridge, MA: Harvard University Press.

Cummings, E. M., & Davies, P. T. (1995). The impact of parents on their children: An emotional security perspective. *Annals of Child Development, 10,* 167-208.

Daniels, H., Cole, M., & Wertsch, J. V. (2007). *The Cambridge companion to Vygotsky.* Cambridge, England: Cambridge University Press.

Davis, E. P., Bruce, J., & Gunnar, M. R. (2002). The anterior attention network: Associations with temperament and neuroendocrine activity in 6-year-old children. *Developmental Psychobiology, 40,* 43-56. doi:10.1002/dev.10012

Davis-Kean, P. E. (2005). The influence of parental education and family income on child achievement: The indirect role of parental expectations and the home environment. *Journal of Family Psychology, 19,* 294-304. doi:10.1037/0893-3200.19.2.294

Denham, S. A. (1998). *Emotional development in young children.* New York, NY: Guilford Press.

Edwards, C. P., Sheridan, S. M., & Knoche, L. (2010). Parent-child relationships in early learning. In E. Baker, P. Peterson, & B. McGraw (Eds.), *International encyclopedia of education* (Vol. 5, pp. 438-443). Oxford, England: Elsevier.

Eisenberg, N., Fabes, R. A., Murphy, B., Maszk, P., Smith, M., & Karbon, M. (1995). The role of emotionality and regulation in children's social functioning: A longitudinal study. *Child Development, 66,* 1360-1384. doi:10.2307/1131652

Fox, N. A., & Calkins, S. D. (2003). The development of self-control of emotion: Intrinsic and extrinsic influences. *Motivation and Emotion, 27,* 7-26. doi:10.1023/A:1023622324898

Gauvain, M. (2001). *The social context of cognitive development.* New York, NY: Guilford Press.

Gauvain, M., & DeMent, T. (1991). The role of shared social history in parent-child cognitive activity. *The Quarterly Newsletter of the Laboratory of Comparative Human Cognition, 13,* 58-66.

Gauvain, M., Fagot, B. I., Leve, C., & Kavanagh, K. (2002). Instruction by mothers and fathers during problem solving with their young children. *Journal of Family Psychology, 16,* 81-90. doi:10.1037/0893-3200.16.1.81

Gauvain, M., & Huard, R. D. (1999). Family interaction, parenting style, and the development of planning: A longitudinal analysis using archival data. *Journal of Family Psychology, 13,* 75-92. doi:10.1037/0893-3200.13.1.75

Gauvain, M., & Perez, S. M. (2005). Parent-child participation in planning children's activities outside of school in European American and Latino families. *Child Development, 76,* 371-383. doi:10.1111/j.1467-8624.2005.00851_a.x

Gauvain, M., & Perez, S. M. (2007). The socialization of cognition. In J. E. Grusec & P. D. Hastings (Eds.), *Handbook of socialization: Theory and research* (pp. 588-613). New York, NY: Guilford Press.

Gauvain, M., & Perez, S. M. (2008). Mother-child planning and child compliance. *Child Development, 79,* 761-775. doi:10.1111/j.1467-8624.2008.01156.x

Gauvain, M., & Rogoff, B. (1989). Collaborative problem solving and children's planning skills. *Developmental Psychology, 25,* 139-151. doi:10.1037/0012-1649.25.1.139

Gauvain, M., Savage, S., & McCollum, D. (2000). Reading at home and at school in the primary grades: Cultural and social influences. *Early Education and Development, 11,* 447-463. doi:10.1207/s15566935eed1104_5

Göncü, A., & Gauvain, M. (2012). Sociocultural approaches to educational psychology: Theory, research, and application. In K. R. Harris, S. Graham, & T. Urdan (Eds.), *APA educational psychology handbook, Vol. 1: Theories, constructs, and critical issues* (pp. 125-154). Washington, DC: American Psychological Association. doi:10.1037/13273-006

Grusec, J. E., & Davidov, M. (2010). Integrating different perspectives on socialization theory and research: A domain-specific approach. *Child Development, 81,* 687-709. doi:10.1111/j.1467-8624.2010.01426.x

Grusec, J. E., & Goodnow, J. J. (1994). The impact of parental discipline methods on the child's internalization of values: A reconceptualization of current points of view. *Developmental Psychology, 30,* 4-19. doi:10.1037/0012-1649.30.1.4

Haden, C. A., Ornstein, P. A., Eckerman, C. O., & Didow, S. M. (2001). Mother-child conversational interactions as events unfold: Linkages to subsequent remembering. *Child Development, 72,* 1016-1031. doi:10.1111/1467-8624.00332

Halberstadt, A. G., & Eaton, K. L. (2003). A meta-analysis of family expressiveness and children's emotion expressiveness and understanding. *Marriage & Family Review, 34,* 35-62. doi:10.1300/J002v34n01_03

Harkness, S., Super, C. M., Bermudez, M. R., Moscardino, U., Rha, J.-H., Mavridis, C. J., . . . Zylicz, P. O. (2010). Parental ethnotheories of children's learning. In D. F. Lancy, J. Bock, & S. Gaskins (Eds.), *The anthropology of learning in childhood* (pp. 65-81). Walnut Creek, CA: AltaMira Press.

Harris, P. L. (2000). Understanding emotion. In M. Lewis & J. M. Haviland-Jones (Eds.), *Handbook of emotions* (2nd ed., pp. 281-292). New York, NY: Guilford Press.

Hinde, R. A. (1989). Ethological and relationships approaches. *Annals of Child Development, 6,* 251-285.

Kopp, C. (1997). Young children: Emotion management, instrumental control, and plans. In S. L. Friedman & E. K. Scholnick (Eds.), *The developmental psychology of planning: Why, how, and when do we plan?* (pp. 103-124). Mahwah, NJ: Erlbaum.

Landry, S. H., Miller-Loncar, C., Smith, K., & Swank, P. (2002). The role of early parenting in children's development of executive processes. *Developmental Neuropsychology, 21*(1), 15-41. doi:10.1207/S15326942DN2101_2

Maccoby, E. E. (2007). Historical overview of socialization research and theory. In J. E. Grusec & P. D. Hastings (Eds.), *Handbook of socialization: Theory and research* (pp. 13-41). New York, NY: Guilford Press.

Mackey, K., Arnold, M. L., & Pratt, M. W. (2001). Adolescents' stories of decision making in more and less authoritative families: Representing the voices of parents in narratives. *Journal of Adolescent Research, 16,* 243-268. doi:10.1177/0743558401163001

Manzeske, D. P., & Stright, A. D. (2009). Parenting styles and emotion regulation: The role of behavioral and psychological control during young adulthood. *Journal of Adult Development, 16,* 223-229. doi:10.1007/s10804-009-9068-9

Martin, A., Ryan, R. M., & Brooks-Gunn, J. (2007). The joint influence of mother and father parenting on child cognitive outcomes at age 5. *Early Childhood Research Quarterly, 22,* 423-439. doi:10.1016/j.ecresq.2007.07.001

Mattanah, J. F., Pratt, M. W., Cowan, P. A., & Cowan, C. P. (2005). Authoritative parenting, parental scaffolding of long-division mathematics, and children's academic competence in fourth grade. *Journal of Applied Developmental Psychology, 26,* 85-106. doi:10.1016/j.appdev.2004.10.007

National Institute of Child Health and Human Development, Early Child Care Research Network. (2002). Early child care and children's development prior to school entry. Results from the NICHD Study of Early Child Care. *American Educational Research Journal, 39,* 133-164. doi:10.3102/00028312039001133

Odden, H., & Rochat, P. (2005). Observational learning and enculturation. *Educational and Child Development, 21,* 39-50.

Pacifici, C., & Bearison, D. J. (1991). Development of children's self-regulations in idealized and mother-child interactions. *Cognitive Development, 6,* 261-277. doi:10.1016/0885-2014(91)90039-G

Parke, R. D. (1994). Progress, paradigms, and unresolved problems: A commentary on recent advances in our understanding of children's emotions. *Merrill-Palmer Quarterly, 40,* 157-169.

Perez, S. M., & Gauvain, M. (2005). The role of child emotionality in child behavior and maternal instruction on planning tasks. *Social Development, 14,* 250-272. doi:10.1111/j.1467-9507.2005.00301.x

Perez, S. M., & Gauvain, M. (2009). Mother-child planning, child emotional functioning, and children's transition to first grade. *Child Development, 80,* 776-

791. doi:10.1111/j.1467-8624.2009.01297.x

Pratt, M. W., Green, D., MacVicar, J., & Bountrogianni, M. (1992). The mathematical parent: Parental scaffolding, parenting style, and learning outcomes in long-division mathematics homework. *Journal of Applied Developmental Psychology, 13,* 17-34. doi:10.1016/0193-3973(92)90003-z

Pratt, M. W., Kerig, P., Cowan, P. A., & Cowan, C. P. (1988). Mothers and father teaching 3-year-olds: Authoritative parenting and adult scaffolding of young children's learning. *Developmental Psychology, 24,* 832-839. doi:10.1037/0012-1649.24.6.832

Rogoff, B. (1990). *Apprenticeship in thinking: Cognitive development in social context.* New York, NY: Oxford University Press.

Rogoff, B. (1998). Cognition as a collaborative process. In W. Damon (Series Ed.), D. Kuhn, & R. S. Siegler (Vol. Eds.), *Handbook of child psychology: Vol. 3. Cognition, perception, and language* (pp. 679-744). New York, NY: Wiley.

Rogoff, B. (2003). *The cultural nature of human development.* New York, NY: Oxford University Press.

Rogoff, B., & Gauvain, M. (1986). A method for the analysis of patterns illustrated with data on mother-child instructional interaction. In J. Valsiner (Ed.), *The role of the individual subject in scientific psychology* (pp. 261-290). New York, NY: Plenum Press.

Rogoff, B., Moore, L., Najafi, B., Dexter, A., Correa-Chávez, M., & Solís, J. (2007). Children's development of cultural repertoires through participation in everyday routines and practices. In J. E. Grusec & P. D. Hastings (Eds.), *Handbook of socialization: Theory and research* (pp. 490-515). New York, NY: Guilford Press.

Rogoff, B., Paradise, R., Arauz, R. M., Correa-Chávez, M., & Angelillo, C. (2003). Firsthand learning through intent participation. *Annual Review of Psychology, 54,* 175-203. doi:10.1146/annurev.psych.54.101601.145118

Rommetveit, R. (1985). Language acquisition as increasing linguistic structuring of experience and symbolic behavior control. In J. V. Wertsch (Ed.), *Culture, communication, and cognition* (pp. 183-204). Cambridge, England: Cambridge

University Press.

Saarni, C. (1999). *The development of emotional competence.* New York, NY: Guilford Press.

Saxe, G. B., Guberman, S. R., & Gearhart, M. (1987). Social processes in early number development. *Monographs of the Society for Research in Child Development, 52* (2, Serial No. 216), 3-162. doi:10.2307/1166071

Sorkhabi, N. (2005). Applicability of Baumrind's parent typology to collective cultures: Analysis of cultural explanations of parent socialization effects. *International Journal of Behavioral Development, 29,* 552-563. doi:10.1177/01650250500172640

Stright, A. D., Herr, M. Y., & Neitzel, C. (2009). Maternal scaffolding of children's problem solving and children's adjustment in kindergarten: Hmong families in the United States. *Journal of Educational Psychology, 101,* 207-218. doi:10.1037/a0013154

Thompson, R. A., & Meyer, S. (2007). Socialization of emotion regulation in the family. In J. J. Gross (Ed.), *Handbook of emotion regulation* (pp. 249-268). New York, NY: Guilford Press.

Vygotsky, L. S. (1978). *Mind in society: The development of higher psychological processes.* Cambridge, MA: Harvard University Press.

Vygotsky, L. S. (1987). *The collected works of L. S. Vygotsky: Vol. 1. Problems of general psychology* (N. Minick, Trans.). New York, NY: Plenum Press.

Wertsch, J. V. (1985). *Vygotsky and the social formation of mind.* Cambridge, MA: Harvard University Press.

Wertsch, J. V., Minick, N., & Arns, F. J. (1984). The creation of context in joint problem solving. In B. Rogoff & J. Lave (Eds.), *Everyday cognition: Its development in social context* (pp. 151-171). Cambridge, MA: Harvard University Press.

Wood, D., Bruner, J. S., & Ross, G. (1976). The role of tutoring in problem solving. *Journal of Child Psychology and Psychiatry, 17,* 89-100. doi:10.1111/j.1469-7610.1976.tb00381.x

Yerkes, R. M., & Dodson, J. D. (1908). The relationship of strength of stimulus to rapidity of habit formation. *The Journal of Comparative Neurology & Psychology, 18,* 459-482. doi:10.1002/cne.920180503

제4부

# 결론

제10장 권위 있는 양육의 새로운 방향

제10장

# 권위 있는 양육의 새로운 방향

Carolyn S. Henry, Laura Hubbs-Tait

부모는 가족과 더 넓은 사회적 맥락에서 어떻게 자유와 통제를 균형 있게 조화시켜 긍정적인 자녀 발달을 촉진할 수 있을까? Diana Baumrind의 양육 유형에 대한 선구적인 연구가 50주년을 맞이한 가운데, 이번 저서에서는 권위 있는 부모의 자녀 양육(이하 권위 있는 양육)에 관한 개념적, 경험적 유산을 통합하여 이론-연구-실천 전반에 걸친 권위 있는 부모의 새로운 방향을 제시하고 있다. 이 장에서는 권위 있는 양육과 관련된 개념화, 방법론, 실제 적용의 새로운 방향을 강조하며, 이들이 긍정적인 자녀 발달을 증진시킬 가능성을 제시한다.

## '정의의 변화'에서 개념의 구체화 및 분야의 발전으로

권위 있는 양육에 관한 연구가 확대되면서, 핵심 개념이 자유롭게 해석되는 경향이 있다는 우려가 등장했다. 이에 대해 Baumrind는 '정의의 변화(definitional drift)'로부터 벗어나 권위 있는 양육의 '본래 의미'로 복귀할 것을 주장한다(제1장 참고). 이 장에서는 Baumrind의 권위 있는 양육, 반응성(responsiveness), 요구성(demandingness)에 대한 개념화를 강조하며, 이 책의 다른 저자들이 구체화한

확정된 개념과 권위 있는 양육에 대한 새로운 통찰들을 다룬다(〈표 10-1〉 요약 참고).

## 권위 있는 양육

Baumrind(1966; 제1장 참고)는 **권위 있는 양육**을 반응성(아동을 자율적인 개인으로 따뜻하고 수용적으로 대하는 태도)과 요구성(모니터링 및 충분한 권위 행사의 직면적 통제)이라는 요소의 분리할 수 없는 통합으로 개념화하였다(〈표 10-1〉 참고). 이 두 요소는 각각 허용적 부모와 권위주의적 부모의 특징으로 간주되었다. Baumrind(제1장 참고)의 유형적 접근은 권위 있는 양육을 "반응적이고 요구적이며, 직면적이고 자율성을 지지하며, 애정이 넘치면서도 권위를 주장하는" 것으로 개념화하였다(p. 13). 시간이 지나면서, 이러한 통합을 유지하려는 학자들은 권위 있는 양육의 독특한 차원을 강조하거나(제2, 3장 참고) 반응성과 요구성 중 하나 또는 둘 다에 초점을 맞춘 변인 중심 접근법을 탐구하였다(Baumrind et al., 2010). 현재는 **차원**은 반응성과 요구성이라는 전반적인 구성 요소와 그 내부에 존재하는 세부 구분들과 함께 연구되고 있다.

## 부모 유형과 정서적 분위기

이 책에서는 Baumrind의 **부모 유형**을 단순한 기술을 넘어서 정서적 분위기를 제공하는 것으로 개념화하는 세 가지 변형을 논의한다(Darling & Steinberg, 1993). 첫째, 다른 학자들(예: Hastings & Grusec, 1998)과 마찬가지로, 이 책의 저자들(Baumrind, 제1장; Cavell et al., 제7장; Morris et al., 제2장; Snyder et al., 제8장)은 부모 유형의 정서적 분위기를 구성하는 요소로서 부모의 목표와 가치를 강조한다. 예를 들어, Sorkhabi(제6장)는 Baumrind의 부모 유형 간의 다양한 부모 목표를 다음과 같이 개념화하였다. ① 권위주의적 양육은 아동이 부모의 권위를 존중하도록 하며, 부모의 권위 행사를 통해 순종을 얻으려는 **부모 중심 접근**(또는 분위기)이다.

② 허용적 양육은 사회적 규범으로 자녀를 사회화하는 데는 중점을 두지 않고, 자녀의 자율성을 촉진하려는 **아동 중심 접근**이다. ③ 권위 있는 양육은 자기신뢰, 자율성, 사회적 역량을 갖추도록 사회하는 것을 목표로 하는, 부모 중심과 아동 중심이 **통합된 접근**이다. Sorkhabi는 다루지 않았지만, 비관여적(uninvolved) 부모는 아동의 사회화보다 부모의 필요에 초점을 맞추는 점에서 부모 중심 접근으로 분류될 수 있다(제8장). 아동의 비순응에 대한 부모의 반응은 이러한 목표를 반영할 수 있다. 권위주의적 부모는 자녀의 불순종에 대해 분노, 당혹감, 혹은 부모로서의 실패감을 느끼지만, 다른 양육 방식을 사용하는 부모들은 그렇지 않을 가능성이 높다. Sorkhabi는 다른 양육 방식에 대한 추가 연구의 필요성을 강조하고 있다.

둘째, 이 책의 저자들은 권위 있는 양육의 정서적 분위기를 뒷받침하는 추상적이고 상위 수준, 또는 비선형 개념을 식별한다(존중, Barber & Xia, 제3장; 권위, Baumrind, 제1장; 부모-자녀 관계의 질, Cavell et al., 제7장; 정서에 대한 부모의 믿음과 감정, Morris et al., 제2장; 자신과 자녀에 대한 부모의 자기 인식과 지향, Snyder et al., 제8장). Snyder 등은 부모가 자신의 생각과 감정을 **마음챙김**하는 것이 자녀를 인지하는 능력(또는 조율; Baumrind, 1991)을 보완한다고 설명한다. 또한 부모가 자신의 생각, 감정, 욕구를 **수용**하고 분별하는 것이 자녀의 생각과 감정을 존중하고(Barber, 1996) 인정하는(Gottman, Katz, & Hooven, 1996) 접근법을 촉진한다고 주장한다. 이러한 자기 인식과 수용은 부모 자신과 자녀 모두의 목표를 공유하고 이를 달성하는 데 기여한다(Snyder et al., 제8장) Baumrind(제1장 참고)는 부모의 권위를 사회적 규범(상위 수준 개념) 내에서 부모가 자녀에 비해 더 높은 자원, 지식, 경험, 힘을 가지고 행사하는 것으로 논의하고 있다(Kuczynski, 2003 참고).

특정 아동을 발달하고 있는 인격체로 존중하거나 긍정적으로 대하는 태도(제1장 참고)는 권위 있는 부모의 고차원적인 핵심 개념으로 널리 인정받고 있다. 이러한 존중의 개념화(제1장), 부모 수용의 일부로서의 존중(제8장), 아동의 보편적 필요의 존중(제5장), 부모의 심리적 통제가 무시로 간주되는 방식(제3장), 그리고 지속적인 부모-자녀 관계 내에서 권위 있는 부모(제7장)는 존중의 중요성이 권위 있는 부모에게 얼마나 두드러지는지를 보여 준다. 이와는 반대로, Barber와 Xia(제3장)

**표 10-1 이 책에서 다루는 권위 있는 부모, 반응성 그리고 요구성의 요약**

| 저자(장) | | | |
|---|---|---|---|
| Baumrind (제1장) | Barber & Xia (제3장) | Cavell et al. (제7장) | Gauvain et al. (제9장) |
| **권위 있는 부모** | | | |
| 반응성과 요구성, 대립성과 자율성 지지, 애정과 권위 행사의 조화 | 부모의 지지과 통제(심리적 및 행동적)를 중점으로 하며 청소년을 대상으로 함 | 부모의 목표, 가치, 그리고 역량을 반영하는 질 높은 부모-자녀 관계; 행동 억제의 높은 수용 비율 | 반응적; 비간섭적; 자율성과 의사결정을 촉진; 이성, 구조, 행동 전환(redirection)을 통해 훈육 |
| **반응성** | | | |
| 온정성, 수용, 자율성 지지 | 지지, 돌봄, 아동에게 관심을 기울이고(attending) 가치를 부여함, 불필요한 간섭 배제 | 지속적인 아동의 정서적 수용과 감정 코칭 | 애정, 따뜻함, 반응성, 적극적 참여, 비계설정, 지원, 아동의 웰빙에 대한 관심 |
| **요구성** | | | |
| 목표 지향적이고 단호한(또는 직면적) 행동 통제(직접적) 및 모니터링 | 높은 비강압적 행동 통제와 적절한 부모 권위 행사 | 행동 억제, 공격적 아동에 대한 적용 논의 | 합리적 한계 설정, 성숙함에 대한 기대, 체계 활용, 행동 전환 |

〈계속〉

는 부모가 자녀의 사적인 영역(예: 일기, 선호도, 친구)에 개입하여 통제하려 할 때, 그것은 부모가 자녀의 자아(self)를 침해하는 행위이며, 자녀에 대한 존중의 결여로 해석될 수 있다고 설명한다.

비록 Baumrind의 권위 있는 양육에 대한 개념의 폭[예: 지속적인 부모-자녀 가족 시스템과의 통합, 문화와 같은 더 넓은 시스템, 부모 관리 훈련(PMT), 쌍방향성]과 깊이(반응성과 요구성 내 차원)가 확장되었음에도 불구하고, 권위 있는 부모 개념의 가치에 대해서는 명확한 합의가 이루어져 있다. 다음 절에서는 반응성과 요구성의 개념화 및 새로운 방향(〈표 10-1〉 참고)에 대해 다룬다.

| 저자(장) | | | | |
|---|---|---|---|---|
| Larzelere et al. (제4장) | Sorkhabi & Mandara (제5장) | Morris et al. (제2장) | Synder et al. (제8장) | Sorkhabi (제6장) |
| **권위 있는 부모** | | | | |
| 이성과 돌봄의 맥락에서 효과적인 권위 행사 전략 | 개인주의적 문화와 집단주의적 문화에서 차이가 있을 수 있는, 공동체성(communion)과 주체성(agency) 간의 균형을 촉진함 | 자녀의 영향을 고려하고 더 넓은 맥락을 반영한 적정 수준의 통제와 높은 수준의 온정 | 아동과 부모 자신을 모두 포함하는 신중하고 숙련된 자녀 양육 | 부모 중심 목표와 자녀 중심 목표의 통합 |
| **반응성** | | | | |
| 돌봄, 협상, 아동의 결정에 대한 존중 | 사랑받고 수용받는 필요의 충족, 문화에 따라 다를 수 있음 | 아동의 감정에 대한 정서적 온정성 또는 반응성 | 적극적인 관심과 온정성, 아동 중심의 지원과 참여를 유연하게 활용, 조율 | 자립심과 자율성을 촉진하며, 발달 수준에 적합한 아동의 요구에 반응 |
| **요구성** | | | | |
| 위계적이고 순차적으로 적용되는 권위 행사 전략을 통해 이성을 뒷받침; 아동이 미치는 영향을 고려함 | 행동 통제를 통해 아동을 확고하게 지도, 문화에 따라 다를 수 있음 | 단호하고 권위 있는 통제(융통성 있고 지나치게 간섭적이지 않은) | 성인이 설정한 한계 설정과 훈육 | 성취 가능한 성숙한 요구와 독립적인 훈련에 기반한 이성적 통제(단호한 통제와 직면적 훈육) |

### 반응성

반응성은 온정성과 지지를 특징으로 하며, 이는 각 자녀를 고유한 개인으로 바라보고, 그들의 특정한 필요와 욕구, 잠재력을 키우는 것으로 정의된다. 이 책에서 다루어진 권위 있는 양육의 반응성 개념에는 온정성, 지지, 돌봄, 참여, 애정, 정서적 표현, 염려, 인식, 조율, 상호작용, 자녀의 필요에 대한 관심, 자녀의 가치에 대한 인정(독립성과 주체성을 포함), 비계설정, 자립 촉진, 자녀의 결정을 존중하는 것, 그리고 간섭적 행동의 부재(lack of intrusive behaviors)가 포함된다(해당 저자들은 〈표 10-1〉 참고). 반응성에 대한 새로운 방향은 부모-자녀 관계의 지속적인 정서적 분위기와 더 넓은 체계적 맥락(제2, 3, 7장)을 포함하며, 낮은 반응성의 구체적 형태 식별(제8장), 반응성의 표현과 해석의 문화적 특수성 또는 보편성(제5장), 그리고 부모 개입의 일부로서 반응성을 인식하는 것(제7, 8장)을 강조한다. 또한 부모와 자녀의 특성을 고려하는 반응성(제2, 8, 9장)이 수반된다.

반응성은 지지(Baumrind et al., 2010; Rollins & Thomas, 1979), 온정성(Baumrind, 1966; Baumrind et al., 2010), 또는 애정(affection; Aunola & Nurmi, 2004)과 같은 긍정적인 요소들로 구성된 연속체로 널리 받아들여지고 있다. Gauvain, Perez와 Beebe(제9장 참고)는 권위 있는 양육과 반응성이 자녀의 정서적, 사회적 발달에 미치는 영향과 자녀의 인지발달에 미치는 영향도 유사하다는 중요한 연구 결과를 소개한다. 부모의 온정성은 자녀의 독립적인 인지 수행뿐만 아니라 계획 능력—특히 가정에서의 계획 활동—과도 관련이 있다.

반응성의 부정적 기준점에 대해서는 학자들 간에 더 많은 의견 차이가 있다. 낮은 반응성은 권위주의적 부모의 경우 순종과 권위 존중을 강조하는 반면, 방임적 부모는 자녀에게 적은 관심을 보이는 특징이 있다. Snyder 등(제8장)은 낮은 반응성을 두 가지 부적응적 부모 귀인-정서 반응 양식(attribution-affective response sets)으로 구분하여 다음과 같이 설명한다. 첫째, 적대적/분노/반응적 유형으로 외향 중심적이다. 이 유형은 반응이 빠르고, 짜증이 많으며, 자녀의 감정을 타당화해 주지 않는다. 또한 자녀를 향한 분노와 부정적 귀인을 특징으로 한다. 둘째, 걱정하는/괴로워하는/산만한-거리두는 반응 유형으로 내향 중심적이다. 이 유형은 슬픔, 두려움, 산만함이 특징이며, 분노와 부정적 귀인이 자기 자신에게 향한다. Snyder 등은 이러한 두 가지 반응 양식이 권위주의적 양육(혹은 가혹한/적대적)과 방임적(혹은 순응적인/포기하는) 양육의 낮은 반응성을 구별한다고 주장한다. 이는 낮은 반응성의 원인과 결과를 탐구하는 향후 연구에서 중요한 구분점이 될 수 있다. 순응적/포기하는 유형은 가혹한/적대적 양육과 비교하여 더 높은 불안감과 상이한 양육 패턴을 보이며, 이러한 구분은 낮은 반응성의 병인(etiology)과 그 결과를 연구하는 향후 연구에 있어 중요한 시사점을 제공한다. Snyder 등의 연구를 바탕으로, 반응성의 근원으로 여겨지는 Schaefer(1965)의 수용 대 거부(acceptance-versus-rejection) 요인을 재검토하고, 이를 구성 요소 차원으로 세분화하는 것이 중요하다. 즉, 수용(또는 온정성)의 높고 낮음, 그리고 거부(또는 처벌적, 간섭적 행동)의 높고 낮음을 구분하는 것이다.

### 요구성

요구성은 권위 있는 부모의 핵심적인 측면으로, 부모가 자녀의 행동이나 내적 상태에 영향을 미치기 위해 시도하는 통제 행위를 포함하며, 이는 양육 유형의 일부로 나타난다(Rollins & Thomas, 1979). 요구성은 통제의 연속선(continuum)으로, 긍정적이고 효과적인 양육은 높은 수준에서 자녀를 부모의 목표, 가치, 욕구 및 더 넓은 사회 질서를 지향시키고 훈육하면서, 동시에 자녀의 자율성을 육성하는 방향으로 이루어진다(제1, 2, 3장 참고). 효과적인 요구성은 부모-자녀 관계에서 자유와 통제를 균형 있게 유지함으로써 자녀가 사회 질서 내에서 자녀의 자아감(sense of self)을 발달시키도록 돕는다(제1, 2, 3장 참고).

이 책의 저자들은 권위 있는 부모 양육 유형과 권위주의적 부모 양육 유형이 모두 높은 수준의 요구성을 가지고 있다는 Baumrind의 개념을 전반적으로 수용한다. 이에 비해 권위 있는 부모는 모니터링과 대면적 통제 기법(또는 단호한 통제; firm control)을 사용하는 반면, 권위주의적 부모는 강압적이고 가혹한 통제 기법을 사용하는 것으로 특징지어진다. 그러나 요구성의 질적 및 양적 측면에 대한 강조는 각 장마다 다소 차이가 있다. 첫째, 심리적 통제는 강압의 한 형태로, 권위주의적 부모 유형에는 포함되지만 권위 있는 부모 유형에는 포함되지 않는다(Baumrind et al., 2010; 제3장 참고). 둘째, Morris 등(제2장 참고)은 권위 있는 부모 양육의 특징으로 중간 정도의 요구성(Baumrind가 개념화한 높은 요구성 대신)을 제안한다. 셋째, Baumrind와 Morris 등의 개념화를 연결할 수 있는 잠재적인 가설로 Larzelere, Cox와 Mandara(제4장 참고)는 부모의 요구성 기법이 부모와 자녀 간의 상호작용에서 발생하는 역동적 과정의 일부라고 주장한다. 이들은 자녀가 부모의 요구에 반응하지 않을 경우, 부모가 점진적으로 더 높은 수준의 강력한 요구성 기법을 사용하는 상호작용의 연속성에 대해 설명한다. 결론적으로, 이 책의 저자들(Barber & Xia, 제3장; Baumrind, 제1장; Cavell et al., 제7장; Gauvain et al., 제9장; Larzelere et al., 제4장; Morris et al., 제2장; Snyder et al., 제8장; Sorkhabi, 제6장; Sorkhabi & Mandara, 제5장; 〈표 10-1〉 참고)은 대체로 권위 있는 양육에서 요구성을 목표 지향적이고 단호한(직면적인) 방식으로 개념화한다(다만, Morris et al., 제2장은 권위 있는 양육이 중간 수준의 통제를 포함한다고 제안한다). 이는 융통성 있는 행동 통제, 가족 및 사회적 맥락과 자녀의 발달 수준에 부합하는 적절한 기대와 한계 설정, 그리고 필요에 따라 계층적으로 조직되고 순차적으로 적용되는 권위의 사용을 바탕으로 한 논리적 설명, 구조화 또는 비계설정을 활용하여 지도를 제공하는 방식이다.

요구성 연구에서 중요한 전환점은 행동 통제와 심리적 통제라는 두 가지 핵심 차원의 개념화이다(Steinberg, Elmen, & Mounts, 1989). **심리적 통제**는 권위주의적 부모 양육 유형과 일치하는 침해적이고 간접적인 통제로, 자녀의 내면화된 행동 문제의 위험을 증가시킨다(Barber, 1996; 제2, 3장 참고). 반면, **행동 통제**는 가족과 사회적 목표에 따라 자녀의 행동을 규제하려고 시도한다(제3장 참고). 권위 있는 행동 통제는 명확한 기대치와 결과, 추론, 모니터링 등 직접적이고 단호한 방식을 활용하여 자녀 발달을 촉진한다(제1, 2, 3장). 반대로 권위주의적 행동 통제는 직접적이고 가혹하며, 과도한 통제를 포함하여 자녀의 외현적 행동 문제를 증가시킨다(Barber, 1996).

Morris 등(제2장)은 요구성(또는 통제)의 다양한 측면, 즉 모니터링(부모의 지식, 부모의 요청, 자녀의 자발적 정보 제공), 심리적 통제, 행동적 통제(또는 훈육)에 대한 연구를 검토하며, 이는 "부정적 행동을 최소화하고 긍정적 행동을 극대화하는 환경을 제공"하기 위한 것으로 정의하였다(p. 38). Barber와 Xia(제3장)는 Barber(1996, 2002)의 발전된 연구 이후 심리적 통제에 대한 연구를 검토하였다. 심리적 통제의 주요 주제에는 부모의 조건부 긍정(conditional regard)의 두 가지 형태(의존을 유도하는 형태와 성취를 유도하는 형태), 강압적 통제(침해적이고 자율성을 억제하는 행동)를 심리적 통제와 부모의 양육 유형(Baumrind et al., 2010; 제1장 참고)을 연결하는 개념적 다리로 간주하기, 존중 부족에 대한 인식, 그리고 심리적 통제의 새로운 차원으로 사생활 침해, 조롱, 당혹감, 과도한 기대, 타인과의 비교가 포함된다.

### 반응성과 요구성: 독립적인 차원인가

이 책의 저자들(Barber & Xia, 제3장; Baumrind, 제1장)은 부모 유형과 양육 방식 간의 논쟁을 넘어서기 위한 논의를 제공하며, 부모의 요구성(Barber & Xia, 제3장; Morris et al., 제2장)과 반응성(〈표 10-1〉 참고)을 명확히 구분하는 작업을 진행한다.

첫째, Barber와 Xia는 부모의 요구성에 대한 연구가 Baumrind의 부모 유형과 반드시 일치하지 않을 수 있음을 시사한다. 예를 들어, 심리적 통제는 높은 요구성과 가혹한 반응성이 결합된 형태로, 개념적으로 Baumrind의 권위주의적 부모 유형에 속한다(제3장). 심리적 통제는 자녀의 자아 감각을 침해할 수 있으며, 존중 결여로 여겨질 가능성이 높고, 자녀나 청소년의 발달에 부정적인 영향을 미칠 위험이 크다(제2, 3장). 권위주의적 양육 유형과 마찬가지로, 이러한 침해적인 양육 방식은 높은 요구성과 낮은 반응성을 특징으로 한다. 따라서 권위주의적 부모 유형의 요구성과 심리적 통제의 중첩(Barber & Harmon, 2002), 그리고 권위주의적 부모 유형의 낮은 반응성 특성에 대한 추가 연구가 필요하다.

둘째, 이 책의 저자들은 반응성과 요구성이 각각 긍정적(온정, 지지, 애정; Morris et al., 제2장) 및 부정적(적대감, 처벌, 침해; Snyder et al., 제8장) 요소를 포함할 수 있음을 보여 준다. 심리적 통제와 행동적 통제의 영향과 함께 이 두 요소를 평가하는 것은 향후 연구에 있어 중요한 방향이 될 수 있다(Bean, Barber & Crane, 2006 참고). Hoeve 등(2009)의 연구에서도 부모 양육 방식과 비행 간의 연관성에 대한 메타 분석을 통해 심리적 통제와 행동적 통제(감독)의 중요성이 강조되었으며, 부모의 적대감, 거부, 방임이 온정, 수용, 애정보다 비행과 더욱 강하게 연관되어 있음을 밝혔다. 이러한 연구 결과는 반응성의 긍정적 및 부정적 측면을 보다 정교하게 구분할 필요성을 제기한다.

셋째, 이 책에서 양육 유형과 관련된 정서적 측면은 Cavell 등(제7장)의 논의에서 부모가 자녀를 한 개인으로서 수용하는 것이 효과적인 양육의 근본 요소임을 강조하는 부분과 관련이 있다. Morris 등(제2장)은 부모 유형이 "부모-자녀 관계의 정서적 기초" 역할을 하며(p. 65), 부모의 정서 조절과 상호작용하면서 자녀의 정서 사회화(예: 정서 조절)에 중요한 역할을 한다고 주장한다. 권위 있는 부모는 자녀의 감정을 수용하며, 감정을 다루는 것과 확고한 통제가 서로 보완 관계에 있음을 인식하고(제2장), 자녀의 감정에 반응하며, 감정을 다루는 방법을 가르친다[예: "화가 나는 것은 괜찮지만, 동생을 때리는 것은 안 돼."(p. 67)]. Snyder 등(제8장)은 부모 자신의 감정과 자녀의 감정이 모두 권위 있는 부모 유형을 이해하는 데 중심이 된다고 언급한다. 정서 관련 양육, 정서 사회화 및 조절(제2장); 마음챙김(제8장); 존중(제3장); 부모-자녀 관계가 인지적으로나 정서적으로 중요한 관계로 작용하는 방식(제9장) 등의 주제와 관련된 후속 연구는 반응성과 요구성과 관련된 부모와 자녀의 정서 해석을 밝히는 데 기여할 수 있다.

## 권위 있는 부모 유형: 부모 양육 접근 간의 가교 역할

이 책의 저자들은 부모 양육 유형을 다양한 차원과 더 넓은 맥락에서 연결하는 방식을 개괄하면서 이러한 연결을 형성하는 다음의 세 가지 주요 접근법을 제시한다.

### 부모 유형과 부모 차원

첫 번째 접근법은 Baumrind(1966, 1971)가 설정한 부모 유형과 양육 방식 간의 관계를 Darling과 Steinberg(1993)의 틀을 통해 발전시킨 것이다. Barber와 Xia(제3장)는 부모 유형을 분석하는 한 가지 방법으로, 행동적 통제 방식과 부모 양육의 다른 측면(예: 심리적 통제, 지지) 간의 상호작용과 누적적 효과를 검토하는 방식을 제안한다. 다른 저자들은 부모 유형을 정서적 환경으로 간주하는 틀을 확장하며,

부모 양육 유형이 가족 및 더 넓은 사회적 시스템과 어떻게 상호작용하는지를 논의한다(제2, 7장). Gauvain 등(제9장)은 권위 있는 양육 유형이 정서적 환경을 조성하여 인지발달을 촉진하며, 특히 정서적 어려움을 겪는 아동의 발달을 지원한다고 주장한다. 다른 연구자들(Morris, Silk, Steinberg, Myers, & Robinson, 2007)과 유사하게, 이들은 권위 있는 부모 유형이 정서적 강도가 높은 아동의 인지발달 사회화에 결정적인 역할을 한다고 본다.

## 권위 있는 부모 유형과 부모 관리 훈련 개입

두 번째 접근법은 부모-자녀 관계와 시간에 따른 맥락을 더 깊이 고려하면서 부모 관리 훈련(PMT) 개입과 권위 있는 부모 유형의 요소를 통합하는 것이다(제4, 7, 8장). Cavell 등(제7장)과 Snyder 등(제8장)은 PMT 개입에서 가르치는 부모의 요구성 방식과 권위 있는 부모 유형 연구를 연결하며, 부모 양육 기술을 부모-자녀 관계, 가족 시스템, 더 넓은 사회적 맥락 속에서 개념화할 것을 강조한다. Larzelere 등(제4장)은 Bell의 통제 이론(Bell & Harper, 1977)을 적용하여 부모가 자녀와의 상호작용 과정에서 점진적으로 더 강한 권위 행사 기법(power-assertive techniques; 또는 PMT 요구성 기법)을 사용하게 되는 방식을 설명한다. 즉, 부모가 논리적인 설명이나 덜 강압적인 방법을 사용했음에도 자녀가 기대하는 행동을 따르지 않을 경우, 점점 더 강한 권위를 행사하게 되는 과정을 개념화한 것이다. Cavell 등(제7장)은 부모 개입이 단순한 기술 습득에 그치는 것이 아니라, 지속적인 부모-자녀 관계, 가족 시스템, 그리고 더 넓은 사회적 맥락 속에서 이루어져야 한다고 강조한다.

## 부모 양육 유형의 문화적, 발달적 맥락

세 번째 연결 접근법은 부모 유형의 문화적 및 발달적 맥락을 고려하는 것이다. 현재까지 문화적 맥락에 대한 연구는 비교적 구체적으로 논의된 반면, 발달적 맥락에 대한 논의는 상대적으로 부족한 실정이다. Sorkhabi와 Mandara(제5장)는 권위 있는 부모 유형의 문화적 특수성(예: 집단주의 대 개인주의, 요구성 중심 문화의 우세, 문화 간 통제 해석의 차이)과 문화적 보편성에 대한 관점을 검토한다. 이들은 ① 권위 있는 부모 양육 유형이 문화 전반에 걸쳐 긍정적인 발달 결과와 관련이 있으며, ② 아시아계 및 아프리카계 미국인 청소년들이 유럽계 미국인 청소년들보다 권위주의적 부모 유형과 관련된 부정적 결과를 덜 경험하지만, 이는 권위주의적 양육 방식이 어떤 문화에서도 최적의 방식이라는 의미는 아니라는 점을 강조한다. 또한 Sorkhabi와 Mandara는 기존의 네 가지 부모 양육 유형(권위 있는, 권위주의적, 허용적, 방임적)에 '지시적 부모 양육 유형(directive parenting style)'을 추가하여, 권위 있는 양육을 유럽계 미국인 가족에 특화된 문화적 양육으로 볼 것인가, 아니면 보편적인 양육 방식으로 볼 것인가에 대한 논쟁을 해결하고자 한다(Baumrind et al., 2010). 지시적 부모 양육 유형은 권위 있는 부모 양육 유형과 유사하게 긍정적인 자녀 발달 결과를 촉진하며, 비유럽계 미국인 가정의 문화적 맥락과도 잘 맞는 양육 방식으로 볼 수 있다. 전 세계적으로 다양한 문화와 부모 양육 유형의 통합을 탐구하는 연구는 앞으로도 중요한 연구 과제가 될 것이다(제5, 9장 참고).

발달적 맥락에서 부모 양육 유형을 고려하는 것은 여러 연구자가 추가 연구가 필요하다고 지적하는 부분이다. 부모 양육 유형과 문화 간의 관계와 마찬가지로, 부모 양육 유형의 일부 측면과 차원은 시간이 지나도 변하지 않는 반면, 특정 발달 단계에서는 중요한 역할을 할 수도 있다. 이 책의 저자들은 ① 돌봄과 지지가 일관되게 긍정적인 발달 결과와 연결되며(Cavell et al., 제7장; Morris et al., 제2장; Snyder et al., 제8장), ② 심리적 통제(Barber & Xia, 제3장; Morris et al., 제2장) 및 가혹한 양육 방식(Cavell et al., 제7장; Snyder et al., 제8장)이 대부분의 아동 및 청소년 발달 결과, 특히 인지적 수행에 부정적인 영향을 미친다고 결론짓고 있다(Gauvain et al., 제9장).

Barber와 Xia(제3장)는 개인 영역의 중요성에 대한 사회적 영역 이론을 활용하여, 심리적 통제가 자아 정체성과 자율성 발달을 저해할 수 있음을 강조하면서도 이 두 가지가 청소년기에 더욱 중요할 수 있다는 가능성을 열어 둔다. 청소년기는 심리적 통제와 부모-청소년 갈등에 특히 취약할 수 있으며, 이는 개인 영역 발달을 충분히 지지받지 못한 권위주의적 또는 허용적 부모 유형 아래에서 성장한 청소년들에게 더욱 두드러질 수 있다(제6장). 아직 명확히 규명되지는 않았지만, 존중 결여(disrespect) 개념 및 사회 영역 이론과 심리적 통제의 통합은(Smetana et al., 2005; 제3, 6장 참고), 시간이 지남에 따라 심리적 통제가 점점 더 부정적인 영향을 미치는 발달적 누적 효과가 발생할 가능성을 시사한다. 이는 청소년기에 절정에 달하며, 성인기까지 영향을 미칠 수 있다.

## 개념적 기초와 새로운 접근법의 이론적 배경

Baumrind(제1장)는 권위 있는 부모 양육 유형의 개념적 유산(마르크스의 변증법적 유물론, 몬테소리 교육 이론, 그녀의 학문적 조부인 Kurt Lewin의 집단역학 관점)과 사회 이념적(자유와 통제 간의 균형을 이루는 Lakoff의 엄격하면서 돌보는 부모) 유산에 대해 설명한다. 〈표 10-2〉에서는 Baumrind의 권위 있는 부모 유형 개념과 이 책에서 논의된 새로운 접근법들의 이론적 배경을 요약하고 있다. 또한 일부 이론적 기초를 기존과 다르게 분류한 것은 연구의 효율성을 높이고 개념적 중첩을 해결하기 위한 것임을 독자들에게 알리고자 한다.

## 양방향적 접근법: 부모 효과, 자녀 효과 또는 둘 다에 대한 고전적인 질문

이 책은 부모-자녀 상호작용에서 부모 효과, 자녀 효과, 그리고 양방향적 관계의 중요성에 대한 기존 논의를 확장하며 재검토한다. 여기서는 권위 있는 부모 양육 유형과 관련된 양방향적 관계 연구의 확장성과 깊이를 다루며, 이 책의 예를 통해 이러한 관점을 간략하게 검토한다.

Baumrind의 연구 전통은 부모 효과[또는 사회적 틀(social mold); Hartup, 1978]에 중점을 두며, 부모의 권위 있는 양육 유형(또는 반응성과 요구성의 차원)이 부모 간의 상대적 자원 및 책임의 차이를 기반으로 자녀의 발달에 미치는 영향을 분석한다(제1장). 이 책의 저자들은 Baumrind의 개념을 확장하여, 권위 있는 부모 양육 유형 연구에 부모 변인(생물학적, 감정적/정서적, 인지적 요인, Cavell et al., 제7장; Morris et al., 제2장; 부모의 정신 건강 및 양육 훈련, Snyder et al., 제8장; 어머니뿐만 아니라 아버지까지, Morris et al., 제2장)을 포함하고 있다.

Morris 등(제2장)은 지난 30년간 양육 연구에서 자녀 효과(Bell, 1968; Bell & Harper, 1977)가 중요한 흐름으로 자리 잡았다고 지적한다. 자녀의 기질은 반응성과 규제, 자기조절 능력과 관련하여 널리 논의되는 주요한 자녀 효과 요소로서, 권위 있는 부모 양육 유형과 밀접한 관련이 있다(제3장). 초기 연구(Maccoby & Martin, 1983)에서는 **수용적 순응**(receptive compliance, 자발적 또는 확고한 순응)과 **상황적 순응**(부모의 권위 행사에 따른 순응)의 개념을 제시하였으며, 현재는 부모 양육 유형(제2장) 또는 양육 방식(제4장)에 따라 자녀의 순응 방식이 달라질 수 있음을 시사한다. 이는 자녀의 기질이 생물학적 요인과 사회심리적 요인의 결합으로 작용하기 때문이다(제2장). 이 책에서 논의된 자녀의 특성 중 권위 있는 부모 양육 유형과 상호작용하는 요소에는 성별, 유전적 민감성 및 기타 생물학적 요인(제2장 참고), 발달 수준(제2, 3, 6, 7장), 정신병리(공격성, 행동장애 및 반항장애; 제4, 7, 8장), 정서 조절(제2, 9장), 그리고 활동 정보 관리(제1, 2, 3장)이 있다.

부모-자녀 관계의 양방향성은 특정한 상호작용 순서와 지속적인 부모-자녀 관계의 일부로서 발생한다(Kuczynski, 2003 참고; 제2장 참고). Baumrind(제1장)는 "부모와 자녀의 역할이 상호적이지만 평등하지 않다"(p. 18)고 개념화하며, 부모는 자녀가 '자신감 있고 자율적인 행동'(즉, 주체성)뿐만 아니라 '부모의 지시에 대한 합리적인 순응'을 하도록 사회화하는 것을 목표로 한다고 설명한다. 이는 자녀의 독특한 개성과 사회적 규범의 맥락 안에서 이루어진다. 이 장의 일부 저자들은 Baumrind의 개념화에서 벗어나, 양방향성을 네 가지 접근 방식으로 설명하고 있다. ① 상호 동기화(dyadic synchrony) 또는 부모와 자녀 간의 상호 반응 지향성

**표 10-2 권위 있는 부모의 자녀 양육: 이 책에서 다루는 새로운 관점의 개념적 유산 및 기타 근원에 대한 요약**

| | 저자(장) | | | | | | | | |
|---|---|---|---|---|---|---|---|---|---|
| | Baumrind (제1장) | Barber & Xia (제3장) | Cavell et al. (제7장) | Gauvain et al. (제9장) | Larzelere et al. (제4장) | Sorkhabi & Mandara (제5장) | Morris et al. (제2장) | Snyder et al. (제8장) | Sorkhabi (제6장) |
| **이론적 유산** | | | | | | | | | |
| 이론적 | | | | | | | | | |
| 변증법적 유물론(Marxism) | * | | | | | | | | |
| 교육 이론(Montessori) | * | | | | | | | | |
| 집단역학 운동(Lewin) | * | | | | | | | | |
| 사회 이데올로기 | | | | | | | | | |
| 엄격하면서 돌보는 부모에 대한 은유(Lakoff) | * | | | | | | | | |
| 자유와 통제의 균형 (Baumrind) | * | * | * | * | * | * | * | * | * |
| **새로운 관점의 기타 근원** | | | | | | | | | |
| 양방향 접근 | * | * | * | * | * | * | * | * | * |
| 체계적 접근 | | | | | | | | * | |
| 가족체계 | | * | * | | | | * | | |
| 생태학적 접근 (Bronfenbrenner 등) | | | * | | | | * | | |
| 역동적 체계 | | | * | | | | * | | |

〈계속〉

| | 저자(장) | | | | | | | | |
|---|---|---|---|---|---|---|---|---|---|
| | Baumrind (제1장) | Barber & Xia (제3장) | Cavell et al. (제7장) | Gauvain et al. (제9장) | Larzelere et al. (제4장) | Sorkhabi & Mandara (제5장) | Morris et al. (제2장) | Snyder et al. (제8장) | Sorkhabi (제6장) |
| 새로운 관점의 기타 근원 | | | | | | | | | |
| 행동적/사회적 학습접근 | | | | | | | | | |
| 조작적 조건화 | | | * | | * | | | * | |
| 사회적 상호작용/사회적 학습/강압 | | | * | | * | | | * | |
| 부모교육/Bell의 통제 이론 | | | | | * | | | | |
| 관계틀 이론 | | | | | | | | * | |
| 다른 접근 | | | | | | | | | |
| 애착 | | | * | | | | | | |
| 사회 영역 이론 | | * | | | | | * | | * |
| 자기결정성 이론 | | * | | | | | * | | |
| 사회문화 이론(Vygotsky 등) | | | | * | | | | | |
| 다학제적 문화적 관점 | | | | | | * | * | | |

은 단기적인 상호작용, 장기적인 부모-자녀 관계, 그리고 더 넓은 생태학적 시스템 내에서 발생하는 상호 반응성을 의미한다(Cavell et al., 제7장; Morris et al., 제2장). ② 문화 간 상호성 차이(cross-cultural variation in reciprocity)에 따르면 집단주의 문화에서는 개인이 공동체 전체의 이익을 중시하는 반면, 개인주의 문화에서는 의무감을 더 강조하는 차이를 보인다(Sorkhabi & Mandara, 제5장). ③ Bell의 통제 이론을 적용하여 부모가 자녀의 성숙 요구에 대한 반응성을 고려하며, 점진적으로 더 강한 권위 행사 전략을 활용하는 방식으로 상호작용을 개념화할 수 있다(Larzelere et al., 제4장). ④ 부모와 자녀의 내적 해석 차이는 부모 유형과 양육 방식에 대한 상이한 해석(공유되었든 다르든)이 부모-자녀 상호작용에 대한 중요한 통찰을 제공할 수 있음을 의미한다(Barber & Xia, 제3장; Sorkhabi & Mandara, 제5장; Sorkhabi, 제6장).

## 양방향성을 넘어서: 체계적 접근

이 장에서 제안된 세 가지 체계적 접근 방식은 권위 있는 부모의 자녀 양육 연구를 발전시키는 데 중요한 가능성을 제시한다. **가족체계 관점**은 전체 가족체계와 가족 하위 체계(예: 부모-자녀, 부부, 형제 관계)가 긴밀하게 연결되어 있으며, 개인의 특성과 더 넓은 사회적 맥락이 관계 패턴과 상호작용한다는 점을 강조한다(Henry, 1994; Henry, Huey, Robinson, & Neal, 2006; Henry, Sager, & Plunkett, 1996; Houltberg, Henry, & Morris, 2012). 이 장에서 Barber와 Xia(제3장), Morris 등(제2장)은 부모-자녀 간의 보편적 양방향성이 전체 가족체계의 일부로 연구될 필요가 있음을 주장한다.

**생태학적 체계 접근**(Bronfenbrenner, 1989)은 개인 발달이 여러 체계 내에서 이루어진다는 점에 초점을 둔다. 이 장의 저자들은 권위 있는 부모의 자녀 양육을 연구할 때, 부모와 자녀의 생물학적(생물유전학적 및 심리생리학적), 정서적/정동적, 인지적 또는 발달적 체계와 역량을 고려할 필요성을 강조한다(Barber & Xia, 제3장; Cavell et al., 제7장; Gauvain et al., 제9장; Larzelere et al., 제4장; Morris et al., 제2장; Sorkhabi, 제6장). 또한 지속적인 부모–자녀 관계와 가족 역동성(예: 전체 가족체계 및 부부, 형제, 다세대 가족 시스템, Cavell et al., 제7장; Morris et al., 제2장; Snyder et al., 제8장), 가족 외적 관계(예: 또래, 교사)뿐만 아니라 생태학적 맥락(예: 이웃, 주위 사람들, 문화, 미디어) 및 다양한 문화적 배경을 반영해야 한다(Cavell et al., 제7장; Gauvain et al., 제9장; Morris et al., 제2장; Sorkhabi & Mandara, 제5장).

**역동적 체계 관점**에서는 아동의 발달(인지적, 정서적, 행동적, 신체적)이 더 넓은 체계 내에서 상호작용(예: 관계, 활동, 정서적 유형)을 통해 형성된다고 본다(Thelen & Smith, 1996). 역동적 체계 관점은 권위 있는 부모의 자녀 양육 연구에서 후성 유전적 요인 등의 중요한 가능성을 제공한다(제7장). 예를 들어, 특정 부모 양육 유형의 상대적 영향력은 아동의 유전적 요인에 따라 다를 수 있다(제2장). 아동은 강압적 통제보다는 반응성이 높은 부모 유형을 선호할 가능성이 있지만, 이러한 선호도는 아동의 특성(기질, 제2장, 정서적 특성, 제9장)에 따라 달라질 수 있다.

## 행동 및 사회 학습 접근

권위 있는 부모의 자녀 양육은 역사적으로 조작적 학습(operant learning; 기계론적 세계관보다는 맥락적 접근과 관련됨)과 연결되어 왔으며 이는 PMT와 부모 양육 유형을 통합한 연구에서 비롯되었다(제4, 7, 8장 참고). 이 통합에서는 세 가지 중요한 발전이 나타난다.

첫째, Cavell 등(제7장)은 사회화의 **생애 과정–사회 학습 모델**을 제안하며, 여덟 가지 핵심 가정을 포함한다. ① 아동 및 청소년의 공격성의 예방과 개입은 생물유전학적 요인, 가용한 사회적 맥락, 아동이 사회적 맥락에서 성공적으로 적응할 수 있는 능력을 고려해야 하며, ② 부모는 아동이 긍정적인 사회적 환경에 참여하도록 촉진하고 친사회적 맥락에서의 참여를 장려하며 반사회적 행동을 조장하거나 묵인하는 환경에 대한 접근을 제한할 책임이 있다. 이 모델의 독특한 특징은 생애 과정 관점과 사회 학습 접근을 생태학적 맥락 안에서 통합한 것이다.

둘째, Larzelere 등(제4장)은 Baumrind의 권위 있는 부모 유형과 Bell의 통제 이론(Bell & Harper, 1977)을 활용하여 부모와 자녀 간 상호작용의 양방향 과정에 주목할 것을 주장하며, 자녀가 부모의 기대에 대한 반응성이 낮을 때 부모의 요구성 기법이 점차 더 강한 권위 행사로 변화할 수 있음을 분석한다. 이 접근법은 ① 비임상 집단에서의 훈육적 논리가 자녀의 발달에 미치는 긍정적 효과와 ② 임상적으로 평가된 집단을 위한 PMT 접근법의 긍정적 효과에 대한 두 가지 중요한 연구 흐름을 통합한다.

셋째, Snyder 등(제8장)은 사회 학습 이론과 관계틀 이론(특히 기억과 언어를 포함한 정서와 인지의 통합을 강조하는 접근; Hayes, 2004)을 Baumrind의 부모 유형과 통합한다. 이 접근을 통해 Snyder 등은 부모 양육 유형을 구별하는 중요한 귀인-정서 반응 세트를 식별하며, 이는 전통적인 부모 개입 방법을 수정할 가능성을 제시한다.

## 기타 접근법

Cavell 등(제7장)은 애착 이론(및 사회 학습 및 가족체계 이론)이 반응적 부모 치료(Responsive Parent Therapy)의 개념적 기반이 되며, 효과적인 자녀 양육의 기초는 부모-자녀 관계의 질이라는 점을 강조한다. 우리는 사회 영역 이론(구조적 발달 이론; 제3, 6장)과 자기결정성 이론(제2, 3장)을 함께 분류했는데, 이는 두 이론 모두 발달 과정과 결과에서 자기(self)와 타인(other)의 중요성을 강조하기 때문이다. Barber와 Xia(제3장)는 개인적 영역의 중요성에 대한 인지 사회 영역 이론의 발전을 활용하여, 심리적 통제가 발달 과정 전반에서 정체성과 자율성의 형성을 어떻게 침해하는가를 강조한다. 앞서 언급했듯이, 청소년기는 자아와 정체성이 쉽게 침해되거나 이용될 위험이 큰 시기이며, 이러한 취약성을 기반으로 한 심리적 통제는 청소년기에 특히 부정적인 영향을 미칠 수 있다. 이는 특히 개인적 영역의 발달 과정에서 충분한 돌봄과 지원을 받지 못한 부모 양육 방식을 경험한 청소년들에게서 더욱 두드러지게 나타난다(제6장).

Barber와 Xia(제3장)는 자기결정성 이론(self-determination theory)의 적용이 심리적 통제 연구에 있어 중요한 새로운 방향이라고 본다(Deci & Ryan, 2000). 자기결정성 이론은 인간이 본래 자신의 환경을 탐색하고 자율성을 향해 성장할 수 있는 능력을 지닌다고 전제한다. 따라서 향후 연구에서는 권위 있는 부모의 자녀 양육이 가족 및 사회적 목표를 자아와 어떻게 통합하는지 구체적으로 탐구할 필요가 있다.

## 방법론의 새로운 방향

방법론의 새로운 방향은 Diana Baumrind가 개발한 고전적 방법론에서 발전했을 뿐만 아니라, 학제 간 연구, 연구 비용, 시간적 제약 등의 요인에 의해 새롭게 등장한 접근법을 포함한다. 이 절에서는 권위 있는 부모 양육 연구에 대한 다양한 접근법(유형학적 접근, 차원적 분석, 변인 중심 연구), 학제 간 연구에서의 측정 과제, 그리고 연구 방법론의 주요 고려 사항을 논의한다. 이러한 고려 사항에는 생태학적 타당성, 이론과 방법의 일치성, 어머니뿐만 아니라 아버지 또는 다양한 응답자의 포함, 다중 방법론 활용, 종단 연구 설계, 인종 및 민족적 다양성, 그리고 가족 구조의 차이 등이 포함된다.

### 유형학, 차원적 접근, 변인 중심 접근의 비교

Baumrind(제1장 참고)는 권위 있는 부모 양육에 대한 역사적 연구와 현재 연구를 반영하며, 연구에서 수용해야 할 방법과 피해야 할 방법을 대조한다. 채택된 방법에는 자녀와 부모에 대한 자연주의적 관찰, 이러한 관찰을 바탕으로 한 관찰자 평가(Q 분류 포함), 종합적인 인터뷰, 그리고 현장 실험(예: "부모의 훈육 노력에 대한 어린이의 반응을 이끌어 내기 위한 실험 절차," p. 42)이 포함된다. 반면, 실험 방법론, 실험실 환경에서 수행된 연구, 자기 보고 또는 설문지 활용 연구, 변인 중심 접근 방식 등은 피해야 할 방법으로 간주된다. 가장 최근의 가족 사회화 프로젝트(Baumrind et al., 2010) 데이터 보고서는 Baumrind의 부모 양육 유형학을 바탕으로, 기존의 권위 있는 부모, 권위주의적 부모, 허용적 부모라는 전통적인 세 가지 유형뿐만 아니라, 최근 파생된 민주적 부모, 지시적 부모, '충분히 훌륭한' 부모, 무관심한 부모라는 네 가지 유형을 확인하였다. 이러한 유형들은 Baumrind가 제시한 세 가지 연구 방법을 기반으로 확립되었으며, 현재도 여전히 그 기초를 이루고 있다. 또한 Baumrind 등(2010)은 기존의 세 가지 연구 방법으로부터 변인 중심 접근 방식을 도출하였으며, 이를 통해 반응적이고 직면적인 훈육, 자격 없는 권위 행사, 심리적 통제, 순응과 복종의 증진, 임의적 훈육, 폭력적 언어, 심한 신체적 처벌과 같은 다양한 변인을 제시하였다.

부모 양육 스타일에 대한 연구는 Baumrind의 유형학적 접근을 기반으로 점차 차원 중심 접근(dimensions-based approach; 예: Barber, 1996; Darling & Steinberg, 1993; Maccoby & Martin, 1983; Morris et al., 2007; Rollins & Thomas, 1979)과 차원 내 변인을 분석하는 변인 중심 접근(variable-centered approach; 제2, 3장)으로 발전해 왔다. 이러한 변화와 함께 자기 보고 및 설문지를 강조하는 연구 방법론이 등장했지만, 설문지의 타당성을 평가하는 수단으로 여전히 관찰 방법이 부분적으로 활용되고 있다(Coolahan, McWayne, Fantuzzo, & Grim, 2002). 이러한 방법론적 변화의 원인으로는 ① 연구 초점이 미취학 아동(예: Baumrind, 1966, 1971)에서 아동기 및 청소년기로 이동한 점(제3장), ② 청소년 또는 부모의 관점에서 부모 양육 유형, 반응성, 요구성을 해석하는 이론적 모델이 강조된 점(Steinberg et al., 1989; 제2장) 등이 있다. Barber와 Xia(제3장)는 지난 10년 동안 등장한 자기 보고 방식을 활용한 심리적 통제 측정 접근법을 검토하면서, 향후 연구에서도 이 방법이 중요한 가능성을 제시할 것이라고 평가한다. 또한 미취학 아동과 초등학교 저학년 아동을 대상으로 한 최근 연구에서는 부모 양육 스타일을 측정하는 주요 방법으로 설문지 방법론이 활용되고 있다(Coolahan et al., 2002). 2011년 6월 PsycINFO 데이터베이스에서 2000~2011년 사이 동료 심사를 거친 논문을 검색한 결과, 설문지 방법론이 우세하다는 것이 분명하게 나타났다. 양육 유형과 관찰을 검색한 경우 84개의 논문이 나왔으며, 양육 유형과 설문지를 검색한 경우 387개의 논문이, 양육 유형과 자기 보고를 검색한 경우 154개의 논문이 확인되었다. 마지막으로, 설문지 활용의 증가는 비용과 시간 절약뿐만 아니라 공중 보건 문제(예: 부모 양육 방식이 아동 비만과 어떻게 관련되는지)에 대해 신속하게 대응할 수 있다.

## 측정 과제에 대한 사례 연구로서의 학제간 연구

부모 양육 유형에 대한 측정 연구는 기초 및 응용 발달 연구와 가족 연구 분야에서 수십 년간 지속되어 왔으며, 이 책의 모든 장에서 이를 다루고 있다. 1995년 이후, 부모 양육 유형 연구는 아동 비만과 같은 건강 문제를 다루는 학제 간 연구의 주요 초점이 되었다(Birch & Fisher, 1995; Blissett & Haycraft, 2008; Hubbs-Tait et al., 2008). 연구 결과, 부모 양육 유형은 아동 비만, 감정적 섭식(emotional eating), 기타 건강 문제와 밀접한 관련이 있는 것으로 나타났다(Rhee et al., 2006; Topham et al., 2011). Baumrind의 부모 양육 유형 개념은 아동의 식습관 지도(feeding styles) 측정 연구(예: Hughes, Power, Fisher, Mueller, & Nicklas, 2005)에 큰 영향을 미쳤으며, 다양한 분야의 연구자들이 특정 사회화 영역(예: 식습관, 흡연, 음주)과 관련하여 부모 양육 유형을 평가하도록 유도하는 데 중요한 역할을 했다.

## 기타 방법론적 고려사항

Baumrind(제1장)는 연구자들에게 "추론적 및 생태학적 타당성"(p. 39)의 중요성을 강조한다. 이는 연구 참여자의 실제 생활 환경에서의 경험을 탐색하고, 이를 더 넓은 맥락에서 반영하는 시도를 의미한다. 권위 있는 부모 양육의 다양한 측면을 연구하는 데 사용되는 이론적 접근 방식과 방법론을 고려할 때, 연구자가 각 연구 질문에 가장 적합한 방법을 선택하는 것이 중요하다. 다양한 방법론과 응답자를 활용하는 것은 권위 있는 양육을 보다 종합적으로 이해하는 데 기여하며, 관찰자와 연구 참가자 모두의 관점을 반영할 수 있도록 한다. 이 책의 저자들은 향후 권위 있는 양육 연구가 아동의 긍정적 발달을 촉진하는 방향으로 발전하기 위해서는 종단적이고 혁신적인 연구 방법이 필요할 수 있음을 제시한다(Baumrind, 제1장). 또한 연구 표본에서 인종, 민족 및 문화적 다양성을 반영하고(Sorkhabi & Mandara, 제5장), 다양한 가족 구조를 고려하여 아버지, 어머니 그리고 부모 간 관계를 포함하며(Cavell et al., 제7장; Morris et al., 제2장), 생물학적 요인과 보다 넓은 맥락적 변인을 연구에 포함하는 것(Morris et al., 제2장) 역시 중요한 연구 방향으로 제시된다.

## 실천적 접근의 새로운 방향

이 책은 권위 있는 부모 유형이 아동 및 청소년의 발달적 표현과 어떻게 연결되는지를 탐색하는 데 있어 중요한 진전을 이루었으며, 부모-자녀 관계에서 개입이 충분하지 않거나, 손상되거나 방해받을 경우, 이를 어떻게 개선할 수 있는지에 대한 논의도 포함하고 있다. 권위 있는 부모 유형이 전문적 실천에서 가지는 핵심적인 가치는 아동 및 청소년의 역량과 복지(well-being)와의 연관성에 대한 이론적 연구를 통해 입증되었다(제1장). 이 책의 저자들은 기존의 PMT 접근 방식을 권위 있는 양육의 원칙을 반영하도록 수정하고 확장시켰다.

권위 있는 양육과 일치하는 부모의 역량(지식 및 기술)을 강화하기 위해 활용할 수 있는 다양한 부모교육 접근법(제7장)은 일반적인 부모나 특정한 부모 그룹(예: 초보 부모, 청소년 자녀를 둔 부모, 위험에 처한 아동이나 특정 질환을 가진 아동의 부모)을 위한 프로그램으로 설계될 수 있다(Smith, Perou, & Lesesne, 2002). 부모교육 접근법은 일반적으로 부모-자녀 관계를 강화하고, 부모의 지식과 기술을 향상시키는 데 중점을 두지만, PMT는 전통적으로 행동주의 학습 이론에 기초하여 조작적 조건형성 기법을 통해 부모가 자녀의 행동을 통제할 수 있도록 돕는 사회 학습 접근 방식에 초점을 맞추어 왔다(제7장). 이 책의 저자들이 설득력 있게 설명한 것처럼 부모와 자녀 간 관계의 질은 권위 있는 양육 스타일과 실천의 핵심 요소이며(Barber & Xia, 제3장; Cavell et al., 제7장; Morris et al., 제2장; Snyder et al., 제8장) 나아가 아동의 긍정적인 정서적, 행동적, 인지적 발달에도 중요한 영향을 미친다(Gauvain et al., 제9장; Morris et al., 제2장).

Baumrind가 부모 양육 스타일에 대한 연구를 수행한 시기와 거의 같은 시기(제7, 8장 참고)에 PMT는 공격성, 반항성장애(Oppositional Defiant Disorder), 품행장애(Conduct Disorder)와 같은 외현화 문제행동을 보이는 자녀를 둔 부모를 위한 가장 실증적으로 검증된 양육 개입 방법으로 자리 잡았다(제7장). 외현화 문제행동을 보이는 부모와 자녀는 부모의 양육 방식과 자녀의 문제행동이 서로 강화되면서 악순환이 심화될 위험에 처해 있다(Patterson, 1982). 이 책의 저자들(Cavell et al., 제7장; Larzelere et al., 제4장; Snyder et al., 제8장)은 권위 있는 부모 양육 스타일에 대한 연구 결과를 PMT의 개입 방법과 통합하여, 보다 효과적인 양육 개입을 강화하는 데 있어 중요한 통찰을 제공한다.

## 권위 있는 부모 양육을 기반으로 한 부모 개입에 대한 제언

이 절에서는 부모 개입에 있어 시간과 맥락, 반응성, 요구성 및 가치를 다룸으로써 부모 개입을 강화할 수 있는 권위 있는 부모의 자녀 양육의 새로운 방향을 제시한다.

### 시간과 맥락 차원을 고려한 부모 개입

전통적인 PMT 프로그램의 한계 중 하나는 조작적 조건형성을 기반으로 한 개입이 단기적인 순응을 얻는 데는 효과적일 수 있지만, 자녀가 부모의 사회화 목표를 내면화하는 데까지 이어지지 않을 가능성이 있다는 점이다(제7장). 이에 반해 Cavell 등(제7장)은 최근 부모 양육 연구의 흐름(제2장 검토 참고)에 따라, 부모 개입이 단순한 행동 수정이 아니라 지속적인 부모-자녀 관계의 맥락에서 이루어져야 한다고 주장한다. 즉, 권위 있는 부모의 요구성은 자녀에 대한 수용과 함께 작용해야 하며, 이는 관계 기반 사회화 모델(relationship-based model of socialization) (p. 239)에 기반한 부모 개입을 통해 실현될 수 있다. 효과적인 양육을 위해서는 더 넓은 환경적 시스템(제2, 7장) 속에서 부모와 자녀가 지속적으로 영향을 주고받는 관계의 일부임을 인식하는 것이 필요하다. 또한 부모는 각 아동의 고유한 자아와 개별성을 인식하고 이를 존중하는 태도를 가져야 한다(제8장). 권위 있는 양육은 전 생애에 걸쳐 이루어지지만, 가족이 특정한 변화나 스트레스 요인을 경험하게 되면 부모의 양육 효과가 달라질 수 있다(제7장). 결국, 부모와 자녀의 상호작용은 자녀, 부모, 가족이 성장하고 변화하는 과정에서 함께 진화하고 변화할 수 있다.

Cavell 등(제7장)은 공격적인 행동을 보이는 아동을 위한 부모 양육 개입의 틀과 원칙을 제시하며, 이 개입이 장기적인 아동 사회화에 초점을 맞춰야 한다고 강조한다. 특히 부모는 자녀에게 "암묵적인 소속감 메시지(implicit message of belonging)"(p. 244)를 전달하는 것이 중요하다. 이러한 개입 원칙의 예로는 "정서적 수용(emotional acceptance)과 행동 억제(behavioral containment)의 비율"을 적절히 유지하는 것(p. 240, 4:1에서 8:1까지), "시간이 지남에 따라 지지적 관계와 단호한 훈육을 하나의 체계로 통합하는 것"(p. 241), 아동, 부모, 환경(ecology)이 사회화 과정에서 중심적인 역할을 한다는 점을 인식하는 것, 그리고 특정한 문제행동만을 목표로 하는 것이 아니라 다중 체계적 치료(multisystemic treatment)를 강조하는 것 등이 포함된다.

### 부모의 반응성, 요구성, 친사회적 가치의 고려

권위 있는 부모 양육 방식에 기반한 부모 개입은 반응성과 요구성을 모두 고려해야 하며, 장기적인 효과를 위해 친사회적 가치(prosocial values)의 고차원적 요소를 모두 포함해야 한다(제2, 7, 8장 참고). 따라서 부모 개입의 중요한 새로운 방향은 요구성에 초점을 맞춘 기존의 성공적인 PMT 접근 방식을 유지하면서도, 부모–자녀 관계의 정서적 측면을 더욱 강조하는 방식으로 확장하는 것이다.

### 감정 코칭

이 책의 저자들(Cavell et al., 제7장; Morris et al., 제2장; Snyder et al., 제8장)은 부모가 감정 코칭(Gottman et al., 1996)을 활용하도록 지도할 것을 권장한다. 감정 코칭은 부모가 자녀의 감정을 세심하게 인식하고 이를 존중하며, 정서적 유대감을 형성하는 동시에 적절한 사회화를 돕는 과정이다. 감정 코칭을 통해 부모는 자녀가 자신의 감정을 이해하고 표현할 수 있도록 돕고, 공감을 표현하며, 감정을 타당화하고, 감정에 이름을 붙일 수 있도록 지도해야 한다. 또한 자녀가 문제해결을 위한 적절한 한계를 설정하며, 가능한 해결책을 스스로 생성하고 평가할 수 있도록 지도해야 한다. 감정 코칭은 부모–자녀 관계를 긍정적으로 변화시킬 뿐만 아니라, 자녀가 정서를 조절(emotion regulation)하고 문제해결 능력을 개발하는 데에도 중요한 역할을 한다(Morris et al., 2007).

### 관계틀 이론과 수용전념치료

Snyder 등(제8장)은 PMT의 핵심 원칙 중 하나, 즉 부모는 감정과 정보를 다루는 것보다 "가정 환경에서 모델링, 역할극 및 새로운 양육 행동을 적용하는 것"(p. 270)을 통해 더 많은 혜택을 얻을 수 있다는 기존 가정을 재고해야 한다고 주장한다. 이들은 부모가 자녀에게 분노를 느낄 때, 단기적으로 자녀의 순응을 얻기 위해 강압적인 행동을 정당화할 가능성이 있음을 예로 들어 설명한다. 그러나 장기적인 성공은 부모가 자신과 자녀의 감정을 적절하게 다루지 못할 경우 심각하게 저해될 수 있다.

이에 대한 대안으로, 수용전념치료는 관계틀 이론의 적용을 통해 부모가 효과적인 양육을 실천할 수 있도록 동기를 부여하는 감정을 다루고, 목표 설정에 중요한 역할을 하는 사고를 조절하며, 다양한 대안을 생성하고 그 결과를 평가하는 과정을 돕는다(제8장). 이는 감정에 휘둘려 융합되는 것이 아니라, 감정을 인식하고 그것을 의식적으로 조절하는 방법을 익히는 데 중점을 둔다. 또한 부모가 자신이나 자녀에 대해 느끼는 감정이나 부정적인 속성을 받아들이는 것은, 부모가 부정적인 감정으로부터 거리를 두게 하며, 자신의 근본적인 가치와 목표에 맞는 행동을 계획하고 실천할 수 있도록 한다(제8장). Sorkhabi(제6장)의 연구와 마찬가지로, Snyder 등(제8장)은 부모의 특정한 감정 상태가 양육 스타일과 밀접하게 연결되어 있다고 주장한다. 감정적 반응성이 높고 분노를 쉽게 표출하는 부모는 적대적(hostile)/분노하는(angry)/반응적인(reactive)(또는 권위주의적) 자녀 양육을 할 가능성이 높다. 반면, 자제력을 유지하려는 강한 욕구는 걱정 많은(worrying)/고민하는(distressed)/산만하고-무관심한(distracted-disengaged)[또는 방임적인(neglectful)] 양육 방식과 연결될 수 있다. 또한 부모가 자신의 감정을 인식하고, 자녀를 적극적으로 참여시키며 지지하는 동시에, 명확한 한계를 설정하고 규율을 조화롭게 결합하는 것은 신중하고 숙련된(mindful and skilled; 또는 권위 있는 부모의) 자녀 양육을 촉진한다.

## 계층적으로 조직된 요구성 기법 포트폴리오

Bell의 통제 이론(Bell & Harper, 1977)에 따라, Larzelere 등(제4장)은 부모 통제의 핵심이 되는 부모-자녀 상호작용의 순서를 이해하기 위해 PMT 개입과 부모 양육 연구를 통합할 것을 제안한다. 요구성은 부모가 자녀의 특성과 행동을 바탕으로 점진적으로 더 강력한 권위 행사 기법과 결과를 적용하는 위계적으로 구성된 포트폴리오(hierarchically organized portfolio)로 구성된다. 부모는 허용 가능한 행동의 하한선과 상한선을 설정하며, 자녀가 이를 위반할 경우 특정한 형태의 권위 행사를 적용한다(제4장). Baumrind(제1장)의 연구와 일관되게, PMT에 대한 이 접근 방식은 부모가 자녀의 기대와 지시에 대한 반응을 고려하면서 어떻게 점진적으로 권위 행사 기법을 전개하는지를 명확하게 설명한다. 또한 이 접근 방식은 부모의 요구를 따르는 경향이 있는 자녀에게는 강압적인 권위 사용이 불필요하며, 징계적 추론(disciplinary reasoning)만으로도 충분할 수 있음을 보여 준다.

## 주관적, 문화적 요인을 반영한 중재를 위한 부모 양육 이론 모델 개발

Snyder 등(제8장)은 효과적인 부모 개입이 직면하는 구체적인 과제를 설명하며, 이는 부모 양육의 주관적 요소를 반영하는 이론적 모델의 필요성을 시사한다고 본다. 이러한 과제에는 양육 기술 향상을 위한 시간과 노력 투입에 대한 저항, 개입을 통해 학습한 기술보다 익숙한 기존의 양육 방식으로 '자동적으로' 되돌아가는 경향, 그리고 스트레스를 받을 때 효과적인 양육 기술을 적용하는 데 어려움을 겪는 문제가 포함된다. Sorkhabi와 Mandara(제5장)는 연구 검토를 통해 권위 있는 부모 양육이 다양한 문화권에서 보편적으로 효과적이지만, 특정 인종 및 민족 집단(예: 집단주의 그룹)에서는 지시적 부모 양육(directive parenting)이 권위 있는 부모 양육만큼 혹은 그보다 더 효과적으로 아동의 능력을 향상시킬 수 있는지에 대한 추가 연구가 필요하다는 점을 강조한다. 이 책의 저자들은 양육 연구 및 개입을 발전시키기 위해, 부모와 자녀 모두가 자신들의 문화적 맥락 속에서 부모 양육을 어떻게 주관적으로 해석하는지를 보다 심층적으로 탐구할 필요가 있다고 제안한다(Barber & Xia, 제3장; Cavell et al., 제7장; Morris et al., 제2장; Sorkhabi & Mandara, 제5장; Snyder et al., 제8장).

## 결론

권위 있는 양육의 지속적인 가치는 부모의 양육 방식(반응성과 요구성)이 지속적인 부모-자녀 관계 속에서 형성되는 방식에 있다(제2, 7장). 이 장에서는 권위 있는 양육과 관련된 개념화, 방법론, 그리고 전문적 개입의 새로운 방향을 종합적으로 제시한다. 이 책은 거의 50년에 걸친 권위 있는 양육의 발전을 통합한 Baumrind(제1장)로부터 시작하여, 이후 장으로 이어지면서 발달의 다양한 측면에서 긍정적인 결과를 촉진하는 권위 있는 부모 양육의 강력한 가능성을 보여 준다.

다음 단락에서는 특히 주목할 만한 몇 가지 주요 주제를 강조한다.

이 책의 저자들은 Baumrind(제1장)의 초기 개념화와 반응성 및 요구성의 독립적 차원을 지속적으로 발전시키고 확장하는 변증법적 과정에 대한 중요한 연구 업데이트를 제공한다(〈표 10-1〉 참고). 부모 양육 유형은 부모 양육의 궁극적인 목표(Sorkhabi, 제6장)를 반영하는 정서적 환경으로 개념화될 수 있으며, 이는 보다 상위 개념의 요소들과 연결된다. 이러한 요소에는 존중(Barber & Xia, 제3장), 부모의 권위(Baumrind, 제1장), 지속적인 부모-자녀 관계(Cavell et al., 제7장), 그리고 마음챙김(Snyder et al., 제8장) 등이 포함되며, 이는 더 넓은 문화적 맥락(Cavell et al., 제7장; Sorkhabi & Mandara, 제5장; Morris et al., 제2장) 속에 자리하고 있다. 이 책에서 제시하는 새로운 연구 방향은 요구성(Barber & Xia, 제3장; Larzelere et al., 제4장; Morris et al., 제2장)과 반응성(Cavell et al., 제7장; Gauvain et al., 제9장; Morris et al., 제2장; Snyder et al., 제8장)의 지속적인 개념적 정교화 및 연구를 포함한다. Snyder 등(제8장)은 낮은 반응성이 다양한 방식으로 나타날 수 있으며, 이러한 특성이 아동에게 미칠 수 있는 잠재적으로 해로운 영향에 대한 추가적인 연구가 필요하다는 점을 강조한다. 각 장에서는 부모 양육의 다양한 측면을 조명하는 세 가지 주요 틀인 부모 양육 유형과 부모 양육의 차원, 권위 있는 부모 양육과 부모 관리 개입, 부모 양육 유형의 문화적 및 발달적 맥락을 설명한다. 또한 새로운 접근법(양방향 접근법, 체계적 접근법, 행동 및 사회 학습 이론, 기타 접근법, 〈표 10-2〉 참고)은 권위 있는 부모 양육의 개념적 토대를 보완한다.

Baumrind(제1장)는 생태학적으로 타당한 연구 방법의 중요성을 강조하며, 이를 위해 아동과 부모에 대한 자연주의적 관찰, 관찰자 평가, 심층 인터뷰, 현장 실험을 활용하는 것이 실험적 방법론, 실험실 세팅, 자기 보고 설문지, 변인 중심 접근법보다 더 적절할 수 있음을 제시한다. 그러나 오늘날에는 부모와 자녀가 양육을 어떻게 해석하는지를 조사하기 위해, 이론적 틀과 일치하는 자기 보고식 설문지(self-report questionnaires)가 활용되고 있다(제2, 3, 5, 6장). 권위 있는 부모 양육이 인지적, 정서적, 생물학적 변인과 어떻게 연결되는지를 연구하기 위해서는 이론적 접근 방식과 일치하고 다양한 문화와 가족 구조를 고려한 방법론이 필요하다(제1, 2, 3, 5, 9장).

이 책에서는 Cavell 등(제7장), Larzelere 등(제4장), Snyder 등(제8장)이 권위 있는 부모 유형과 PMT의 통합을 촉진하는 연구를 제시한다. Snyder 등(제8장)은 부모 개입을 효과적으로 안내하기 위해 부모-자녀 관계의 주관적 요소(예: 마음챙김, 조율)를 포함하는 이론적 모델을 개발할 필요가 있다고 주장한다. Cavell 등은 지속적인 부모-자녀 관계 속에서 부모의 수용이 부모 개입의 기초가 되어야 함을 강조한다. Larzelere 등은 부모의 요구성과 자녀의 반응성 간의 상호작용이 연구와 실제 개입 과정 모두에서 반드시 고려되어야 한다고 주장한다. 결론적으로, 권위 있는 양육에 대한 Baumrind의 선구적인 연구의 개념화는 부모 양육 유형, 부모 양육 실천, 부모 개입, 사회문화적 접근 방식 등 다양한 영역에 대한 중요한 가교 역할을 담당했다. 이 책의 저자들은 다음과 같은 네 가지 측면에서 권위 있는 부모 양육을 더욱 발전시킬 가능성을 제시한다. 첫째, 다양한 이론적 기반의 개념 통합, 둘째, 연구 방법론, 셋째, 부모의 목표 및 가치, 지속적인 부모-자녀 관계, 가족체계 및 사회적 맥락(문화 포함)과의 연결에 대한 인식, 넷째, 양육의 주관적 측면(예: 부모 양육 행동에 대한 아동의 해석과 부모의 감정)의 중요성에 대한 인식이다. 독자들이 이 장과 책 전반을 활용하여 권위 있는 부모 양육의 지속성과 새로운 가능성을 탐색하고, 개념화, 연구, 개입을 통해 이 분야를 더욱 발전시켜 나가기를 권한다.

## 참고문헌

Aunola, K., & Nurmi, J.-E. (2004). Maternal psychological control moderates the impact of affection on children's math performance. *Developmental Psychology, 40*, 965-978. doi:10.1037/0012-1649.40.6.965

Barber, B. K. (1996). Parental psychological control: Revisiting a neglected construct. *Child Development, 67*, 3296-3319. doi:10.2307/1131780

Barber, B. K. (Ed.). (2002). *Intrusive parenting: How psychological control affects children and adolescents.* Washington, DC: American Psychological Association.

doi:10.1037/10422-000

Barber, B. K., & Harmon, E. (2002). Violating the self: Parental psychological control of children and adolescents. In B. K. Barber (Ed.), *Intrusive parenting: How psychological control affects children and adolescents* (pp. 15-52). Washington, DC: American Psychological Association. doi:10.1037/10422-002

Baumrind, D. (1966). Effects of authoritative parental control on child behavior. *Child Development, 37,* 887-907. doi:10.2307/1126611

Baumrind, D. (1971). Current patterns of parental authority. *Developmental Psychology Monographs, 4*(1, Pt. 2). doi:10.1037/h0030372

Baumrind, D. (1991). The influence of parenting style on adolescent competence and substance use. *The Journal of Early Adolescence, 11,* 56-95. doi:10.1177/0272431691111004

Baumrind, D., larzelere, R. E., & Owens, E. B. (2010). Effects of preschool parents' power assertive patterns and practices on adolescent development. *Parenting: Science and Practice, 10,* 157-201. doi:10.1080/15295190903290790

Bean, R. A., Barber, B. K., & Crane, D. R. (2006). Parental support, behavioral control, and psychological control among African American youth: The relationships to academic grades, delinquency, and depression. *Journal of Family Issues, 27,* 1335-1355. doi:10.1177/0192513X06289649

Bell, R. Q. (1968). A reinterpretation of the direction of effects in studies of socialization. *Psychological Review, 75,* 81-95. doi:10.1037/h0025583

Bell, R. Q., & Harper, L. V. (1977). *Child effects on adults.* Hillsdale, NJ: Erlbaum. Birch, L. L., & Fisher, J. (1995). Appetite and eating behavior in children. *Pediatric Clinics of North America, 42,* 931-953.

Blissett, J., & Haycraft, E. (2008). Are parenting style and controlling feeding practices related? *Appetite, 50,* 477-485. doi:10.1016/j.appet.2007.10.003

Bronfenbrenner, U. (1989). Ecological systems theory. In R. Vasta (Ed.), *Six theories of child development* (pp. 185-246). Greenwich, CT: JAI Press.

Coolahan, K., McWayne, C., Fantuzzo, J., & Grim, S. (2002). Validation of multi-dimensional assessment of parenting styles for low-income African families with preschool children. *Early Childhood Research Quarterly, 17,* 356-373. doi:10.1016/S0885-2006(02)00169-2

Darling, N., & Steinberg, L. (1993). Parenting style as context: An integrative model. *Psychological Bulletin, 113,* 487-496. doi:10.1037/0033-2909.113.3.487

Deci, E. L., & Ryan, R. M. (2000). The "what" and "why" of goal pursuits: Human needs and the self-determination of behavior. *Psychological Inquiry, 11,* 227-268. doi:10.1207/S15327965PlI1104_01

Gottman, J. M., Katz, L., & Hooven, C. (1996). Parental meta-emotion philosophy and the emotional life of families: Theoretical models and preliminary data. *Journal of Family Psychology, 10,* 243-268. doi:10.1037/0893-3200.10.3.243

Hartup, W. W. (1978). Perspectives on child and family interaction: Past, present, and future. In R. M. lerner & G. B. Spanier (Eds.), *Child influences on marital and family interaction: A life-span perspective* (pp. 23-46). New York, NY: Academic Press.

Hastings, P. D., & Grusec, J. (1998). Parenting goals as organizers of responses to parent-child disagreement. *Developmental Psychology, 34,* 465-479. doi:10.1037/0012-1649.34.3.465

Hayes, S. C. (2004). Acceptance and commitment therapy, relational frame theory, and the third wave of behavioral and cognitive therapies. *Behavior Therapy, 35,* 639-665. doi:10.1016/S0005-7894(04)80013-3

Henry, C. S. (1994). Family system characteristics, parental behaviors, and adolescent family life satisfaction. *Family Relations, 43,* 447-455. doi:10.2307/585377

Henry, C. S., Huey, E. L., Robinson, L. C., & Neal, R. A. (2006). Adolescent perceptions of family system functioning and parental behaviors. *Journal of Child and Family Studies, 15,* 308-318. doi:10.1007/s10826-006-9051-z

Henry, C. S., Sager, D. W., & Plunkett, S. W. (1996). Adolescents' perceptions of family system characteristics, parent-adolescent dyadic behaviors, adolescent qualities, and adolescent empathy. *Family Relations, 45,* 283-292. doi:10.2307/585500

Hoard, D., & Shepard, K. N. (2005). Parent education as parent-centered prevention: A review of school related outcomes. *School Psychology Quarterly, 20,* 434-454.

doi:10.1521/scpq.2005.20.4.434

Hoeve, M., Dubas, J., Eichelsheim, V. I., van der laan, P. H., Smeenk, W., & Gerris, J. M. (2009). The relationship between parenting and delinquency: A meta-analysis. *Journal of Abnormal Child Psychology, 37,* 749-775. doi:10.1007/s10802-009-9310-8

Houltberg, B. J., Henry, C. S., & Morris, A. S. (2012). Family interactions, exposure to violence, and emotion regulation: Perceptions of children and early adolescents at-risk. *Family Relations, 61,* 283-296.

Hubbs-Tait, L., Kennedy, T. S., Page, M. C., Topham, G. L., & Harrist, A. W. (2008). Parental feeding practices predict authoritative, authoritarian, and permissive parenting styles. *Journal of the American Dietetic Association, 108,* 1154-1161. doi:10.1016/j.jada.2008.04.008

Hughes, S. O., Power, T. G., Fisher, J. O., Mueller, S., & Nicklas, T. (2005). Revisiting a neglected construct: Parenting styles in a child-feeding context. *Appetite, 44,* 83-92. doi:10.1016/j.appet.2004.08.007

Kucyznski, L. (2003). Beyond bidirectionality: Bilateral conceptual frameworks for understanding dynamics in parent-child relations. In L. Kucyznski (Ed.), *Handbook of dynamics in parent-child relations* (pp. 1-24). Thousand Oaks, CA: Sage.

Maccoby, E. E., & Martin, J. A. (1983). Socialization in the context of the family: Parent-child interaction. In P. H. Mussen (Series Ed.) & M. E. Hetherington (Ed.), *Handbook of child psychology: Vol. 4. Socialization, personality, and social development* (pp. 1-101). New York, NY: Wiley.

Morris, A. S., Silk, J. S., Steinberg, L., Myers, S. S., & Robinson, L. R. (2007). The role of the family context in the development of emotion regulation. *Social Development, 16,* 361-388. doi:10.1111/j.1467-9507.2007.00389.x

Patterson, G. R. (1982). *A social learning approach to family intervention: Vol. 3. Coercive family practice.* Eugene, OR: Castalia Press.

Rhee, K. E., lumeng, J. C., Appugliese, D. P., Kaciroti, N., & Robert H. Bradley. R. H. (2006). Parenting styles and overweight status in first grade. *Pediatrics, 117,* 2047-2054. doi:10.1542/peds.2005-2259

Rollins, B. C., & Thomas, D. L. (1979). Parental support, power, and control techniques in the socialization of children. In W. R. Burr, R. Hill, F. I. Nye, & I. I. Reiss (Eds.), *Contemporary theories about the family: Vol. 1. Research based theories* (pp. 317-364). New York, NY: Free Press.

Schaefer, E. S. (1965). Children's reports of parental behavior: An inventory. *Child Development, 36,* 413-424. doi:10.2307/1126465

Smetana, J. G., Crean, H. F., & Campione-Barr, N. (2005). Adolescents' and parents' changing conceptions of parental authority. In J. G. Smetana (Ed.), *Changing boundaries of parental authority* (pp. 31-46). San Francisco, CA: Jossey-Bass.

Smith, C., Perou, R., & Lesesne, C. (2002). Parent education. In M. Bornstein (Ed.), *Handbook of parenting* (pp. 389-410). Mahwah, NJ: Erlbaum.

Steinberg, L., Elmen, J. D., & Mounts, N. S. (1989). Authoritative parenting, psycho-social maturity, and academic success among adolescents. *Child Development, 60,* 1424-1436. doi:10.2307/1130932

Thelen, E., & Smith, L. B. (1996). *A dynamic systems approach to the development of cognition and action.* Cambridge, MA: MIT Press.

Topham, G. L., Hubbs-Tait, L., Rutledge, J. M., Page, M. C., Kennedy, T. S., Shriver, L. H., & Harrist, A. W. (2011). Parenting styles, parental response to child emotion, and family emotional responsiveness are related to child emotional eating. *Appetite, 56,* 261-264. doi:10.1016/j.appet.2011.01.007

# 찾아보기

## 인명


**B**

Baldwin, A. L. 30
Barber, B. 45
Baumeister, R. F. 244
Baumrind, D. 23, 31, 36, 57, 161, 225
Belsky, J. 69
Bitensky, S. H. 62
Boyce, L. 70
Bugental, D. B. 151
Buriel, R. 77

**C**

Cavell, T. A. 239, 243
Chao, R. K. 42, 75, 166, 175
Cumberland, A. 66

**D**

Darling, N. 58
Dewey, J. 29

**E**

Eisenberg, N. 66
Ellis, B. J. 70

**G**

Gershoff, E. T. 62
Gottman, J. M. 65, 66, 264
Granic, I. 233
Grolnick, W. S. 35

**H**

Harris, J. 41
Hulbert, A. 26
Hoffman, M. L. 41, 61, 130

**K**

Kazdin, A. E. 246
Kerr, M. 59

**L**

Lakoff, G. 31, 32
Larzelere, R. E. 31
Lauretti, A. 72
Leary, M. R. 244
Lewin, K. 27, 30
Lewis, C. C. 68

**M**

Makarenko, A. S. 28
McHale, J. 72
Moffitt, T. E. 226
Montessori, M. 27

**O**

Owens, E. B. 31

**P**

Parke, R. D. 77
Patterson, G. R. 232, 233, 234, 243
Pomerantz, E. M. 35
Pouquette, C. 72

**R**

Rambusch, N. 28, 29

**S**

Schaefer, E. 45

Smith, C. L. 35
Snyder, J. 232
Spinrad, T. 66
Stattin, H. 59
Steinberg, L. 58

T

Talbot, J. 72

V

Vygotsky, L. S. 27, 288

W

Whitley, M. K. 246

## 내용

10가지 지도 원칙 225
ACT 270
Bell의 통제 시스템 모델 133
ERSB 266, 267
Kurt Lewin의 집단역학 운동 29
Maria Montessori의 교육 이론 28
PMTO 280, 281
RFT 270
Triple P 양육 개입 프로그램 246

ㄱ

가벼운 체벌 149
가산적 모델 117
가족 구조 247
가족 사회화 및 발달 역량 연구 프로그램 36, 37
가족 스트레스 74
가족 요인 75
가족체계 72, 237, 333
가혹한 처벌 62
간섭적 양육 113
갈등의 발생 202
갈등의 적응성 205
감정 무시 264
감정 코칭 259, 262, 263, 264, 342
강압 102
 –강압 이론 232
 –강압적 권위 24, 145
 –강압적 상호작용 229
 –강압적 통제 63
 –강압적 행동 통제 34
강화하기 146
개인주의 문화 172, 173, 177, 179
거부–방임적 45
경험적으로 지지된 치료법 232
공격적인 아동 225
공동체성 43
과대한 자기 100
관 166
관계 기반의 사회화 모델 237
관계틀 이론 262, 269, 270, 272, 275, 279, 335, 342
교정적 훈육 전략 140
교정적 훈육 조치 138
권위 있는 부모 7, 24, 292
권위 있는 양육 24, 31, 227
권위 행사 36, 61
권위주의적 부모 7, 292
권위주의적 양육 24, 45
귀납적 훈육 61
균형 91
근접 발달 영역 289, 297
기술 결핍 가설 235
기질 145

ㄴ

내면화된 도덕성 11
냉담/비정서적 특성 228
논리적 설명 128

ㄷ

단절된/무관심한 72
대립적/적대적–경쟁적 72
대응 법칙 232
도덕적 내면화 이론 130
도덕적 영역 12
도덕학습 139
동기심리학 108
따뜻한 개입 244

**ㅁ**

마르크스주의 변증법적 유물론 27
마음챙김 259, 262
마음챙김 양육 275
모니터링 44, 59, 111, 230
모델 229
무관심한 7, 45
문제중심적 반응 66
문화 74
 –문화적 보편성 174, 177, 179
 –문화적 차이 162
 –문화적 특수성 165, 170, 181
 –문화적, 사회적 맥락 161
민주적 7
민주적 양육 패턴 46

**ㅂ**

반사회적 행동 63, 227
반응성 7, 24, 44, 227, 244, 318, 321
발달심리학 108
발달적 연쇄 과정 227
배경적 권위 행사 146
변인 중심 접근 336
부모 관리 훈련 231, 327
부모 권위 25
부모 권위의 양상 37
부모 기반 개입 225
부모 양육 태도 161
부모 중심 접근 318
부모 차원 326
부모 효과 68
부모와의 권력 차이 202
부모의 양육 유형 76
부모의 자기 돌봄 247
부모–자녀 관계 229, 238
부모–자녀 관계의 정서적 역동성 64
부적 제재 128
부정적 정서성 69
불순응 243
비계설정 13, 289
비신체적 처벌 143
비유럽계 미국인 161
비전략적 통제 105
비존중 103

**ㅅ**

사적 영역 106
사회 영역 이론 97
사회 학습 모델 229
사회 학습 이론 237
사회문화 이론 288
사회문화적 접근 288, 297
사회심리학 108
사회적 맥락 228
사회적 상호작용 학습 259
사회화 27, 37, 238
사회화 목표 196
상위정서철학 66
상한선 통제 134
상호작용 모델 117
상호적인 대화 129
상호주관성 294
상황적 순응 330
생물학적 소인 68
생애 과정–사회 학습 모델 334
생태학적 체계 접근 333
선택 편향 141
성취 지향적인 심리적 통제 100
성향적 순응 35, 38
수용적 순응 330
수용전념치료 262, 269, 272, 275, 279, 342
수치심 107
시간 할당 233
신경발달적/자기조절 요인 228
신–바움린드 모델 241
신체적 체벌 171
신체적 훈육 171
심리 내적 발달 과정 103
심리적 세계 97
심리적 통제 45, 60, 93, 130, 324
심리적인 자율성 97

**ㅇ**

아동 중심 접근 319
아동 중심 허용주의 26
아동 효과 41, 141, 228
아동의 공격 63
아동의 기질 69
아시아계 미국인 163
애착 이론 237
양방향적 접근법 329
양육의 효과 크기 69
양육적 부모 32
언어적 교정 134
엄격한 아버지 32
역동적 시스템 모델 233
역동적 체계 관점 334
온정성/반응성 59

완화적 자기 돌봄 274
외현화 문제행동 111
요구성 7, 24, 44, 227, 318, 323
유능감 148
유럽계 미국인 161
유전자-환경 상관관계 138
유전자-환경 상호작용 228
유전적 요인 228
유전적인 개인 차이 237
유형론적 접근법 91
유형학적 분석 대 변인 중심 분석 40
유형학적 접근 76, 336
응집된-참여적/조화로운 72
의사소통 영역 128
의존 지향적인 심리적 통제 100
인지 사회 영역 이론 191
인지발달 10

ㅈ

자기 97
자기 공개 110
자기 효능감 103
자기결정성 이론 68, 98, 335
자기조절 67
자기조절력 148
자녀 효과 68
자율성 194
전략적 통제 105
정서 관련 사회화 행동 265
정서 사회화 10, 65
정서 조절 65
정서 조절 곤란 69
정서적 수용 240, 244
정의의 변화 8
정체성 97
조건적 순서 146
조건적 존중 99
조작적 조건형성 233
조화로운 부모 147
존중 결여 329
주체성 43
주체성과 공동체성 통합 44
지시적 7
- 지시적 양육 패턴 46
- 지시적인 양육 175
직면적 24
- 직면적 권위 24
- 직면적 통제 24, 63
- 직면적 행동 통제 34
- 직면적 훈육 129
집단주의 문화 172, 177, 179

ㅊ

차별적 민감성 모델 70
차원적 접근 91, 336
챠오 순 166, 167
청소년 저항 수용 의지 207
체계적 접근 333
체벌 62, 129
최적의 양육 132
추론적 타당성과 생태학적 타당성 39
충분히 좋은 7
친밀감 112
친사회적 가치 341
침범적 행동 102

ㅌ

타임아웃 132
타임아웃 실행 방식 133
통제 44, 59
- 통제 의지 194
- 통제의 부재 113
- 통제의 존재 115
통합된 접근 319
통합적 생애 과정 사회 학습 229
특권 박탈 133

ㅍ

파괴적 행동장애 133

ㅎ

학업 성취도 141
행동 관리 기술 12
행동 기반 부모 훈련 227
행동 및 사회 학습 접근 334
행동 통제 45, 324
행동적 순응 38
행동적 통제 93, 240
행동조절 연구 132
허용적 45
허용적 부모 7, 292
허용적 양육 27
헌신 91
환경적 조건 237
후성유전학 연구 71
훈육 61

# 편저자 소개

**Robert E. Larzelere** 박사는 오클라호마 주립대학교(Oklahoma State University)의 인간발달 및 가족과학과(human development and family science) 교수이다. 그는 지난 30년 이상을 어린 아동에 대한 부모의 훈육을 연구해 왔으며, 보다 신뢰할 수 있는 사회과학적 연구 방법의 개선을 위해 다수의 연구자와 협력해 왔다. 그는 부모 역할에 대한 다양한 과학적 관점을 비교하는 데 초점을 맞추어 왔다. 특히 일부 관점에서 강조하는 일관된 후속조치의 중요성과 다른 관점에서 중시하는 온화한 언어적 교정을 비교하는 데 중점을 둔다. 최근에는 Diana Baumrind 박사와 협력하여 권위 있는 양육의 장기적인 영향, 권위주의적 양육과의 구별점인 권위 사용에 대해 연구하기도 하였다. 박사 후 과정에서는 Murray Straus 박사와 Gerald Patterson 박사에게 연구 지도를 받았다.

**Amanda Sheffield Morris** 박사는 오클라호마 주립대학교의 인간발달 및 가족과학과 교수이다. 그녀는 발달 과학자로서 부모의 자녀 양육, 정서 조절, 그리고 발달 정신병리에 관심을 두고 연구하고 있다. 특히 아동과 청소년의 적응에 있어 정서 조절이 어떤 역할을 하는지, 아동들이 효과적인 정서 조절 기술을 어떻게 습득하는지를 중점적으로 연구하고 있다. 박사 및 박사 후 과정에서는 템플 대학교(Temple University)와 애리조나 주립대학교(Arizona State University)의 Laurence Steinberg 박사와 Nancy Eisenberg 박사의 지도를 받았다.

**Amanda W. Harrist** 박사는 오클라호마 주립대학교의 인간발달 및 가족과학과 부교수이다. 그녀는 아동의 사회적 역량 발달, 특히 유아기와 학령기 초기 단계에서 나타나는 사회적 역량 및 부적응의 초기 사회적 요인과 사회적 인지가 매개 역할을 하는 방식에 대해서 연구해 왔다. 이를 위해 또래 집단에서 나타나는 아동의 행동과 초기 가족 상호작용(부모-자녀 관계 및 부부관계) 간의 연관성을 연구했고, 일상 환경과 실험실 환경을 통해 이를 관찰해 왔다. 아울러 사회생활 초기에 어려움을 겪는 아동을 위한 개입 프로그램에도 관심을 두고 있으며, 후원기금을 받으며 여러 연구 프로젝트를 진행해 왔다. 최근에는 건강을 위한 가족과 학교 프로젝트(Families & Schools for Health)를 통해 아동 비만에 미치는 가족과 학교의 영향에 대한 종단 연구를 진행 중이다. 테네시 대학교(University of Tennessee)에서 Gregory Pettit 박사, Kenneth Dodge 박사, 그리고 John Bates 박사와 함께 연구했다.

## 저자 소개

**Brian K. Barber, PhD.** 미국 테네시 대학교 녹스빌 캠퍼스, 아동 및 가족 연구학과(Department of Child and Family Studies, University of Tennessee, Knoxville)

**Diana Baumrind, PhD.** 미국 캘리포니아 대학교 버클리 캠퍼스, 인간발달연구소(Institute of Human Development, University of California, Berkeley)

**Heidi Beebe, MA.** 미국 캘리포니아 대학교 리버사이드 캠퍼스, 심리학과(Department of Psychology, University of California, Riverside)

**Lisha Bullard, PhD.** 미국 위치타 주립대학교, 심리학과(Department of Psychology, Wichita State University, Wichita, KS)

**Timothy A. Cavell, PhD.** 미국 아칸소 대학교 페이엣빌 캠퍼스, 심리학과(Department of Psychology, University of Arkansas, Fayetteville)

**Ronald B. Cox Jr., PhD.** 미국 오클라호마 주립대학교 스틸워터 캠퍼스, 인간발달 및 가족과학과(Department of Human Development and Family Science, Oklahoma State University, Stillwater)

**Michael M. Criss, PhD.** 미국 오클라호마 주립대학교 스틸워터 캠퍼스, 인간발달 및 가족과학과(Department of Human Development and Family Science, Oklahoma State University, Stillwater)

**Lixian Cui, MS.** 미국 오클라호마 주립대학교 스틸워터 캠퍼스, 인간발달 및 가족과학과(Department of Human Development and Family Science, Oklahoma State University, Stillwater)

**Tamara Del Vecchio, PhD.** 미국 세인트존스 대학교 퀸스 캠퍼스, 심리학과(Department of Psychology, St. John's University, Queens, NY)

**Mary Gauvain, PhD.** 미국 캘리포니아 대학교 리버사이드 캠퍼스, 심리학과(Department of Psychology, University of California, Riverside)

**Amanda W. Harrist, PhD.** 미국 오클라호마 주립대학교 스틸워터 캠퍼스, 인간발달 및 가족과학과(Department of Human Development and Family Science, Oklahoma State University, Stillwater)

**Carolyn S. Henry, PhD.** 미국 오클라호마 주립대학교 스틸워터 캠퍼스, 인간발달 및 가족과학과(Department of Human Development and Family Science, Oklahoma State University, Stillwater)

**Laura Hubbs-Tait, PhD.** 미국 오클라호마 주립대학교 스틸워터 캠퍼스, 인간발달 및 가족과학과(Department of Human Development and Family Science, Oklahoma State University, Stillwater)

**Robert E. Larzelere, PhD.** 미국 오클라호마 주립대학교 스틸워터 캠퍼스, 인간발달 및 가족과학과(Department of Human Development and Family Science, Oklahoma State University, Stillwater)

**Sabina Low, PhD.** 미국 위치타 주립대학교, 심리학과(Department of Psychology, Wichita State University, Wichita, KS)

**Jelani Mandara, PhD.** 미국 노스웨스턴 대학교, 인간발달 및 사회정책학과(Department of Human Development and Social P olicy, Northwestern University, Evanston, IL)

**Christy Marvin, MA.** 미국 위치타 주립대학교, 심리학과(Department of Psychology, Wichita State University, Wichita, KS)

**Amanda Sheffield Morris, PhD.** 미국 오클라호마 주립대학교 털사 캠퍼스, 인간발달 및 가족과학과(Department of Human Development and Family Science, Oklahoma State University, Tulsa)

**Susan M. Perez, PhD.** 미국 노스플로리다 대학교, 심리학과(Department of Psychology, University of North Florida, Jacksonville)

**Andrea Reed, PhD.** 미국 위치타 주립대학교, 심리학과(Department of Psychology, Wichita State University, Wichita, KS)

**Lynn Schrepferman, PhD.** 미국 위치타 주립대학교, 심리학과(Department of Psychology, Wichita State University, Wichita, KS)

**James Snyder, PhD.** 미국 위치타 주립대학교, 심리학과(Department of Psychology, Wichita State University, Wichita, KS)

**Nadia Sorkhabi, PhD.** 미국 산호세 주립대학교, 아동청소년발달학과; 미국 캘리포니아 주립대학교 버클리 캠퍼스, 인간발달연구소(Department of Child and Adolescent Development, San Jose State University, San Jose, CA; Institute of Human Development, University of California, Berkeley)

**Laurence Steinberg, PhD.** 미국 템플 대학교, 심리학과(Department of Psychology, Temple University, Philadelphia, PA)

**Marissa Wachlarowicz, MA.** 미국 위치타 주립대학교, 심리학과(Department of Psychology, Wichita State University, Wichita, KS)

**Mingzhu Xia, PhD.** 미국 테네시 대학교 녹스빌 캠퍼스, 아동 및 가족연구학과(Department of Child and Family Studies, University of Tennessee, Knoxville)

# 역자 소개

**이유니**(Eunnie R. Rhee)

미국 휘튼 대학교 임상심리학 박사

미국 시카고 대학교 사회복지학 석사

미국 일리노이 주립대학교 사회복지학 학사

현) 횃불트리니티신학대학원대학교 기독교상담심리학과 교수

임상심리전문가, 상담심리전문가 1급, 한국기독교상담심리학회 감독(놀이 · 아동상담)

한국 PCIT협회 회장, 부모-아동 상호작용치료(PCIT) 지역 트레이너(레벨 II)

〈주요 역서〉

걸음마기 유아를 위한 부모-아동 상호작용치료(학지사, 2021)

아동을 위한 경험기반 놀이치료(공역, 학지사, 2019)

인지행동치료의 사례공식화 접근(공역, 학지사, 2015)

부모-아동 상호작용치료(학지사, 2013)

**황선미**(Sunmi Hwang)

횃불트리니티신학대학원대학교 기독교상담학 박사

미국 남침례신학대학원대학교 결혼과 가족상담학 석사

미국 Christ For the Nations Institute, 리더십 졸업

중앙대학교 심리학과 학사

현) 코헬렛 카운슬링 대표

횃불트리니티신학대학원대학교, Grace Mission University 객원교수

상담심리전문가 1급, 전문상담사 1급, 부모-아동 상호작용 치료사(PCIT)

〈주요 저서〉

20대를 위한 심리학(공저, 학지사, 2025)

희망가족(지식과 감성, 2022)

처음 시작하는 MMPI(초록북스, 2020)

나도 내 감정과 친해지고 싶다(메이트북스, 2018)

받아들이면 알게 되는 것들(소울메이트, 2016)

**이소영**(Soyoung Lee)

햇불트리니티신학대학원대학교 기독교상담학 박사

햇불트리니티신학대학원대학교 기독교상담학 석사

단국대학교 영어영문학 학사

현) 햇불트리니티상담센터 실장

상담심리전문가 1급, 부모–아동상호작용치료(PCIT) 기관내 트레이너(레벨 I)

〈주요 역서〉

아동을 위한 경험기반 놀이치료(공역, 학지사, 2019)

**안윤경**(Rachel An)

햇불트리니티신학대학원대학교 기독교상담학 박사

햇불트리니티신학대학원대학교 기독교상담학 석사

연세대학교 영어영문학 학사

현) 미국 덴버신학교 기독교상담학 교수

세인심리상담센터 부소장

CCM 기독교방송 더함의 축복 어드바이저

전문상담사 1급

〈주요 역서〉

임상실무에서의 정신화하기 핸드북(공역, 학지사, 2024)

예수님 마음담기(공역, 토기장이, 2015)

가스펠 프로젝트–영아부, 유초등부(공역, 두란노, 2015~2017)

예수님의 꿈아이(예꿈)(공역, 두란노, 2009~2010)

# 권위 있는 양육과 부모-아동 상호작용

양육과 훈육의 균형으로 아이 키우기

Authoritative Parenting:

Synthesizing Nurturance and Discipline for Optimal Child Development

2025년 10월 25일 1판 1쇄 인쇄
2025년 10월 30일 1판 1쇄 발행

편저자 • Robert E. Larzelere · Amanda Sheffield Morris · Amanda W. Harrist
옮긴이 • 이유니 · 황선미 · 이소영 · 안윤경

펴낸이 • 김진환
펴낸곳 • (주)학지사
04031 서울특별시 마포구 양화로 15길 20 마인드월드빌딩
대표전화 • 02-330-5114 팩스 • 02-324-2345
등록번호 • 제313-2006-000265호

홈페이지 • http://www.hakjisa.co.kr
인스타그램 • https://www.instagram.com/hakjisabook

ISBN 978-89-997-3549-3 93180

정가 23,000원